文史哲學集成

林漢仕著

易傳廣都

文史哲出版社印行

國家圖書館出版品預行編目資料

易傳廣都 / 林漢仕著. -- 初版. -- 臺北市：文史哲，民 91
面： 公分.--(文史哲學集成;450)
參考書目：面
ISBN 957-549-408-2 (平裝)

1.易經 – 研究與考訂

121.17 91000265

文史哲學集成 450

易傳廣都

著　者：林漢仕
出版者：文史哲出版社
http://www.lapen.com.tw
登記證字號：行政院新聞局版臺業字五三三七號
發行人：彭正雄
發行所：文史哲出版社
印刷者：文史哲出版社
臺北市羅斯福路一段七十二巷四號
郵政劃撥帳號：一六一八〇一七五
電話 886-2-23511028・傳真 886-2-23965656

實價新臺幣六四〇元

中華民國九十一年(2002)一月初版

ISBN 957-549-408-2

易傳廣都目錄

易傳廣都林漢仕序

《易傳廣都》又和大家見面了，本書共收七卦、三十餘萬字。連同二十年來所輯：《易傳評詁》，《乾坤傳識》，《否泰輯眞》，《易傳綜理》，及《傳傳》，《滙眞》，《廣玩》等七本，對易傳整理的工作，其文字合第九本易傳都都總計三百萬字。可以說是集前代傳注疏箋中字數最多的，堪稱前無古人呀！林漢仕已屆不逾矩之年，有必要「招供」一下彼何人也！前此，識者皆謂觀其狀貌，志氣不相稱，今書將成嘖嘖之聲已傳遍往日友朋矣，茲簡單記敘片段林漢仕之所從來及其隔代恩養的祖父生平概略：

母氏聖善、賴姓上露下昭，考諱子揚公，是早年司法界先輩賢者，蕉岭名律師。母氏幼爲學鳳公童養媳，笄後六年，由鳳公親護、送往其子道亨公處圓房、完成合巹禮。道亨公時爲英屬新加坡錫礦鉅子林琪瑤旗下任職，後擢陞爲錫礦總經理。執當地錫礦業界牛耳。漢仕即於次年生於是。三歲不足、由母氏攜返原籍——廣東省蕉岭縣白馬鄉倉樓下。漢仕幼承母訓、嶷岐知禮、祖父學鳳公寵愛有加。有心留母氏接掌家業。母以：父既不父、子將不子，以月昏星暗爲喩，請再醮。祖父知其子終不回心，遂含淚以嫁女禮轉嫁其媳於蕉岭豪門丘盛昌公爲妻、再育子女十人、漢炎爲長。漢仕五歲起即由祖父隔代恩養，故有父而幼失庭訓，有母而天各一方。然自少小即不以「失怙恃」爲憾。因爲我家門前、長年門庭若市。祖父爲省垣大鏢師，少林正傳，在家設館授徒，四方來習藝者絡繹如肆，對胖都都的漢仕我競相「捧負」。熱熱鬧鬧的年復一年、至風雲變色，強遭放逐。

漢仕回想少年時期、行多不羈。　祖父皆念我「幼失怙恃」而帶過，不甚追究。然祖父曾爲其長孫我的不才而痛心嘔血。晚歲又值多艱、不能爲祖父分勞。雖呼天搶地亦將旡及也。謹遵從鄉賢前輩口碑中，摘取一二有關我祖父學鳳公生前行狀、作一林學鳳公傳補及補補，以繼蕉岭文獻中原記載有鳳公傳之不足也。並祈當代及後世共見我祖父鳳公祖德流芳，百世不斬……

一、林學鳳公傳補：

「嬴氏亂天紀、賢者避其世。」林學鳳，其先並非如東籬稱避世賢人，蓋乃魏武所謂：「月明星稀、烏鵲南飛。」亂世逃難者之一。用彼明德高智、南行後擇定長潭鄉、「合理村」開疆拓土、聚落定居。於是焉而繁衍子孫。千百支中一支、傳至喜瑯公，雖兩娶仍不得不嗣子學鳳。據云：當時鬻子風俗大行。林學鳳與林存昌（林錫民祖父）同鬻自外鄉客之手。故無從考其世系龍脈。即依恩養者喜瑯公膝下承祖業。林學鳳生於丁丑一八七七年。十數歲時、其勇毅、刻苦任勞之秉性、深得乃父喜瑯公心。遂傾家財聘師習武，一則保鄉衛家、再則強身再造祖業。無何、師非名師、習愈勤而害彌大，至右半身麻痺，漸失痛癢。加之面對朝陽，練金睛火眼術，幾至目盲身廢。幸而勤志聞於少林傳人阿正師耳、數度試煉、認定不只可傳衣缽、亦且將光大少林門楣、遂來駐館悉傳所學：刀斧矛劍、槍鉞鐧鞭、叉鈀繩拳、戟筆殳盾、弓弩箭術十八般武藝。半邊死肉復甦，眼耳明亮倍從前。而家中牛羊田業、忞阿正師歡悰。由於腰腿沙袋日增斤兩、操作睡眠隨身、一旦鬆袋、身輕似燕，飛簷走壁、借力上牆、越屋穿棟、來去自如。學鳳公曾告予：「有若無、實若虛。」之妙用。不祇爲人處世得大受用、即拳擊一途亦大受用。習武者戒浮躁、亦戒先出手。急欲制人、破綻易乘。招老反制於人。氣要舒有不可勝之韌、謙和從容若不能者。眼明而內斂、閃躲正乃以靜制動，藝高然後膽大也。手無虛出。公曾示我無虛出例，時鄉下蒼蠅紛飛，公任由指定飛者停者、聲甫落而蠅已挾食中指間、鬆則復飛去矣！吾謂此我亦能、遂以手包抄置掌中，公謂非是也，吾以二指挾彼飛者停者、百發百中、力道亦須拿捏準、非眼明手快不能。公大姆指凝聚功力、鐵釘可直壓入木中。釘木屐不用鐵鎚。吾年少乞授是功。公謂日以五指擊石牆千次、蹲馬摔手日萬次、數年功力自著。鳳公名拳之一——鳳眼手，正以虛爲實、宜快宜慢、側劈正下、擊捶捶挫、對方咽喉胸陰盡入吾彀中、四兩撥千斤也。然學鳳公從未以能武示人。鄉賢有約比武校技者、皆點到爲止、不傷人亦不傷和氣。故拳腳比劃至緊要關頭、常大喝一聲、嘎然抽身、拱手禮讓、亟讚對手拳路高明。對方面赤如脂、氣喘如牛、心浮氣動之餘、能保全顏面、匙有不樂以和局終者。故生平無冤家眦睚事。

　　林學鳳曾組醒獅團出外觀摩。據云某次飛靶脫手、眼看傷人、施閃電手回掣而贏得能飛靶之美譽。鳳公自云蓋失手也。溜馬步功亦絕活之一、傳說某次河水暴漲、橋橫渡息，回家別無他路、情急之下、施展輕功渡河、幸河中殘存橋樁數根、借力飛渡、由是聲名大噪。又傳說蕉城一客車拒載女尼、適鳳公路過、代爲理論、亦不得通融，遂不復與爭、第立車後、客車加馬力發動、徒見後輪空轉、相持半晌、車主不得已允尼上車。事後車主驚聞是林學鳳、咋舌不已！外地獅團來訪或路過、必先拜鳳公、公必親迎、對方跪亦跪、拜亦拜。常謂江湖禮數不可有一絲疏失。排難解紛、當歸地方有德慧術智者：林孝圖公所作詩文、置唐宋鉅子中不多讓；林學鳳欽敬孝圖公之文才、孝圖公亦敬學鳳公武藝蓋世、兩公常燕飲談笑似甚有味、吾年幼只知投訴鳳公者、公靜默以聽彼哭訴、相機以勸、多能愉悅離去、公必贈以自釀佳酒豆乾。鳳公善釀白酒，家畜獒犬數頭、而酒不酸，酤酒者不絕於途也。其釀酒之秘傳姪不傳子、姪也者學鳳公堂兄長鳳五也、道梅盡得其秘方。奈何嗜賭一如乃父、三番數次將酒本輸盡、致釀酒無以爲繼。風雲際遇，道梅搖身一變爲無產階級幹部、遂提報鳳公爲地主劣紳。幸地方高層明察其誣而罷而百般恐嚇仍不斷也、鳳公時已是七十又九高齡一老人矣！仙丹妙藥跌打損傷丸由道梅報請禁造而絕傳，鳳公薨於是年、享世壽七十又九。林學鳳今有孫在台，其徒遍天下，子孫散居五大洲，其軼事多、將陸續追憶成篇以饗知與不知之千萬讀者也。

二、林學鳳公傳補補：

甲、前言

蕉岭長潭鄉「合理村」有四傑：一、林學鳳，二、林孝圖，三、林傑元，四、林文儔。

四人各懷特殊名世瑰寶：林孝圖胸懷經世濟民實學、且能屬文、隱居田間；林學鳳熟悉六韜十三篇，實能力鈀戟棍獨步南北；林文儔素封小城，貨殖勝計然；林傑元居黨官據縣中要路津。惜其中三人不能同心、以富有教育我峽裡村民。惟林學鳳公能出入三傑、藉銜盃酒接殷勤作竟日歡。林孝圖以才雄傲世，難免視林傑元為不學；林文儔多金，難免芻狗世人；林傑元黨官、難免稍有侵奪。然皆歡喜結交精通十八般武藝之鏢師學鳳公用以自重。故能出入三大家族門牆調和鼎鼐。至其終身皆如是。茲再表述林學鳳公軼事以補文獻之不足：

乙、初試身手：

林學鳳自拜阿正師習得一身少林正傳、即以綏靖鄉里為志。時偷盜橫行，挖牆穿窬之君子猖獗，一日夜半、月黑無風、鳳公忽著黑衣勁裝、手提棍棒、往河堤綠竹濃陰處靜待一過往驕客，四更三點正、但聞一聲著、即砉然似有物倒地、反手扣彼右腕、單刀落地鏗鏘清脆，問：何方過客、竊自誰家？言明留物放人、否則送官究辦！第聞喁喁低語、鳳公本無傷人之意，交還大刀，並致贈白銀十兩，勸改邪歸正。對方接過銀兩、順勢橫刀掃向鳳公雙腳、並大罵暗算人於不備、豈是好漢？近處出手、閃躲不及、硬碰則必倆傷，不得已鳳公施展其師絕傳隔空點穴定身法、比速度、比勁道、將棍棒順勢插入腳下、迅即彈起落大漢身後，再劈其兩肩顒、尙未發、只見大漢雙手握刀、脅際緊貼、刀口斜上、已斬向插地棍棒、嘎然而止。蓋勢已動不可收拾，肩膀穴道受制，已撲發劈砍、身子連帶旋轉，威勢勁道仍在。阻於棍棒、大漢似泥雕木塑、隨即搖晃。鳳公言我乃捉賊，為省事、以棍棒作路障，非偷襲；大德您已受我銀兩，爲何反欲置吾於殘？倉卒起意、用心狠毒。今夜廢汝武功、明早綑送縣城！賊穴道封閉，手執大刀幾經搖晃、終於定住，刀口已入特選硬木棍三分，此時無言、任由鳳公擺布。鳳公雙手齊出、拍活賊人穴道，並勸說：堂堂八尺男子漢，何處不能容爺，奈何作賊？大漢一腳踢開咬住刀口棍棒，一言不發，以左右同時劈削撩梟、直取鳳公腰胸，此番鳳公有備、人即疾倒、以腳跟作圓心順刀勢畫半圈，在大漢身後擎舉大漢雙腳、撕、摔、拋、踩均可置大漢於不測，其技藝之精，速度之快，力道之猛，漢子自知不敵，出聲求饒，鳳公應聲鬆手，錚錚鐵漢竟跪地叩頭，鳳公親手扶起，無名刀即當胸刺來。鳳公常謂：我無傷人之心、亦無被害之意。故宜時思自保。賊心叵測、鳳公豈不知，遂以迅雷手法、側身強扭賊手、握刀背反砍向彼頭頸，賊棄刀張空拳、施於五雷擊頂猛力下壓，鳳公迎以倒拖荊棘、繼之以旋轉乾坤、兩拳捶向腰側，化作順勢輕拍賊肩，大喝一聲坐，賊漢立刻矮半截跟蹌坐地，一而再偷襲，鳳公仍然不出怒拳，是鳳公不只告誡同修，臨場亦切遵祖師家法，此其大較者也。賊身材碩大無比，鳳公初出師門，不畏強梁，幾番近身暗算，均能化險爲夷，其功夫之純熟、鎮定與耐心，已具大將風範，竊賊誠心懾服，翻身跪地、惶恐謝罪。並誓言終其生不復踐斯土，亦將約束同好。遂指包裹、言竊自某家，隨即又面縛雙手，請公送官。並奉還所贈銀兩。鳳公交還大刀，拒回收贈銀，勸以此作維生所需、改邪歸正。雙手扶大漢起，告以名。大漢再拜並堅持奉還贈銀，亦自言名及幫派。鳳公聞言爲之一震，一再聲稱得罪、欲延至家治酒謝罪壓驚，大漢丟下包袱長揖至地，說後會有期、轉身飛馳而去。鳳公不加阻攔，留原地靜思半晌，先將包裹送還原主，次日即往師門請罪。此一公案、鳳公從未再與人提及。事隔數日夜半、鳳公臥室外忽傳悉索細微輕聲，判斷必係宵小挖牆穿窬，遂以捉狹戲弄爲心、靜候室內、待竇足以容身見一頭探入察看虛實，再入至。小偷不以財物價值爲心，第取鳳公頭巾、工夫鞋、馬褲及豬哥傘即退往室外，再從竇外一一摸物。摸得工夫鞋及豬哥傘，它物則屢探不見、不得已再探頭入室、靶順頸而下、牆外君子並未覺察，心中正盤算如何恥笑老大浮誇不實溢美之讚，待不見頭巾馬褲等物，不禁失聲叫有賊，即欲退出頭身，鳳公問賊在那兒？偷兒接口、『在這兒』。頭身不得退、此驚非同小可，以亂刀砍刺亦不得脫，汗流滿地，鳳公問客來自何方？只偷衣物目的安在？適才有人接口問賊在那兒，今頭身禁錮，賊自笑行藏敗露，乞命並言某乃某人拜弟，不服老大某不得入竊鳳公鄉之議，偷公貼身衣物，用以證明鳳公鄉非不可偷，幫老大言未可全信，賭氣再來也！鳳公立即鬆靶，並奉上衣物，肅客從大門入屋，客再拜請辭，誓言終其身與徒衆共遵幫規，不復行竊貴村云云。此後合理村得數十年絕亦雞鳴狗盜出入者，鳳公以力亦以德服人也。

丙、跌打藥丸

鳳公精於跌打損傷醫術，亦精於觀人。一日於市集偶值一華衣客，告以彼十八日內必死，客大笑，並奉上法幣百元請公改口十八日內不死，鳳公收金、贈以藥丸二枚、云病發至苦，斯可減輕痛楚。華衣客大笑言：吾年三十七，身體強似牛，能喫能喝，能玩俏女人。三斤白切五斤酒，來！我作東請君共飲，莫談明日事！公有救度是人意，與之共宴，再細觀其眉宇間黃而暗，淫欲癆傷，飲酒正速其疾，虛其體外強中乾也，七日內病必發無疑。是人自謂承三房妻室、年收祖業五百擔，月前收租鄉間、地痞勒索、與之爭鬥、或曾傷及筋骨內臟，然無不適狀。公之言有可信亦不足信也，病發狀如何？公謂當有內傷、加諸日夜色欲摧殘，藥石治不死之人，時至可來合理村鳳美園一試。病發兩脅如刀揷、氣急脈亂、便血、面赤中熱、汗不得出。七日時限迅過，有大轎二頂至村訪鳳美園，乞醫乃良人疾，先置五十大洋爲酬，促請儘早往救。鳳公未行，來人哭謂良人死、將迫嫁，我乃三姨太也。良人好色，月前收租調戲佃農女遭毆，以爲無礙，又誤師欲醫不病之人要譽，延宕至今，良人謂緩急找公，公若不棄、請轎往救夫，否則有不測吾死不足贖罪。公肚兜袋百藥、跌打損傷丸與其中。往脈脈、望色、聞聲、問形，其人跪地叩頭流涕，作痛苦狀。蓋十日矣，前二丸嚼服、七、八二日稍安，九日大量血便昏厥數次，妻妾皆驚而無策。共責三姨太之荒蕩無度。鳳公知其病未入膏肓，除按摩穴道打通奇經八脈，並以百會灌氣直透海底再達涌泉，令三姨太太嚼碎二丸，和津液口對口迫吞服，汗大出，囑戒酒色三月，留藥丸十數枚，教以吞服法，三女輪流以口液爲湯也。其採陰補陽乎哉？其後二往而疾瘳。患者以負廓之田十畝爲報，鳳公敬謝拒收。教以全壽之道。由是獲賽扁鵲倉公之美譽。外貌粗糙如姆指大小、堅硬似鐵，略呈暗紅之跌打藥丸、由是名揚天下，亦救人無數。

丁、山路夜行遇虎

鳳公曾爲閩粵贛三省官鹽鏢師，護送官鹽百未一失。一日由家至任所，經天馬山入、夜行群山，時夜將半、突然三五十公尺外有二盞藍光尾隨，步亦步，趨亦趨，快慢隨人。鳳公一震，知來者乃大蟲於菟，而百里內無人煙。自度輕功快速勉強可與伯仲，手中唯一可用者豬哥傘，竹骨製紙品著力不大，很難抵擋畜生撲掀翦三招絕活，苟能躲過三招，威力無比之萬獸王已溫順如貓，精疲力竭不足畏矣！此時虎骨、虎鞭、虎膏、虎皮你可以考慮擁有大補我類。自忖我一身武藝、不當祭虎口，赤手空拳相效武松打虎，必兩敗俱傷。兩全計：虎不犯我、我亦不犯虎。走爲上策。計定心閑，將豬哥傘張合數次發出巨大聲響，老虎見可大可小、可伸可縮、能發巨響傢伙，轉身疾速後退，鳳公亦全速前進，數十里後回頭見虎亦全速尾隨，鳳公立定注視，虎亦立定踞視，幸鳳公有夜眼，四目交織如電，鳳公作迎擊狀、虎退避，作攀援樹木狀、虎進迫，立定抽旱煙、火柴卡擦聲響、虎機警掉頭小跑幾步。待煙足舒展筋骨，乘勢練功、飛騰旋轉張傘大聲長嘯，虎竟大駭高豎其尾而急撤，鳳公力氣養足，亦急奔一程。回頭見虎已遠落四五百公尺外、顯然並未全速追趕，或曾全速撲來、眼見未能掌握而放棄，鳳公保持速度馳騁至不見虎影。時天色仍暗，一面保持戒心與平常夜行同步快慢前進，忽聞鑼鼓與吶喊聲，由小而大，知距村落不遠。村人習慣家狗噤嗚嗚而顫抖，必是虎豹腥風飄來、狗腳軟蹲伏，主人亦不敢出門，第取聲響驚嚇大蟲。及至從門隙見鳳公來，以爲山精鬼魅之化人也！然後衆狗大嗥，村人有識鳳公者，開門延入，問夜行何如，曾有所遇否？鳳公爲道始末，皆驚爲神勇。天色漸白，家家爭延公爲上客，鳳公因有要公在身、不得久留、與村人話別，言明他日回程當來叨擾衆鄉親。斯行爲鳳公四女日後找到歸宿，即是村大戶莊主某某之子也。

戊、連生八子

鳳公在鄉開館授徒，拜師習藝者川流不息。個別教授、集體練功。年齒老小兼容。一日正練功蹲馬捽手，鳳公忽聞百十尺外呻吟聲，命丫鬟甲往探，報以丐婦甫生一兒，臍帶未斷，狀似甚危殆。公請產婆並闢一室安置乃婦，煮酒沐浴更衣，調養月餘，乞婦有姿色而體健，是兒亦紅潤活潑。拜別鳳公，丐婦忽哭謂鳳公曰兒隨我行乞，長大亦一乞兒，願留兒獲恩養。唱蓮花落自彈弦索，聲淚俱下。鳳公年三十餘，配楊、曾二女數年，膝下猶虛。聞歌亦欷歔！遂贈白銀百兩，丐婦斂衽而別，不知所終。兒即學鳳公長子道元也。因是子之來似帶動胎氣，楊、曾二女競相乳子，採納秀才陳濟堂建議：以易經乾卦卦辭元、亨、利、貞爲序依次命名，鳳公五世單傳，以爲四子已足。第五子之生，湯餅燕時、秀才口吟榮、華、富、貴。是鳳公育八子也。道富胎死腹中，乃楊、曾二女仙逝後接腳溫氏所懷。八子更名百運，鳳公已是一古稀高齡健康老人矣！道元非親生、立年後外出未歸；道亨曾長新加坡英國錫礦總經理；三子道利、得鳳公眞傳。鳳公常嘆阿三頭不適習武、忠厚有餘，戒心不足。果然一次競技場中已勝對方，收功拱手下臺時，失敗者以肘撞擊道利胸肋，斷肋二根，忍痛接受勝選歡呼後，回家自行調養、不敢告知老父、及至垂危，仙丹妙藥已不能起死人而肉白骨矣！於惑年往生鳳公孫保生懷抱；四子道貞十九路軍解散後旅居南洋，今子孫已爲馬國及巴西公民；道榮陸軍官校三分校畢業，服務海豐縣爲警長，一九四八年爲國捐軀；餘子道華、百運碌碌守祖業。

銜膽棲冰，一屆不逾矩、一已過知天命之年矣！

己、蹲馬與鳳眼手

鳳公常示人散功之一——鳳眼手，其用無窮。其法大姆指輕抵住食指，食指略彎曲、餘三指、中指、無名指、小指輕扣，即成可虛可實之名拳。拳術中一切變化、提綱挈領、薈聚精華、能味出其無窮變化，一切武功祕奧盡在其中矣！鳳公常謂：刀劍斧鉞不足畏，空拳可以出入其中，先學閃躲才能立於不敗之地、而後長拳短踢、經丈地盡可予取予求也。蹲馬乃武功入門，初習者之必經，一蹲數小時、不祇腳五趾抓地、即腳心腳跟亦能吸地，才能穩立如山。坐馬移動，屋震地搖。傳說有人於宴席間試以朽凳招待鳳公入席，杯觥交酬，賓主盡歡，主人已忘設詐試探始末。席終移地奉茶，坐凳完好如初，其家小兒無知，欲取桌上餘餚，爬上是坐、應聲折斷，小兒仆地，鳳公回頭一笑，主人長揖至地謝罪，鳳公不以爲意也。今物換星移，鳳公鸞駕迴轉瑯嬛福地已有四十七年矣，平生以跌打藥丸活人無算，教人習功健身亦無算，晚歲雖處多艱而無怨，祝禱鳳公之必獲人天福報、榮名永垂，子孫常保封樹，用式我祖德也。

裔孫林漢仕南生原籍廣東省蕉岭縣白馬鄉長潭村倉樓下，客寓台灣台北市溫州街七十九號三樓之一恭序於二〇〇一、十二、二

尚存鼎震艮渙等十卦亦已脫稿審愼校對中，明年應可付梓。易經六十四卦傳註疏箋評議工作將可暫告一段落。兒子林湛化學工程師，甫娶得嬌妻詩盈歸，亦不忘讀書，並叮嚀乃父

多饗用人間烟火，寫些我輩能讀，可讀、願讀所謂「中邊皆甜」的論孟輯評、庶能廣被受用並流通。兒子之言能無聽乎！俟諸他日如何？漢仕又及。

䷦ 蹇（水山）

蹇，利西南，不利東北；利見大人；貞吉。

初六，往蹇來譽。
六二，王臣蹇蹇，匪躬之故。
九三，往蹇來反。
六四，往蹇來連。
九五，大蹇朋來。
上六，往蹇來碩，吉。利見大人。

䷦ 蹇，利西南，不利東北；利見大人；貞吉。

彖曰：蹇，難也，險在前也，見險而能止，知矣哉！蹇利西南，往得中也。不利東北，其道窮也。利見大人，往有功也。當位，貞吉，以正邦也。蹇之時用大矣哉！

象曰：山上有水，蹇，君子以反身修德。

鄭玄傳彖：往得中也。　中，和也。（釋文）

王肅傳彖：中，適也。（釋文）

陸績：水在山上，失流通之性，故曰蹇。水本應山下，今在山上，終應反下故曰反身。（正義（補））

王弼：西南地，東北山。往則濟。爻皆當位履正，居難履正，正邦之道也。故貞吉也。

孔疏：蹇難，西南平易方，東北阻礙所，去就之宜如此。惟有大德之人能濟衆難。居難不守正不得吉。

李鼎祚引虞翻：觀上反三，坤西南。五坤中，坎月生西南故利、得中得朋也。三艮東北卦，月消于艮，喪朋也。離爲見、大人謂五，二得位應五故利見、五當位正邦故貞吉。

張載：蹇之世，大人乃能成功。見險能止、然不可終止，而己見大人之德，進順致養之地則得其中，若退守艮止則難无時解，故不利東北，其道窮也。

程頤：西南坤地順，東北艮山險。蹇難時利順、不利止險。蹇難時必有聖賢濟難，故利見大人，濟必以太正之道而堅固其守，故貞則吉也。

蘇軾：艮東北、坎北、難在東北。西南无難之地故利，君子將有意乎？爲初三四上言也。若大人則不然，五不擇地而安，立險中能正邦，得見斯人、往其有功，上六當之。

張浚：二陽陷重坎中。君心昏於內、百姓困於外。君子不爲時蹇而亡利天下心，惟力行其貞而已！往西南明中、東北晦窮，大人指五得中。能已天下之險而濟蹇。

張根：文王與紂之事，所謂往來之義如此。利見大人，呂望之事。傳彖：睽蹇皆君子用權之時：睽以柔得中，蹇以剛得位，此所以或言小事吉，或言利見大人也。

朱震：坎險在前、艮止不進，合兩體言蹇。離目見險能止，兼互體卦才言。四坤西南體順、坤衆、五中故利。艮止東北方、順時以待故不利、道窮也。二利見五大人，正六四坤邦國。邦正天下正。初不正、蹇之所由生也。

鄭汝諧傳彖：利見大人指五。不利東北利西南指遇險者。五剛中居尊，濟天下之險，故五位險中而曰當位正吉，以正邦也。不自處於險。烏能濟險哉！少康以難而興夏。

李衡引虞：二得位應五，五多功故往則有功。西南坤順、東北山止。順通止窮。　引胡：聖賢治天下之蹇，致民於寬廣、生育之地不納之險阻，使民愈困也。　引張簡傳象：雲漢宣王治蹇之詩。

楊萬里：處蹇之道、曰靜曰動二。濟蹇之道、擇避才德四。擇坤西南平地利往。避艮東北坎正北皆峻阻也。才謂才大才經天下，无德必失。蹇時非小難小才小德可用，故曰時用大矣哉！

朱熹：足不能進行之難。艮下坎上、見險止故蹇。利西南平，不利東北險阻。必見五剛中正大人，又必守正然後得吉。蓋見險貴能止、又不可終於一處。險利進而不可失其正。

項安世：二上得五、坎變坤而蹇平故利西南。若艮止則无出蹇期故不利東北。其道窮也。二見九五大人則有平難之功。二三四五上皆當位，粹然皆正象故當位貞吉。

趙彥肅：陽施陰爲用，陰得陽爲美。西南陰、東北陽。坤陰東北喪朋，終慶得陽也。蹇陽在險利西南陰通，不利東北偏陽。曰見險止又利見，曰不利又曰當位，易之變如此。

楊簡：坎正北、艮東北蹇，不蹇者其西南乎？大人有大德而在位之稱。見大人可以得位正邦，故曰貞吉。衆人安危利災，聖智不然，孔子因象發其義。西南有中象。

吳澄：行步艱難、險在前止不進爲蹇。占初東三南四西上北、蹇解行者利往來西南，不利東北二方。九五大人、二在下正應往見則利，二三四五上當位、正主事而吉也。

梁寅：西南平易、坤方也；東北險阻、艮方也。九五變則爲坤而出險矣，豈非利乎？方出險、若入東北又入險矣！在下者利見九五以共濟。蹇道利正、自二以上皆得正、是亦貞道也。

來知德：蹇、難也。文王圓圖艮坎皆在東北。若西南則无難矣。所以利西南。大人九五也。舊註西南地、東北山，不知文王卦辭與解卦相綜也。

王夫之：初上柔、有始終畏愼不欲遽行之象。蹇非不行、行後見其蹇。西南高山危灘之鄉，行者必畏愼，利東北青兗衍博之地可快行忘蹇故不利。九五大人剛中故利見。貞吉統一卦言。

毛奇齡：坎險在前，艮止不進、如跛者艱于行，故蹇者難也。履險非跛者事，柔不利遠，剛能出險、三五同功，坎德智可擇西南之利。坎月生西南。艮南北、月消于艮故不利東北。剛強救東北之窮，大人以濟蹇爲有功。

折中引范仲淹曰：蹇止乎險中、難未可犯。　龔煥：蹇見險能止得名。然事無終止之理故利西南、利見大人以濟蹇。　案：西南、西方南方退後，東方北方進前、陽進陰退。

李光地：止於險者、行之難也。東北陽居先、西南陰居後。蹇時見險而止故利於處後，不利爭先。又必見大人後可濟險，固守其正、俟時而動、吉之道也。

李塨：蹇說文跛也。如跛者艱于行。乾畫入西南坤位、得中行順、蹇以濟。東北艮山峻阻。九五大人、當尊位而得貞。邦國大難皆可正之。　傳象行有不得反而自修。

孫星衍引集解鄭康成曰中、和也。王肅中、適也。　正邦、釋文引荀陸本作正國、爲漢朝諱。
　傳象集解引陸績曰水在山上失流通性故曰蹇。水本應山下反下故曰反身。

姚配中案：西兌南離，西南坤，水蹇於山，還反地……得地而流，故利西南。東北艮仍是蹇，故不利東北。　案虞注初之正成既濟。案象注：坎水反下則在地上、蹇初反成既濟。

吳汝綸：蹇謇通。西南外卦，東北內卦，利西南謂陽爻上至九五，故彖曰往得中也。不利東北陽爻居下卦之終，故曰道窮，謂九三也。

丁壽昌：說文蹇、跛也。从足寒省聲。案本或作謇同。徐鼎臣曰今俗作謇、非。大徐以謇爲俗、甚謬。案荀見險止故道窮。虞曰離見、二得位應五故利見大人。五當位貞吉。

曹爲霖：金谿陳氏曰九五大人爲六二所利見。君臣之位各正、乃所以正邦也。如唐郭子儀佐廣平王收復兩京、請元宗還京師，叶斯象矣。

星野恒：蹇難、足不能進也。卦變與解相錯、西南坤方、中坎變爲坎，東北艮方居五而中故利西南、不利東北。易險不止失身、見可不進失時。行藏隨宜、此蹇之用也。

馬其昶：劉晝曰利西南、就土順也。不利東北、登山逆也。昶案利西南利得朋而往，不利東北喪朋而止也。得朋則往坎中濟九五大蹇、止非不進、艮東北喪朋而止反身修德。

楊樹達：〔魏志鄧艾傳〕艾伐蜀夢坐山上有流水、問曰山上有水蹇、繇曰利西南。孔子曰「往有功也。不利東北，道窮也。」往必克蜀、殆不還乎。

劉次源：足欲進而裹繭。伏否行蹇。西南坤方平衍、東北艮坎峻險，往西南爲出蹇、東北是以蹇行蹇、蹇愈甚矣——五中正大人是以利見。守正乃吉，不可徼幸行險也。

李郁：反省卦。小過四之五成蹇。橫逆之來、咎不盡在他人。孟子自反而縮。雖千萬人吾往矣。直道何懼！西南外卦、東北內。三宜進上九不宜止三。五不動故利見。

徐世大：漢石殘經字作蹇。說文訓跛。有障礙之事業。譯作：難行，西南方利，東北方不利。宜見大人，堅定則吉。可知蹇在東北而望西南之朋有以解救之也。

胡樸安：蹇說文彼也。亦作謇。古不分。諸侯來決平之卦。文王之國在諸侯之西南、利往訴之。殷紂之都在諸侯東北、不利往訴之。大人謂文王、利見文王其事吉也。

高亨：筮遇此爻，有所往利於西南，不利於東北。又利見大人。又此卦爲吉占。

李鏡池：蹇多解爲難，訓跛。這是商旅之占。从對立說。利西南，不利東北。利見大人與貞吉均爲另占附屬。

屈萬里：蹇，說文跛也。熹平石經作寋。東北、殷所在，西南、周所在。故易多以西南爲利、東北爲不利。　傳彖邦，釋文荀陸作國、爲漢祖諱。坎在上、艮爲止。

傅款樸：說文蹇、跛足。故取其不利行。卦象遇險止。通過險。相度地形、西南坤平地有利；東北艮山險峻走不利。用大德之人去解決險難，循正道守貞不變必然吉。

金景芳：序卦睽乖蹇難。說卦講坤西南艮東北是有根據的。折中西方南方我不同意。王弼西南地、東北山。我看講法好。程傳凡處難者必在乎守貞正，若入邪濫、雖苟免、亦惡德也。知義命者不爲也。

徐志銳：見險知險、能止不冒險。非才德之士難作到。效法坤道、遇事不爭先。西南屬陰即行柔順之道爲有利。大人九五剛健得中，審時度勢必能成功。有時利用它增強團結、上下齊心故贊嘆說蹇之時用大矣哉！

張立文：蹇（蹇），利西南，不利東北。利見大人。貞吉。譯：蹇，利往西南方向去，不利東北方向去。利於見大人，占問則吉祥。　注：蹇爲蹇的假借字。說文蹇、走貌。蹇、跛也。跛足而走，當有困難。訓難較合易經原意。

林漢仕案：八卦以象告。是故易者像也。聖人設卦觀象，從而知變化、失得、憂虞、進退之象。故君子居則觀其象而玩其辭、動則觀其變而玩其占。聖人立象以盡意，前賢於是乎有著力上水下山，失水流之性故曰蹇。孟夫子不亦曾言之乎：人無不善，水無不下。今夫水搏而躍之、可使過顙，激而行之，可使在山，是豈水之性哉！其勢則然也說。然則陸績等之「水本在山下、今在山上、失流通之性。」正孟夫子之「人之可使爲不善、其性亦猶是也。」邪？　繫辭言「知者觀其彖辭則思過半矣。」蹇卦彖辭云：「險在前、見險能止、知矣哉！」斯象之見也。又在八卦地水大風外、擴大其象意之坎水爲溝瀆、隱伏、弓輪……猶不足以盡說卦、於是乎有諸家逸象：坎爲艱爲蹇爲狐爲災疾……之補充。「八卦以象告」之意、從而可以觀其象，玩其辭、家家立說皆入理矣！荀子之「約定俗成謂之宜。」易家就在說卦及諸家逸象中找到合理之易義，「持之有故，言之成理矣！」

「蹇」從文字上探索：蹇、跛也、不順也。又作謇、難也。與蹇同。謇字作謰、或作謇。讓。高亨謂當訓直諫。石經作謇、亦難也。　張立文帛書作蹇，自注蹇假借字。說文𧽘、走貌、从走蹇省聲。是蹇本意爲跛、爲不順、爲難也。雜卦蹇、難也。序卦睽者乖也，乖必有難、故受之以蹇、蹇者難也。因序、雜卦之逕言蹇、難。彖亦開宗明義遂點出蹇，難也。並解說所以難者處之之道。易經所以爲君子謀者、明示汝不可行險以徼幸也。度時量力、知己知彼、屈之必有伸之期。彖言蹇之時用大矣哉、從反面激勵蹇者之內自省、不屈於環境氣氛之不順、跛腳之不利行。心志之用大矣哉！象之反身修德、是千百門中之一環扣也耶！若夫破釜沉舟、一憤以亡身、鳳雛落鳳坡下死、千萬人吾往矣勇則勇矣！可以死、可以不死、死則無以竟未了之志、且傷勇也。故千千萬萬難中、標明乃水山之蹇難。舒解之道、賢者內自省之餘、循卦辭可得無窮之妙方也。茲分敘易家之卓然高見、以明卦辭指麾：

蹇之訓難也、跛艱于行。與謇通、高亨謂借爲謇、訓直諫也。徐鼎臣曰俗作謇、非。大徐以謇爲俗、甚謬！胡樸安蹇說文𡯌也，亦作謇。徐世大漢石經殘經作寋。知蹇、謇、騫經傳之訓皆言難也。蹇爲走貌。蹇、跛也、不順也。謇或作謇、謇、寋、與蹇同。見諸經傳也。

蹇、利西南、不利東北者：

彖以往得中、所以利西南；不利東北、其道窮也。

鄭玄傳彖往得中。中、和也。　王肅：中、通也。

王弼：西南地、東北山。往則濟。

孔穎達：西南平易方，東北阻礙所。去就之宜如此。

虞翻：坤西南、坎月生西南故利。得中、得朋也；艮東北、月消于艮、喪朋也。順通止窮。

張載：進順致養之地則得中，退艮止難无時解故不利。

程頤：西南坤地順，東北艮山險。利順、不利止險。

蘇軾：艮東北、坎北、難在東北。西南无難之地故利。

張浚：往西南明中、東北晦窮。君子不爲時蹇亡利天下心。
張根：文王與紂之事、所謂往來之義如此。
朱震：四坤西南體順、坤衆。艮東北方。順時以待故不利、道窮也。
鄭汝諧：不利東北、利西南指遇險者。不自處於險、烏能濟險哉！
李衡引胡：聖賢治天下、致民寬廣生育之地、不納之險阻、使民愈困也。
楊萬里：坤西南平地利往、避東北峻阻地。
朱熹：利西南平、不利東北險阻。險利進不可失其正。
項安世：坎變坤而蹇平故利西南。若艮止則无出蹇之期，故不利東北。
趙彥肅：蹇陽在險、利西南陰通、不利東北偏陽。陰得陽爲美。
楊簡：衆人安危利災、聖智不然。不蹇者其西南乎！西南有中象。
吳澄：占初東、三南、四西、上北。利往西南不利東北。
梁寅：九五變坤出險矣，豈非利乎。若入東北又入險矣。
來知德：文王圓圖艮坎東北，若西南則无難矣所以利。舊註西南地，東北山，不知文王卦辭與解卦相綜也。
王夫之：西南高山危灘之鄉、行者畏愼，利東北青兗衍博之也、可快行忘蹇故不利。
毛奇齡：坎月生西南、坎德智可擇西南之利。月消于艮故不利東北。剛能救東北之窮。
折中引龔煥：見險能止、然無終止之理故利西南。案西方南方退後、東方北方前進、陽進陰退。

李光地：東比陽居先、西南陰居後。利處後不利爭先。

李塨：乾畫入西南坤位、得中行順。東北退山峻阻。

姚配中：水蹇山上反地、得地而流故利西南。艮仍蹇故不利。

吳汝綸：西南外卦、東北內卦。利西南謂陽爻上至九五。不利東北謂陽爻居下卦之終道窮、九三也。

丁壽昌：荀見險止故道窮。

星野恒：卦變與解相錯、西南坤方、東北艮方。居五而中故利西南、不利東北。險不止失身、可不進失時。

馬通伯：利西南土順、不利東北登山逆也。案得朋往喪朋止也。

劉次源：西南坤方平衍。往出蹇。東北艮坎峻險是以蹇行蹇、不可徼幸行險也。

李郁：西南外卦、東北內。孟子曰自反而縮、往矣！

徐世大：蹇在東北而望西南之朋有以解救之也。

胡樸安：殷紂在諸侯東北、不利往訴。文王西南利往。

高亨：筮遇此爻、有所往：利西南、不利東北。吉占。

李鏡池：从對立說：利西南、不利東北。

屈萬里：東北、殷所在，西南、周所在。故易多以西南爲利、東北爲不利。

傅隸樸：西南坤平地有利、東北艮山險峻走不利。

金景芳：王弼西南地、東北山。我看講法好。折中西方南方、我不同意。

徐志銳：西南陰、行柔順之道爲有利。坤道不爭先。

張立文：利往西南方向去、不利東北方向去。

綜讀彙集利、不利上文所敘、似乎隱然發現易爲君子謀也者、亦一圈套、一陰謀也乎？從卜筮上下交相迷信之中、浸潤之譖、膚受之愬風行天下、貫穿古今矣！天下人之不明也久矣！豈其文王繫辭焉蠱惑天下來就我背紂爲有利邪？文王行事也夠卑劣矣！三分天下有其二、政治滲入鬼神信仰中潛移默化、人民忠誠度遂受浸潤之愬行焉而轉易、孔子亦西瓜偎大邊、不察其邪、郁郁乎文王之讚、不足服人口、亦不足服人心矣！又況天下後世悠悠之口、心邪！曹操之答昆弟夏侯氏之勸進、「吾其爲文王乎！」習鑿齒之漢晉春秋、朱熹之通鑑綱目以蜀爲正統。阿瞞膽敢況文王、俟子丕之繼統如武王滅紂。其姦其詐、前王後王、典型在宿昔矣乎！三國演義、厚黑學之流通、曹氏心之不黑、人不目其姦者非我族類矣！「文武之政布在方策」、不祗欺多數人於永久、亦欺天下後世賢聖豪傑也。說從張根文王與紂事。胡樸安之殷紂在諸侯東北、文王在諸侯之西南利往訴之。屈萬里亦以東北殷所在、西南周所在、故易多西南爲利、東北爲不利。不利東北、利西南之卦辭獲得解釋，衍生一千古疑案，晉文公伐原示信亦師法文王乎？「導之以政、齊之以刑。」亦仁政之必經乎？民信可市得、信有價矣！吾故不以巫文王西南利說卦爻辭之賢者爲是也。然則據文王圓圖利西南坤、不利東北艮。王弼以下易家多遵斯說匙能超越、易六十四卦中、蹇解卦辭「利西南」同、坤卦更標明西南得朋、東北喪朋。得喪之間利、不利甚明。以坤地平易順、艮山險峻難行之說又居多數。王夫之以從另外一角度說難易。蓋本亞聖「生於憂患死於安樂」者耶？王說西南高山危灘、行者畏愼，東北衍博之地可快行忘蹇故不利。將孔穎達西南平易方視爲西南高山危灘、艮東北爲衍博之地，一大平原也故可快行。危灘故戰戰兢兢，衍博弛志故不能獲免死於安樂矣！王船山先生就中國地理言亦無不是也。楊簡之衆人安危利災、聖智不然說。似乎引孔子因象發其義也者、正不知道聖人厲民之義所出也。楊謂衆人安於危災之地艮東北、如煮青蛙悠哉優哉赴死而爲安爲利、不知擇西南不蹇之地。若聖智則舍東北艮而居安西南坤矣！視義之以比、自反而縮爲無物矣！如此聖智與匹夫匹婦不多讓也。如何易爲君子謀哉！

吾謂孔穎達云：「去就之宜如此。」者、明示西南安、東北阻。據斯去就之義可立斷也！然有阻不得不往，安不得不舍者，義也、宜也。林漢仕以爲朱子常用語云：「占者宜如是也。」或「其占如此。」「占者當如是也。」釋利西南、不利東北；利見大人。蓋占者當如是也。至利見出蹇否、從往來蹇譽、往來蹇連、往來蹇碩看、上六著一「吉」字、囑以「利見大人」、似乎萬千難事、經過種種洗鍊，難將過，新境界將見大人后呈現利之也。苦盡甘來矣夫。

初六，往蹇來譽。

象曰：往蹇來譽，宜待也。

鄭玄：初宜待時也。（釋文）

王弼：處難始，覩險而止，以待時，知矣哉！故往則遇蹇，來則得譽。

孔穎達：往則遇難，來則得譽，能見險而止故曰往蹇來譽。

李鼎祚集解引虞翻：譽謂二。失位應陰，往歷坎險故往蹇，變得位以陽承二故來而譽矣！

張橫渠：蹇難之際，用心存公，无所偏係，故譽美可獲。

程頤：六居蹇初，上進爲往則益，不進爲來，止不進是有見幾知時之美，來則有譽也。　傳象：蹇往則蹇，蹇終則變，故上六有碩義。

蘇軾：初六涉難未深而遽反，不待其窮，是以有譽也。

張浚：前有重險爲往蹇。伯夷太公晦跡東海，惟德修身，初處艮下、前遇坎險、宜待時、待君求也。德修非爲己，將畜以行天下也。

張根傳象：待時之謂。

朱震：初有險在前，知不可往來而止，安時處順，待可而動、有見幾之譽。往蹇來譽、宜待也。伯夷太公居海濱以俟，若先時而起，則愈蹇矣！

李衡引牧：難作之始、以陰處下、自度其德，未可手排難，能止于下。往无應入蹇，來則遠險、吉之先見者也。

楊萬里：初逢難之始，不幸也。在下无位，進必罹殃，來退則保其譽，宜靜退待時之平而已！獲譽亂世，不若无譽之安也。名可聞、身不可得見。此管寧之徒與？

朱熹：往遇險、來得譽。

項安世：初六遠於險而先來，有知幾之神、合彖辭所謂智。是以有譽，宜待也。鄭康成作宜待時也。初有往有來。

趙彥肅：來對往吉還鄉位爾。坎在上故往蹇，能來故有譽。蹇之爲言舉足艱也。

楊簡：坎在上故以遠險爲善。往陷於險、來則獲譽，蓋往者見利、來者不動於利故譽。往蹇來譽則宜待也。

吳澄：蹇跛時近取比爻、宜來不宜往，初六最下无可來，六二中正有譽、往比三則近上體之險、比初則去險遠可保其譽。

梁寅：言朋來者來助九五也，往者去九五而不助之者也。初往蹇來譽，言去五則益蹇，來助則有譽也。

來知德：往來者進退也。譽者有智，進入坎、來不進艮止。六非濟才故有往蹇來譽之象。占遇此亦當有待也。

王夫之：出行曰往、退自正曰來。初上不欲行、三四初上始出者故皆曰往蹇。舊說往入險中、未是。初柔靜退无行意，中四爻之美皆歸之，不期譽而譽自至矣。

毛奇齡：夫剛柔往來，泰否首發其義，蹇復仍之，自二至上皆有往來，初無、乃預設一往來象：以爲往無不蹇，二多譽、乃來譽、然未來也。宜待也，蓋設詞也。

折中引朱子語類：往來程傳說得極好。今人或謂四來就三，三往蹇、來反是來就二，上六來碩是來就五、亦說得通。　引柯楷：往來皆就本爻，來止本位也。傳所謂智也。

李光地：以柔居蹇初、處後得西南之義者也。蹇未深故有譽。

李塨：初爲東北、艮卦之始，往則蹇矣。惟來處待二之合。二譽即我譽。同濟時艱乃宜耳。

孫星衍引釋文宜、待也。張本作宜、時也。鄭本宜、待時也。

姚配中案：睽化蹇、蹇化睽、一往一來互相因也。往蹇成乖難，言睽；來譽、自睽化來。睽而復合，非失過即失不及，然不害合。故雖失正而來譽。時至則初化既濟。

吳汝綸：往來謂動靜也。歸熙甫曰以往來爲文，蓋觀天下之變而審處之。

丁壽昌：釋文宜、待也。張本宜、時也。鄭本待時也。當從鄭本。時尤韻。　蘇蒿坪曰艮爲言，有譽象。

曹爲霖：金谿陳氏曰往外爲往，指東北，言來內爲來、指西南。爻往見險、來乃得譽。如劉備尊獎王室、罔失臣節，及魏篡漢、備乃即帝位，其事類此。

星野恒：陰居下無援、進益入于蹇。蓋君子居易以俟命，小人行險以儌幸。與其昧分冒進，孰若素位保令名。君子之道常如此。

馬通伯：趙汝楳曰待時而往、非終止不行。歸有光曰以往來觀變而審處之。張履祥六爻同心濟蹇。其衵案五卦主，諸爻所當止，初无應、止而待時、其來愈有名譽之美。

劉次源：世方多難、挽救宜力。坎在前、往必蹇、初柔靜遠險，藏器以待、不失明哲。止其所、明于知幾、譽是以擅。扼時勢、往无益也。

李郁：初變成離、有黼黻文章之美、慶譽交至故曰來譽。傳象：謂宜待。初六不必動、視六四變剛否。

徐世大：去難行，來有名譽。六爻中四舉往來。蓋往東北致蹇、有望西南朋來得解。純個人處境言也。

胡樸安：往蹇者、就文王決平而往也。來譽者、就文王決平、必能各其情、歸來有善譽也。諸侯有訟獄不能自決、待文王而決，故象曰宜待也。

高亨：蹇借爲謇。說文無謇字。余謂謇當訓直諫也。从言寒省聲。本卦皆借爲謇。言我直諫於君而人譽我也。

李鏡池：譽从與，義同与、䢰、懙。安行也。　這是說商人出門時難行，回來時卻安舒。由難變安。

屈萬里：譽、安樂。傳象宜、待也。張本宜、時也。鄭本待時也。待下有時字、是。與六二象傳叶韻。

傅隸樸：初失位不得四應。行不得之徵。知險即止、有此先覺回來、人便讚譽他，故來譽。繫下二名譽。

金景芳：初六不往爲好。往有困難、有坎險。若來就好。程傳來者對往之辭、上進爲往、不進爲來。講得挺好。何楷初去險最遠、其止最先、傳所謂智也。是王弼的話。

徐志銳：初柔爻无濟蹇才能，故言「往蹇」。不往居本位不動，說明初六「見險而能止」守坤道的智者、因此獲得了榮譽。象往蹇來譽、宜待也。待時而往深得卦義獲智者美譽。

張立文：初六，往蹇（蹇）來輿（譽）。　譯：初六、出門則遇到困難，回來卻得到榮譽。

林漢仕案：孟子以水無不下喻人無不善。然則搏躍過顙、激行在山、非水之性明矣！今夫水在山上、正激而行之、非水之性也。蓋亦一時之耳！故序說卦與彖皆謂蹇、難也。初六之往蹇、則知往必遇難。爻辭所謂往來，依習慣六爻往謂進上、來謂反下、退也。進故上往，來則下退。進退可以指應與无應、蹇則初四无應、二五、三六應而无應。朱子言上六往无所之，吳澄謂上六最外、有可來無可往。楊萬里云初四三上不許往。然則初爻亦應有所往無所來邪？吳澄說初六最下无可來也。前賢有見於是、於是創造出「上進爲往，不進爲來。」折中引朱子語類、盛讚「往來程傳說得極好。」金景芳亦挺程頤「不進爲來，講得挺好。」來知德謂「往來者進退也。」不知初六如何退？退回睽卦上九？似無可退也，帛書不依序卦次第排列，然則有天地然後萬物生焉者、乃傳卦前賢治易手法之一也。上六蹇最外爻亦有可來無可往也——吳澄說。朱子云卦極、往无所之。傳隸樸言若再往，又啓另一蹇難、故曰往蹇。程子謂陰居蹇極而往所以蹇之。言初之本无所來、特不往爲來耳。項安世頑皮、效程子語氣云「六无所往、特以不來爲往耳」。古往今來舍金景芳氏「我看挺好」附和項說外、別無影響。是程子亦覺出此一步而往、所以蹇也！往來一詞耳，不往爲來，不來爲往，猶言「按步當車、晚食當肉。」無車無肉乃實情，個人心境之愜足，不能語人曰吾有車有肉之待吾乘、待吾噉也！謔戲之言可耳。是易家別出蹊徑處此爻位往進來退、不能進退時有點迷貿、茲輯古往大家往來說類分如后：

上進爲往則益，不進爲來有譽。（程子）往來程傳說得極好。（朱子）

前有重險爲往蹇。（張浚）往无應入蹇。（李衡引牧）坎在上故往蹇。（趙彥肅）坎在前、往必蹇。（劉次源）

初六最下无可來。二比初可保其譽。（吳澄）

初往去九五不助益蹇，來助九五則有譽。（梁寅）

往來者進退也。進入坎，來不進艮止。（來知德）

出行曰往、退自正曰來。舊說往入險中、未是。（王夫之）

預設一往來象。以爲往無不蹇。（毛奇齡）

往來皆就本爻、來止本位也。（折中引何楷）

睽化蹇、蹇化睽、一往一來互相因也。（姚配中）

往來謂動靜也。歸熙甫曰以往來爲文、蓋觀天下之變而審處之。（吳汝綸）

往外爲往指東北、來內爲來指西南。（曹爲霖引）蓋往東北致蹇、有望西南朋來得解。（徐世大）

往蹇者、就文王決平而往也。來譽者、就文王決平、必能各其情、歸來有善譽也。（胡樸安）

商人出門時難行、回來時卻安舒。由難變安。（李鏡池）

初不得四應、行不得之徵。知險即止、有此先覺回來。（傅隸樸）

初柔爻无濟蹇才能，故言往蹇。居本位不動，待時而往。（徐志銳）

金景芳謦程子上進爲往、不進爲來。講得挺好。爻辭著明往蹇來譽。六爻中四舉往來文：初六、九三、六四、上六。九五單舉來字。古早先賢之所以不碰斯二字者、蓋硬攤進上爲往、退下爲來、初則最下无可來、故泛指往遇難、來得譽、留想像空間讓後世讀者自由塡白也。爲學如積薪、後來居上。程朱以降、易家闢前賢之未墾、於來處著墨甚豐、來本无可來、今謂來：

不進爲來。　來不進艮止。　艮自正曰來。　往來皆就本爻、來止本位也。

二比初有譽。

初助九五有譽。

預設一往來象。

睽化蹇、蹇化睽、一往一來互相因也。

往來謂動靜、以往來觀變而審處之。居位不動待時。

來謂西南、有望西南朋來。

來就文王決平。

回來。　知險即止、有此先覺回來。

初无位而陰居而賤也。易爲君子謀乎？易祇演繹易理、各就其時位論吉凶、在乎卜者之自由裁量以成其道理乎？城濮之戰、晉侯夢與楚子搏、楚子伏己而盬其腦。是以懼。子犯曰吉、我得天、楚伏其罪、吾且柔之矣。子犯權言答夢、以壯文公怯志。晉遂敗楚而霸。子犯表裡山河、必無害之戰志已立、神必佑自助者、鬼神以人實親、皇天惟人是輔也。非德不和、神其吐之、乃爲今國所勝後補言神觀其惡、神降以監其德。以爲勝利者得天得神、有其德之佐證耳。舌燦蓮華、勝口又勝心、看來由心儀一方自由定奪。故初爻之「來譽」：可以二來比初變得位陽承二有譽，可以初助九五有譽。可以西南朋來。甚至仍由蹇初再回所從來路睽、一往一來互相因也。不進爲來。就本爻來止本位也可以來。或憑空造一往來象。造一來就文王決平故事，歸來有善譽。　就詞性上言、往來對等詞、無主從之分。爻辭明確示人往蹇、來譽。與其泛指連用如「往來無白丁。」「往來成古今。」「六道中往。」往來或蹇或譽、乃初六爻位所須承擔者。比應陰陽給卦爻辭卜充份彈性運用，配合解說。若以卜者言、初是初、二是二、時段不同、各自獨立承受其吉凶悔吝也。初爻既上無應與、最下爲無可來之位、而猶云往來者。則往來有蹇有譽也，往來進退間是難是跛、是譽是樂各佔一半、有難有樂也。斯一「來」字、與往來無白丁。往來成古今之來，不必執爻位之進退述往言來也。則蹇難時初位時段雜以憂喜，難樂交集。初六往蹇來譽者、其此然乎哉？

又蹇子、高亨云借爲謇、說文無謇字。當訓直諫。本卦借爲謇、言我直諫君而人譽我也。其爲關龍逢乎？其爲伍子胥乎？以初時位言又期期不可忠貞直諫如是也。

又譽字、李鏡池云義同与、惥、安行也。屈萬里云安樂也。　字書譽：善也，美也，樂也，猶豫、古字通。然則蹇難、譽豫，有難有豫也，往來難豫皆有也。凡人苦多樂少、或憂喜參半。初、凡人也，佛氏之所謂生老病死爲苦、愛別離苦、怨憎會苦、求不得苦、五陰熾盛苦。八苦之來、因爲有身也，身爲苦本。故要了生脫死。凡人樂生忌死、故生則憂樂相隨。往來其中、蘇軾氏之謂視勢之可否以爲「往來」之節。是往蹇來譽之文、象言宜待時也。即往來可待時也乎？

六二，王臣蹇蹇，匪躬之故。

象曰：王臣蹇蹇，終无尤也。

王弼：履當其位居不失中以應五，志匡王室，故曰王臣蹇蹇，履中行義，未見其尤也。

孔穎達：王謂五，臣二。六二志匡王室，涉蹇難而往濟蹇。故曰王臣蹇蹇，盡忠於君，匪私身故不往濟君，故曰匪躬之故。

李鼎祚集解引虞翻：觀乾爲王，坤爲臣爲躬，坎蹇，之應涉坤、二五俱坎故王臣蹇蹇。觀上之三折坤體，臣道止，故匪躬之故象曰終无尤也。

程頤：二止於中正，與五相應，爲中正之君所信任，故謂王臣。二雖中正、以柔才豈勝其任？所以蹇於蹇也。志義可嘉、稱其忠義不爲己也。

蘇軾：初三四上皆視勢之可否以爲往來之節、獨六二應五、君臣之義深矣！是以不計遠近；不慮可否、无往无來，蹇蹇而已，君子不以爲不智者，以其非身之故也。

張浚：君子不以蹇難不進！二柔中應五王、蹇蹇其盡瘁事國乎？言其心不一日忘乎蹇也。匪躬者君子蹇蹇以公不以私，以國不以身也。重坎爲蹇蹇，艮中前有重坎爲匪躬。

張根：比干之事。

朱震：五乾王、二坤臣。五險中、蹇也。二犯難濟五險，蹇之又蹇。目視下爲躬、五變坎匪躬之故。二柔志靖王室、忘身事上，聖人取其志義，所以勸忠藎也。

李衡引侯：五在坎中，險而又險。　引陸：蹇蹇者入難之深也。无剛德、徒有志不能排難。

引胡：二中正上應五。爲君爲民救天下之蹇。　引介：上下皆蹇，二五相與修德而難解，是以終无尤也。　引薛：難難相仍故蹇蹇。

楊萬里：初四三上、聖人皆不許往。二大臣、五大君正位。君臣不往濟難而誰當往？蹇蹇者非一難也。二之匪躬、不聞濟難，柔短才、聖人不尤之者、嘉其志而恕其才也。

朱熹：柔順中正、應上而在險中。故蹇而又蹇。求濟非以身故，不言吉凶者，占者但當鞠躬盡力而已，成敗利鈍則非所論也。

項安世：二守中節、專往向君而不回，故爲蹇蹇。不已之貌。雖吃猶言；雖跛猶行。五蹇君陷於險故大蹇，非二所能濟、在中相應、獨六二致其臣節、雖坎无尤也。
趙彥肅：義有不可雖王臣亦不輕往，君子許其知時，不謂其私己也。
楊簡：六二應九五君，見入乎蹇難之中，終不退縮，匪躬之故也，爲君也，苟徒爲其身而蹇之又蹇則沒於利也。安能免夫人之尤議！
吳澄：九五王、六二王臣。二往應五阻九三山爲蹇、阻六四水蹇而又蹇。四躬、二守中正不歸九四，故曰匪躬之故。子思子素患難行乎患難、不怨天不尤人、其斯謂與？
梁寅：二應五而己任事故但言處多難之地者、非爲其身故、乃爲王而已。二與三四互坎、有重坎象猶乾而曰乾乾，重坎而曰坎坎也。
來知德：王五臣二、外卦之坎王蹇、中爻坎臣蹇。匪躬者不有其身也。二當蹇難、主憂臣辱、故有王臣蹇蹇象。然二柔順中正、事君能致其身者、成敗利鈍非所論矣！
王夫之：蹇而又蹇愼之至也。二遇五剛健中正之君、可以大有爲，猶謙讓不遑。若急自試則愛君之名皆虛矣！柔與初合德、愼思補過、斯爲蹇道之純也。
毛奇齡：二臣位爲五君所用。本升巽剛易居五成坎，此蹇也。向使二剛不易則下互兌，今易成互坎，此又蹇也。曷故哉？無故也。以不有其躬而上之君，躬且不有、于人何尤？
折中引韓愈曰：蠱上九居無用之地、致匪躬之節，不事王侯、高尚其事。蹇六二王臣之位、高不事之心，則冒進之患生、曠官之刺興、志不可則！居時不一所蹈之德不同也。
李光地：蹇蹇如行路難而又難不舍也。諸爻皆往失來得。二五不然。傳不曰往得中、往有功乎？五大人、二應之、有濟蹇之責。居得中正、處蹇之道、辭與他爻異者以此。

李塨：二應五、王臣矣。王臣可以蹇辭乎？吃而猶言、跛而猶行，豈爲身故哉！以臣事君、義在則然、即才柔事險、成敗難必、亦何過焉。下艮互坎、蹇蹇象。

姚配中案：王謂五、臣二。文之君臣皆王臣。文王蒙難、蹇也，四臣從之亦蹇，故王臣蹇蹇。二得正應五，文王蒙難、非文君臣故、乃紂乖睽故匪躬之故。　案象傳：二五皆正，終能濟難，故无尤。

丁晏：說文蹇從足，徐鼎臣斥爲俗作謇非。案漢以來從古文多作謇。大徐以謇爲俗，甚謬。又案五經作寋，寋鄂謇諤。偃寋史記作偃蹇。李巡曰寋連，謇同，作蹇非。

吳汝綸：漢人引蹇蹇多作謇謇。一切經義引易謇難也。方言作寋。謇寋皆蹇之異文。

丁壽昌：程傳以未能成功、恐非經義。本義鞠躬盡瘁釋之，其義精矣。蘇蒿坪曰艮坤體有臣道。躬艮象、變巽故匪躬。按二至五互坎、蹇中有蹇，故蹇蹇。猶習坎爲坎坎也。

曹爲霖：左傳云其濟君之靈、不濟則以死繼之。武侯鞠躬盡瘁、死而後已，成則利鈍、非所逆睹。即象所謂終无尤者也。

星野恒：柔順中正、上應九五。致力蹇難、不有其身者也。蓋上有可仕之君、當竭心力、成敗利鈍非所論也。孔明之於先主是已。

馬通伯：韓愈曰二王臣高不事心、志不可則、尤不終无矣。胡瑗：冒險而進、救天下之蹇也。本義：鞠躬盡力而已，事雖不濟、亦无可尤。

楊樹達：〔說苑〕人臣所以蹇蹇爲難而諫君者、將欲匡君過、矯君失也。〔魏志〕少府楊阜見主非則怒。豈非所謂王臣蹇蹇者歟！〔群書治要〕柔不茹、剛不吐。正諫者也。傳諤諤者昌。

劉次源：外卦坎、二又互坎、蹇之又蹇。遭時雖非中心无忝、忠貞自矢。上正應五，盡力匡贊、出于至誠、終无悔尤。

李郁：五王二臣、艮躬。五不來二、蹇仍蹇故蹇蹇。五來艮失、二亡五亦失位、所以不敢輕動、非從爲全軀保身也。故曰匪躬之故。傳象得位相應、又何尤之有！

徐世大：使臣跛蹇難行。明釋致蹇東北，咎不在己。不是自身的緣故。

胡樸安：王臣謂諸侯。上蹇動詞，下名詞。諸侯歸決文王，各得其平，故象曰終无尤也。故、事也。非身事、國之事也。

高亨：蹇蹇借爲謇謇。言王臣謇謇忠告直諫，非其身之事，乃君國之事也。蹇皆謂臣直諫於君。

李鏡池：王臣處境難上加難，不是咎由自取，是環境所迫。詩經中的變雅抨擊時政、也是王臣處境困難的控訴。這可能是當日情勢，故特加插敘。

屈萬里：謇謇：忠貞貌。故、事也。言王臣不避艱難、盡心竭力者皆國家之事而非其身之事也。廣雅故、事也。

傅隸樸：二居中守正之臣故曰王臣、五剛正之君。蹇蹇謂難之又難。二柔弱之質、犯險拯五君、萬死不辭、故曰王臣蹇蹇、匪躬之故。二甘冒重難勤王、臣節上無瑕可摘。

金景芳：王臣蹇蹇是對九五說的。王臣蹇而又蹇，這是必濟蹇的。程傳：「志在濟君于蹇難之中，雖不勝、志義可嘉。」王弼說：「當位居中應五、執心不違、志匡王室者也。」

徐志銳：六二居中應九五。二爲大臣、當蹇難時、君主竭力濟蹇，大臣豈能旁觀！二柔不具濟蹇條件、力雖不勝志可嘉、也要冒險犯難。如此則不可受責備、无尤无過錯。

張立文：六二，王僕蹇蹇（蹇蹇），非（躬）之故。　譯：六二，王和僕兩者都有危難，但不因自身有難而不顧君王之難。（強調處難時的道德。）

林漢仕案：蹇蹇亡巳。師古注曰不阿順之意。特引易蹇蹇王臣。（見漢書循吏龔遂傳。）又蹇蹇、難也。（廣雅釋訓）又謇蹇、忠貞貌。（離騷：余固知謇謇之爲患兮注）。又蹇蹇、平直也。又驕蹇數不奉法注謂不順。蹇、難也，跛也，不順也。蹇蹇、李衡引陸謂入難之深也。引薛：難難相仍也。六二爻辭王臣蹇蹇。王弼、孔穎達以降、從志匡王室、盡忠於君。至王夫之蹇而又蹇、愼之至也。折中引韓愈曰六二王臣、高不事之心。其間差距南北東西、不可道里計也。茲誌易家如何安置六二之「歷史」地位：

象曰：王臣蹇蹇、終无尤也。

王弼：履中行義、志匡王室。

孔疏：王五臣二、盡忠於君、匪私身故不往濟君。

程子：二五中正相應、柔豈勝其任、所以蹇於蹇也。志義可嘉、稱其忠義不爲己也。

蘇軾：君臣義深、不慮可否、蹇蹇而已。君子不以爲不智。
張浚：蹇蹇其盡瘁事國乎。坎爲蹇蹇。重坎匪躬。
朱震：二犯難濟五險、志靖王室。聖人勸忠藎也。
李衡引陸：蹇蹇入難之深也。徒有志不能排難。引薛、難難相仍故蹇蹇。
楊萬里：初四三上不許往、二當往、嘉其志恕其才也。
朱熹：占者當鞠躬盡瘁而已、成敗利鈍則非所論也。
項安世：六二致其臣節、吃猶言、跛猶行、雖坎无尤。
趙彥肅：義不可、不輕往、君子許其知時。不謂私己。
楊簡：六二應九五君、終不退縮、匪躬之故也。
吳澄：二守中正應五、阻九三山爲蹇，阻四水、蹇而又蹇。
梁寅：二任事處多難之地、乃爲王而已。
來知德：外卦坎王蹇、中爻坎臣蹇、主憂臣辱、事君能致其身者。
王夫之：蹇而又蹇、愼之至也。五可大有爲、猶謙讓不遑。
毛奇齡：不有其躬而上之君、躬且不有于人何尤！
折中引韓愈：六二王臣、高不事之心、志不可則！
李光地：蹇蹇如行路難而又難不舍也。二有濟蹇之責。
李塨：王臣可以蹇辭乎！下艮互坎蹇蹇象。

姚配中：文王蒙難、四臣從之亦蹇故王臣蹇蹇。乃紂乖睽故匪躬之故。
丁宴：蹇从足、徐鼎臣斥俗作謇非。大徐甚謬。李巡曰作蹇非。
吳汝綸：漢人引多作謇謇。謇寋皆蹇之異文。
丁壽昌：程傳以未能成功、恐非經義。本義精矣。
曹爲霖：左傳其濟君之靈、不濟以死繼之。即象无尤者。
星野恒：上有可仕之君。孔明之於先主是已。
馬通伯：二高不事心、志不可則、尤不終无矣。
楊樹達：柔不茹、剛不吐、正諫者也。傳諤諤者昌。
劉次源：遭時中心无忝、忠貞白矢、出至誠終无悔尤。
李郁：五不來二、蹇仍蹇故蹇蹇、二亡五失位不輕動，匪徒爲全軀保身也。
徐世大：使臣跋蹇難行。致蹇東北、咎不在己。
胡樸安：王臣謂諸侯、諸侯歸決文王、各得其平。
高亨：借爲謇謇、王臣忠告直諫、匪身事乃君國之事。
李鏡池：與詩變雅也是王臣處境困難的控訴，特加插敘。
屈萬里：謇謇忠貞貌。臣不避艱難、盡心國事。
傅隸樸：二犯險手拯五君、難之又難、萬死不辭。
金景芳：王臣蹇蹇對九五說的、王臣蹇而又蹇、這是必濟蹇的。

徐志銳：君主竭力濟蹇、大臣豈能旁觀！力雖不勝、志可嘉。

張立文：王和僕兩者都有危難。（強調處難時的道德。）

六二柔質事英君、雖君之值大蹇之際、配合之願頗高、無驕蹇不奉法、敢于明顯不阿順九五之行。亦無屈子嘆蹇蹇爲患之知。更無韓子高不事君倦勤心態。由九五之剛中正、知六二鞠躬盡瘁、盡忠於君之當然。委婉事君而不敢出蹇蹇亡已、示不阿順之策。夫之先生謂慎之至也、蓋指盡力王室事。非是爲所當爲之際有所畏葸也。謹慎行無非王事。所謂吃猶言、跛猶行、成敗利鈍非所論、聖人依時位著明勸忠藎，正乃六二事也。六二事亦無非王事。不有其躬、乃六二公不以私、國不以身之展現。程子之「柔豈勝其任」「雖不勝、志義可嘉」，蓋即六二也。丁壽昌批程傳以未能成功、恐非經義。觀蹇卦六爻或往蹇或蹇蹇、大蹇、程傳正乃經義也。金景芳之必濟蹇判斷、蓋汗流必有收穫之理論也，未必有收穫者、蹇蹇王臣、功豈唐捐耶？又須端視剛明中正之九五配命程度、客觀條件也！

九三，往蹇來反。

象曰：往蹇來反，內喜之也。

王弼：進則入險，來則得位。來反爲下卦主，是內之所恃。

孔穎達：九三與坎爲鄰，進則入險。來則得位故曰來反。

李鼎祚引虞翻：應正、歷險故往蹇，反身據二故來反也。

程頤：以剛居正、爲下所附、與上正應、上柔无位不足援，故上往則蹇，來下反歸、爲下二陰所喜。來爲反其所，稍安之地也。

蘇軾：內二陰不能自立於險難之際，待我捍蔽，是故完位以復我，我之所以得反者幸也。內喜之也。

張浚：三以剛德處互坎中，故曰往蹇。其反也，內從君子以充其德，明哲俟時，率君子事上。二陰止在內爲君子，互坎趨下爲反卦，自兌變爲喜。

張根：季子之事。

朱震：易傳曰反、猶春秋之言歸也。往則犯難，反則得位。三重則下卦主，二柔恃之以拒外險、故往蹇來反。以內喜之而反也，陽得位故喜。

李衡引石：三與坎爲鄰，進險來得位。內卦主，居得位。雖有應未可涉難。未可往。救內捨外、宜悅從已。

楊萬里：九三剛才、銳往濟難、聖人止之，曰往必蹇、來歸則喜。三上應，上柔不能共濟也。

朱熹：反就二險、得其所安。

項安世：艮主爻、二陰所依。曰來反、內喜之也。九三爲內所依。以九居三爲當位實。碩指九三。三有往有來。

楊簡：往則入坎險中，來則反是。九三居下卦之上，二陰所喜也。陰陽有相得之象。二陰順承于下。

吳澄：反猶窮上反下之反。三艮上畫、升極而止者，比四則涉上體之險而蹇，上於上而復返於下以遠險。

梁寅：四上比五、二則應五、而三獨非比非應、去不能助五者故勉之曰往蹇來反、言來助五而復臣職、无爲離畔也。

來知德：來反者來反而比于二也。三剛得正、與上六正應、但爲五隔故反比二、資二之巽順、二則資三剛明成濟蹇之功。故往蹇來反之象。占者亦宜反也。

王夫之：九三以剛居剛而爲進爻，非無志於往，昔乃與上六相應、上以柔道撫之、則反而與二陰相合以成乎艮止，故其往也，亦能蹇也。

毛奇齡：三濟蹇者。三在觀、在萃時往成坎、皆往蹇，幸其所來之剛皆反乎坎、互離見焉、離反坎則濟蹇矣。彖利西南、離正南、三在內近坤而喜、非與五同功曷有是！

折中引吳愼曰：九三剛正艮主、見險能止，故來能反止其所。　案：反爲反就二陰，孔氏吳氏則謂止其所。傳義理長。蓋三爲內卦主故也。

李光地：二五得中、安之地也。三反就二、既不冒進、又得所安。九三過剛、非能反者，以正遇險而居止極，所謂見險能止者。故其辭如此。

李塨：三剛實才、處下位之終、逼近上險、輕往必蹶。惟反比內之二、二才弱心正、欲得剛明者共爲幹濟，喜可知也。

孫星衍引釋文內喜如字、徐、許意反，猶好也。

姚配中案：往失位成睽難故往蹇，喻紂囚文王。來反由睽來，反之正，喻文王反國也。案象：反得位、陰承陽故內喜之。喻文王臣民也。

崔述以象傳與經同，今來反作來正。以文義論之、既未見其必當然、且亦不應經傳之文同悞。

吳汝綸：王云爲下卦之主。是內之所恃。

丁壽昌：喜猶好也。案虞仲翔曰應正歷險故往蹇，反身據二故來反。內謂二陰。蘇蒿坪曰反取艮止之象。

曹爲霖：蹇難、反叛也。如僕固懷恩舉兵反、上猶爲之隱曰懷恩不反、爲左右誤耳。此象所謂內喜之也。

星野恒：剛居正、上六柔應不足援。下來二陰所喜。人唯知爵祿可求、不審時之夷險。邦無道富且貴，恥也。非君子豈能諒其心乎！

馬其昶：王宗傳曰內二陰能自立、三爲捍蔽也。春秋季子來歸之喜、九三之謂也。其昶案九三之來而復反、蓋欲先安其內也。

劉次源：三爲艮止。知止有定、靜不動、來反本性、動則蹇、靜則至命。心能反已性則蹇可已。

李郁：三爲君子之躬。往上復反下、往來恐懼脩身、成敦厚之德、可謂完人矣。傳象：三往上反初、初喜得剛故內喜。先震虩虩、後笑啞啞。

徐世大：去的難行，來的可及。蹇，望救切，作者被刖，跛蹇而難行也。來回歸僅存希望。

胡樸安：反、平反。往文王決訟獄、平反歸來，內心自喜故象曰內喜之也。
高亨：蹇借爲謇。反疑借爲辯，古通用。反變辯三字相通。辯者反駁。言我直諫而君辯駁之也。
李鏡池：反猶反反、廣大美好的樣子。商人出門時困難，回來時卻很好。由難變善。
屈萬里：來反言相反。內喜謂六二。
傅隸樸：與險爲鄰、前進一步便陷入坎險。上六卦外無位象、力不足援故往蹇。來反即來歸、九三得位，故來反即爲回歸本位、初二兩爻有仗恃、有安慰感了。
金景芳：往就蹇、來下來，反還歸。九三反就初二、初六六二柔、它們喜附九三。程傳三上正應、上柔无位不足援、故上往則蹇、下來反歸爲二陰所喜、所其所稍安之地也。
徐志銳：九三剛居陽得正、有濟蹇才能。但位下卦艮體，決定了九三也不可冒然上往，據本位才是適宜。現九三反回來止不往、初六、六二當然很高興。內謂二陰。
張立文：（九三，往蹇來反。）　譯：九三，出門則遇到困難，回來卻得到治理。　郭京云經、注、象三正字並誤作反。廣雅訓反爲治。高誘注呂氏春秋正，治也。
林漢仕案：九三往來之文字與初同、初「蹇譽」對比、三則「蹇反」對比。然「反」義、易家之見有：
同返、來下反歸二陰也。互坎趨下爲反卦。易傳之反字猶春秋之言歸也。聖人止之、來歸則喜。上於上而後返於下以遠險。

畔也。言三來助五而復臣職。无爲離畔也。反叛也。（梁寅、曹爲霖）

來反、作來正。以文義又不應經傳同悞爲反。郭京正字誤作反、訓治。（崔述、張立文）

反疑借爲辯，反變辯古相通。辯者反駁之也。（高亨）

反猶反反、廣大美好的樣子。（李鏡池）

來反言相反。（屈萬里）

謂反爲返歸者又有反身據二、比二也。爲下二陰所喜。　完位復我。上於上復返於下以遠險。成乎艮止、內卦主。　來反由睽來反之正、喻文王反國。　三往上反下、恐懼脩身、可謂完人。往上返初初得剛故喜。　來回僅存希望。回來很好。回來得到治理。

是反爲返回之義：㈠反身比二。㈡回歸爲下二陰所喜。㈢完位復我以遠險、聖人止之故成乎艮止，內卦主。㈣由睽反之正喻文王反國。㈤三往上返下脩成、可謂完人。㈥返初、初得剛故喜。㈦來回僅存希望。回來很好、回來得到治理。

象曰內喜之也。孰善？

⑴爲下二陰所喜。陰陽相得之象。⑵二陰止在內爲君子、互坎趨下爲反卦、自兌變爲喜。⑶陽得位故喜。⑷救內捨外、宜悅從已。⑸三在內近坤而喜、非與五同功曷有是！⑹二才弱心正、得剛明者共濟、喜可知也。⑺初喜得剛故內喜。⑻文王決獄、平反歸來、內心自喜。⑼商人回來、由難變喜。⑽回來得到治理。

反字經傳之訓有：乖悖，背理爲反，悔，叛，違，覆，變也，反反、難也。

經文往蹇來反。　九三剛才得位居正應正爲下卦主，險難之際、待我捍敵。然卦之爻辭曰往蹇。是九三銳往濟難而聖人止之也。曰往必蹇，上柔不能共濟。冒進輕往必蹶。是往蹇舍高亨、蹇借爲謇、直諫外。幾無異辭。九三濟蹇者、位居剛得正爲進爻、然時尚不可也爲易學大家所共識。共戒九三明哲俟時。下文「來反」、得七解、以反畔、反叛爲勁爆。蓋卦有六爻、四曰往蹇、來譽、來反、來連、來碩。依例初無來、上六無往、而爻辭初來譽、上往蹇。意者往來、詞也、如出生入死之生死。日夜以蓄之日夜、寒來暑往之來往、往來成古今例。卦爲蹇、爻亦蹇、故往來皆蹇。依文例往蹇來譽是美譽。則來皆可免乎蹇也。而來反、來連、來碩皆宜於賦予正面積極之意、卦義庶能以一貫之——往蹇、來不蹇、反是也。若然、則蹇卦乃教人遲疑、畏縮、退居求免、一畏難之縮頭烏龜也。意者往來蹇譽、往來蹇反、往來蹇連、往來蹇碩。皆蹇也、皆處患難行乎患難也。皆孟子之所謂豈其性也哉。外力、環境不得抗拒也。朱震之謂「知不可往來而止。」王弼孔穎達云「往來皆難。」楊萬里之「濟難祗以益難耳。」孔子之素富貴行乎富貴、素貧賤行乎貧賤、素夷狄行乎夷狄、素患難行乎患難、君子無入而不自得焉！然則來去皆難該何如自處？六三時段去來皆蹇乖悖背理，君子居易以俟命、小人行險以僥幸。中庸孔聖人教吾人居易以俟命也乎？三之所以艮止也。張浚謂明哲俟時。見可行可際可時可而然後動也。

來反、王弼以進入險、來得位爲下卦主。是以不往爲來也。即守住原來本位艮止。李鼎祚引虞翻曰應正、往蹇、反身據二故來反。程子嫌上柔无位不足援、反歸下爲下二陰所喜。是謂權宜之計邪？嫌上柔无位不足援、非柔如何與九三剛應？設上六變爲上九、兩剛敵應矣。虞翻謂據二、程傳謂爲下二陰所喜、張浚謂二陰爲君子。二爲蹇蹇王臣、待三剛才銳往濟難、九三棄上六、嫌其柔不能共濟、假聖人艮止之名而爲六二（或下二陰）。所依。喜是內喜之矣、以九居三當位、互坎中、不即往犯難、銳往直前、似有虧當位實、易家許爲非無志往、不冒進、輕往必蹶、馬其昶謂蓋欲先安其內也。九三獲易家衆口一辭聖人許之止、下來二陰喜、李郁尤推崇九三爲君子、可謂完人。奈何崔述謂來反作來正？六二附九三蹇蹇王臣、赴湯蹈火、萬死且不辭、豈愛君反置其身於他人者矣！陰承陽是喜、非義而喜則有姦情也。李鏡池以一反字重之爲反反、「廣大美好的樣子」、傳隸樸之前進一步便入坎險、徐志銳云位艮體、決定了九三不可冒然上往。九三之不應、九三之據下二陰、果然有一片廣大美好的景象、獲古今易家所共疼惜也。林漢仕我期期以爲九三、即當以九三時位言。卦辭言總全體大意、爻則進程、卜得如是當如此耳。往蹇來反或往蹇來正、或往來皆蹇謬悖理、皆謂往來蹇反也。是九三也。

六四，往蹇來連。

象曰：往寒來連，當位實也。

馬融：往蹇來連。　連亦難也。（釋文）

鄭玄：連（如字）遲久之意。（釋文）

王弼：往無求，來乘剛，往來皆難。雖遇難、非妄所招。

孔穎達：馬云連亦難。鄭云遲久之意。四往無應，來則乘剛，往來皆難，故曰往蹇來連。

李鼎祚引虞翻：連輦、蹇難也。在兩坎間、進則无應故往蹇、退初介三故來連也。　引荀爽傳象：往三不得承陽故往蹇，來還承五則與至尊相連故來連。處正承陽當位實也。

張載：連、順也、序也。蹇反當位正吉。六四未能出險，故可止，而順序，以俟難之解當位處陰之實。

程頤：往入坎險，往蹇也。四居上位、得位之正、與三比相親、二與初同類相與、衆所從附故來連、與下衆相連合也、得處蹇之道。

蘇軾：至於六四、九三躡而襲之，外難未夷而歸遇難，故往蹇來連，連者難之相仍也。　傳象：實、陽也。三以陽居陽、其有乘虛而不敢者乎！

張浚：四互離、體位居坎初、故亦曰往蹇。四以明德處險而屬心君子，蓋有意止天下之險矣。上下俱陽爲實，連謂三、誠信足以交君子而下之。

張根：連猶連茹之連，微子之事。

朱震：柔无應、往則犯難，來則當位，承下連三。連、牽連。三剛實、四牽連之共濟五難、陽爲實。

鄭汝諧：四比五然柔不足濟五之蹇，故往愈蹇，不若附九三而爲連，三當位具實、陰虛陽實。

李衡引荀：之三乘陽、承五與至尊連，處正承陽。　引胡：退牽連下三爻、連陽得實。

楊萬里：四近君當位、居上卦之下、尙坎初、柔次見、往入坎陷中，下接无位之初六，進无才、退无與、抱虛以進、求濟難祇以益難耳。連、接也。實者量其實也。

朱熹：連於九三、合力以濟。

項安世：四有往有來、當位實也。六四以又三爲實。六四連之而已。四亦當位、故加實字以明之。蹇六爻皆以來艮爲喜。凡往皆坎、凡來皆艮。

楊簡：六四居二陽間，皆阻蹇不通，故往則蹇，來亦連禍。當不動自實、實有安正不動搖之義。

吳澄：連猶連橫之連。四上體、三下體、不相連屬。四比五則陷險中、比三則與下體連屬、依艮止之安。

梁寅：四近五故曰來連、言當與五連力以濟險也。

來知德：連、相連。四近君當濟，但柔无撥亂之略、來連三合力以濟。占者凡事親賢而後可。

王夫之：二以上皆當位、獨贊四當位。以柔居柔、以靜退爲德，能蹇於往則安其位，與二陽相協而不自失也。

毛奇齡：四在二坎間、往來遇坎。寧來者互坎連艮也。互坎上柔下連艮剛、柔當位而連三實、是來連者三實即四實、四乘剛故乘實、與上六乘剛曰來碩同。

折中案：來連爲承五、極爲得之。易例四承五無不著其美於爻象，況蹇有利見大人之文乎？若三則於五無承應之義。爲內卦主固不當與四竝論也。

李光地：連者連五。五有剛德，六四承而連之，可以濟險。或疑連五非來！豈知往者冒進犯難，來者就其所安。非專以卦位取也。如初六何所來？上六何所往？

李塨：四入于險矣。柔才難獨往，必來與九三相連結。三當位而實。不連蹇何以濟！

孫星衍引集解馬融曰連亦難也。　鄭康成曰連、遲久之意。

姚配中案：連連及初也。四應在初，初亦之正故來連，喻文王蒙難而歸，天下叛紂歸周也。

　案象：陽稱實、四當位，初化應之故當位實。

吳汝綸：連亦難也。子雲用連蹇本此。連音輦，讀如字者非。

丁壽昌：釋文連音輦。古連槤輦通用。案馬鄭虞皆讀爲連蹇之連、上聲。荀程本義俱讀爲平聲。攷四初入坎又互坎故蹇來連、讀上聲爲長。四變陽爲實故當位實。

曹爲霖：鄒汝光曰連桓公管仲之交者鮑叔也。連簡公子產之交者子皮也。六三喜有助、六四連、喜人有才。東晉溫嶠曰師克在和、侃將斬蘇峻亂平、賴嶠委曲婉導。

星野恒：初不應、下二爻俱得正，皆能知險而止者。故往益陷于險、來則同類相連。柔當位、衆從附何患不濟！

馬其昶：歸有光曰四近君、三五非四其誰連？朱軾：連三於五也。其昶案四來歸五、且連三以進、恃有大人當位，若上无剛明之君、則蹇不可濟矣。

劉次源：四才弱、入險无濟。往祇益蹇。知難而退、來連九三，陽實濟難之才。四當位虛、三當位實。來連剛柔輔弼相協、庶幾有豸。

李郁：四柔介兩剛間，虛无實。變剛與三五相連故來連。傳象：四當位宜求實、若虛則反復往來祇入坎窞耳，故以變剛爲貴。

徐世大：去的難行，來的流連。已有難耐之概。

胡樸安：連、聯音近義同。朱駿聲云凡聯屬、聯合、牽聯字、經傳皆以連字爲之。就決文王、平反連袂歸來、各當其位。故象曰當位實也。

高亨：連疑借爲讕。重文漣。讕者僞詞飾過之義。今人謂抵賴。即說文詆讕也。言我直諫於君而君僞詞飾過也。

李鏡池：連从車、通輦。　商人出門時步行艱難，回來時卻有車可坐。　連負車輦挽車。都是拉小車。

屈萬里：正義：馬云連亦難也。鄭云遲久之意。馬季長讀連如輦。丁晏引注故書輦作連，先鄭云連讀爲輦，巾車輦車。　連、合也。　傳象當位言實當位也。

傅隸樸：得位無應、往初六不應是往難，回來乘九三陽剛、回來也難。故曰往蹇來連。易傳：「連者難之相仍也。」

金景芳：這爻有兩種解釋：程傳四得位與三比相親者、與下同志故曰來連。朱子連于九三合力以濟。我看程朱講法是對的，因爲易中來都是往下、往是向上。折中按語贊成荀爽來還承五與至尊相連故曰來連也。把來連說成連九五。

徐志銳：六四脫離艮體入坎。柔无力出險，九五「來連」與四連結濟蹇。當位實指九五有大人位、陽剛實德。注家以六四連九三下體此解不確切。四五比就能相親相助。六二冒險犯難助九五，六四比九五、九五主動來相連、關係明確。

張立文：（六四），往蹇（蹇）來連。　譯：六四，出門則遇到困難，回來卻有人拉車。

林漢仕案：水山蹇。象曰山上有水，蹇。陸績云水在山上、失流通之性故曰蹇。孟子水無不下，喻人無不善。故有搏躍過顙、激行在山、非水性。今水在山上、失流之性故曰蹇。八卦以象告也。蹇爲跛、不順、難也。卦名蹇、爻六中有四曰往蹇者：初六、九三、六四、上六。而六二、九五、一曰蹇蹇、一曰大蹇。是六爻皆蹇也。山上有水、在人言：水無不下、今流在上、其天水乎？觀乎天下之水、本屬海洋者佔百分之九十七點二，而河川之水幾無不發自高山冰雪融化、涓滴匯成巨流也。是人類之水山蹇，本乎自然則大順乎水之性。先賢之所謂處逆境。佛家之一順逆、齊善惡。顧一念之間耳。準此、以卦辭言「不利」東北、「利」西南。是蹇不利中有利也。爻之往蹇、往不順、來必順也。不祗平衡蹇境之有順、亦爲平衡蹇境之必須也乎？後之來者似可著力於難與豫之比較。今我仍從衆先賢之理路、本乎觀圖識字、水山蹇爲著力處繼續發軔也。如此六爻之蹇、仍蹇也，是往蹇、來亦蹇。「往來」之文、在蹇中可知其爲緊要處。蓋往亦蹇、來亦蹇、是眞蹇不順、困難也。而進往也退來也、先賢之言猶在耳、至六四、似亂其「來」而益亂其「往」之通識矣！治絲益棼也哉！往來似連緜字：如睡覺、生死、黑白、水火、南北。聚散。往蹇來連、也可寫成往來蹇連、或連蹇。連亦難也。有馬融、王弼、孔穎達、蘇軾、楊簡、吳汝綸、傅隸樸等重要大家如是說。而連義：經籍引作連結、連續、連緜、引也、猶釋也、蹇連（莊子大宗師）連蹇、難也。（漢書揚雄傳下）。輦、爛、同聯璉。台、聚、兼獲也、遲久。易家對往蹇來連之「連」字、其解有：

鄭玄：五與四連結。

李鼎祚：連輦。退初介三故來連。　引荀爽：來承五與至尊相連。

張載：連、順也、序也。

程頤：連合。　與下衆相連合。

張根：猶連茹之連。

朱震：牽連。

楊萬里：連接。

項安世：凡來皆艮爲善。

吳澄：猶連橫之連。　又比三則與下體連屬。

梁寅：連力以濟。

來知德：來相連三、合力以濟。

毛奇齡：寧來互坎連艮也。

丁壽昌：古連槤輦通用。　讀上聲爲是。

徐世大：流連、有難耐之槪。

胡樸安：連聯音近義同。朱駿聲云凡聯屬、聯合、牽聯字、經傳皆以連字爲之。
高亨：連疑借爲讕、重文漣。飾過之義。今人謂抵賴。即說文詆讕。
李鏡池：連从車、通輦。拉小車。
其中吳汝綸氏特注明連亦難也。連音輦、讀如字者非。金景芳氏言易中「來」都是往下、「往」是向上。　這又扯出「來」、易家往來混言之矣！　初六爻辭中似取得共識：往遇難、程子謂上進爲往。不進爲來。　王夫之言出行曰往、退自正曰來。　曹爲霖：往外、來內。　金景芳氏大讚程子「不進爲來」講得挺好。蓋初無下也、往下只有回到睽卦上爻、姚配中故曰睽化蹇、蹇化睽。　其中亦有預作混淆「往來」義者：如毛奇齡氏之預設一往來象。折中引何楷言：往來皆就本爻、來止本位也。歸有光言往來謂動靜。曹爲霖引往外爲往、指東北；來內爲來、指西南。然大體以程朱之調爲正彈也。六四之混淆尤甚，讀者至此尚未迷罔者、必有先見之明也。先見者成見之在先也。六四之往來：
王弼謂往無求、來乘剛。（似往五上、來乘剛、似對九三言）孔疏則以往爲與初無應、往似明指往下。來乘剛、剛即九三。往來皆指向下退爻也。李引虞翻謂進无應故往蹇，引荀爽往三不得承陽，來還承五則與至尊相連。唐以前上下進退都可以是往、可以是來也乎？程子與下衆相連合爲來連。　連謂三者四連三也、有張浚、朱震、鄭汝諧、朱熹、毛奇齡等如是言。
連五者如李衡引承五與至尊連。　梁寅四近五故曰來連。　折中來連爲承五。李光地以連五極爲得之、然猶自有疑也，故又補充謂「來者就其所安、非專以卦位取之也。如初六何所來？上六何所往？」徐志銳九五與四連結。

連謂連及初也。姚配中案初亦正故來連。

連三與五也。馬其昶案，並引歸有光、朱軾言。　李郁亦謂四變剛與三五相連。

日本學者星野恒謂同類相連、意六二耶？然又自謂初不應、下二爻俱得正、衆附何患不濟！

其含得正之二三爻邪？

三非同類也！其中有矛盾。

總上述六四、往蹇來連：

(1)往來問題。　(2)蹇連字義。

(1)往來問題：

上進爲往、不進爲來。

出行曰往、退自正曰來

往外、來內。

往——回復來時路睽卦上爻。

預設一往來象。

往來皆就本爻、來止本位。

往來謂動靜。

往外爲往、指東北；來內爲來、指西南。

六四往來言：

連者三、四連三也。

連五。九五與九四連結。

連及初也。初亦正故來連。

連三與五也。　又另提條件謂四變剛與三五連。

連下二爻。

(2)蹇連字義：

蹇義困難不順、爭議似少。

連義：亦難也。跛、不順亦難也。

相連、連合、牽連、連接、連橫、連力。流連。

聯屬、聯合、牽聯。

連輦、拉小車。古連槤輦通用。讀上聲。

疑借爲譁。重文漣。飾過之義。今謂抵賴。

往蹇來連、依上可以自由組合、皆可言之成理也、要之六爻皆能以一貫之爲尙也。

九五，大蹇朋來。

象曰：大蹇朋來，似中節也。

干寶：在險中當五位故曰大。　蓋託文王爲紂囚，承上據西應二。衆陰竝至此，蓋以託四臣能以權智相救也，故曰以中節也。（集解）

陸績：外卦九五變，入坤內見艮，故曰得朋也。（京氏易傳注（補））

王弼：難時獨在險中，故曰大蹇，然不失正、失中，不改節如此，則同志者集而至矣。

孔穎達：九五獨在險中，難之大者也。然得位履正，不改其節，則同志自遠而來。論語鄭注同門曰朋，同志曰友，通言之同志亦是朋黨也。

李鼎祚集解引虞翻：當位正邦故大蹇。睽兌爲朋故朋來也。

張載：剛中之德、爲物所歸。

程頤：大蹇之時、二中正相應、是朋助之來。无吉何也？濟大蹇非得陽剛中正之臣輔不能濟天下之蹇。凡六居五、九居二者則多助有功、九五六二功多不足、不能成大功也。

蘇軾：險中者人之所避，而己獨安焉。此必有以任天下大難也。是以正位不動、无往无來，使天下之濟難者朋來取節。謂之大人不亦宜乎！

張浚：濟大難獲同德之助、其道在中、故動無不當。五得三而上下之賢畢應爲朋來。五中節而後朋爲之來、陽與陽爲朋。在坎中而艮承之爲中節。勉君脩德其可緩歟！

張根：二老是也。

朱震：大者得位、五在險中獨安其險，剛正足任天下之難，陽與陽爲朋，謂九三。五應二、三來比、朋來也。三應上、爲初二所喜、又牽四同心濟難、故曰大蹇朋來。

鄭汝諧：諸爻皆以往失來得。二五不言往來、故二蹇蹇，五大蹇，我能濟蹇則其衆來歸故曰朋來。節守也則也。所處中正，天下取節焉。

李衡引干：文王爲紂所囚、承上據四應二以權智相救。引子：蹇中得大位、賢不肖各得其所故用朋來來伸也。引石：二以中正得衆助也。引胡：五剛中得人君之節、二柔中得人臣之節。若湯得伊尹、武王得呂望也。引介：二應四承、居其所而朋來。

楊萬里：九五剛陽中正之君、得二朋來之助，宜其濟難无疑。然君剛臣柔，上不過晉明帝、唐宣宗、下則高貴鄉公而已。

朱熹：大蹇、非常之蹇。五居尊有剛健中正之德，必有朋來助之。占者有是德則有是助矣。

項安世：五蹇君、陷險故大蹇。以九居五爲貴、大人指五，六爻之最貴。自五觀二爲來，故曰大蹇朋來。以中節也，則來者爲二朋矣。自二之五曰往。跛不進、言吃訥曰蹇，非不行不言也、言艱行艱爾！

趙彥肅：足行之澀爲蹇大者。蹇則朋來，人君不自用，天下皆歸之。

楊簡：五正居坎險大蹇中，朋來當蹇難，輻湊而來、其事衆多也。九五得中道，無意必固我，無偏無黨，應酬交錯，靡不適宜。

吳澄：陽大，卦自震而變初陽易五陷坎險中，大者蹇也。三五同類故曰朋，三同類來得止則可幸也。

梁寅：五剛健中正而陷險中，乃遭阨運。大蹇猶言大難於朕身。當是時凡有志者皆當以澄清天下爲己任。而況有位者乎！其得朋來之助、亦宜也非幸也。

來知德：大者陽即九五也蹇，朋指三。五居尊中正、應二、二固匪躬矣，三反乎二而濟、應碩、比連翕然並至、故有大蹇朋來之象。占者有是德方應是占。

王夫之：大謂陽。五剛健中正，德位可以大有爲矣。居二陰中、蹇而不速行、賢人君子樂就以相益。人君才美道正，君无爲而善與人同，惟大蹇後朋來，道愈盛矣。

毛奇齡：五濟蹇主，居坎中位，三剛互坎中可爲朋。五向內當曰來朋、而此朋來，蓋尊之也。此坎艮之蹇非大蹇乎？大蹇剛中有節制，五剛中與朋來者皆剛中非中節乎！

折中引朱子語類問蹇：大蹇須人主當之。朋來：人君須屈群策、用群力乃可濟。　案：二稱王臣指五，五稱朋來指二。在下念國事艱難，益致匪躬之節；在上當諒臣忠貞，益廣其朋來之助。

李光地：居坎中爲蹇主故大蹇。難興所以開治，得道多助，難斯解矣。五二應、復獲上下二陰助，皆朋來之象。

李塨：九五王能濟蹇。居險內可謂大蹇，然剛中、六二相應之朋，偕初待三反四連、蹇蹇而來以共濟。洪水雖警，得人曰仁。自有功焉。

姚配中案：大寒謂睽五、喻紂失道日甚也。朋來謂三分天下有其二。案象：五居中處正、上下應之故朋來以事殷，不失臣節故曰中節。諸侯歸臣於周，謂朋來，不敢臣也。以服事殷爲中節。

吳汝綸：朋來指諸爻當位而言。二三四五爻皆當位，故象云中節也。

丁壽昌：程傳朋來无吉。二柔未足濟蹇。朱子語類處尊居蹇中，須群策群力乃可濟。折中二稱王指五、五稱朋指二。蘇蒿坪曰朋來，變坤之象。

曹爲霖：九谷子環書曰朋來、朋之也、非臣之也。君能朋臣是大君也。葉恩菴謂高光非張蕭耿鄧無以成配天之業，張蕭鄧耿非高光無以效從龍之功！

星野恒：陽剛中正居尊位、所謂遺大投艱於朕身之時。下有六二中正之臣相輔應、有濟蹇之勢。中之所以可尙也。

馬通伯：趙汝楳曰朋、諸爻皆來宗五、所謂利見也。其袒案諸爻之云來指五曰朋來、諸爻同欲濟蹇、五能節之、各當其時位，是濟蹇之大人。

劉次源：五陷坎中爲大蹇。五有中德、剛健中正。二正應挈初來助、得四比輔連三助、上亦來歸，四方輻輳、善與人同，天下歸附、化險爲夷、以此正邦、何蹇之懼。

李郁：陽大、朋龜。此人性靈聰明、獨往獨來。傳象：心居中調節、故曰以中節也。

徐世大：大騫朋來，搶地呼天。太難行了，朋友們來吧！

胡樸安：就文王決獄之人朋來也。以訟獄爲人心嚮背之表示。蓋亦本文王之事推言之也。

高亨：大謇極進直諫也。大謇則忠直之節章，而欽服之人至矣。故曰大蹇朋來。

李鏡池：朋：朋貝。　商人經過極端困難而后獲利，賺了錢。由大難變爲得利。

屈萬里：韋注國語朋、群也。節說文操也。在五故稱中。呂覽情有節注、節，適也。傳象：

禮記樂記：「好惡無節于內」注節，法度也。　中節：合節度。

傅隸樸：坎卦主也是蹇卦主，險難集一身。大蹇便是一切的難、朋來即天下賢人相率而來。五在大蹇中、有我不入地獄誰入的氣慨、能使天下朋來、足以儀型多士。

金景芳：程傳五君位在蹇難中、大蹇也、險之又險亦大蹇，二在下中正相應、是其朋助之來也。孔穎達傳象說得位履中、不改其節、同志自遠而來故曰朋來。

徐志銳：上卦坎體、九五正在坎中、象徵大德大才之人深入坎難中、故言大蹇。六五得客觀上的協助故言朋來。趙汝楳曰朋、諸爻也。皆來宗五、所謂利見大人也。

張立文：九五，大蹇（謇）倘（朋）來。　譯：九五，遇到了大難，終於賺了朋貝回來。

林漢仕案：九五之値大難、除高亨「蹇借爲謇、大蹇、極進直諫」釋九五爻辭外、幾無異義，謂九五之遭大難、大不順、跛也。又大之言陽爲大、陽與陽爲朋。玆輯各易家分析五所以大蹇朋來之宏見如下：

險中、當五位數曰大口。（干寶）

難時獨在險中、故曰大蹇。（王弼）

九五獨在險中、難之大者也。（孔穎達）

當位正邦故大蹇。（虞翻）

險中獨安、必有任天下大難也。（蘇軾）

大者得位、五安其險、足任天下之難。（朱震）

蹇中得大位。（子夏）

大蹇、非常之蹇。（朱熹）

五蹇君、陷險故大蹇。（項安世）

足行之澀爲蹇大者。（趙彥肅）

五正、居坎險大蹇中。（楊簡）

陽大、大者蹇也。（吳澄）

大蹇猶言大難於己身。（梁寅）

大者陽即九五也蹇。（來知德）

大謂陽、五剛健中正、德位可以大有爲矣。（王夫之）

坎艮之蹇非大蹇乎？（毛奇齡）

居坎中爲蹇主故大蹇。（李光地）　大蹇須人主當之。

九五王能濟蹇、居險內可謂大蹇。（李塨）

大蹇謂睽五。喻紂失道日甚也。（姚配中）

君能朋臣是大君也。（曹爲霖）

陽剛中正居尊位、所謂遺大投艱於朕身之時。（星野恒）

五陷坎中爲大蹇。（劉次源）

呼天搶地、大難行了。（徐世大）

大蹇極進直諫也。（高亨）

極端困難、大難。（李鏡池）

坎主也是蹇卦主、險難集一身、大蹇便是一切的難，我不入地獄誰入的氣慨。（傅隸樸）

程傳五君位、在蹇難中、大蹇也。（金景芳）

象徵大德大才之人深入坎難中、故言大蹇。（徐志銳）

遇到大難。（張立文）

陽大、王亦大、難亦大、九五當之。楊萬里以爲上不過晉明帝、唐宣宗。下則高貴鄉公而已。與李光地：「難興所以開治。」王夫之：「可以大有爲矣。」星野恒之：「遺大投艱於朕身之時。」傅隸樸之「我不入地獄、誰入的氣慨。」大相徑庭。胡適之進勸蔣介石不作英明總統、作齊桓公、作劉阿斗可也、蓋謂如此則有可用之臣也。楊萬里亦以君剛臣柔、察察自用、君能臣不能矣！程子云：「九五六二、功多不足、不能成大功也。」正是君明臣無能矣夫！老子之無爲無所不爲、大智惹愚之主能盡臣之力者也。魏徵之欲太宗簡能而任之、擇善而從之。不虧無爲大道。役聰明耳目。主逸臣勞也。今上天縱英明、程子及其徒楊萬里之謂九五察察也。九五獨夫矣夫？九五之所以大蹇也。九五之所以逢蹇之大者也。

聖人於是乎點醒剛中正位不動、无往无來、自任天下大難之英主、折節不自用、曹爲霖謂朋來、朋之也、非臣之也。王夫之謂人君才美道正、君无爲而善與人同。劉次源之謂二正應挈初來、四比輔連三助、上亦來歸、四方輻輳、天下歸附、化險爲夷。諸爻宗五成配天之業、效從龍之功。蓋言其時可矣！非是謂九五時段已因朋賢畢集、湯得伊尹、武王得呂望、難已濟、道益盛也。干寶釋爻曰託文王爲紂囚、臣以權智相救也。是九五處大蹇中宜發揮智慧、友天下之賢者、或謂無所不用其極。所謂千金之子坐不垂堂、百金之子不騎衡。以朋貝釋大難也。李鏡池曰朋、朋貝。勾踐之惟吳王所欲是與、先求脫蹇也。蓋九五仍在大蹇中、聖人設計爲之脫困耳。在患難中之君亦必多能至誠謙謙下士也！

至朋來謂承上、據四應二；抑陽與陽爲朋、五得三、上下之賢畢集；三朋、三上應、五應二、牽四同心；陽剛之助、上下二陰助，皆朋來象；劉次源君曰二正應挈初、四比連三、上亦歸。則爻全到助五矣！至徐世大之「搶地呼天、太難行了、朋友們來吧！」李鏡池之「商人經過困難賺了錢。由大難變爲得利。」乃另類也。至項安世君言「五蹇君陷險、非二能濟、獨二致其臣節。」恐九五平日工夫不到、平日視臣如草芥、寡助之至也夫！大蹇呼朋來、獨二致臣節、知九五之將如何耳！楊誠齊以彖言蓋歎九五之无助也與！

上六，往蹇來碩，吉。利見大人。

象曰：往蹇來碩，志在內也。利見大人，以從貴也。

王弼：往長難，來難終，難終則衆難皆濟，志大得矣！

孔穎達：碩大也。上六難終之地，不宜更有所往，往則長難。　險夷難解，大道可興，宜見大人以弘道化。

李鼎祚集解引虞翻：陰在險上、變失位故往蹇，碩謂三、艮爲碩，退來之三故來碩，得位有應故吉也。離爲見，大人謂五故利見大人矣。　案三互體離爲明目，利見大人象。

張載：與解繇同義。

程頤：陰居蹇極而往所以蹇也，從五求三得陽剛之助是以碩大寬裕，其蹇舒矣！得舒爲吉。大人謂五，蹇極而見大德之人則能濟於蹇故爲利也。

蘇軾：六爻可往者惟是也。天下有難而我濟之，既濟不吾宗者、未之有也，故曰往蹇來碩，利見大人。明上六有功、由九五爲之節、內與貴皆五之謂也。

張浚：蹇極不可往，其往也蹇。碩謂三、陽也大也。利見九五。從九五曰從貴。蹇至上六吉道以著。得九三之應得從君之正、止天下之大難。在上樂得賢才之助也。

張根：雖脫難，而在下以動爲體，附上乃吉爾。箕子之事。

朱震：上六柔才犯難故曰往蹇。求助三以剛濟柔則難紓、志大得故曰往蹇來碩。陽大、碩剛大。上六因九三利見九五貴而有位大人、斯可出難。

鄭汝諧：上坎體柔才，見險而止、止極則變故往蹇來碩，吉。碩寬裕，蹇紓也。利見大人、從五也。上從五爲來蹇，貴來不貴往也。見險止，止貴來不貴往。

李衡引侯：處蹇極、體猶在坎、外无所之故曰往蹇，來復位下應三、三德剛大故曰來碩。五爲大人、若志在三內主，心附五則利見大人。

楊誠齋：上六柔資、居蹇難之極、往益其蹇、退碩大吉也。大人、上下之達稱。利見九五大人。五恃六二大臣而已！二短於才，彖言蓋歎九五之无助也與！

朱熹：卦極、往无所之，益以蹇耳。就五與之濟蹇則有碩大之功。大人指九五。曉占者宜如是也。

項安世：上六以從貴也、獨吉者以來碩爲吉。蹇之極也。以見大人爲利。碩指九三，大人指九五。碩與大皆陽德。違險從艮、致吉之道。六无所往、特以不來爲往爾。

趙彥肅：所以往蹇、志在內故也。

楊簡：此卦在上，初三四皆言往蹇，上爻宜往言，此爻來吉何也？內有九五中正君，當來內從君成濟蹇之功而碩大也。上亦有應三象，此則不然、從九五大人耳。象特言從貴。

吳澄：上六最外有可來無可往。九五陽碩大，比上則冒險，比四可保碩。占諸爻以來爲善，免蹇爲幸。五剛中可圖濟天下之蹇故吉。上六利來見九五大人。

梁寅：上六非高位之士則高世之位。以五在難、亦來助則必有碩大之功矣！利見九五大人也。

來知德：碩者大也。來就三也。見九五大人。上才柔、往无所之。與九三正應而三剛得位、衆之所歸，故得三即得衆。然利見五者、五君三臣也。

王夫之：中四爻各得其正，上六尤以柔道愼終、充實博大无不吉，以是見九五大人，凡經綸天下者，皆取諸懷而行之裕无不利也。故曰蹇之用大矣哉！

毛奇齡：此乘剛者。乘五則五碩、猶四乘三則三實。五三剛中同爲濟蹇。彖稱大人惟五當之。今來碩者以五在上內。五本貴而上從之也。此往來之用也。

折中引朱子語類：上六蹇極有可濟之理。　案：上與五雖比、然無隨從之義。獨蹇以九五爲大人遇上六，柔遇剛則有相從之義、就五得吉、蹇難極則解也。

李光地：愚謂爻自乾之二五外、未有言利見大人者，獨此爻言之。蓋凡卦之大人、多取九五象、二應四承每多吉。獨上無從五之義、此爻以時義往來相從故特表而出之。

李塨：局外來濟蹇者、惟志在內之碩而已！五陽大爲碩，來碩即從貴、利見大人矣。彖往求濟，爻戒往、欲其來、來正爲往計。處蹇貴同心共助，故曰待反連朋皆曰來。

姚配中案：碩、大也。往遇難、來自修大其德，不敢尤人故吉。利見喻文小心事君，終臣節也。　案象：反身修德、初化故志在內。文王視紂猶聖主故利見，從貴從君也。

吳汝綸：近附九五、下得乎剛、可以出險故吉也。

丁壽昌案：虞曰碩謂三、艮來之三故來碩。大人謂五故利見。吳草廬曰五大人、上六利見之。上六在其外而來見也。

曹爲霖：鄧禹願效其尺寸、垂功名於竹帛、馬援委身歸世祖，利見大人也。陳氏曰田單不自主而迎襄於莒、李晟斬朱泚使迎德宗還長安、亦叶斯象云。

星野恒：碩大、柔極乎上、應三比五。從三則有碩大之功而吉。從五可濟蹇。故往蹇來碩吉、利見大人。往無所之、應比保吉。

馬其昶：利見、豈惟上六！處一卦之外尤不可不知所從也。其昶案上六蕭然事外、有碩大之美德、固非忘世者、應三，比五從貴、上來來、天下无復蹇矣！故獨云吉。

劉次源：上蹇極往无所之。來就九五、是志在內。居五上而利見五、五爲蹇主、降心相從、當王者貴。故利見之。碩人頎頎、吉非一己、天下賴之。

李郁：上往三成大體艮、艮爲碩果。險而知止故稱吉。與五聚以仁輔仁故利見。傳象：上往三是志內、三之上從五是從貴。

徐世大：去的難行，來大好。宜見大人。細按之、六爻實表示其凌亂思想而已。人生到此，天道寧論。

胡樸安：往時爲訟獄、態度褊急而小。來時平反、意志寬大。內嚮之意愈堅。故象志在內也。利見大人、言見文王而歸從之。故象曰以從貴也。

高亨：言我直諫於君而君咨詢謀訪於我也。如是君信其臣，故曰往蹇來碩吉。利見大人。綜觀六爻、臣直諫之事大略備矣。

李鏡池：碩借爲拓。拓也作摭。重文作摭，取也。商人出門時艱難，回來時有所取。亦即賺了錢。屯卦記許多難事。蹇卦由難變不難、表現對立可以轉化辯正觀點。

屈萬里：詩碩大無朋箋：碩謂壯貌。佼好也。正義故以碩爲壯佼貌。疑鄭箋原作碩、謂壯佼貌也。

傅隸樸：蹇難終了、若再往、又啓另一蹇難故曰往蹇。碩大、來反過頭來與九三應、三艮止主、力足止難。大人是九五君、上六來從五君是從貴之徵。止大難行大道豈能不吉。

金景芳：項安世說上六特以不來爲往也，本无所往。初六本无所來、特不往爲來耳。我看挺好。利見大人指九五講的。程傳从五求三是以碩。碩大寬裕、其蹇紓矣。上六蹇極而見大德之人則能濟蹇故利也。

徐志銳：居坎極卦外之地，蹇解來从九五則稱「「往蹇」」。下來从九五又獲助君出險碩大之功，故言往蹇來碩。上六下來相助、隨从依附而自濟、上六出險六爻全解、唯上六吉與利。

張立文：尙（上）六，往蹇（蹇）來石（碩），吉，利見大人。　譯：上六，出門遇到困難，回來大有所獲，吉祥，利於見大人。

林漢仕案：困卦六三「困于石。」據帛書「倘六、往蹇來石」之文，困石據蒺蔾。是石堅陰類亦能困人也。

項安世模仿程頤語氣云「六无所往、特以不來爲往爾！」金景芳亦以「我看挺好」美善之！張浚、朱熹、吳澄、星野恒、劉次源等謂上六往无所之。王弼謂往長難。傅隸樸云若再往、又啓另一蹇難、故曰往蹇。　獨蘇軾稱：「六爻可往者惟是也。」蓋「天下既濟不吾宗者未之有也」！

往來之義如上文初、三、四言、進曰往、退亦曰往。動靜可以曰往來。也可預設往來。東北爲往、西南爲來。一往來義一如言睡覺、悲喜、毀譽、進退、愛恨。亦一蹇譽、蹇反、蹇連、蹇碩義爲難、不順。則可以試言初六之蹇譬爲初六往來難豫各半、憂樂平分、悲喜相隨也乎？九三往來蹇反、皆難不順背理乖悖。六四之往來蹇連。謂六四時段亦往來連蹇爲難也。上六往來蹇碩、上六亦不順而難蹇如堅石山骨。當困而不被困者、志在內也。　志在內：「往三」邪？（李郁言）　抑「來就五」？（劉次源）　求助三？求助五？三五孰爲碩、陽爲大故陽碩。然三往來皆難、不順、背理乖悖。上六應九三、其來適加大其難耳。易家以九三下卦艮止爲止天下大難許之、其然乎哉？茲輯衆說以見指撝：

象謂往蹇來碩、志在內也。

王弼曰往長難、來難終。難終、志大得也。

孔疏上六難終之地。

虞翻：碩謂三、退之三故來碩。

程頤謂從五求三、得陽剛之助是以寬裕碩大。其蹇舒矣。

蘇軾：六爻可往者惟是爻。我濟難不吾宗者未之有也。

張浚：碩謂三、陽大也、得九三應止天下之大難。

朱震：柔才犯難故往蹇。求助三以剛濟柔則難紓。

鄭汝諧：上坎體柔、見險而止、止極則變故往蹇來碩。

李衡引侯：外无所之、來復位下應三、三德剛大故來碩。

楊誠齋：居蹇極往益蹇。退碩大吉也。

朱熹：往无所之、益以蹇耳。就五則有碩大之功。

項安世：獨吉者以來碩爲吉、指九三。特不來爲往爾。

楊簡：此爻來吉何也？內有九五中正君、亦有應九三。

吳澄：占諸爻以來爲善、免蹇爲幸。上六有可來無可往。九五陽碩大、比上則冒險。比四可保碩。

梁寅：上六非高位之士、則高世之位、助五必有碩大之功。

來知德：碩大、來就三也。三剛得位、衆所歸、得三即得衆。

王夫之：上六柔道愼終、充實博大无不吉。

毛奇齡：乘五則五碩，以五在上內。

折中引：蹇極有可濟之理。案上與五雖比、然無隨從之義。獨蹇柔遇剛有相從之義。就五得吉。

李光地：上無從五義、以時義往來相從故特表而出之。

李塨：來正爲往計。五陽大爲碩。惟志在內之碩而已。

姚配中：碩大也。來自修大其德。初化故志在內。

吳汝綸：近附九五、下得乎剛，可以出險故吉。

丁壽昌引虞：碩謂三、艮來之三故來碩。

曹爲霖：李晟斬朱泚使迎德宗還長安、亦叶斯象。

星野恒：柔極乎上、應三比五、從三則有碩大之功。應比保吉。

馬其昶：上六蕭然事外、有碩大美德、應三比五、固非忘世者。上來來、天下无復蹇矣！

劉次源：來就五、降心相從、當王者貴。碩人頎頎、天下賴之。

李郁：上往三成大體艮、艮爲碩果。上往三是志內。

李鏡池：碩借爲拓、也作摭、取也。商人回來賺了錢。蹇卦表現對立可以轉化、由難變不難。

屈萬里：詩碩謂壯貌、佼好也。疑鄭箋謂壯佼貌也。

傅隸樸：反過頭來與九三應、三止主、力足止難。

金景芳：特挺好項安世不往爲來耳。

徐志銳：上六下來相助、隨从依附而自濟。

王弼云往長難、來難終。大前提爲不可往、可來。虞翻謂退之三故來碩。張浚謂得九三應、止天下之大難。朱震云柔才犯難、求助三以剛濟柔則難紓。上六正應九三、上以柔道撫之、豈九三得上六魔術奶水智力陡增？助上脫險？易家多謂上柔不足援、爲下二陰所喜。三自有二陰飽足所需而止其所矣。程頤說足服女口、程云從五求三得陽剛之助、是以碩大寬裕。朱子即舍三、就五與之濟蹇有碩大之功。毛奇齡等遂謂乘五則五碩。五陽大爲碩、近附九五。折中、李光地則以上無從五義。應三比五、又謂五爲大人、兩陽遂爲上六所有矣！其出險矣夫？ 楊誠齋曰彖歎九五无助也與！不論來應三助五、來正爲往耳、李塨言。應三則艮止險前、比五値大蹇之時、梁寅之謂大蹇猶言大難於己身。程子謂九五、六二功多不足、不能成大功。誠齋謂彖歎九五无助者與。夫如是五亦不足濟其險，然則爻謂往蹇來碩者何？ 蓋言不來爲往、或往其來處睽爲往皆蹇耳、來亦困於堅石山骨、蓋應三、三止。比五、一則上無從五之義、一則五本身亦大蹇、而應爻二柔不足道、況五其英明自用者耶！東坡先生謂六爻惟是爻可往。往則一切連大蹇都成過去。馬其昶上六蕭然事外、有碩大美德。對來碩之碩、不必依陽大三五是賴矣！所以吉者、蹇難已過。利西南、利見大人、利正利卜皆吉也。上六時位本當如此身。不必有是德、有是位、卜得此爻乃吉也。

䷧ 解（雷水）

解，利西南。无所往，其來復，吉。有攸往，夙吉。

初六，无咎。

九二，田獲三狐，得黃矢，貞吉。

六三，負且乘，致寇至，貞吝。

九四，解而拇，朋至斯孚。

六五，君子維有解吉。有孚于小人。

上六，公用射隼于高墉之上，獲之，无不利。

䷧解，利西南。无所往，其來復，吉。有攸往，夙吉。

彖曰：解，險以動，動而免乎險，解。解利西南，往得衆也。其來復，吉，乃得中也。有攸往，夙吉，往有功也。天地解而雷雨作。雷雨作而百果草木皆甲坼。解之時，大矣哉！

象曰：雷雨作，解君子以赦過宥罪。

京房：君子以赦過尢罪。（釋文）

馬融：雷雨作而百果草木皆甲宅。宅，根也。（釋文）

鄭玄傳彖：木實曰果，解讀如人倦之解，解謂坼嘑，皮曰甲，根曰宅，宅居也。（文選蜀都賦注）

陸績：震雷坎雨。（京氏易傳注）

王弼：西南衆也。解難濟險，利施於衆。解難濟厄，以速爲吉，无難則來復不失中。

孔正義：險難解釋，物情舒緩、利西南坤位是施解於衆也。褚氏云：「世有无事求功」故誡无難宜靜，有難須速也。

李鼎祚集解引虞翻：臨初之四、坤西南卦、得坤衆故利西南。四失位于外无應故无所往，宜反初得正位故其來復、吉。夙早，離爲日爲甲，日出甲上故早，二失正早往則吉。

司馬光：夫能濟難者存乎中，能有功者存乎時。時未可往而用之太速則不達；時可以往而應之太緩則無功。故上六藏器于身，待時而動，君子是之。

張載：往不返則生變，有所往而不速、將后于時，故无所往則靜吉；有所往則速吉。

程頤：西南坤方，坤體廣大，治當以寬則人心懷安。難解散无所爲，攸往謂尙有當解之事。當修治道、正紀綱、明法度、復先代明王之治是來往、早爲之乃吉。

蘇軾：所以爲解者震東、坎北也。東北、解者所在；西南、所解之地。方其在難、我往則得衆，故利西南；及其无難、往則害物，故來復東北之爲吉。苟有攸往、非夙不可解。

張浚：解、蹇之反。剛動不息復震、蹇難以解，復其常也。動得中、貴不息、夙斯吉。人君復剛一之德、復先王仁政、夙興不替然後治成。西南坤方平易、得衆陽進坎中。

張根：蹇難之散，故不言東北、无所往、箕子事。有攸往微子事。

朱震：解乎險難以是動，此合二體言解也。坤西南又爲衆，往順衆是以得衆。此以九三言。聖人解難則无所往，追復先王之治、所謂來復吉也。二之五正吉宜以夙爲戒。

李衡引荀：陰處尊陽无所往、來復居二處中成險故復吉。　引牧：動出險蹇解。來得中居吉。西南寬平之所則得衆，夙速解緩。　引介：難巳來復中。濟難以權，保常以中吉也。　引范：雷雨興，聖賢否散，武王散財發粟、解時矣！

楊誠齋：解、難散矣。如西南之坤安而靜。害除无所往故宜來復、不可過爲而擾。高帝定天下、復伐匈奴、過爲也。當解時、如冬閉久而逢春、萬物句者達，喜哉解之時乎！

朱熹：解、難散。居險能動、出險外矣。利平易安靜。卦自升來，三往居四入坤體、二得中，故利西南平易地。若无所往則宜早往早復而安靜、不可久煩擾也。

項安世：初往四爲坤衆故利西南、往得衆也。往外卦、來內卦。不正无所往。勢必來復下，二與五言。正往夙成，三上言之也。解利西南，初四言之也。

趙彥肅：求卦旨先察陰陽、卦名、卦才、物象、卦時。利地南成卦也。有攸往卦才、其義男下女得妻。二陽居陰得其情、往得衆，少乃貴。始離、根果最可見。

楊簡：辭蹇難解矣！聖人作易，因筮設教，因人之蹇思避難，以東北蹇知反者危險而解，故解利西南。坤得衆象。旣解，旣利、得衆矣，不當復往來，復其常則吉。

吳澄：釋糾結、險難解也。占三四易、四西三南、利往西南方。艮上極无所往則來復以易二故其來復吉。艮二往居外易上猶一日之朝也故夙吉。

梁寅：難之解散，利平易安靜。西南坤方、平易安靜之地。无所往、无復有爲也。復其常、安靜之地也。尚有所爲則早往乃吉。時哉不可失、其夙吉之謂歟！

來知德：夙早也。言解當早往西南，不然復于東北亦吉。解即解蹇難。前儒不知文王序卦、所以註蹇解二卦不成其說。

王夫之：解中四爻各失其位，解之道使各從其類以相孚，則雜處不爭。陽不忿陰不疑。自相解而治。西南山川砢磊不平、解行則利。陰陽失猶相應則和。柔以俟時收功易。

毛奇齡：反蹇則解。坎北震東，云利西南者、非東北不利也。致養莫如坤、坤位西南、養得衆。解來往吉、浸假无所往、必來復也。往而不來夙則又吉也。

折中引林栗曰：解處險外、但言西南之利。引胡炳文：解以平易、安靜爲吉。　案處解猶處蹇、其意大同。西南退、來，東北進、往。蓋國家有事無事皆退而自修為本。

李光地：內險外動、動出乎險外、解義。訓免，消散紓緩。雷升雨降亦解象。西南安退處後以固根本。出險尤宜謹其動。以安守為善，不可務外忘內失其根本之圖耳。

李塨：反蹇則解。解以乾居四則坤衆得。解出險惟在二四兩剛。蹇五、陽往上得中，令居下卦亦中，是无所往而來復。中能濟難、吉矣。重易為屯則雨潤雷下草木甲坼矣。

孫星衍引集解先儒皆讀為解，諧買反。　褚氏曰世有无事求功、故誡以无難宜靜，亦有待敗乃救，故誡以有難須速也。　傳彖坼馬陸作宅。根也，鄭木實。皮曰甲根宅，居也。

姚配中案：西南坤、震動雨施、水流入坤中故利西南。五本居二、初動二隨升五雷雨已作、當反下无所往復。喻紂政刑當反之正。殷先澤猶存、反正難斯解也。

丁晏傳彖：釋文坼、馬陸作宅。案鄭注亦云皮曰甲，根曰宅。左思蜀都賦百果甲宅。李善音宅為坼。宅坼音同。漢魏古易俱作宅。

吳汝綸：解、險難解。太玄擬之為釋。利西南者、外卦在險外也。彖云往得衆謂九四得上二陰也。无所往，陽不上進而歸二故曰仍得中。陽進外卦即有功、是夙也。

丁壽昌：坼、說文裂。廣疋分。馬陸作宅。文選引皮甲根宅、宅居也。昌案作坼是。蘇蒿坪西南指坤體。案入來出往。坎在內无往、震在外故有攸往。卦變言治絲棼矣。

曹為霖：西南坤位、平易安靜。又坤為衆。武王渡河、歸馬華山之陽、放牛桃林之野、示天下不復用兵。光武平隴蜀後、非警急未嘗復言軍旅、功臣各以列侯就第、无所往義也。

星野恒：解散也。居險能動、患難解散。卦變與蹇錯、九二往爲九五、西南坤地、中爻變坎故利西南。進退俱吉，無往不可。有能動于險中之才豈不綽然有餘裕哉！

馬通伯：趙善譽曰无所往、坎也。有攸往、震也。其昶案西南坤方、乾元利往西南以交坤、一索震、再坎、爲雷爲兩成解。往得衆即往得坤。

楊樹達：後漢書孔子曰君弱臣彊從解起。漢書五行志星隕如雨。如而也。星隕象庶民離上，雨、施復從上下。後漢書黨錮傳：立政之要記功忘失。乞原膺等以備不虞。

劉次源：解義緩則糾紛自解。中四爻失位不安、初上撫之。以柔鎮靜，疑消難解。西南坤、震坎之母。返本見性海、无所于往。卦與无妄應、有妄則自爲桎械。

李郁：排難卦。解緩。九二卦主。利西南者、剛宜往外向西南進。若不能進則反歸。歸進則速往。夙速也。可進可退故皆云吉。

于省吾：按李過西谿易說引歸藏有荔無解。黃宗炎謂解爲荔是也。解見母，荔來母。古來母字每與見母字相渾，如落从各聲是也。

徐世大：說文解訓判。引伸解救，調停。宜西南方，作者望解之文，无所往與有攸往爲對，沒法去，那末回歸好；可以去，早好了。

胡樸安：解爲分析一切之名。文王解其訟獄、非法律、情和解。利西南即蹇之利西南。无所往即蹇之不利東北。諸侯受決、其來其復皆吉也。有所往、早則吉也。

高亨：筮遇此卦，如有所往則利西南，故曰利西南。如無所往而歸還則吉。如必往則早行乃吉。

李鏡池：利西南——屬商旅之占。去西南可獲利。无目的就沒好處，不如回來好，有目的的去，越早越好。

屈萬里：周禮天官掌舍、鄭注舍、行所解止之處。孫詒讓引王引之云解猶體也，息也，止也。雜卦解緩也。序卦解緩紓其難謂之解。坎險震動、震出坎外危乎險。解。

傅隸樸：解卦顚倒是蹇、動在險外是出險、解脫險。東北解者所居地，西南被解者居地。蹇自救、解救他。西南坤義衆、當順輿情。東征西怨曰奚後我！人民無難則无所往、即无所用其解。回來就好了故其來復吉。夙速、有難速往也。

金景芳：解讀謝音。孔穎達引褚氏說，我看无所往，其來復吉，就是无難宜靜。有攸往，夙吉，就是有難須速。

徐志銳：卦義緩解。與蹇卦卦義卦畫相反。解愈動離險愈遠。所以能免除險。利西南行坤陰的柔順得緩解義。其往二五皆得中。發憤有爲即有攸往。丘富國：「既不以多事自疲、又不以无事自怠。這就是解卦時義的中正之道。」

張立文：解，利西南。无攸往，其來復吉；有攸往，宿（夙），吉。　譯：解，宜往西南方，無所往而返則吉祥；有所往、早行則吉神（有所往、停止則吉）。

林漢仕案：繫辭云八卦以象告，爻彖以情言。雷水解、蓋從常態言之也。彖故謂雷雨作而百果、草木皆甲圻。象更廣釋之君子以赦過宥罪。折中謂易乃聖人窮理盡性命之書。繫辭要危者使平、易者使傾。先儒於是乎馳騁智慧空間廣釋象之所告、象洩發之情。讀者各自對號入座認同之也。所謂「賢者識其大」、視作自抬身價，卑所認同之外者爲不肖也。夫如是則不易察「雖小道、必有可觀者焉。」之聖訓。街談巷說、蒭蕘之言偶有可采之實錄。然仍無礙「各自表述」之創作境界也。茲輯先賢「利西南、无所往、吉」之指撝：

彖：解利西南、往得衆也。其來復、吉、乃得中也。

象：君子以赦過宥罪。

王弼：西南衆也。解難濟險、利施於罪。无難則來復、不失中。

孔穎達：利西南坤位是施解於衆也、誠無難宜靜。

虞翻：坤西南卦、得衆故利西南。四失位无應故无所往、宜反初得正位、故其來復、吉。

司馬光：濟難者存乎中。能有功者存乎時。上六待時而動，君子是之。

張載：无所往則靜吉。往不返則生變。

程頤：西南坤方廣大、治當从寬則人心懷安、難解无所爲。復先代明王之治是來往。

蘇軾：東北、解者所在、西南、所解之地。我往得衆故利西南。无難來復東北爲吉。

張浚：西南坤方平易、得衆陽進坎中。

張根：蹇散故不言東北。无所往、箕子事。

朱震：坤衆、往順是得衆、此以九三言。聖人解難則无所往、追復先王之治、所謂來復吉也。

李衡引荀：陰處尊、陽无所往。來復居二、處中成險故復吉。　引介：難已來復中、濟難以權、保常以中、吉也。

楊誠齋：如西南坤安而靜、害除无所往故宜來復，不可過爲而擾。

朱熹：出險利平易安靜。卦自升來、三居四入坤體，二得中故利西南平易也。宜早復而安靜不煩擾也。

項安世：初往四爲坤衆故利西南、往得衆也。往外來內。不正无所往、勢必來復下、二與五言。

趙彥肅：利西南成卦也。有攸往卦才。其義男下女得妻。二陽居陰得其情。往得衆、少乃貴。

楊簡：以東北蹇，知反者危險故利西南。坤得衆，不當復往來、復其常則吉。

吳澄：占三四易、四西三南、利往西南方。艮上極无所往則來復以易二、故其來復吉。

梁寅：西南坤方、平易安靜地。无所往、无復有爲也。復其常安靜之地也。

來知德：言解當早往西南，不然復于東北亦吉。前儒不知文王序卦、所以註蹇解二卦不成其說。

王夫之：中四爻失位。解之道使各從其類以相孚。陽不忿陰不疑。西南山川砢磊不平、解行則利。

毛奇齡：致養莫如坤、養得衆、解來往吉。浸假无所往、必來往也。

折中案：處解猶處蹇、其意大同。西南退來、東北進往。國家有事無事、皆退而自修爲本。

李光地：西南安、退處後以固根本、不可務外忘內失其根本之圖耳。

李塨：解以乾居四則坤衆得。解出險惟在二四兩剛。今下卦亦中、是无所往而來復、中能濟難、吉矣。

孫星衍：褚氏曰世有无事求功，故誡无難宜靜。

姚配中：震動雨施、水流入坤中故利西南。初動二隨升五、當反下无所往復。喻紂反之正、殷先澤猶存也。

吳汝綸：西南外卦在險外。往得衆謂九四得上二陰也。

丁壽昌：入來出往、坎在內无往。震在外故有攸往，卦變言治絲棼矣！

曹爲霖：坤平易安靜。武王渡河、歸馬華山之陽；光武平蜀、非警急未嘗復言軍旅。功臣就第无所往義也。

星野恒：卦變與蹇錯、九二往九五，西南坤地、中爻變坎故利西南。

馬通伯引趙善譽：无所往、坎也；有攸往、震也。

楊樹達：後漢書孔子曰君弱臣彊從解起。

劉次源：中四爻失位、初上撫之、以柔鎮靜。西南坤、震坎之母、返本見性海。无所于往。與无妄應。

李郁：二卦主。剛宜往外向西南進。可進可退皆云吉。
徐世大：无所往、沒法去、那末回歸好。
胡樸安：諸侯受決、其來其復皆吉也。利西南即蹇之利西南。无所往即蹇之不利東北。
高亨：如有所往則利西南。如無所往，歸還則吉。
李鏡池：占去西南可獲利。无目的不如回來好。
屈萬里：王引之解、息也、止也。震出坎外危險、解也。
傅隸樸：東北解者所居地，西南被解者居地。解、救他。西南坤衆曰奚後我。
金景芳：解讀謝音。无難宜靜。
徐志銳：西南坤柔得緩解義。往來二五皆得中。丘富國云不以多事自疲、不以无事自怠。
解卦時義中正之道。
張立文：宜往西南方、無所往而反則吉祥。
西南之所以得衆、坤位也。依文王八卦分。復羲八卦西南爲巽、東北震。易家一致以文王八卦立說。即如是、亦有多層面說西南所以利也。譬如彖謂往得衆。蓋謂得衆則得國、賴衆人死力也、賴衆志成城也。王弼孔穎達反謂利施於衆。君恩只及西南一隅。此其一；西南坤方廣大、西南平易、坤安靜。以東北蹇、知反者危險故利西南。王夫之先生則言西南山川砢磊不平、險難重重、因履薄臨深之心故得安、有憂患意識也。此其二。東北、解者所在、西南所解之地。（蘇軾）　東北解者所居地，西南被解者居地。朱子謂出險利平易安靜。胡樸安謂即蹇之利西南。然則解者居一望无垠之東北大平原，居易而無敵國外患、危險恒亡之地？抑或山川險峻之故鄉、利出險就西南安地舒緩？故鄉險惡、西南坤衆曰「奚後我」，簞食壺漿以迎散財發粟王師，解放事業理想化也。此其三。解音讀謝、如人倦之解。緩也。通懈。然則解難濟險、險難解釋、難之解散。先儒皆讀解、諧買反。徐世大謂解救、胡樸安謂解其訟獄、傅隸樸謂解救他。似與解放、解剖、解除、解詁、解決、解散之解義讀同。又有從上下二體言解者、如震出坎外、危險、解也。震動雨施，雷雨作、解。震雷坎雨。從草木百果之利雨水、至四失位无應、中四爻失位、三四易、初往四爲坤衆。解出險惟在二四兩剛，九四得上二陰。初上撫之、以柔鎭靜。二五得中、九二往九五西南坤地，中爻變坎故利西南。來知德謂前儒不知文王序卦、所以註蹇解二卦不成其說。虞翻之臨初之四、朱子卦自升來，司馬光上六待時而動、君子是之。孔正義引褚氏云：「世有无事求功。」徐志銳引邱富國：「既不以多事自疲、又不以无事自怠。」吾見其馳騁學術之林自疲、自怠、愈往愈烈也。如積薪之爲學。高亨：「筮遇此卦如有所往則利西南。」師朱子之卜得是卦如何如何如出一轍。可以一概其餘矣！雖不必後來居上、倒不爲乾淨利落！

依蹇往來意、解之往來，意宜與同、即往來無所、復、吉。不必對四失位于外无應故无所往，宜反初。（李引虞翻）　往外卦、來內卦、不正无所往，勢必來復下。（項安世）　艮上極无所往則來復以易二故來復吉。（吳澄）　无所往、无復有爲也。復其常也。（梁寅）无所往謂陽不上進、歸二仍得中。（吳汝綸）无所往、坎也，有所往、震也。（馬引趙善譽）返本見性海、无所于往。（劉次源）无往與有往對、沒法去、回歸好。（徐世大）无所往即蹇不利東北。（胡樸安）筮遇此卦利西南。去西南可獲利。（高亨、李鏡池）人民无難則无所往、即无所用其解，回來就好。（傅隸樸） 往來二五皆得中。初發憤有爲即有攸往。卦辭明謂往來无所、復吉，有攸往、夙吉。是往宜早、復亦吉。初四明明應、雖失位之應、不能謂初四失位无應故无所往。王夫之、劉次源中四爻失位、初上撫之。其實初至五皆失位、司馬光謂上六藏器于身、待時而動，君子所是者、諒係六爻惟上六位正也。夫之先生謂解道各從其類以相孚，陽不忿陰不疑。是初四、二五之應不忿不疑也。東坡則以九二、六五，九四初六應各得其正。

卦謂利西南。乃行動指標。身在何處、不必一定東西南北。无所往來、復、吉、謂以西南爲利之往來也。復、說文：往來也，从彳复聲。又復、安也。是唾涎西南之利、无所往來吉，即往來亦安吉。有攸往、蓋叮嚀乎？有所往、宜乎敬肅其事、修汝戈矛、神而不可知之者亓女吉也。得乎天者吉也。其餘地利人和、有待卜者之肅愼恭敬行事乎哉！夙、肅也、恭也。

初六，无咎。

象曰：剛柔之際、義无咎也。

王弼：屯難盤結於是乎解，蹇難始解，剛及始散之際，將赦罪厄以夷其險，處此時不煩於位而无咎也。

孔正義：險難未夷則賤弱者受害。否結釋、剛陽不陵暴，初六處蹇始解，雖柔弱无位，此時不慮有咎。

李鼎祚引虞翻：與四易位體震得正故无咎。　傳象：震剛柔始交故无咎。

張載：險難方解，未獲所安，近比於二，非其咎也。

程頤：初柔居剛，陰應陽，能剛之義。无患難得剛柔之宜，則爲无咎矣！解初宜安靜休息之爻。

蘇軾：解二陽：九二應六五，九四應初六、各得其正。三處二陽間、欲亂人之正、故初與五疑而咎之，特明其无咎、此與九四剛柔之際，於義無咎。

張浚：承二應四、剛柔際則中无咎，險其免焉。初柔處險、非從剛從健，比德應上無以出險。

張根：坎爲難者。震脫難斯討難矣。故上卦皆有討難之辭，下卦皆有受討之義。初非難首而以柔在下，復居解始，是以免也。

朱震：初六剛柔之際、柔處下剛，剛而能柔者也。雖未正而无咎，得其宜也。得宜之謂義。辭寡如此者吉辭也。

鄭汝諧：難解之初、或紛紛而未定者，知愚貴賤未當其處也。初柔居下應九四、剛柔相際如是，安得有咎？

李衡引陸：柔承剛、志順。雖有過，義无咎。　引牧：初難始遇解應上，何咎之有！　引石：陽爻除難、初應四近二故无咎。　引薛：解剛柔已接、動出險故義无咎。

楊誠齋：六當難解之初、柔道處剛位、適剛柔之宜，得來復之義，何咎之有！此光武謝西域、禮匈奴事也。

朱熹：難既解矣，以柔在下、上有正應、何咎之有！故其占如此。

項安世：初六柔不正、本當有咎，以與九四相交得正而後无咎。故曰剛柔之際義无咎也。

趙彥肅：陰爲陽難，以其陵也。或其阻也。初六居陽承二應四，不爲陽難，最先解者故无咎。

楊簡：初六與九四正應，一陰一陽、交際和應，故其象爲無咎。

吳澄：占爲難者四陰。二陽解之，九二解主。初六比九二得中之陽，順從之不復爲難，解之最先者也故无咎。

梁寅：難之初解，雖无所爲，亦无咎矣。

來知德：難既解矣、六以柔在下，上有剛明者爲正應以濟其不及，无咎之道也。故其占如此。

王夫之：解之道先近後遠、先易後難。故初以解二。初柔承剛、靜待動，二可安於中不疑。雖未有功，自无咎矣。占此者自省无過、順受物則吉、道在无咎故其辭簡。

毛奇齡：初尙未解即曰无咎、有解之者也。解在兩剛、二與四也。四剛從初、往初之柔、剛柔往來之際而解生焉。初四應、其位剛柔相易乃其義也。義何咎焉。

折中引郭雍：解初得无所往其來復之吉故无咎。　引胡炳文：占只二字、其言簡、象在爻中。

引蔡清：初柔能安靜不生事自擾，何咎之有！案：應剛承剛處後、義明辭寡。

李光地：處最後、柔能靜、爻義至明故直无咎。　傳象比應皆剛、初但以柔順之。

李堪：四剛得衆者也。初六柔與四應則剛柔際矣、又何咎！

姚配中案：失位、咎也。　案象傳：雷雨交作，初非定象、非失位者也。自注：先言剛柔之際明初非定位也。

吳汝綸：初柔與三剛接，故象云剛柔之際也。

丁壽昌：王注屯難盤詰、于是乎解。胡雲峰動險中爲屯，動出險外爲解。案屯剛柔始交而難生，初承二剛柔之際，上下易爲解。蘇蒿坪曰上比于二剛濟柔故无咎。

曹爲霖：解有釋義，初四應爲大臣退休之地。宋太祖杯酒解石守信兵權，宿衛藩鎮痼疾、一朝而解。此无咎之第一義也。陳氏曰君臣之間莫或間之矣。

星野恒：除柔居下、既非能解者也，上有正應，剛柔相交而得於上者，雖未得吉，亦无咎。

馬通伯：薛溫其曰解剛柔已相接、動而出險故義无咎。蔡淵曰：柔居解初承剛應剛得宜、難必解矣。案：初失位疑有咎，二雨四雷不可不承應，剛柔交際之宜不變，无咎也。

劉次源：初受素質、潔白未染、性善之謂。本來无咎，无所于解。

李郁：失正爲咎。唯雷雨並作、二陽主之、初既比二又應四故得无咎。　傳象：不以爲咎也。

徐世大：莫怪，不要見怪爲排解第一義。先平雙方之氣，與後可進而調停。參看噬嗑首三爻、可得无咎眞義。

胡樸安：此爻只有无咎二字、未言何事！當是解訟獄事。強弱相爭、尋常事，故象曰宜无咎。義宜也。

高亨：筮遇此爻可以無咎，故曰无咎。

李鏡池：无貞事。貞兆辭可能承上爻「有攸往」而言的。

屈萬里：燉煌唐寫本義无咎下無也字。

傅隸樸：陰居陽、柔處剛是謂失位。弱者必受侵暴。故初六有咎象。但解難已除、失行者在赦宥之列、故初无咎。

金景芳：程傳說：「以柔居剛、柔而能剛之義。宜安靜以休息。爻辭寡所以示意。」郭雍說：「得无往來復吉之義、故无咎。」胡炳文說：「恒九二，大壯九二、解初占只二字、象在爻中，不復言也。」

徐志鋭：緩解時既要和順不自擾、又要憤發不自怠。剛柔相濟得中爲美善。初柔不中正，圖安逸不能无咎！比二應四兩剛爻相親相助、克服了自身的弱點。才有咎變无咎。

張立文：初六、无咎。　譯：初六、無災患。

林漢仕案：初至五皆失位，失位之應、夫之先生以爲解道使各從其類以相孚。東坡則以初四正應許之。虞翻硬派四爲失位无應故无所往。初陰之應、初失位、本應陽而陰居、是陽中有陰、陽帶陰、蓋乃陽剛其性而帶陰柔之質耶？四是陰性陽質、女中丈夫邪？陰陽本質顚倒、其孚也有互補作用。譬如男女、夫柔妻剛、豈牝雞之司晨、詛咒彼必索其家業乎？易之揚剛抑柔、必轉化而後正、虞翻氏之謂與四易位體震得正故无咎。初四易則初剛四柔矣，初剛四柔，正應是正應矣、地澤變臨矣！象以模糊姿態調整易例、祇言剛柔之際、義无咎也。程子之「柔居剛、得剛柔之宜爲无咎。」似略勝王弼之「蹇難始解、剛柔始散之際、不煩於位而无咎。」所謂「得剛柔之宜」當然並非如東坡之「九四應初六、各得其正。」似嫌生硬突兀也。言剛柔之變通、相孚斯可矣！茲誌易家謂初六所以无咎之文、彙以窺前賢之智慧作一簡單比較：

象祇畫一小圈圈、輕輕略過、謂「剛柔之際、義无咎也。」

王弼則謂屯難解、剛柔始散、不煩於位而无咎也。

孔疏：否結釋、剛不陵、初柔弱无位，不慮有咎。

李引虞：與四易位得正、故无咎。震剛柔始交故无咎。

程傳：初能剛之義。无患難得剛柔之宜則爲无咎矣。

蘇軾：四應初得正。此與九四剛柔之際、於義無咎。

張浚：承二應四、初柔處險、非從剛從健、比德應上無以出險。

張根：初非難首、以柔在下、復居解始，是以免也。

朱震：初六剛而能柔，剛柔之際、雖未正而无咎。得其宜也。

鄭汝諧：初柔居下應九四，剛柔相濟如是、安得有咎？

李衡引陸：柔承剛。雖有過、義无咎。　引牧：初難始解遇上、何咎之有！　引石：陽爻除難。初應四近二、故无咎。　引薛：剛柔已接、動出險故无咎。
楊誠齋：柔處剛、適剛柔之宜、得來復之義、何咎之有！
朱熹：以柔在下、上有正應，何咎之有！故其占如此。
項安世：初不正本當有咎。與九四交得正而後无咎。
趙彥肅：初六居陽承二應四、不爲陽難，最先解者故无咎。
楊簡：初與九四正應、一陰一陽交際和應故其象爲无咎。
吳澄：二解主、初比九二得中之陽、順從之、解之最先故无咎。
梁寅：難初解、雖无所爲，亦无咎矣。
來知德：初柔在下、上有剛明者正應以濟其不及，无咎之道也。故其占如此。
王夫之：初以解二、初承剛待動、二安中不疑。雖未有功、自无咎矣。順受物則吉。
毛奇齡：初尙未解即曰无咎。解在兩剛、初應四、其位剛柔相易乃其義。義何咎焉！
折中引郭雍：初得无所往、其來復之吉故无咎。　引蔡清：初柔靜不生事自擾、何咎之有！
李光地：比應皆剛、初但以柔順之。故宜言无咎。
李塨：四剛得衆、初柔四應則剛柔際矣、又何咎！
姚配中：失位咎也。又案初非定象（位）非失位者也。
吳汝綸：初柔以二剛接，故象云剛柔之際也。

丁壽昌：屯剛柔始交而難生、初承二剛柔之際、上下易爲解。　蘇蒿坪曰上比于二剛濟柔故无咎。

曹爲霖：初四應爲大臣退休之地、杯酒釋兵權、此无咎之第一義。解有釋義。

星野恒：柔居下非能解者、上正應雖未得吉、亦无咎。

馬通伯：薛曰剛柔接、動出險故義无咎。　蔡云初承剛應剛得宜、難必解。案二雨四雷不可不承應、无咎也。

劉次源：初素質潔白未染，性善之謂、本來无咎。

李郁：失正爲咎。比二應四故得无咎。

徐世大：參看噬嗑首三爻，可得无咎眞義。

胡樸安：當是解訟獄事宜无咎，義、宜也。

高亨：筮遇此爻可以無咎。

李鏡池：无貞事。貞兆辭可能承上爻有攸往而言的。

傅隸樸：失位弱者必受侵暴、有咎象、在赦列故无咎。

金景芳：郭雍說：得无往來復吉之義故无咎。

徐志銳：解時既要和順不自擾、又要發憤不自怠、比二應四兩剛相親相助、克服了自身弱點、有咎變无咎。

張立文：无咎、無災患。

初之所以无咎、從上可得⒅說：

剛柔之際、義无咎。（象）

不煩於位而无咎。（王弼）

初柔弱无位、不慮有咎。（孔・劉次源）

易位得正故无咎。（虞）

初能剛、得剛柔之宜爲无咎。（程子・朱震・楊誠齋）

應四得正、與九四剛柔之際義无咎。（蘇軾・朱熹・項安世）

承二應四、非從剛從健無以出險。（張浚・趙彥肅・李光地）

初非難首、柔居解始、是以免也。（張根）

動出險故无咎。（薛）

二解主、初比九二順從之故无咎。（吳澄、王夫之）

難初解、雖无所爲、亦无咎矣。（梁寅）

初尚未解即曰无咎、解在兩剛、應位剛柔相易義何咎！（毛）

初无所往其來復之吉、故无咎。（郭雍）

初柔靜不生事自擾、何咎之有。（蔡清）

初四應爲大臣退休之地、杯酒釋兵權、无咎第一義。（曹）

正應雖未得吉、亦无咎。（星野恒）

解難已除，失行者在赦之列故初无咎。（傳隸樸）

其占如此。筮遇此爻可以無咎。（朱熹・高亨）

无貞事。（李鏡池）

初剛位柔居，能剛能柔是剛柔之際？初柔應四剛是剛柔之際？初六承中正之九二解主是剛柔之際？初承九二剛、應九四剛皆得宜謂剛柔之際？初四剛柔接、動出險故无咎是剛柔之際？

初若謂能剛能柔、是大丈夫也。欲其靜不生事自擾也難！ 初柔弱无位、不慮有咎。蓋弱小者企盼不被強食也，其危於虎口侵暴者亦幸矣！ 初質潔白未染、虎狼染之矣！無位不煩、處柔處下，得待時、養羽翮、是可无咎也。而謂初失行在赦之列、解之赦人者也、如之何反謂自赦？解人之難者也，如何自身反居難中？

初柔應四剛、有謂失位之應、有謂正應、得正之應，義是可无咎、又非止於无咎也、當有利及吉祥之文，今僅或免咎之許、兩兩失位之應也乎？

初承九二剛中正之解主。承剛順剛、在我者奴顏婢膝幸色之態已表之矣，奈何謂九二為剛中正矣？中則正矣、正未必中之說言猶在耳，如之何舍六五之應而比初六也！九二不中不正矣！解主身不能模範人所謂身教矣！

謂初承九二又應九四。天下好處皆攬歸裙下、置之膝上任由把玩。若干年前報載：師詢一髫齡稚子云：汝父待汝何如？答以星期一、三、五各不盡同，要之皆慈眉秀目視我如己出、競相籠絡我、親我。我有三父一母，隨母姓。一女擁三男、週各佔二日。是母有三夫、我有三父、三夫共一妻、數年相安無事。荀子之「事兩君者不容。」忠貞不受質疑、亦云奇矣！而夫妻四人、竟能恩愛四不移。孔子之蓋有臧武仲之知、公綽之不欲、卞莊子之勇、冉求之藝、文之以禮樂、亦可以爲成人矣。答子路問成人。今孩子之母擁有天下最完美家庭生活及魚水之愛。然而人不羨之者、違背傳統社會習俗。一夫可以多妻、不容多夫制也。雖然、初之應四又承九二、奈何九二得中、豈違善良風俗耶？初之願承、未必二之欲必加之初而舍五應也，況初賤五貴邪？九四大臣之剛又豈甘心囊中物與人分享共有邪？

此外謂初柔弱无位、靜不生事自擾。貪婪者環伺、苟免幾不可能也、或可苟且一時耳。謂難初解、初尚未解、解難已除、失行在赦之列。解人難人者雖位卑職微、而其散發解放意味照樣醲郁、解放人者而在赦之列？孰能赦之邪？傅公隸樸之望圖識字之未必然也甚明！日本國之星野恒謂「正應，雖未得吉、亦无咎。」與象言「剛柔之際、義无咎。」似勉強可信。而初四位不正也。不正之應、亦應也。故謂剛柔之際、義无咎。爻之曰无咎者其如是乎？虞翻之易位得正之應、宜有吉字矣！蘇軾、朱熹、項安世之應四得正、是星野恒之所本也。

謂動出險故无咎。上動震雷、下坎水、以上下兩卦言。若動可以出險、止於无咎者亦幸矣！懼兵者不祥、及大兵之後必有凶年也。

朱熹、高亨之謂其占如此，筮遇此爻可以無咎。朱熹、來知德、高亨等尊重解初爻无咎之文、竊以爲蓋得之矣！其餘猜何爲无咎？或可概之矣！

九二，田獲三狐，得黃矢，貞吉。

象曰：九二貞吉，得中道也。

王弼：田獲三狐得乎理中之道、不失枉直之實，能全其正者也。狐隱伏，剛中應五，黃理中，矢直也。

孔正義：狐隱伏物，二剛中爲五所任、處險知險，黃中矢直，能全其正，如獲竄中狐。

李鼎祚引虞翻：二稱田，田獵也。變之正，艮狐坎弓離黃矢，矢貫狐體，二之五歷三爻故田獲三狐，得黃矢，之正得中故貞吉。

張載：陰亂方解，不正自疑之，陰皆自歸順聽故曰田獲三狐、不以三狐自累，上合于五則得黃矢之象也。

程頤：陽剛得中之才應六五君，五陰易蔽，易惑，小人近則移心，二可正君心、行剛中之道、去田害狐媚乃貞正而吉。黃中矢直，群邪不去，君心一入則中直之道无由行矣！

蘇軾：二當得五。近可取初、三。此之謂三狐、三狐皆可取、以得六五爲貞吉也。此之謂黃矢。矢直所當得、以六五爲黃矢。釋所不當得之三狐、當得之一矢、息爭之道也。

張浚：二剛中應五、坎中離體、得中用明用中、智足知小人而制其命，本震仁得黃矢貞吉。

互離田、除害義，重坎三狐、離黃、自坤來故曰黃離、坎爲矢。

張根：二爲難首，進退疑懼。六五之君不爲已甚，故得以自歸焉。

朱震：二爲田，二坎弓三離矢。四艮坎爲狐、二上歷三爻坎毁、田獲三狐也。二動坤黃，得黃矢正則吉。二剛中五柔所任，小人惑其君。易傳曰君心入中直之道无由行矣！

李衡引子：剛居中濟難、初奉五應，衆來附、得中道吉也。　引陸：獲三狐難解而去衆疑，二性險得中、解難得其直。　引介：二雖不當位，剛中而應，故大有爲、群疑順服。

楊誠齋：二以陽剛之才佐六五柔主。狐者小人之妖。一卦六爻、去小人者居五、聖人五致意焉、其難防也。三狐三陰。五君位、田者力而取之。矢我直且壯、黃中不遇也。

朱熹：此爻取象意未詳。或曰卦凡四陰，除五君位、餘三陰即三狐。大抵此爻爲卜田之吉占，亦爲去邪媚得中直之象。能守正則无不吉矣。

項安世：自三至五爲坎爲狐、二歷三爻獲五爲田獲三狐。五退就二、皆中且正、得黃矢矣。不可復解，以貞守爲吉。故曰九二貞吉、得中道也。

趙彥肅：難解，少爲衆主。二得中道、貴於四也。五以應與、諸陰不容不歸。狐者初三上也。黃矢者五也。得易辭獲難辭。

楊簡：狐多疑，今田獲三狐則一無所疑，則得黃中。土居中色黃，故黃者中象。矢物直，道之異名。人違道以不直。貞、正，亦道之異名。得道之全者故吉。

吳澄：二田坎狐、下卦、互坎、三陰爲三狐。二比初比三應五、三狐皆爲二獲、陰難解矣。

九二得中而不過剛、占得中不過剛、正主事而吉。

梁寅：難解時也、亦由人。九二解難者、故云田獲三狐。狐陰邪害獸、去害則難解矣。黃矢中直，二以中直去邪，則正而吉矣。

來知德：坎狐象。坎弓、矢象。離居三、三象。九二剛得中、應六五爲信，有舉直錯枉之權，退小人而進君子。故去狐媚得中直。有田獲三狐得黃矢象。正且吉其占如此。

王夫之：狐邪善疑。二剛中自任、因險立功。得狐則且委其矢、獲之不窮其殺、矢不失、黃中色，有獲狐之才、不自喪則不失其貞而吉。

毛奇齡：解主、坎震兩剛出險爲之解。二地道爲田。二當萃、小過、臨居艮時爲初中三則三狐也，爲坎三狐亡爲我獲。互離矢、黃矢而射三狐、矢狐並得之、解難之功如此。

折中王應麟曰：世治君子以直勝小人之邪，易曰田獲三狐。世亂小人以狡勝君子之介，詩曰有兔爰爰、雉離于羅。　引何楷：欲解天下難必有以處小人然後可。二剛中果而不激故獲狐黃矢亦得矣。

李光地：狐象邪媚、拇象親私五則直言小人。惟解散小人爲急，去難之本也。卦利西南來復吉者此也。二剛中黃矢象。與三近獲三狐。合中道、嫉惡不傷，中則無不正矣。

李塨：二剛得中道能解難，坎狐、六三在三位、三狐也。（小人象）二在地上可田、且得黃矢，是獲禽武備益修。其貞吉爲何如者，中即正也。

姚配中案虞注之正謂升五。　又案坎爲狐、三爻故三狐、謂三爻俱升也。（說文狐祅獸、鬼所云坎隱伏故爲狐，玆依用之。）

吳汝綸：三狐、三五上也。黃矢四也，即金矢，以喻陽。不取中義。革初九非中、亦言黃也。

丁壽昌：九家說卦逸象坎爲狐、艮亦狐。吳草廬曰：二地上田也，坎狐、下卦坎、三四五又互坎。二比初比三應五故能獲三狐。三狐皆爲二獲。陰難解矣。說較虞氏爲優。

曹爲霖：誠齋傳曰狐者小人之妖、拇者小人之賤、隼者小人之鷙、負者小人之僭。田者力取、矢直黃中、去小人不力、不直、不中、雖甚必亂、三者盡又能負固則吉矣。

星野恒：狐者獸之惑人者、小人象。三狐指上三陰。黃矢取中直。剛中應五，除小人猶稼穡除害、豈不欲草薙而禽獮哉！不可治之過甚致反噬，亦不可逞詐謀、得中其至矣乎。

馬通伯：汪烜曰坎中多言田、蓋取坤象、田中實有禽。王宗傳曰二坎主得中者。蘇秉國曰田去害、獲三蓋除惡務盡之意。案得矢乃能獲狐、二四皆成卦之爻，二不宜變。

劉次源：性受蠱惑、外六塵內五賊。初三皆陰慝、二陷中幾難自脫！幸剛中自拔、殲厥狐類。掃穴得黃矢、天錫正直，以貞獲吉。中道不偏、焉可狐媚！

李郁：二田坎狐、二宜進五，共歷三位故曰三狐。坎通離，離矢。離中黃故得黃矢。解內通外動，變通動作、乃可濟險。往居中正故貞吉。傳象二升五以中行中故中道。

徐世大：獵得三隻狐狸，得黃箭，堅強好。二爻言解救之道在恰如其分。正如有堅矢方能獵狡狐。

胡樸安：田、田獵。三狐、田獵所獲。得黃矢即噬嗑之金矢。此爭三狐、使納黃矢以罰之。

得中道所以貞吉。故象曰得中道也。
高亨：田獵。黃矢金矢同意。此殆古代故事。有人獵三狐，且拾得金矢，自是吉事。
李鏡池：田獵獲得三隻狐狸。這是已被人射傷又逃跑的、帶著銅箭頭。占得吉兆。
屈萬里：田同畋。
傅隸樸：田獵、狐隱伏獸，黃中色、矢直物。二陽居陰不正、居中便是正。二得五應全心委政、二負靖難清城狐社鼠、田獵獲三狐、隱患解，君保其中直、成解難貞吉。
金景芳：田獵捕獲三隻狐。指小人、即卦中三陰。黃是中色，矢是直的，這樣嘛，就得貞吉。何楷以三狐指小人。
徐志銳：九二主爻、能濟助群柔使勇于進取。二以剛居下體中位、居柔用剛、剛柔相濟適中，正是彖「其來復吉」得中之爻。雖居安定不偷安，能夠「有攸往夙吉」，往有功得中道也。
張立文：九二、田獲三狐，得〔黃矢，貞吉〕。　注：古人田獲、矢箸獸體，故田獵獲得三隻狐，且得黃矢。
林漢仕案：師者、負傳道、授業、解惑之責。一朝為師、不可不知天下事，姑名之曰「傳汝所知。」有時曲解委婉、己之未必正信而欲人信、著書立說、強辭狡辯。其心又未必不直、礙於情面、師人者焉可有所不知也、於是乎六合之內外形上形下、怪力亂神、竭力騖馳矣！誤後學導不才又接力競逐、後生小子其欲不迷惘也難矣！朱夫子之難能可貴也，一代大師、坦坦蕩蕩、肯言：「此爻取象未詳。」知之為知之、上承孔老率性之道、可敬可愛。朱夫子謂：「或曰卦凡四陰、除五君位、餘三陰即三狐。」六五君位、不可以狐方君。司馬光則許上六「藏器于身、待時而動、君子是之。」蓋上六存乎中、存乎時也。蘇軾以六五、初六、六三爲狐。蘇子謂：「二當得五、近取初、三。此之謂三狐。」是三家實得二說：君人者不當目爲多疑、隱伏之走獸！不敬也。然則龍象、虎鵬熊羆、亦禽獸也、胡爲乎不意其隱伏暗諷吾君、亦一禽獸也乎？大小強弱而已！狐性多疑、隱伏、蓋求生存之道不得不耳。不聞狐死首丘、不忘本之乎。不聞乎狐姓乃姬姓周平王之子以名爲氏、亦本姬姓乎？田獲三狐以充君庖乎？李鏡池謂：「田獵獲得三隻狐狸。這是被人射傷又逃跑的。」勞師動衆、獲匪熊羆，殺雞已動牛刀矣！大戰小獲、以金珠彈絲雀矣，以利西南……吉之卜辭。吾知其不爲充君庖也！然則田獲三狐必須交代也，古聖賢從爻象中尋尋覓覓、漢仕得彙其說以見其源流也。

象跳過田獲及得矢。第擇貞吉言其得中道也。

王弼硬將九二象言得中道、攤入田獲三狐、得乎理中之道。謂狐隱伏。

孔穎達謂狐隱伏物，九二能全其正、如獲竄中狐。

李鼎祚引虞翻：二田獵。變之正、艮狐坎弓離黃矢、矢貫狐體。二之五歷三爻故田獲三狐。

張載：不正自疑、陰皆自歸順聽故田獲三狐。

程頤：五陰易蔽惑、小人近則移心，去田害狐媚乃吉。

蘇軾：二當得五，近可取初，三。此之謂三狐。皆可取。

張浚：互離田、除害義。重坎三狐。

張根：二爲難首、進退疑懼。

朱震：二上歷三爻、坎毀、田獲三狐也。二剛中五柔所任，小人惑其君。

李衡引陸：獲三狐、難解而去衆疑。　引介：二大有爲、群疑順服。

楊誠齋：狐者小人之妖。一卦六爻、去小人者居五，聖人五致意焉。三狐三陰。

朱熹：或曰卦凡四陰、除五君位、餘三陰即三狐。大抵此爻爲卜田之吉占。

項安世：自三至五爲坎三狐。二歷三爻獲五爲田獲三狐。

趙彥肅：狐者：初、三、上也。二得中道、貴於四也。

楊簡：狐多疑、今田獲三狐則一無所疑。

吳澄：三陰爲三狐、二比初比三應五皆爲二獲、陰難解矣。

梁寅：狐陰邪害獸、去害則難解矣。九二解難者故云田獲三狐。

來知德：坎狐象。退小人、進君子、去狐媚、有田獲三狐得黃矢象。

王夫之：狐邪善疑。得狐且委其矢、獲之不窮其殺。

毛奇齡：二地道爲田。二當萃、小過、臨居艮時爲初中三則三狐也。爲坎三狐亡、爲我獲。

折中：世治、君子以直勝小人之邪，易曰田獲三狐。

李光地：二剛中黃矢象、與三狐近獲三狐。狐象邪媚。

李塨：坎狐。六三在三位、三狐也。獲禽武備益修。

姚配中：坎爲狐。三爻故三狐。說文狐䄏獸、坎陰伏故爲狐。

吳汝綸：三狐、三五上也。

丁壽昌：九家逸象坎爲狐、艮亦狐。吳草廬曰：二比初比三應五故能獲三狐。說較虞氏爲優。

曹爲霖：狐妖拇賤……三者盡、又能貞固則吉矣。

星野恒：三狐指上三陰。猶稼穡草薙禽獮。

馬通伯引汪烜：坎中多言田，蓋取坤象。　蘇秉國：田去害、獲三、蓋除惡務盡之意。

劉次源：性受蠱惑、外六塵內五賊、幾難自脫。幸剛中自拔、殲厥狐類。初三皆陰曆。

李郁：二田坎狐、歷三位故曰三狐。

徐世大：獵得三隻狐狸。

胡樸安：田獵。三狐、田獵所獲。此爭三狐、納矢以罰之。

高亨：有人獵三狐，且拾得金矢。

李鏡池：田獵獲得三隻狐狸。這是已被人射傷又逃跑的，帶著銅箭頭。

傅隸樸：二負靖難清城狐社鼠，田獵獲三狐，隱患解。

金景芳：田獵捕獲三隻狐，指小人。即卦中三陰。

徐志銳：九二主爻，能濟群柔使勇于進取。

張立文：古人田獲、矢箸獸體，故田獵獲得三隻狐。

屈萬里謂田同畋。畋獲不爲薦宗廟、就爲宴賓客，或爲充君庖。而畋又常爲軍事演習、國之大事之一也。唐太宗獵與野豬格鬥、雖勝出刺殺對方、豈太宗仍有逞雄心於一獸？樂也。忘其萬萬千金之玉體與百萬億兆人民之企盼與任務。般樂飲酒，驅騁田獵、後車千乘，百姓聞王鐘鼓之聲，欣欣然有喜色，此無他，與民同樂也。田獵豈止祇爲記載九二田獲三狐爲本爻重心之所在邪！勝之不武也。記載三軍協調作戰任務之完成武備益修邪？易家似將重心置之於除內賊、清君側、茲聚衆說歸納爲：

1. 狐隱伏物、六五陰易蔽惑、小人近則移心。去狐媚之害則一無所疑。蓋狐者小人之妖。三狐三陰。
2. 二不正自疑、爲難首、進退疑懼。六塵五賊幾難自脫。
3. 自三至五爲坎、三狐。二歷三爻獲五爲田獲三狐。
4. 初、三、上爲狐。卦凡四陰、除五君位、餘即三狐。
5. 坎爲狐、六三在三位、三狐也。
6. 三五上爲三狐。猶稼穡、草薙禽獮。
7. 二比初比三應五故能獲三狐。
8. 田取坤象。田去害獲三、蓋除惡務盡之意。清城狐社鼠。
9. 田獵獲得三隻狐狸、前即被人射傷者。

從易本身之矛盾發現有其統一之理路、人人望卦識字、配合爻辭產生義理。劉次原君之外六塵內五賊，乃佛家所謂六塵、即六根所緣之外境——眼耳鼻舌身意、被塵染污。色聲香味觸法謂六塵。爲外六境染污內在心靈。眼貪圖美色、耳愛鶯聲、舌圖美食、所謂財、色、名、食、睡五欲。因外在引誘而生煩惱也。煩惱即菩提、端看汝修爲。成佛之路也。其謂六二位不正，從貪欲中幾難自脫、幸剛中自拔、殲厥狐類……則殲之者九二、被殲者陰類也、或言初、言三、言五、言上。蘇秉國謂除惡務盡。王夫之謂獲之不窮其殺。三軍已動、始鋒內奸。除惡務盡，草薙禽獮。朱子熹嘆「象意未詳。」不覺前賢畏後生矣！然朱子之謂「大抵此爻爲卜田之吉占。」又似小視九二解動難發之主爻，奉五而大有爲之時也。（石介言）二剛中五柔所任。（朱震）二得中道、貴於四。（趙彥肅）二負靖難、清城狐社鼠、隱患解。（傅隸樸）

卦辭解利西南，无所往、有攸往皆吉。蓋解之時義動靜皆吉、來往皆吉祥如意也。前卦後卦若有關連意、由蹇而解、則簞食瓢飲勝過前日之顚沛流離、饔餐不繼作一東西南北人也。祇求解無往而不自在、自得。九二時段、稍整軍備，從實兵演練中發現得失。田獲三狐、得也；得黃矢、亦得也。以狐爲隱伏小人，其狐爲城狐社鼠，清君之側，迨兵諫矣！舉兵以諫者、其人坐不安席，如之何往來著一吉字？勞師動衆、大戰小獲、得黃（理）中、矢（正）直、得道之全者（楊簡）而能全其正故貞吉也。即田獲向之不直不正者、狐不忘本、狐死首丘言、今亦得人死力死事之正矣。是獲向之不正者人也今正矣。而所行事理亦得中道如矢直、行事亦得中道矣！是田獲三狐、言得人死力死事之正也；得黃矢、言行事亦正直合乎中道也。向謂二位不正者、今九二自正貞吉矣。

六三，負且乘，致寇至，貞吝。

象曰：負且乘，亦可醜也。自我致戎，又誰咎也。

王弼：處非位，履非正，柔邪自媚，乘二負四，寇來自己所致，雖幸免，正之所賤也。

孔正義：三夫正无應、乘二附四，邪佞自說，寇知競欲奪之。貞吝者負乘之人，正其所鄙故曰貞吝也。

李鼎祚集解引虞翻：負倍也。二變艮爲背故負倍。倍五，五來寇三、坤車，二在坤上故負且乘，小人乘君之器故象亦可醜也。

張載：不正而近比二剛、不能致一故有小人負乘之象。貪以致寇也。

程頤：柔居不上，處非位猶小人負荷乘車、必致寇奪，雖所爲正，亦可鄙吝。小人竊盛位、氣質卑下、終可吝。三陰小人宜在下、反處下之上、猶小人宜負反乘致寇奪也。

蘇軾：三於四爲負、於二爲乘。寇之所伐者負且乘也。三苟與四、不與二、則四不伐；與二不與四，則二不攻。所以致寇者兼與也。二四皆非配、雖貞於一猶吝、況兼乎！醜之甚也。

張浚：小人任重必墮。孟子曰不仁在高位、是播其惡於衆。三位不中正、內外懷險蔑棄仁義、蓋小人之雄者，斯人竊位、天下孰不與己爲敵！負者乘、顚倒錯亂也。

張根：爲難之黨、既免討幸矣！復竊高位，宜見伐也。

朱震：三負四乘二、六小人不正則盜奪之，故貞吝。車服所以昭庸、宜負而反乘，亦可醜也。陰爲醜、又誰咎！小人竊位則寇至矣！

鄭汝諧：難之未解、君子小人尙雜處。旣解則各安其所。三柔不中正，間處二陽之中，上負九四、下乘九二。負可、負且乘不可。小人乘君子之器，盜思奪之矣！

李衡引牧：三據險極柔乘剛、小人乘君子之器、又不應上，是固險者故公用射之。　引介：六小人乘君子之位，上慢下暴所以致寇。　引逢：非止寇伐，又起天下之戎。

楊萬里：三陰詐極。竊位僭上、孰不薄而醜之。雖貞猶吝、況不貞乎！六三致寇必也。受難者不惟六三也。可不大懼也哉！

朱熹：繫辭備矣。貞吝言雖正得之、亦可羞也。唯避而去之爲可免耳。（按繫辭負也者小人之事，乘者君子之器，小人乘君子之器，盜思奪之矣。易曰盜之招也。）

項安世：解下五爻皆不正求解、應者同心相解得正。无應者滯於不正不能解，故吝、三是也。反貞故貞吝。猶愈於凶。不貞則不吝。勉從上可解，執下爲小人故可醜。

趙彥肅：解時陰喜得陽。負四初爭，乘二則五至，貞夫一故也。三无應欲兼上下二陽，難作致戎必矣！以貞道言吝也。

楊簡：小人道消猶乘君子之器，盜奪之矣！小人勉勉貞正，僅可免禍，亦吝可羞。孔子曰作易者其知盜乎？小人而乘君子之器，盜斯奪之矣！

吳澄：承四猶負重任、乘二坎爲輿、處非其據、必有刼奪故致寇至。九四射上六稱公、奪六三則稱寇。占三爲二獲而難解，爲四惡遭寇奪、正主事則可吝。

梁寅：陰居陽處非其位，故負且乘象。小人見罪於君子，君子非寇也。自三言之則寇爾！貞吝言貞固守此，吝之道也。

來知德：坎輿、三乘、又爲寇盜。負輿者小人，輿君子之器。二君子、四小人。六三柔不中正，居下之上、是小人竊高位，終必失故負乘致寇象。占雖正亦可羞也。

王夫之：解失位之爻，三尤妄。上承四屈居卑賤，下乘二剛，是役人乘軒矣！居非所得，寇必奪之，而僅曰貞吝者，有上六高墉之射解悖，故可悔過以保、然已吝矣！

毛奇齡：三以陰處兩剛間，上承四剛如負、下反乘二剛如乘、世有肩負荷而乘輿者乎？則寇之奪乃醜之也，誰咎！三前後皆坎、坎爲輿爲寇盜。故象如此當解去者。

折中引胡瑗：三不正、小人得高位、蓋上慢其名器、不辨賢否致寇害也。　案：繫辭釋盜奪負乘之人，盜伐上慢下暴之國。上褻其名器、慢藏誨盜、賊民興、難將何時解？

李光地：陰不中正、無德竊位，盜思奪之矣！有國家者使用如此倖位之徒、是謂上慢下暴，盜思伐之矣！伐則害及國家、以此爲常能無吝乎？

李塨：三體剛上承九四、若以背負之者，然是荷薪肩餱小人耳。且下乘九二坎車，儼然擁蓋策肥。夫乘君子之器、正命亦可醜。人醜則思奪、寇至无日矣！離兵交作誰咎！

孫星衍引釋文乘如字，王肅繩證反。　傳象自我致戎，本或作致寇。（釋文）

姚配中案：坎爲寇謂四也。三與坎連體故致寇至。之正應上、見隔於四、故貞吝。雷雨作難解、致寇蓋喻殷小人在位不能解難也。　案象負且乘君子之器可醜，又誰咎！

丁晏：虞曰負倍也。二變時艮爲背。案負倍即負背。漢志引禹貢倍尾、史記作負尾。鄭注明堂位云負之言背。釋名釋姿容曰負背也，置項背也。釋形體云背倍在後稱也。

吳汝綸：董仲舒云此言居君子之位而爲庶人之行者、其患必至也。貞吝、言當之者吝也。

丁壽昌：釋文致戎本文作致寇。案雷氏思曰寇小爲盜、大則戎。蘇蒿坪曰三徒貞其柔、故不能有爲而難免于咎。以變剛勉之也。震筐、三在下負象、坎車，三在上乘象、寇坎象。

曹爲霖：西漢末童謠竈下養中郎將，爛羊頭、關內侯，爛羊胃、爲都尉。由是關內離心、盜賊蜂起。此負乘致寇明證。名器濫褻極矣！文帝寵鄧通景下吏，是之謂貞而吝。

星野恒：負者小人、乘者君子。柔不中與上九應、小人得時致位、不勝其任者。衆心不服必招寇敵，雖勉爲正，亦可吝也。小忠細謹，何足貴哉！

馬通伯：董仲舒曰乘車者君子、擔者小人。此言君子爲庶人之行、患必至。邱富國曰狐言蠱惑，隼言鷙害，負乘言僭竊。其袒案負挾厚貲。六三失正體互坎致寇至矣。

劉次源：負役乘車、雖无盜亦可醜！陰居二上、心有所繫、戀人爵忘良貴，福兮禍倚、雖正羞吝！

李郁：負四乘二。二寇謂坎、三柔乘剛成坎故致寇至。田有豐獲、謾藏誨盜、雖欲自正、然已晚矣。　傳象：負乘是貪。我无不虞之戒、人生攘奪之心。自招禍又誰咎！

徐世大：背了東西又騎馬，弄來強盜，日久成笑話。三爻言解救之人須本无係累，方可公平處理。如騎馬背包袱，豈非笑話！致寇至猶言因解救而自尋煩惱！
胡樸安：負且乘，言貴重物當捆載以行。乃負而且乘且行。致寇劫奪、可謂自召其殃。故象又誰咎！寇自召、吝之事也。
高亨：負物、乘車、所以致盜。車載人亦載物，今乘車負物則知物寶貴！繫辭上：子曰慢藏誨盜，冶容誨淫。老子：聖人被褐懷玉。所以防盜也。
李鏡池：商人帶著許多貨物，又是背負、又是馬拉，招人注意，結果強盜來了，倒霉。
傅隸樸：柔質剛居、小人冒君子之器、上不得應、遂媚四乘陵二。諂上驕下。好比背東西乘駟馬、盜寇起劫意。故象曰自我致戎誰咎？可醜指小人，及君任小人致難的過咎，也是正人君子所羞吝，故曰貞咎。
金景芳：繫辭傳說：「負也者小人之事，乘也者君子之器。小人乘君子之器、盜思奪之矣。上慢下暴、盜思伐之矣。」背著東西立在車上、盜就要下手搶了。上褻名器下貧竊，賊民興國家受其害。貞咎，貞也是吝的。
徐志鋭：三柔居不正。認爲天下无事、歡喜忘形，身背東西在車上招搖過市、引寇賊搶奪、必有悔吝事。指明輕慢无備可由小盜釀成兵戎大患。蹇解時豈可苟且偷安。
張立文：（六三、負）且乘，致寇至，貞閵（吝）。　譯：六三、背負物而又乘車，必招致賊寇的到來，占問則有艱難。　注：且猶而。　閵假爲吝。
林漢仕案：高擎解放大纛、人民有倒懸之苦、解放者東征西怨、百姓皆曰奚爲後我，王師也。

解者本身先決條件、因宣傳成功、民心歸向。故得縱橫宇內、往來皆吉。初故謂筮遇此爻可以无咎、蓋其占如此。二之田獲、整軍經武、從事實兵演練。獲三狐、得也。全其狐死首丘、不忘本之習性、得二三子死力、又得金矢武備之補充、而行事正直得中道、吉乃必然之趨勢。至六三則呈現驕縱、躊躇滿志狀態。對百姓、愛之欲加諸膝、似背負襁褓、刻不離身；一面又隨意踐踏其所不愛者。同是解救對象、有愛有憎、全憑一時喜怒。無一定之標準。向之加膝者、今乘而凌駕矣，今之所愛者、向之所賤惡。六三之位不正、致行事不能一之以大愛。激怒怨民、前日簞食壺漿以逆我者、因官逼民反、致寇仇之矣！能快速反之正、解救與被解救者雙方、仍不無悔吝遺憾也。象曰負且乘、亦可醜也。表明既背負又凌乘虐待矛盾行爲。擎解救大旂、行欺凌之疾虐。故謂自我致戎、又誰咎也！言行不一者當知所戒也。

　再以卦位言、六三乘九二、負九四兩剛。趙彥肅謂：「九二得中道、貴於四。」九二能乘邪？四亦解主，四遜于二，未當位也。（毛奇齡言）　三在足前、儼若拇。解拇則初至、故必斥去小人而後往有功。（李塨）　九四正欲擯三、三又豈得承負九四哉！然其卦位言，六三果然乘二負四，王弼傳爻比象傳精準指認如是。

　負且乘是因、致寇至乃果。觀因果則知貞吝乃爲斷然必然也。茲撮其要條述各家意見於左：

　象最得中庸、拿捏最準、其謂負且乘、亦可醜也。自我致戎，又誰咎！

王弼：處履非正，邪媚乘二負四，寇來雖幸免、正之所賤也。
孔穎達：三夫、正无應，乘二時田，邪佞自說，寇知競欲奪之。
虞翻：負倍也。二變艮爲背。倍五、五來寇三。二在坤上故負且乘。小人乘君之器，故象亦可醜也。
張載：不正比二剛，不能致一故有小人負乘象。貪以致寇也。
程頤：柔居下上、猶小人負荷乘車、必致寇奪。
蘇軾：三於四爲負、二爲乘。致寇者兼與也。醜甚。
張浚：三不中正、蓋小人之雄者、不仁在高位。負且乘、顛倒錯亂也。
張根：爲難之黨、復竊高位，宜見伐也。
朱震：負四乘二。車服所以昭庸，宜負反乘、可醜也。
鄭汝諧：負可、負且乘不可。三柔不中正、小人乘君子之器，盜思奪之矣！
李衡引介：六小人乘君子之位、上慢下暴所以致寇。
楊萬里：三陰詐極、竊位僭上、致寇必也。
朱熹：繫辭：負也者小人之事、乘者君子之器，小人乘君子之器、盜思奪之矣。
項安世：解下五爻皆不正求解。无應滯於不正不能解故吝、三是也。
趙彥肅：負四、初爭；乘二則五至。三无應欲兼上下二陽、難作致戎必矣！以貞道言吝矣。

楊簡：小人道消猶乘君子之器，盜奪之矣！

吳澄：負擔之人而復乘車、必有劫奪之者、三四五互坎象寇。四寇三。乘九二、二不與校、置不問。

梁寅：君子非寇也，自三言之則寇爾、陰居陽處非其位、故負且乘象。

來知德：坎輿、三居上、乘象。又盜寇象。負二乘四。二君子、四小人。三小人竊高位、猶鄧通正亦吝。

王夫之：解失位、三尤妄。役人乘軒。居非所得、寇必奪之。

毛奇齡：承四剛如負、乘二剛如乘。世有肩負荷而乘輿者乎？寇奪乃醜之也。

折中案：上褻其名器、慢藏誨盜，難將何時解？

李光地：不中、無德竊位、盜思奪之矣。

李塨：承四若背負、荷薪肩餱小人。乘二儼然擁蓋策肥。人醜寇至无日矣。

姚配中：坎寇謂四、三連體故致寇至。負且乘君子之器可醜。

丁晏案負倍即負背。二變，艮爲背。

吳汝綸：此言居君子之位而爲庶人之行者，其患必至。

丁壽昌：三在下負象，三在上乘象。寇坎象。釋文致戎、本文致寇。寇大則戎。

曹爲霖：名器濫褻極矣。西漢末童謠：竈下養中郎將，爛羊頭關內侯，爛羊胃爲都尉，由是關內離心。

星野恒：小人得時致位、衆心不服。小心細謹何足貴！
馬通伯：負乘言僭竊。負挾厚貲、三失正互坎致寇至矣。
劉次源：負役乘車、雖无盜、亦可醜。戀人爵忘良貴，雖正羞吝。
李郁：二寇謂坎。三柔乘剛故致寇至。負乘是貪、我无不虞之戒，人有攘奪之心。
徐世大：三言解救之人須自己本无係累，如騎馬背包袱、弄來強盜，豈非笑話。自尋煩惱。
胡樸安：言貴重物當捆載以行、負乘自召殃。
高亨：負物乘車則知物寶貴。老子：聖人被褐懷玉、所以防盜也。
李鏡池：商人帶了許多貨物、招人注意、結果強盜來了。
傅隸樸：小人媚四陵二、諂上驕下。好比背東西乘駟馬、盜寇起劫意。
金景芳：背著東西、立在車上，盜下手搶了。上褻名器下貪竊，賊民與國家受其害。
徐志銳：背東西在車上招搖。指輕慢无備可釀成兵戎大患。蹇解時豈可偷安。
張立文：負物又乘車、必招賊寇。

孔穎達以前、六三之醜在負、乘兩邊兼與。張載故斥不能致一、不正比二剛，貪致寇。貪吃也。東坡亦謂兼與醜甚。　虞翻謂二背五。五來寇三。梁寅謂「君子非寇、自三言之則寇爾。」蓋五君也。來知德以另類罪三、謂三小人竊高位、猶鄧通擁文帝自重，及景帝之抄沒、帝寇之也。六三之原罪㈠比二、與六五爭男友。原罪㈡先帝之愛臣、今帝寇仇之也。彼帝父子愛惡自相反也。程子則從文字玩出：「猶小人負荷、乘車。必致寇奪。」此又生出二義：㈠車服所以昭庸、宜負反乘。（朱震） 王夫之亦謂役人乘軒、居非所得，寇必奪之。毛奇齡之謂「世有肩負荷而乘輿者乎？」其徒李塨遂謂「荷薪肩餱小人儼然擁蓋策肥矣。」㈡如「騎馬背包袱、弄來強盜。」（徐世大）。高亨之「負物乘車則知物寶貴。」傅隸樸之「好比背了東西乘駟馬、盜寇起劫意。」

上言二背五、五來寇三。趙彥肅又味出「負四，初爭。」三乘二則五至，三无應欲兼上下兩陽、致戎必矣！是謂六三之媚嬌、因無應、小姑獨處、朝來二、暮負四、兩陽皆羅致裙下、待醋意濃，兩陽獨占性起、所以致寇戎也。果如是、三之過濫貪、二四兩陽亦過、去所應而偷腥味矣！三賤、二四兩陽亦賤也。

吳澄謂四寇三。來知德云四小人。傅隸樸謂小人媚四陵二、諂上驕下。來知德謂四小人、想四爲三字之誤、三陰小人、九四陽不得謂爲小人。手民之誤邪？四之所以寇三、三四五連體坎、寇也。釋文言致戎。齊桓公點兵伐蔡，管仲責楚苞茅之不貢、還兵滅蔡、正報蔡姬之他適、桓公失所愛一女子耳。丁壽昌謂本文致寇、寇大則戎。是戎寇係乎六三事九二、九四、事之可大可小也。 又來知德謂九四小人，豈三之負四而轉爲負擔役人邪？然則九四成爲荷薪肩餱小人矣！奈何九四陽而近君位矣？是玩文字時未兼爻位言也。

儒之教也、名不正則言不順。故名器之濫褻。（曹） 負乘言僭竊。（馬） 居君子之位而爲庶人之行。（吳） 小人擁蓋策肥。（李塨） 輕慢无備可醸成兵戎大患（徐）不能致一。車服昭庸。無德竊位。戒人臣亦戒君人者任非其才之吝也，若一摶之食、爛羊頭、關內侯；爛羊胃、爲車尉。天下如何得河清海宴？

六三負也不是、乘也不是、象之言亦可醜也。其知易者哉？「自我致戎，又誰咎。」象之言、知易者也。觀其因果、貞吝其必然乎、雖貞亦吝也。卜亦吝也。

九四，解而拇，朋至斯孚。

象曰：解而拇，未當位也。

王肅：拇，手大指。（釋文）

陸績：拇，足大指。（釋文）

王弼：失位不正，比三，三附之爲其拇，三拇則失初應，解拇然後朋至而信矣！

孔疏：而、汝也。拇，足大指也。三附如指之附足，四應在初，三爲拇則失初應，故必解拇後朋至而信。

李鼎祚集解引虞翻：二動艮爲指、四變之坤爲母，故解而母。臨兌爲朋、坎孚、四陽從初故朋至斯孚矣！

張載：位不當則所履者邪，故失位之陰、因得駢附，險亂即解，解之則朋信。（一作正）

程頤：剛才承五君、下與初應，拇在下而微者。居上位而親小人，則賢正遠退，四能斥去小人則陽剛君子朋來而誠合矣。不解小人安能得人之孚也。

蘇軾：拇、六三，朋、九二。三來附己，解而不取則二信之。未當位者，明勢不可以爭也。

張浚：以九居四、剛陽失位，互坎、陽陷於陰。四去險用明、朋至。朋謂二、陽與陽爲朋，朋來明德益修，五動應、生化之功自是興。居解惟患不得其朋！

張根：既脫險難而強進之謂。

朱震：四震足、初下體之下應足、拇象。四陽與陽爲朋。劉牧曰：四與初六小人應、則九二與我朋類者不信而去。故拇不解則小人進、君子去而難作。

鄭汝諧：拇、在下之陰謂三也。四所自處不當、宜小人之所附麗，必解去然後孚其朋。朋剛陽之類謂二也。

李衡引李：四體震爲足，三在足下、拇象。　引牧：拇謂初。朋謂二。二四同功。應上是信不違解。　引胡：四不可係於它類。　引介：解初而已、所孚者寡矣。　引陳：去己贅行乃可以行。故解拇則朋至、不令而孚矣。

楊萬里：九四欲其解拇，拇者小人之賤，通嬀是也。四剛居近君、賢而下比三賤下小人，君子望望然去之。維解散小人、君子朋至矣！拇體微在下小人、而、汝也。

朱熹：拇指初，初四皆不得位相應，應不以正。然四陽與初陰其類不同，若能解而去之則君子之朋至而信也。

項安世：震足下故爲拇。而汝也。未當位，下居初則當位矣。初六欣從相易故解而拇朋至斯孚。陽爻稱解、陰爻稱孚。非君子不足解難、小人不服亦未足解。

趙彥肅：二得中故田獲得矢。四未當位故解而拇，群陰未孚也。初六以應解，三陰未孚是難未全解，必得同類至群陰始孚爾！以陰信九二故也。

楊簡：拇微在下，初六象。四所解者初六而已。朋類至始孚應而有所解，解也狹，以其不當位也。人臣不可博大人，臣之有大功者皆君之命，不敢自爲也。

吳澄：拇謂初六、而汝也，指四言。四汝正應初能解去然後无私係也。占朋九二同類孚於四、二陽同解陰也。

梁寅：初六居下、拇象。小人也。難方解正君子道長之時，四與初應爲累矣，故必解拇則君子之朋至而相信矣。

來知德：而汝也。二四同德之朋、當國家解難之時，四近君大臣、二五直應、則四二同君子朋，但四比三間于小人，惟解去小人則君子之朋自至而孚信矣！戒占者必如此。

王夫之：拇、足大指謂初也。四初正應，四失位有逼五之嫌，初柔卑弱、固未能解結、不以手指而以足拇矣。二四同道爲朋、兩陽交孚、二解四亦解、勢不容終自怙也。

毛奇齡：四亦解主。震爲主、初則其足之拇也。蹇以動而解、動自拇始。二四解同、四遜于二、未當位也。四二同解難謂之朋至，，非坎離交實孚信不至此。

折中引劉牧：拇謂初應己故曰拇。　引何楷：二四兩陽任解之責者。而汝，拇足大指。四近君位。苟暱小人則君子之朋至、彼必肆其離間之術矣！

李光地：四大臣位、能解其私則天下難孰不解！拇取應初。凡瑣瑣姻婭及依附小人皆拇類。所私去則同德之朋來矣。自然之驗故曰斯孚，言可必也。　傳象：防私情之溺。

李塨：三宜負、任拇之人。震足、三在足前、儼若拇。爲九四計、亦惟解去爾拇則初應朋至，斯有坎孚之美。四陽居陰、位未當，故必斥去私人而後能往得衆、往有功也。

孫星衍引釋文拇、荀作母。　引集解陸績曰拇、足大指。王肅曰拇、手大指。

姚配中案：而、女也，謂四。四體離、坎欲上欲下故解而拇、謂二上之五、四降居初也。二升五、陽與陽爲朋，故朋至。二升四降，初得位有應故朋至斯孚。

吳汝綸：拇初也。朋二也。至初也。去初之陰、以二之陽爲初則變爲純震。孚者合也。謂兩陽相合也。以不當位故欲得朋之助也。

丁壽昌：陸云足大指。王肅云手大指。案四與初正應，程傳謂解去初六之陰柔。非易例也。當从注疏。李鼎祚三在足下拇象。蘇蒿坪變坤朋象，互坎孚象。

曹爲霖：宋仁宗大開言路、用琦與仲淹、罷夏竦、石介爲國子監直講、有云衆賢進如茅斯拔，大姦去如距斯脫。其言大姦，蓋斥竦也。一邪一賢退進則其類並退進。

星野恒：拇、足大指、指初。交不以其道者也。四剛能動，始雖狎昵小人而知其小可。則君子之同類者斯來相信，故朋至斯孚，宜善人之來集也。

馬其昶案鄉射先立司正以監懈倦……二獲狐上射隼皆勝者、四位不當故射不勝、故解決拾示不用。射必使勝負分明，不失禮、朋至斯孚矣。朋謂三……賞罰不明而能用衆、未之有也。

劉次源：拇指初、四心繫私、不先解脫、不可有爲。私意去、善念來。四有剛德、解拇者去其私繫、斯與天孚。

李郁：拇足大指，指初六。四降初則解其拇。二進五中正在上、貴爲心君是謂龜朋，故曰朋至。四不之五而之初，初四二五皆相應，斯有孚矣。　傳象：剛宜降初也。

徐世大：解開大拇指，朋友來到俘虜所在。四爻言得解樂。陷入困難、如拇被縛，友朋至解其束，豈非美事！

胡樸安：言判解汝等相鬥之事也。以手相鬥曰拇。鬥時是非未明、故象曰未當位。有朋衆證明始可信。

高亨：而汝，按拇母疑借爲罶，同。所以捕魚或捕獸。孚、罰也。解而罶猶云解汝網。解者何人、乃汝友也。汝友敗汝事，因其來而罰之。此殆亦古代故事歟?

李鏡池：解而拇：懶動腳，不想走。解通懈。而其。拇通踇。　朋至：獲得朋貝、賺了錢。斯：則。　商人賺了錢而懈怠不想走，結果被人抓了。

屈萬里：小爾雅廣詁：而，汝也。拇，荀作母。虞亦作母。言不扼制初爻。　傳象九四不當位。唐寫本位下無也字。

傅隸樸：拇足大趾喻六三、三比四如拇附足。三邪佞得親信。二四代表剛正之士、二獲三狐清君側。四屏小人。因狎三使初不敢前、斥六三則初來應四、解脫小人則一向互信朋友便循正當途徑來與你相應了。

金景芳：拇指初爻。周易折中引劉牧說：拇謂初也。又引何楷說：二四兩陽爻任解責。而、汝也。拇、足大指。解而拇解你大腳指。去掉周邊小人、朋必然都來了。

徐志銳：四、五兩解字爲解脫、非緩解。解脫和初六相應關係、九二朋類會更信任你。象傳指九四未當中正之位、不能承擔解脫全卦重任。蔡淵拇指初、朋二。惠棟而汝也、指九四。

張立文：九四、解其栂（拇），倗（朋）至此復（孚）。　譯：九四、解開手腳，獲得錢財，並有俘獲。　注：栂假爲拇。按泛指手腳。　倗朋通、貝錢。　復孚通俘。

林漢仕案：解、本卦名。鄭玄解、讀如人倦之解。孫星衍謂讀爲諧買反。太玄擬之爲釋、星野恒解、散也。劉次源緩解。徐世大解訓判、引伸解救、調停。胡樸安解爲分析一切之名。屈萬里引解猶體也，息也，止也。雜卦解緩也，序卦緩紓其難謂之解。按王弼解難濟險、朱子解、難散、吳澄釋糾結、險難解。來知德解即解蹇難，應是解卦之正解。至高亨、李鏡池之解更引作鬆綁。解開。試看經典解字、其義有止、除、舍、脫、削落放散、開釋去墮、又作夙夜匪解、今作匪懈。「解」本卦名、由蹇而解、故雜卦序卦皆謂緩紓其難。王弼解難濟險。應都可用之於爻中有解字之正詮、不必如徐志銳之特注明「四、五兩解字爲解脫、非緩解。」

九四之「解之拇」，乃作易者所立之條件、符合條件則朋至斯孚。「解」義如上文謂緩紓而拇、始克孚朋。問題字似不只在解、也在拇。「拇」字之指認、且引二千年來學者之心聲、待女、今之學者勾劃認同也。

象之釋爻最具權威，最無懈可擊，「解之拇」、爻文也。「未當位」爲象之判定。

王肅謂拇，手大指。

陸績：拇，足大指。

以下爲認同拇爲手或足大指之學者、並確認其爻位所在之同道：

(1)以手大指爲拇者：

徐世大：解開大拇指。四得解樂。如拇被縛至解。

胡樸安：以手相鬥曰拇。

(2)以足大指爲拇者：

四拇、足大指也。（王弼、孔穎達）

四震足、初下體之下應足、拇象。（朱震）

四體震爲足、三在足下，拇象。（李衡引）

震足下故爲拇。下居初則當位。初欣從相易，故解而拇朋至斯孚。（項安世）

拇，足大指謂初也。初卑弱、解結不以手而以足矣。（王夫之）

四解主、震主、初則其足之拇。（毛奇齡）

拇謂初應己。拇足大指。（折中引）

震足、三在足前儼若拇、解拇則初應朋至。（李塨）

李鼎祚：三足在足下、拇象。（丁壽昌引）

拇，足大指，指初。交不以其道者也。（星野恒）

拇足大指、指初六、四降初則解其拇。（李郁）

解而拇、懶動腳、通懈。拇通踇。（李鏡池）

拇、足大趾、喻六三。三比四如拇附足。四狎三、使初不敢前。（傅隸樸）

拇、足大指、解而拇、解你大腳指。去掉周邊小人。（金景芳引）

(3) 拇泛謂手足、或謂賤微、或以物擬之：

拇在下而微者。謂解去初六之陰柔。（程子）

拇者小人之賤、通媽是也。（楊萬里）

拇微在下、初六象。四所解者初六而已、以其不當位也。（楊簡）

初六居下、拇象、小人也。四與初應爲累。（梁寅）

拇、荀作母。（孫星衍）

按拇母疑借爲罬。同聲系。捕魚或捕獸。解而罬猶云解汝網。（高亨）

拇、荀作母。虞亦作母。（四變、坤爲母。）言不扼制初爻。（屈萬里）

解脫和初六相應關係、朋類會更信任你。（徐志銳）

張立文按泛指手腳。（張立文）

(4) 拇不賦特定其義、以駢附贅行私係擬之：

不正比三、三附之爲其拇。三拇則失初應。（王弼）

三附如指之附足、三拇則失初去。故必解後朋至。（孔疏）

失位之陰因得騈附。（張載）

拇、六三、三來附己、解則二信之。（蘇軾）

四與初六小人應、拇不解則小人進、朋不信。（朱震引）

拇、在下之陰、謂三。四自處不當、宜小人所附麗。（鄭汝諧）

拇謂初。　又去己贅行乃可以行，故解拇則至。（李衡引）

拇指初、初四不得位相應不正。（朱熹）

二得中、陰信九二。四未當位、群陰未孚。必得同類至，群陰始孚爾。（趙彥肅）

拇謂初六。四正應初能解去然後无私係也。（吳澄）

四與初應爲累、初居下、拇象、小人也。（梁寅）

四比三間于小人、解去小人則君子信矣。（來知德）

拇謂初應己故曰拇。（折中引劉牧）

拇取應初、凡瑣瑣姻婭及依附小人皆拇類。傳象：防私情之溺。（李光地）

坎欲上下故解而拇，謂二升四降，初得位有應。（姚配中）

拇、初也。朋二、二之陽爲初變純震。兩陽相合也。（吳汝綸）

母指初、四心繫私，解與天孚。（劉次源）

解脫和初六相應關係。九二會更信任你。（徐志銳）

拇、可以指手大指，可以謂足大指，可以特定爲初六陰柔小人、賤者。拇、荀作母。虞翻云四變之坤爲母。拇母又疑作罶，捕魚或獸之網。

四解而拇，拇爲手大指、足大指、小人、賤者、母、罶。以爻位言、比三、三駢附爲拇，四變之坤爲母，初六拇在下而微者。是初六、六三爲小人賤者。即四本身自處不當。變之坤爲母。李鼎祚疏母同相、大指也。四解坤而母故解而母。解爲變也。四變則卦成地澤臨、兌爲朋。體坎孚。李鼎祚案初陰失位小人、四往應初則解而母矣。初來應四、體兌爲朋孚、體兩坎故孚也。其解似走迷宮。變地澤臨、初四皆正位、故謂下卦體兌。不變仍是雷水解、則體兩坎爲孚。如此曲解、虞翻之謂四變坤爲母、李疏同拇、大指也、至此可以勿論矣。其備爲一說者解拇有三耳：一自解。一解初小人。再爲解三之駢附。

初四皆不得位相應，故有謂四能斥去初小人則陽剛君子朋來。（程子）丁壽昌則以解去初六陰柔非易例也。王弼云「三拇則失初應。」從此可見初四應之重要環節、虞翻原文謂「四陽從初故朋至斯孚。」初爲小人、夫子之謂誰女子、小人難養也。四應初小人、家齊也。其有不鼓勵齊家、反以女子小人賤者斥而去之者哉！虞翻氏之解而拇謂四變之正爲坤爲母、故解而母、似有其合理處。四變、初亦變、則初四正應。今初四爲位不正之應。變則正應。正應則已正名矣、朋友至矣。必也正名乎應是虞變主要解拇條件。另問題又產生：初四之正、而九二仍處匪正也、與匪正同德其不可者一。設四變則成六四柔。四柔、與九二剛如何比德？同功？治亂之法、得回歸親賢臣，遠小人，防私情之溺。古訓「賢賢易色。」爲天下得人本難、就任汝所知可也。有賢賢之心、則足恭、冶容者，彼小人不得獨攬霸佔汝志，不敢好色不好德則志不昏，治亂之法即具。九四之拇解而朋至斯孚矣！朋爲二或三、或謂朋貝、朋友、友朋、陽與陽爲朋、就解卦立場言：一切障礙須放散、須解變、須懈脫，則孚萬民而朋至其必矣。來知德謂戒占者必如此者此也。拇之爲母，爲手、爲足、皆汝至親至愛、有舍始有得、周公一飯三吐哺、一沐三握髮。小舍而大得也。解放人者能如是乎哉！輕重拿捏得準，得天下人之死力也，天下人皆汝友朋矣夫！

六五，君子維有解吉。有孚于小人。

象曰：君子有解，小人退也。

王弼：居尊履中而應剛，可以有解獲吉矣！君子解難釋險，小人雖閒猶知服之而无怨。

孔疏：六五居尊履中應剛有君子之德、可解險難，小人皆信服之。維，辭也。

李鼎祚引虞翻：君子謂二之五得正成坎，坎爲心。小人謂五，陰爲小人。君子升位則小人退二故有孚于小人。坎孚也。

張載：君子之道亨則邪類之退必矣！

程頤：居尊爲解主。君子親比者必君子，所解去者必小人。小人去君子進、吉孰大焉！有孚者世云見驗也。可驗小人之黨去，君子自進，正道自行。

蘇軾：五、二之配，而近於四、三欲附二與四、故疑而疾之。六五中直、豈與三爭所附者哉！三小人，六五維有解吉、无所不解也。近解四、遠解二、六三釋然而退也。

張浚：五柔履尊、二四剛德爲五用，君臣其心若一不可間，小人莫不從化。人主第勉夫在我欽修厥德以信君子，斯可矣！坎下小人、五出險有孚、二陽維、聯合之義。

張根：大賚四海之謂。

朱震：君子合力非以勝小人、維解其結而已！故曰君子維有解吉，正故吉也。六下之二與九相應者孚也、二下小人退故辭曰有孚于小人。陽爲君陰小人。二狐、陽言之爲君子，五君、陰言之爲小人之在上者。

鄭汝諧：益戒任賢勿貳，去邪勿疑。疑貳不自信也。不自信則下亦莫信。惟未孚于小人，此小人所以猶有顗幸之心。五解主、以其陰柔故有戒意。

李衡引牧：柔居尊、解主應下、是赦過宥罪君、湯武之道。　引句：柔尊守正、委下繫二，二有君子之德、乃能解險之吉。

楊誠齋：六五解君、維用九二九四一二大臣之佐以解散小人而已！言君子維有解吉，言解之吉者維用君子一事而已！程子云孚驗也、用君子之驗、小人退而已。

朱熹：卦凡四陰、六五當君位與三陰同類者、必解而去之則吉也。孚、驗也。君子有解以小人之退爲驗。

項安世：九二其位與五易相易，六五欣然從，故二居五君子有解吉；五居二小人有孚而退。

小人反正爲喜，不煩攻擊，此解之時歟？

趙彥肅：五爲陰主與陽剛應，難由己解，諸陰聽也。

楊簡：君子之解有孚驗於小人，小人退爲有解。孚、信也。有孚、可信驗之謂也。惟正，惟公，有道者爲能解，小人反是，爲不正、爲私，小人不退安能無所不解？

吳澄：君子謂九二、維坎象謂初三二陰所維、中畫之陽也，不近比而有私。占九二所以吉。六五小人有九二之孚。二不私初比三、誠足感六五之心、五亦誠服也。

梁寅：世之致蹇者小人，五解主而與三陰同類、是小人未去、將何以爲解乎！故君子有解而吉者、必驗之於小人之退也。

來知德：五陰居尊，三宦官宮妾類、五比四與二應。五若虛中下賢、此心能繼繫之、則凡同類之陰皆其所解矣！所以吉也。故教占者必如此。

王夫之：五居尊爲君子、三負且乘小人。五柔道不足、二以婞直自用、將激小人黨以犯上、上不迫從容解維是以吉、且以道感孚小人。郭子儀之處程魚庶幾得之。

毛奇齡：五藉二四以爲解。二五相易且爲應，其相維繫者，君子解、小人孚、五並有之。有解有孚豈特拇之解、朋至之孚已哉！

折中引胡炳文：卦惟四解小人來君子，五能解小人亦可驗其爲君子。　案：有孚小人、小人信故化不爲惡。朴者直、不仁者遠矣！

李光地：五雖居尊得中，然本陰柔，故爲占戒爲君子計，維能解則吉耳。五柔質有孚于小人，驗之君子有解小人之退也。

李塨：二陽、君子也。五與應、與四比。爻變巽爲繩，如縶如維，誠有解也。至三負上隼爲小人者、亦畏戎兵射、知不可僥倖、退而相孚矣。解之至也。

姚配中案虞注：屯五屯膏雨以解之、陽在二失位、升之五以解之。一張一弛可與權者也。

案象：君子有解反之正則小人自退。劉向云湯用伊尹不仁者遠而衆賢類相致也。

吳汝綸：易之君子小人皆以位言，此言君子有解緩之惠而民信之矣。象云小人退則不言位而言德矣！疑非經指。維、辭也。

丁壽昌：程傳以孚爲驗。考易孚皆訓信、無訓驗。當从注疏。論語子曰舉直錯枉枉者直。子夏以舜舉皐陶不仁者遠。此即爻義。蘇蒿坪互坎變互巽君子象、小人變兌。

曹爲霖：蹇難之解在乎賞罰明而教化行。賞罰者政之柄也。妄賞則善人不勸，妄罰則惡人不懲。陸宣公謂立國之安危在勢，勢苟安則異類同心，勢苟危則舟中亦敵國。亦此爻意。

星野恒：柔順中正居尊位、下應九二、有德之君、所親者君子，小人自遠者也。小人不待解而自退、解之至也。

馬通伯：維即周禮九牧之維。以維邦國。五欲建牧立監維繫邦國、必解去小人乃吉也。五化陽爲君子、小人指三、三五同功、五動正則三變坎爲巽伏故曰小人退也。

劉次源：解患君子不自立志。小人非他、即私意。五柔居尊、順承天志、下應九二、以剛自制。小人信其志決、自不敢留滯、小人自退。

李郁：君子指九二，出坎進五，故維有解吉。二進五應柔故有孚于小人。小人指柔，謂六五。退謂退居二。

徐世大：君子被羅，君子反爲小人所俘，惟能解救方吉。

胡樸安：言文王維有照訟獄之情而決平，其事吉也。有信于小人得決平而退也。故象曰君子有解，小人退也。

高亨：凡繩繫物皆曰維。故引申繫舟、繫馬、繫鳥。孚罰。君子維、小人解，君子罰小人，失小得多爲吉。又湯解野人網、諸侯歸服。野人不仁加罰。編易者因纂入示休咎。

李鏡池：貴族綁戰俘又解開、經多方迫誘、願意歸順了。戰俘變爲奴隸。得勞動力當然是吉利。　維：束縛。　有：又。　解：鬆綁。　有孚：戰俘。　于：爲。　小人：奴隸。

屈萬里：言君子原繫有小人，而又解之也。維繫。

傅隸樸：五君柔居中與九二應、能信任剛正之徵。五解難主。言維有用此君子之德解難方吉。威足服小人、德更足化小人。恩威使君子信服。

金景芳：程傳：小人去則君子自進、正道自行。胡炳文：四解小人來君子、五亦可驗其能爲君子。鄭汝諧：未孚小人、所以猶有覬幸之心。折中：小人信則枉者直，不仁者遠矣。

徐志銳：六五柔爻、與初六、六三同類，皆居安不思危、无所作爲。五尊位所以變文稱君子。小人既退下、實際肯定六五與其他柔爻劃清了界線。

張立文：六五、君子唯有解，吉。有復（孚）于小人。　譯：六五、君子只有解脫則吉祥，對於小人要有誠信。

林漢仕案：君子、小人對文。從食於人、食人中可見：君子小人猶骨之於皮肉、計劃階層與執行階層，勞心、勞力之區別。芝蘭與荊棘並存、小人未必皆陰險狡詐、而邪媚自利、損公害義之必小人也。宜有區以別之。遠之則怨、近之則不遜、夫子之嘆難養也！其又指特定女子小人言。若夫一般大衆、所謂草上風必偃，使民如流水、導而已矣！民可使由之也。若夫君子、其泛指則肉食者高層、指麾人、食於人者皆謂之君子。若夫風俗之厚薄、繫夫一二人者、則特定指芝蘭也。小人並非皆是荊棘、芝蘭亦非屬所有肉食階層。然食人祿者皆可目爲君子也。其有不能入君子之流者、乃自甘下賤所謂衣冠禽獸、獼猴而冠者乎？盜亦有道、斯一群小人耳、何足禮哉！今六五爻辭稱君子維有解吉。應特指所謂一二人爲君子、其爲聖君賢相也哉！六五能爲聖君賢相、其唯不忘使命矣夫？維、通唯。故唯有久要不忘平生之言者。今日有權有勢、繼續解人危難、一貫「解」卦宗旨、「吉」乃當然之許詞、卦辭特標明「无所往，吉。」作一庸碌者、富貴不還鄉。如衣錦夜行。該享受奪鬥成果之時也。然卦辭又云「有攸往、夙吉。」是「君子唯有解、吉。」繼續完美夙昔美夢遠景、大學所謂「止於至善。」止、趾也、往也、繼續往至善方向挺進、永无止境改善國家、社會、環境也。永无止境思考解決人民生計、爲億萬兆民前鋒。孟子所謂恐王之不好色，不好貨，不好勇也，最佳注腳。所謂：「有孚于小人。」小人、蓋實行家也。思想家編織之美夢、必賴實行家腳踏實地完成，必能使億萬兆小民有孚、十足信心也。故君子唯有一往無前「解」放、舒解曾經苦難過之百姓、使小民百姓億兆民之心同於一人。亦係於一人也。

茲彙輯易家解釋六五爻辭以見指麾也：

象：君子解、小人退。

王弼：居尊解難、小人猶知服而无怨。

孔穎達：六五有君子之德、小人皆信服。維、辭也。

李引虞翻：小人謂五、君子謂二、之五退二故孚小人。

張載：君子道亨、邪類必退。

程頤：居尊解主。有孚者見驗也。小人去君子進。

蘇軾：六五中直、近解四、遠解二、六三釋然而退。

張浚：人主第勉欽修厥德以信君子。二陽維聯合之義。

朱震：君子維解其結而已！下之二相應者孚。陰小人在上。

鄭汝諧：五解主、陰柔故戒任賢勿貳、去邪勿疑。小人未孚、猶有覬幸之心。

李衡引：柔居尊、湯武之道。二有君子之德、委下繫二。

楊誠齋：解之吉、維用一二君子而已！解之吉者維用君子一事而已！

朱熹：五君位與三陰同類、必解去之。君子解以小人退爲驗。

項安世：二五易、六五欣然。五居二、小人有孚而退。

趙彥肅：五陰主與陽剛應、難由己解、諸陰聽也。
楊簡：君子解有孚驗於小人、小人退爲有解孚。
吳澄：君子謂九二、六五小人。不私初比三、五誠服。
梁寅：世之致蹇者小人，五與三陰同類、必驗小人退，君子有解而吉。
來知德：五虛中下賢、此心能維繫之、同類之陰皆其所解矣。
王夫之：五居尊君子、上從容解維、道孚小人。
毛奇齡：二五易且應、其相維繫者。君子解、小人孚、五並有之。
折中：五能解小人、亦可驗其爲君子、小人信故不爲惡。
李光地：五柔質有孚于小人、故占戒爲君子計、維能解則吉耳。
李塨：二陽、君子也。五與應、變巽繩如縶如維、誠有解也。退相孚矣。
姚配中：陽在二失位、升五反之正、小人自退。
吳汝綸：此言君子有解緩之惠而民信之矣。易小人退疑非經指。維、辭也。
丁壽昌：孚訓信、無訓驗。舜舉臯陶、不仁者遠即爻義。
曹爲霖：立國勢安異類同心、危則舟中亦敵國、此爻意。
星野恒：中正居尊、應九二、有德之君、小人不待解自退也。
馬通伯：五欲建牧立監維繫邦國、五動正三變巽伏故曰小人退也。
劉次源：小人非他、即私意。解患君子不自立志。

李郁：君子二進、小人五退。應柔故有孚于小人。
徐世大：君子反爲小人所俘、惟能解救方吉。
胡樸安：文王維有照訟獄之情決平、其事吉也。
高亨：凡繩繫物皆曰維。引申繫、孚罰。君子罰小人。
李鏡池：維、束縛，有又。解鬆綁、有孚，戰俘。于爲。
屈萬里：維、繫。君子原繫有小人、而又解之也。
傅隸樸：五任剛正、解主、威德足服君子、化小人。
金景芳引胡炳文曰五亦可驗其能爲君子。
徐志銳：五柔、居安不思危，五尊位、變文稱君子。
張立文：君子只有解脫則吉祥、對小人要誠信。

君子小人、乃志量之大小、與識得義利之別耳。君人者苟志於狗馬苑囿、又所用匪人，則雖位尊權重、亦一小人耳。劉次源君謂小人非他、即私意。觀古往今來爲人上者、承繼天命、用心福國利民、利今利後世者可數、餘多碌碌也、碌碌雖貴爲領導階層其亦一小人耳。　今六五居尊、以人生六階段中乃居巔峰狀態。應九二、意味己雖庸碌如故、然爲天下得人難者今已得矣、時乎可、環境可、潮流亦可也、此其大有爲之時乎？下文中、有賢者謂舜舉皐陶。姚配中案引劉向云湯用伊尹。胡樸安謂文王聽訟。最遜謂郭子儀處程魚庶幾得之。六五其時位。君子小人、其面對之環境。得其時位、環境與潮流、統御者之任勢、任術、任法、相情況籠絡之也。恩威並施、該三顧則三顧、該結拜刎頸交即結拜刎頸交。魏徵諫太宗之所謂文武爭馳：使智者盡其謀、勇者竭其力、仁者播其惠、信者效其忠。正是統馭者運用之妙。汝爲君子、爲白領階級、維繫繩索。有、又也。解、懈也。鬆懈、乃法之運用、一張一合、一緊一弛，在情理法中使知識份子盡輸誠。君子才倍吾子、可以取則取、諸葛大賢只得鞠躬盡瘁而已矣！君子已歸心矣、孚小人乃自然順事。斯時也可以展示吾之大欲：朝秦楚？蒞中國？抑與美帝爭霸世界？解卦、不祇解古之蹇、亦解今之蹇也！

維、孔疏辭也、吳汝綸亦曰辭也。維字經傳訓以爲：持、繫、連結、網、係、度、念。易家以維繫著力者衆。高亨謂以繩繫物曰維。李鏡池謂維、束縛。解、鬆綁。是維不宜謂辭也。五乃巔峰期、只圖安吉、乃庸碌者志短身、目光如豆也。

孚訓信、丁壽昌責程子訓驗之非。朱子亦謂小人退爲驗。其後楊誠齋、折中引胡炳文等大家皆以孚爲驗。蓋孵以雛出爲驗乎，否則空包彈也。孚孵古今字。

六五居尊君子。六五中直。從孔穎達疏至後之響應者不絕於途。

以六五爲小人者。李鼎祚引虞翻云：「小人謂五、陰爲小人。」後之學者亦循聲稱是。

君子謂二。虞翻氏以二之五爲君子。李衡引句：二有君子之德乃能解險。項安世云故二居五君子有解。

吳澄逕云君子謂二。

徐世大訓孚爲俘。李鏡池亦謂戰俘。

孚之另一異解爲罰、蓋孚浮、轉在喝酒浮白、罰酒也。高孚謂君子罰小人。

劉次源君之謂小人非他、即私意。雖破壞陰爲小人下之通識。然身負家國安危之主公、人生處顛峰狀態之你我、仍然只圖個人私自盤算利弊得失、置大衆安危不顧、亦一小人也。說亦寓深意焉。

張立文謂「對小人要誠信。」豈對君子則可以背誠信乎哉！以誠信互責之蓬瀛上流社會，以搖擺著稱之偏安高層、吾懼其對小人背信之不可，對君子可一而再逞口舌之能邪？

　六五之應九二、雖非正而中、所謂中則正也。孟夫子許爲吾恐王之不好色、好貨、好勇之時也。百官君子、維繫又懈脫、一緊一弛、恩威並著、如此率億兆小民實行家一貫吾之「解」放大業、所謂君子、小人、千萬人之心同于一人之心矣！爻謂君子吉、孚小人、卦之謂无所往，吉。有攸往，吉者。此其時也。

上六，公用射隼于高墉之上，獲之，无不利。

象曰：公用射隼，以解悖也。

馬融：上六公用射隼于高墉之上。墉，城也。（釋文）

九家易：隼，鷙鳥也。今捕食雀者，其性疾害，喻暴君也。陰盜陽位，萬事悖亂，今射去之

故曰以解悖也。（集解）

王弼：三不應上失位，負乘處下體之上故曰高墉。墉非隼所處、上六動上解極除穢亂者、故用射。

孔疏：隼貪殘之鳥、墉牆。三罪譬隼，處高位必當被誅討，上六居動之上，用射必獲无不利。上六臣極陰居謂之公。

李鼎祚引虞翻：上應在三，公謂三、伏陽也。離隼，三失位，動成乾，貫震入大過，死象，故公用射隼于高庸之上无不利。　案：二變體艮山、三在山半，高墉之象。

張載：忘義而貪、故以喻隼。

程頤：上六公、隼鷙小人，墉、內外之限、離內而未去、害之堅強者也。射而獲之、則天下患解，何有不利？時而動无括結阻礙，聖人發藏器待時之義。

蘇軾：隼、六三。墉者二陽之間。二陽所以爭不已者、以六三不去也。欲斃所爭惟不涉黨者能之，故高墉之隼惟上六能射而獲也。隼獲爭解、二與四无不利者。

張浚：隼健鷙、譬小人桀黠、爲百姓害、繫辭曰君子藏器於身，待時而動，何不利之有！離隼、重坎弓矢、坎內爲藏器、離日待時、震大途爲无不利、離陽包之爲墉。孔子曷常捨象數而取義也。

張根：險難太平可以行其道矣！得位而在一卦之上故謂之公。周召之事。

朱震：三公位、坤土墉、坎弓離矢、上動弓矢發、獲之。六三小人之鷙害者、其害堅強。上六動不失時，六三變則悖解、天下之難解、无不利者、動而括也。

鄭汝諧：公指上六、失其義。以陰處上謂藏器待時可乎？隼飛翔于上指上之陰言。墉上未出外指上位言。上小才，公射去之、是謂藏器待時、舜殛鯀文王伐崇皆此道也。

李衡引陳：躬親解難，非人君之事。

楊萬里：上六欲其射隼，隼者小人之鷙、六三也。高墉，負乘者小人之僭而竊高位。上六公射六三悖亂、煥然解散，其周公歸自東山之時乎！

朱熹：繫辭備矣。（按繫辭子曰隼者禽也。弓矢者器也。射之者人心。君子藏器於身，待時而動，何不利之有！）

項安世：上六辭最美，以其獨正。正人在高位，非君子而何！六三値上爻之正相敵、以正治不正，射而去之，悖解矣。

趙彥肅：難興陰同拚陽，難解陰應陽。解極，陰逐陰得陽。初四二五應、有陽，惟三上无陽，三近二四、猶欲貪非據上。既遠无求、直欲射三去之，柔去必有陽來居者。

楊簡：隼者貪財、小人似之。貪殘小人猶據高位，悖甚！以大公而去小人，何不利之有？孔子曰隼禽也，弓矢器也、射者人也。君子藏器待時而動，何不利之有？

吳澄：公謂九四、震長子公侯象。隼陰贄物謂上六飛戾天者，初三五陰在地故象狐。互離墉象，上化剛爲矢貫翼，占爲事无所不利也。蓋上六陰柔小人爲九四所獲也。

梁寅：公者上六也。隼者六三也。三負且乘爲有罪、上六能去之則悖亂者解矣。故其象爲公用射隼而獲无不利也。

來知德：上公也。隼鷙屬，高墉、王宮之墻。上六柔正居尊、當解終能去所憑依之小人者也。故射隼于高墉獲象。占者小心悖逆患解已盡矣。故无不利。

王夫之：公、三公。臨君上以解君惑者。隼戾鳥、高墉居上之辭。上以柔解紛、豈忘情去陰慝以安善類乎？藏用於柔，乘時以行。三飛揚攫擊之志戢、陰陽不爭无不利矣！

毛奇齡：解六爻上獨自峙者、公也、尊者也。初地道、上天道、本天親上則爲射、爲飛鳥。公用互坎之矢射離鳥夾兩剛間如高墉。攻逆解悖、何計利鈍。攸往夙吉如此。

折中引沈該：隼果於悖害、墉衛內限外。害在內、小人在君側。 引王申子曰：隼指上陰鷙。

案：狐穴城社、內奸也。隼化外之悍也。內修省藏器於耳、待時而動者也。

李光地：上以陰爻處卦外、隼象。內難解，在外者攘除不難，如登高射隼、出有獲无不利也。諸爻皆治內、所謂往來復吉者。外難解所謂有攸往、夙吉者也。

李塨：上六變離爲飛鳥，中空、上爲高墉有憑、五公也、以坎矢射上獲之矣！獲則悖解。小人解則孚，縱則悖。拇解隼射、小人可孚。雷霆四擊、乃布甘雨、解之道也。

孫星衍引集解馬融曰墉，城也。（釋文）

姚配中案：震諸侯故曰公。離矢坎弓、二之五巽高，四之初艮城。隼喻悖、紂不道、文不斥故爻多去小人爲義。伐崇密爲紂解悖耳。 象案：唯上六得位，成既濟故解。

吳汝綸：上六處解之極故有成器而動之象。隼者三也。

丁壽昌案：易例三爲三公。上應三故有公象。虞仲翔離隼坎悖。蘇蒿坪曰上變離爲鳥爲矢。五互坎弓故有射隼象。爻最上本坤體、高墉象。獲離象。五以下互二坎爲悖。

曹爲霖：來氏曰上六天位故曰高，隼則天之飛者。棲高墉則如城狐社鼠有所憑依、人不敢射矣。六五小人宦官、上六外戚小人。高墉王宮之牆也。洛陽令董宣殺湖陽公主蒼頭、此射隼墉上獲之也。由是能擊豪強、京師震慄。

星野恒：隼、鷙鳥，物之爲害者。指六四。墉墻。陰居上肆其鷙害。解極器備亦成。上非君位故曰公，有其器乘其時、出而有獲。君子藏器於身，待時而發、何不利之有！

馬通伯：王宗傳曰震動極、位正勢便、器利時宜，蓋无難者、墉內外之限。張履祥曰獲狐治姦民，射隼清君側宜速也。案公謂四、不自用而用上射三、墉非隼所宜集故射之。

劉次源：上私繫盡釋，心性了如。隼喩大道，高而恍惚。能弋獲之，與天合一。得悟天眞、諸悖自解。

李郁：四往上稱公。艮高墉。射、擊遠也。隼惡鳥，載飛載止，射无不隕墜，故曰獲之无不利也。　傳象：隼好寇害、射而獲之、以順取逆、悖乃解也。

徐世大：求救之道在乘其喜悅。育隼放獵，公射獲、乘樂進言、十拿九穩。

胡樸安：公、兩國相爭之君，就決於文王。文王使射隼於高墉之上以解決之。解非法律之判解，情理之和解。當是古代和解之習慣。射隼而獲、和解兩方俱利。

高亨：蓋有某國某公曾射隼高墉之上、射中獲隼、自是大利之事。筮遇此爻當亦無不利。

李鏡池：在高高的城牆上，貴族射中一隻鷹，並且抓到了。這沒有什麼不好的。公指貴族。

屈萬里：墉、集解虞作庸、義同。釋文馬融曰墉、城也。博雅：悖、強也。隼爲鷙鳥故曰解悖。

傅隸樸：九二清除潛矣三狐之害，鷹隼小人囂張氣燄、公然向九二挑戰。六三此隼不畏人、目無尊長，不與上六應，上六不輕出面、出手、必待器成而動、老謀深算，故動无不利。

金景芳：這個隼也是指小人說的。解卦主要說如何去小人。隼小人中強者、必須除去。折中引王子申說陰鷙謂之隼，鷙而居高者、解既極，尙何俟乎！故獲之无不利！

徐志銳：公、隼均屬設置之辭、非全依上六取象。隼、凶悍之鷹、某公常帶弓箭于身備患。凶物登城說明禍患將起，某公一射而中就平息了悖逆反叛作亂。蹇難才全部解除。

張立文：尙（上）六、公用射敻于高庸（墉）之上，獲之，无不利。　譯：上六、某公在高高的城墻上、射中鷹而有獵獲，沒有不利。　注：敻是隼的或體字。　庸墉通。

林漢仕案：解卦乃著眼在利他。解放人者東征西怨、初雖勢力未蓄、且柔弱、解者本身先決條件不足也。然王師也，應九四、就解卦立場言、一切障礙須放散、須變解，須懈脫、小舍而大得，輕重拿揑準、天下皆吾友朋矣。故初筮遇此爻可以无咎。九二牛刀小試、行事得中道，田獲三狐、得人死力襄助。六三有所驕縱、自我致戎，至尷尬負乘皆非，雖貞亦吝。九四再次振作、發揮解放者胸襟、非敵即友、小舍大得。九二得三狐死力、九四得友朋死力、天下皆吾友矣。六五應六二、中則正矣、孟子之謂吾恐王之不好勇也。率億兆小民、心同于一人矣。一貫解放大業、利西南、无所往非吉。又攸往、宿定吉也。上六公用射隼于高墉之上、獲之、无不利。解之外敵至上六、功成而後誅功臣乎？功高震主、難怪狡兔死、走狗烹。良弓藏。更何況曾見大王噌糞牽馬及其他各種窘相。上六時段所處情境也。公，功也。衆也。前者言解功今日由射鴟鴞、即上文所謂主導風俗厚薄之一二人、經由武力政經統一宇內清除外患。據高墉一角、高高在上、衆人皆見、其驕横跋扈，向之蹺勇善戰、向之攻无不克，今爲內定公敵矣，能將百萬兵、能戰百勝將，射獲之、无不利也。君不見其繼解者損乎？茲依前例彙前賢之言所謂公、所謂隼者高分貝之判定：

三罪譬隼、上六臣極陰居謂之公。（孔穎達）

公謂三、伏陽也。離隼、三失位動成乾……死象。（虞翻）

上六公、隼鷙小人。離內未去、害之堅強者。（程頤）

隼、六三。高墉之隼惟上六能射而獲也。（蘇軾）

離隼、離，陽包爲墉。（張浚）

得位而在一卦之上故謂之公、周召之事。（張根）

三公位、坤土墉。六三小人、變則悖解。（朱震）

公指上六失其義。隼指上之陰言。上小才、公射去之。（鄭汝諧）

隼者六三也。上六公射六三悖亂。（楊萬里）

六三値上爻之正相敵、以正治不正、射而去之。（項安世）

三上无陽、三近二四、猶欲據上、直欲射去之。（趙彥肅）
隼者貪財、小人似之。太公去小人、何不利之有。（楊簡）
公謂九四、隼陰鷙物、謂上六。爲四所獲也。（吳澄）
公者上六也。隼者六三也。（梁寅）
上、公也。隼、鷙屬。高墉、王宮之牆。（來知德）
公、三公。上以柔解紛、三飛揚攫擊之志戢。（王夫之）
上獨自峙者公也。上天道。（毛奇齡）
隼、指上陰鷙。害在內。隼、化外之悍。（折中引）
上以陰爻處卦外、隼象。（李光地）
五公也。以坎矢射上、獲之矣。（李塨）
震諸侯故曰公。隼喻悖。（姚配中）
隼者三也。上六成器而動之象。（吳汝綸）
易例三爲三公。上應三故有公象。（丁壽昌）
六五小人宦官，上六外戚小人。（曹爲霖）
隼、鷙鳥、指六四。上六非君位故曰公。（星野恒）
案公謂四、不自用而用上射三。（馬通伯）
上私繫盡釋。隼喻大道、能弋獲之、與天合一。（劉次源）

四往上稱公。隼好寇害、惡鳥、射獲悖解。（李郁）

育隼放獵、公射獲、乘樂進言、十拿九穩。（徐世大）

公、兩國相爭之君，就決文王、文王使射隼解決。（胡樸安）

蓋某國某公曾射隼高墉之上。筮無不利。（高亨）

公指貴族。射中一隻鷹、沒什麼不好的。（李鏡池）

隼爲鷙鳥，故曰解悖。

鷹隼小人囂張氣燄、公然向九二挑戰。六三隼不與上六應、上六不輕出手、必待器成而動。（傅隸樸）

隼、小人中強者、必須除去。（金景芳）

公、隼均屬設置之辭、非全依上六取象。（徐志銳）

某公在高城上射中鷹，沒有不利。（張立文）

筮遇此爻、所遇之主公不能共安樂也。患難時確有願得廣廈千萬間、使得天下寒士盡開顏之高尚情操與愛心胸襟。一旦承平開國稱孤稱公、尉遲恭一拳、唐太宗能忍下且慨嘆誅功臣未可全歸咎主上烹走狗無情，臣下亦宜檢討。主客觀條件不同也。

卦之爻爲上六、爻辭：公用射隼于高墉之上。「高墉之上」公所站而射之處所？抑隼站立高墉之上待公射？公指上六本身？抑別有所指、人言人殊。☆以上六爲公者計有：

孔穎達：上六臣極陰居謂之公。　程頤：上六公。　蘇軾：高墉之隼惟上六能射。

張根：一卦之上故謂之公。　楊萬里：上六公射六三。　項安世：六三値上爻之正相敵、射而去之。　梁寅：公者上六也。　來知德：上、公也。　毛奇齡：上獨自峙者公也。上、天道。　吳汝綸：上六成器而動之象。　星野恒：上六非君位故曰公。傅隸樸：上六不輕出手、必待器成而動。

鄭汝諧謂：「公指上六、失其義。」反對以上六爲公也。

☆以六三爲公者：

公謂三、伏陽也。（虞翻）　三公位、六三小人而在高位。（朱震）　公、三公。上射而獲、三飛揚攫擊之志戢。（王夫之）　易例三爲三公。（丁壽昌）

其中王夫之謂三公、又謂上射、三飛揚志戢，然則上射與公用射有別矣。鄭汝諧即謂「上小才、公射去之。」隼指上之陰言、公射另有其人也。

☆以四爲公者：

公謂九四。（吳澄）　震、諸侯、故曰公。（姚配中）　公謂四、用上射三。（馬通伯）　四往上稱公。（李郁）

☆以五爲公者：

五、公也、以坎矢射上、獲之矣。（李塨）

曹爲霖以六五乃小人宦官、上六外戚小人。

郁郁乎六三、九四、六五、上六、孰是主流學？皆易學大家也，皆言之成理也，三四五六爻外、公不特定者更有徐世大之「公射獲。」胡樸安之「公、兩國相爭之君。」高亨：「蓋某國某公曾射隼高墉之上。」李鏡地謂：「公指貴族。」張立文：「某公在高城上射中鷹。」徐志銳於是乎稱：「公、隼均屬設置之辭，非全依上六取象。

公之爻既不能屬意多數主流。隼之爲言六三小人、離隼，上六小才陰鷙、處卦外隼象，六四鷹鳥。隼貪財、好寇害、化外之悍、惡鳥。似乎六三、九四、六五（小人宦官）、上六皆可入鴟鴞類、如徐世大言：「育隼放獵。」皆可爲人鷹犬、走狗。林漢仕謂、徐世大書、幸稚暉先生燒之不盡也、六五如之何爲鷹隼獵狗耶？今日吾見之矣、爲騙取選票、民主時代危言可以聳聽、譁衆可得取寵、不必具眞才實學、夫子之謂佞口不仁。以華麗之言包裝無能、狀似甘爲人民鷹犬矣夫？曹爲霖之謂六五乃小人宦官。是可信也。居其位、甘爲小人宦官行、古之有也、今亦有之。姑不論孰是人也稱公、稱隼、且依慣例蓋其占如此乎？

䷪ 夬（澤天）

夬，揚于王庭，孚號有厲。告自邑，不利即戎，利有攸往。

初九，壯于前趾，往不勝爲咎。

九二，惕號莫夜，有戎勿恤。

九三，壯于頄，有凶。君子夬夬，獨行遇雨，若濡有慍，无咎。

九四，臀无膚，其行次且，牽羊，悔亡，聞言不信。

九五，莧陸夬夬，中行无咎。

上六，无號，終有凶。

䷪ 夬，揚于王庭，孚號有厲。告自邑，不利即戎，利有攸往。

彖曰：夬決也。剛決柔也。健而說，決而和，揚于王庭，柔乘五剛也。孚號有厲，其危乃光也。告自邑，不利即戎，所尚乃窮也。利有攸往，剛長乃終也。

象曰：澤上於天，夬，君子以施祿及下，居德則忌。

鄭玄：夬，決也。陽氣長于五尊位而陰先之，猶聖人積德漸消去小人，至受命爲天子，故謂之夬。揚，越也。五互體乾，又居尊位，王庭象。陰越其上乘君子、罪惡上聞于聖人之朝，故曰夬，揚于王庭也。（集解）

干寶傳彖：夬九五飛龍在天之爻。應天順民以發號令故曰孚號。柔決剛，臣代君，君子危之故有厲。德大心小，功高意下故曰其危乃光。（集解）告自邑：告周以紂无道。

翟元：告自邑。坤稱邑也。（集解）

陸績傳象：水氣上天，決降成雨故曰夬。（集解）

王弼：與剝反，以剛決柔，柔消則小人道隕，坦然而行，揚于王庭，其道公也。

孔疏：夬，決也。陰消陽息之卦，君子決小人，可以顯然決斷示公正无私隱，用明信法宣其號令、用剛即戎，尚力取勝、爲物所疾、用師必有不利。然陽爻宜有所往。

李鼎祚集解引韓康伯：益不已必決。　引虞翻：乾爲揚爲王，剝艮爲庭。　陽在二五稱孚，謂五，動巽爲號，不變則危。震告坤自邑，離戎故不利即戎。陽息君子道長故利往。

張橫渠：不可以必勝而忽慢，故能矜慎則愈光。除惡務本故利有所進而後爲德乃終。君子道長，不可恃令无恩以及下也。

程頤：夬、決也。小人衰、君子盛，當顯行公朝，至誠命衆，使尙有危道。必以己善先自治也。不尙剛武，宜進而往，乃夬之善也。即，從也，從戎、尙武也。

蘇軾：一陰至寡弱而得所附，欲決上六必暴揚於九五王庭，其勢有不便者，五陽信而號警，強而知危。戒、上六也，邑民必先附，陽即之有餘。不即不窮。陽盈憂溢故利有攸往，往有所施用，所以求不盈也。

張浚：一陰在上，說體畜貳心，其勢未易決去，揚于王庭，暴白其罪狀於天下。用決本至公欽慎、陽孚。邑內修德不尙兵，五陽升應乾故利往。損己厥德益脩，何夬不利哉！

張根吳園易解傳彖：如是而後可以无悔吝。揚于王庭，必勝于外。不爲已甚。除惡務盡。

朱震：夬、決也。五陽合力決一陰。剛決柔也。五王位、伏良爲庭、與衆君子共去之。大發號令使知危。告戒自我私邑、言自治也。近君不利即戎藉兵清君側，剛長利往乃終也。

鄭汝諧傳彖：去小人之道，雖健當說、決而貴和。以暴速禍也。五陽上行、猶言剛長、彼自消矣！王允不知此理，以燕伐燕，尤見不知量也。餘從程氏。

李衡引介：凡決柔邪，當先明法，宣其號令。一小人猶在上，故須常懷危厲。　引陸：命始朝廷，行于邑。小人已窮，攻不已是尙勝。利往剛得中也。

楊萬里：夬以五君子決去一小人。聖人有懼心焉，必濟以兌說，然後天下國家可以和平无傷。

告自邑猶言告我家也。言徧告五陽也。

朱熹：夬、決也。陽決陰也。三月卦。其決必正名其罪，盡誠呼號其衆相與合力，然尙有危厲，不可安肆，當先治其私，不可專尙威武，則利有所往。皆戒之之辭。

項安世：自乾上爻變。柔乘五剛，君側之惡人也。上恃五孚，挾君令叫號於上。惡人自危、君道乃光。上若保私邑與陽戰，勢愈危。上爻稱邑、无民也。上若從剛，其事乃終。

趙彥肅傳彖：志於乾。健說行，健得志，夬者進。決上六者五也。群陽助五，小人歸君。孚號有厲：克己者如臨深履薄。陽有化无殺，必有事焉而勿正。利往至乾。

楊簡：夬、決也。五陽決一陰，決而和，教君子揚於王庭也。號、警戒也。自邑、己邑，號警其己類，不可兵戎也。小人已去則不可復有所往，爲已甚反取禍也。

王應麟：劉氏云夬五君子決一小人，不曰小人道消而曰道憂，蓋上下交而志同如泰時小人道不行。若五君子臨一小人，能使之憂而已！惟其有憂，圖之無不至矣！愚謂小人道消、嘉祐是也；小人道憂、元祐是也。

吳澄：五王居，上六在王居之前、王之庭也。五孚上六，故號呼求援於五。占九五苟不察則危矣！兌口坤邑，上六一畫邑小。坤衆乾變五无衆不利即戎。五往上則爲純乾矣。

梁寅：夬者以陰而決陽，小人而淩君子。君子決小人必揚其罪於公朝，盡誠呼號其衆，處之以危厲。自治不尙威恃力，小人既去則君子利有攸往，爲可爲之時，孰能阻之！

來知德：揚號皆指上六小人。兌錯艮門闕。六號呼三，三亦危厲矣。此見小人難決也。告自邑同類之陽，如告本家之人。不即戎不尙武勇也。方利有攸往，小人可決矣。

王夫之：夬決，絕擯於外。揚、栩栩自安。王庭王後宮也。陰居五之上當位，群陽交孚號呼不寧，以見其危。故必告自邑、內治得、陰自消沮。恃盛戰則窮，憂危之吉也。

毛奇齡：夬缺也。說文決从工，形缺得名。揚者舉也。王庭純乾之地。五剛齊合爲號令，使各告自來之邑坤，幸勿出車甲、出之不利、無與戎事。次遞往彼將自退。

折中游酢曰：揚王庭、誦于上也。孚號、告于下也。告自邑自近及遠也。引胡炳文：微蔓可滋，君子固無時忘戒懼也。案：揚者聲罪正辭。孚號警戒其心之憂危。本在自修，神武則存乎不殺。利往是終揚于王庭之意。

李光地：夬決也。揚於王庭，欲決之名義正也。孚號、盡誠呼號，有厲、心懷危厲、方決之戒備之密；旣決勤自治德化，使根本固疑貳消。然後利往正道日行正氣日盛矣。

李塨：夬者缺也。環缺名玦。今五陽一陰形上缺，因名夬。賜玦則決。五爲王庭，柔順五剛不容不決。善類號呼持危。坤一爻儼然坤邑，修吾德政，剛長陰乃自終。決可易哉！

孫星衍傳彖引釋文決、徐古穴反。　集解李翺曰自古小人在上最爲難去，蓋得位得權，勢不能搖奪。四凶歷堯至舜而後能去。嘗玩易夬一陰若易，然爻辭俱險而肆，蓋小人在上，故繇曰剛長乃終是也。（王得臣塵史）

姚配中案：衆陽孚五皆欲決上。夬書契號令象。夬上成乾，重剛故厲。陽長決陰、陰從下升故害自邑。陰不順陽，自邑來告。上窮反三體離爲戎，陰不居三，窮无所入故不利即戎。

案象：居德則忌言必決之盡也。

吳汝綸：夬、決去，斷決，潰決。揚越。陰越上，小人乘君子，罪聞於王朝。孚信其號令。小人在上須常懷危厲，不當與陰爭勝，利自長其陽德，陽長陰乃終也。

丁壽昌：孚號，王號令，本義呼號。本義爲是。有厲，程傳尙有危道，王注柔邪者危。案易不爲小人謀。鄭夬決。虞仲翔陽決陰，乾爲王。蘇蒿坪兌附決，王庭指九五位。

曹爲霖：思菴葉氏曰彖象爻詞三聖總爲去小人而發。蘇紫溪論之極詳。袁盎伏軾辱趙同，揚王廷之快人心者。何進誅宦官，唐文宗甘露之變，皆所尙乃窮之明驗也。

星野恆：夬、決，猶咸、感。古今字異耳。揚王庭，正罪名而理于官。孚號誠心號呼。卦德剛建而柔說，決而不失和。當誠信危懼而漸治之，君子道長則小人自消。

馬通伯：語類兌口故多言。郭雍乾健故決，兌說能和。案兌口號令書契、五王庭、懸使萬民觀之。李翺：小人在上最難去。王安石曰上六乘五，小人猶在上故常懷危厲。

楊樹達：說文序黃帝史倉頡，初造書契，百工以乂，萬品以察，蓋取諸夬。言文者宣教明化於王者朝廷。君子所以施祿及下居德則忌也。

劉次源：夬、決絕。五陽去一陰似易爲力。然陰據五陽之上，巧于伺隙。揚于王庭謂陰揚揚得意，群陽交孚呼號，誓掃猶有危厲。感之以德，自无所用其惡好。

李郁：決然无所疑。揚王庭指五，陰越陽故曰揚于王庭。孚號有厲謂上六降三，相應失位。兌口爲告，坤邑。坤消故告自邑。柔見決，剛亦窮故不利即戎。三宜上故利往。

于省吾：鄭玄夬、決也。按西谿易說引歸藏有規卦。黃宗炎曰規當屬節。朱太史曰非夬姤則噬嗑賁也。按規夬並見母字，音近字通。又夬決玦古通，有缺義。取象兌。

徐世大：勇不免躁，國君人品特寫。勇躁昂然在王庭。俘虜叫有鬼，告自己屬邑，不宜打蠻人，宜遷徙。

胡樸安：引伸一切分決。不以武力而以法律。王庭百官所在，文王分決于王庭示公正也。文王宣令嚴厲。不尙武，以文治逐漸推行至他邑。如周南組織家庭，及召南也。

高亨：揚疑借爲詳。古通用。孚借爲俘，厲危。言審議俘虜於王庭。孚號句，被刑而哭號。有危急事自邑來告，疑敵入寇，王者坐審俘加刑，邑人告，象徵不利即戎利有攸往。

李鏡池：夬：有快樂，快速二義。　揚：武舞。　孚號呼號。有厲，指敵人來犯。　在王庭跳舞快樂。叫「敵人來啦！」从邑里傳：出擊不利，要嚴陣以待。往往是占行旅。

屈萬里：此蓋言決囚之事。孚同俘。告同誥。邑都城。不利即戎，戰事已平。揚，稱揚功德也。言在王庭稱揚天子功德。又揚謂舉用之也。夬決去（缺）。傳象則當爲明。明禁忌也。

傅隸樸：夬，分決，解決。五陽決一陰，宣佈所犯應得之罪於朝堂上，把嚴懲姦邪的命令公佈，以警效尤。告音菊通鞫，由自己統治內的邑宰審決，不必動外兵討伐，往決此姦，不可放棄。

金景芳：五陽決去一陰。一陰居上。先揚王庭宣佈小人罪狀。有厲是心懷危懼。不尙威武，要謹愼。吳曰愼說得好：譬如平地之一簣，故喜進曰剛長。恐其止曰剛長乃終也。

徐志銳：決通絕。五剛要與一柔斷絕關係。矛盾統一將破裂，既對立又統一，藕斷絲連。揚王庭、柔乘剛上為逆比，小人在王庭發狂叫號。即从，上六不利與五剛鬥爭，告誡不要从事兵戎之事。上六窮，剛爻就「利有攸往」。

張立文：夬，陽（揚）于王廷。復（孚）號有厲。告自邑，不利節（即）戎。利有攸往。譯：有人被舉用於朝廷，獲得的俘虜呼號，則有危險。有邑人來告，不利發兵出征。利有所往。

林漢仕案：夬卦剛長，所謂君子道長，柔消、小人道消。一種自然趨勢。作易者憂患意識，示天命中人事之運轉，還須步步為營、大公無私、敬慎莊重、以戰兢危厲、哀矜勿喜之情與上六鬥爭。蓋上六乘五，猶魏忠賢、和珅之得專也。任何事實與道理不能令主上少信而疑魏與和珅之忠。徒令勇於揭姦者「盡忠報國」耳。雖忠勇過關龍逢、伍子胥、何益於大局？天運循環，上一陰將為陽代而成純乾卦。外表似五陽戰一陰。一陰，豈龍漦妖子乎？得幽王之寵，又得虢石父為卿，亂人家、亡人國。一陰之弱，又豈是百千諤諤之士，勇過賁育、智勝蘇張所可扭轉之乾坤邪？上一弱爻陰柔，則下有寄豭與佞巧為之助，堂堂五陽無所用其力矣！故先賢囑咐君子危之故有厲。張橫渠曰不可以必勝而忽慢。楊萬里云聖人有懼心焉。項安世之謂：上恃五孚，挾君令叫號於上。孫星衍引李翱曰小人在上最難去。馬通伯引王安石曰上六乘五，小人猶在上故常懷危厲。則又甚於五自為舉逢遂大鼓，且為數舉也。茲彙前輩賢者釋爻大義以見一斑：

夬之為言決也，剛決柔也。（彖）孔疏：陰消陽息之卦，君子決小人。朱震：五陽合力決一陰。王應麟之嘉祐（宋仁宗皇帝晚期）小人道消，元祐（宋哲宗皇帝初年）小人道憂。按嘉祐時寇準、范仲淹已卒、韓琦、富弼、歐陽修在朝。反對范仲淹變法者史家全以小人目之，在朝者皆爲君子故也。故曰小人道消。元祐則王安石新法甫罷，而范仲淹變法失敗後不到三十年，王安石新法繼起，而反對者，史家則以大多是當時所謂君子者。新法又失敗，哲宗皇帝相司馬光、羅新法及安石所用之小人。故云小人道憂也。以上六一爻之柔，方之群小似嫌高估嘉祐，元祐之所謂「小人」也。

梁寅謂夬者以陰而決陽，小人而淩君子。　毛奇齡謂夬、缺也。形缺得名。李塨環缺名玦，今五陽一陰，形上缺，因名夬。賜玦則決。　姚配中：夬書契號令象。　吳汝綸：夬、決去、斷決、潰決。　劉次源曰夬、決絕。　李郁：決然无所疑。于省吾：西谿易說引歸藏有規卦。按規夬並見母，音近字通。古夬決玦古通。有缺義。　胡樸安：引伸一切分決。李鏡池：夬有快樂、快速二義。　屈萬里：夬決去（缺）。　傅隸樸：分決、解決。　徐志銳：決通絕。既對立又統一、藕斷絲連。

現實夬卦，乃君寵小人，而九三又爲之瑕。佞給逢迎，致顚倒是非，指鹿爲馬，朝綱不振，待皇帝夢醒，俟河之清也。上六之消遙如是乎？做生祠逢迎，社會不引爲恥，則病者整個社會普遍性之低落道德，認識混淆也。何以致之，陽實自爲之也。待上六之風殞、非人力也，天命流轉耳。梁寅反稱夬以陰決陽，小人淩君子。台灣地方語謂「草蜢撩雞公。」似較勝前輩所謂五剛決一柔、五陽決一陰也。說文解字序云：「百工以乂，萬品以察，蓋取諸夬，夬揚于王庭，言文者宣教明化於王者朝廷。」　毛奇齡謂夬、缺也。豈百工之未治，萬品之不察，因見夬卦之缺失，取其不圓滿而興起治，察之動念，始造出文字書契之用因而使百工治，萬品察？蓋八卦之作，近取諸身，遠取諸物。而文字之興，使百工獲得管理，萬品名物制度得以確立，而事物不圓滿，起心動念於夬者邪？果如是，則其他因夬孳乳字如快樂之快、快速之快，似不貼切。藕斷絲連至少有斷意，偷偷行情而已。實則五之於六，三之於上於六，如膠似漆也，沆瀣一氣矣！夬之爻辭：「揚于王庭，孚號有厲，告自邑，不利即戎，利有攸往。」各家要點，大致如下：

彖：剛決柔，決而和，柔乘五剛，危乃光。不利即戎，所尚乃窮。利有攸往，剛長乃終。

彖言剛有決柔意，唯宜貴和，溫和進行，毋暴速禍也。要有危厲怵惕心。以武迫適自窮也。順其自然，剛長、陰自然消滅終止禍害。

象之言君子施祿及下、居德則忌。　桂馥云則忌當爲明忌。王弼作明忌。王筠說文句讀云：文字可以居德者，多識前言往行以畜其德也。可以明禁者，令行禁止之意。　姚配中案居德則忌，言必決之盡也。　案象辭、說文序：「初造書契！蓋取諸夬，言文者宣教明化於王者朝廷。君子所以施祿及下，居德則忌也。」　象辭、說文序加「所以」二字，明宣教明化後，君子「所以」明瞭統治者之當惠百姓施祿及下，並說明居德則忌也。

姑不論桂馥之則忌當作明忌。王筠之畜其德，明禁者令行禁止。德、得也。上文施祿及下，財散也。財散則民聚。財散者施德及下也。今居得，得蓋謂財聚乎？財聚則民散也。大學謂「與其有聚斂之臣、寧有盜臣。」「長國家而務財用者、必自小人矣！」孟子謂善政得民財也。象言施祿及下。「居德則忌」蓋補充句也。猶言聚斂則忌。象乃傳卦辭夬、揚于王庭。王廷所揚者義也、長國家不以利爲利、以義爲利也。即戎，以利爲利故不利，有攸往、陽往則陰消、義也。說文序所言君子施祿及下居德則忌、爲有文字而後有教化、宣教明化於王者朝廷也。

鄭玄：陰越其上乘君子、罪惡上聞于聖人之朝。

干寶：柔決剛、君子危之故有厲。

王弼：以剛決柔、柔消則小人道隕。坦然而行、其道公也。

孔疏：顯然決斷、公正无私隱。明宣號令。陽爻宜往。

李鼎祚：陽息、君子道長故利往。

張載：君子道長、不可恃令无思以及下也。

程頤：小人衰、君子盛、尚有危道、先自治、不尚武。

蘇軾：一陰得所附、決有不便者。戎、上六也。

張浚：揚王庭、暴白其罪狀於天下。邑內修德不尚兵。

張根：揚于王庭、必勝于外、不爲已甚、除惡務盡。

朱震：五與衆君子共去一陰、告自邑言自治也。藉兵清君側。剛長利往。
鄭汝諧：決貴和、暴速禍。剛長彼自消。王允不知此理，以燕伐燕。餘從程氏。
李衡引介：決柔邪、宣號令、常懷危厲。　引陸：命始朝廷、行于邑。
楊萬里：五君子決一小人，聖人有懼心焉。徧告五陽、兌說然後和平无傷。
朱熹：決心正名其罪、盡誠合力、尙有危厲。不可專尙威武。
項安世：柔乘五剛、君側惡人。挾君令叫號於上。上爻稱邑、无民也。
趙彥肅：決上六者五也、群陽助五。陽有化无殺、必有事焉而勿正。利往至乾。
楊簡：決而和、教揚王庭也。號、警戒己類、爲已甚反取禍。
王應麟：五君子臨一小人、使憂而已、元祐是也。
吳澄：五孚上六、故號求援於五、五不察則危矣。
梁寅：夬者陰決陽，小人淩君子。君子決小人必揚其罪。
來知德：揚號皆指上六小人。呼三三亦危厲矣。
王夫之：王庭、後宮也。陰居五上當位、群陽號呼不寧。必告自邑、內治得、陰自消沮。
毛奇齡：夬缺、揚舉。王庭純乾。次第往彼將自退。
折中引：揚王庭、誦于上也。孚號告下也。　又神武則存乎不殺。
李光地：揚、決名義正也。呼號心懷危厲。
李塨：環缺名玦。今形缺。號呼持危。坤邑、剛長乃自終、決可易哉！

孫星衍引：小人在上、得位得權、勢不能奪。剛長乃終。
姚配中：衆陽孚五皆欲決上。案象言必決之盡也。
吳汝綸：小人在上，須常懷危厲，不當與陰爭勝。利自長其陽德、陽長陰乃終也。
丁壽昌：孚號。本義呼號是。王庭指九五位。
曹爲霖引：爻詞爲去小人而發。袁盎辱趙同、快人心。何進誅宦官、唐文宗甘露之變、
　所尚乃窮之明驗也。
星野恆：揚王庭、正罪名而理于官。危懼而漸治之。君子道長則小人自消。
馬通伯：五王庭、懸使萬民觀之。引王安石言、小人猶在上、故常懷危厲。
劉次源：揚于王庭謂陰揚揚得意。群陽呼號，感之以德、自无所用其惡好。
李郁：孚號謂上六降三、相應失位。三宜上故利往。
于省吾：歸藏有規卦、按規夬音近字通。有缺義。
徐世大：國君勇躁、昂然在王庭。不宜打擊蠻人。
胡樸安：文王宣令嚴厲、決王庭示公正。文治推至他邑。
高亨：揚疑借爲詳。審俘王庭、刑哭號。邑人告疑敵入寇。
李鏡池：揚、武舞。在王庭跳舞快樂、呼號敵人來犯。
屈萬里：蓋言決囚事。孚俘。邑都城。揚功德。又揚謂舉用之也。
傅隸樸：宣佈犯罪、嚴懲姦邪、以警效尤。邑宰自己審決。

金景芳：王庭宣佈小人罪狀、心懷危懼。不尚威武。
徐志銳：小人在王庭狂叫。上六窮、不利與五剛鬥爭。
張立文：有人被舉用、俘虜呼號。不利出征、利有所往。
總彙前賢言：1.柔決剛。君側惡人、挾君令淩君子。勢不能奪。
2.剛決柔、清君側。嚴懲姦邪、以警效尤。
3.柔消則小人道隕、剛長乃自終。
文中稱袁盎辱趙同、固快人心。何進誅宦官、唐文宗甘露之變、結果自嘆受制家奴更爲不如。唐宦者權力、操廢立者計有穆文武宣懿僖昭七君、憲宗、敬宗亦爲宦官所弒。宦官肆行無忌者、宰輔隔在外廷、皇子素無威寵。觀仇士良廢太子、立武宗、以左衛上將軍內侍監致仕。士良教其黨固權寵術云：「天子不可令閑，宜以奢靡娛其耳目、日新月盛、愼勿使讀書親近儒生。彼見前代興亡，心知憂懼、則吾輩疏斥矣。」讀之、不禁爲唐肅宗以來一百五十餘年宰輔文武百官大臣扼腕。五陽去一陰、成群小人、王庭宣佈小人罪狀、正其罪名、眞儒生之見也！談何容易！ 趙彥肅謂「必有事焉而勿正。」孟子原文下有「心勿忘、勿助長也。」蓋指至大至剛之氣言。試設身處中國唐肅宗以來迄昭宗、朱全忠殺宦官前之一百六十年間，至大至剛之氣塞於天地之間耳、人間社會之義與道無從配合。浩然之氣餒矣！聖人早早即有憂懼焉、滔滔者舉世之人無著力點。心勿忘浩然之氣、勿助長自然生之正氣、即不矯作盜名也。一百六十年如此。待朱全忠殺盡宦官。衣冠浮薄者、搢紳輩自謂清流者、朱全忠亦一併投尸於河。武人代表魯莽不受教育。心勿忘浩氣、勿助長浩氣者久矣！趙彥肅引言正確、然所謂「決上六者五也、群陽助吾」則有商榷餘地也！人定勝天之調暫戢也。

夬之譯文，可以如是：陽決陰、陰亦決陽。正邪、邪正之間在政府高階層中互相激盪。孚號君子要有危厲怵惕之心、從中央到地方、保存一些人間正氣、不利陽之決陰，正之克邪，互相擠壓作殊死戰。順其自然，邪終不勝正而悔吝以終、其時所往必有利也。蓋待天運之循環乎？

初九，壯于前趾，往不勝為咎。

象曰：不勝而往，咎也。

王弼：健初決始，宜審其策以行事，壯其前趾往而不勝，宜其咎也。

孔正義：夬初須審籌策然後往，徒欲果決必不克勝，所以為咎。

李鼎祚引虞翻：夬變大壯，大壯震為趾，位在前故壯于前，剛以應剛，不能克之，往如失位故往不勝為咎。

張載：言能慮勝而往則无咎。

程頤：九陽爻、在上之物、乃下居決，前趾謂進行、初躁於動者，故有不勝之戒。

蘇軾：大壯之長爲夬故初九二者皆有羊象。明其所壯同，所遇異，大壯施壯于震，觸而遇朋，夬施壯于兌、兌非吾朋，苟不勝、往牽矣！君子之動，不能勝而往、宜其爲咎也。

張浚：初厥德未孚而果於行、理不能勝。事君量德盡義，逆理躁動必悔。故君子於夬、莫若修德以俟朋陽之助。

張根：欲速之患又云欲速不量之弊。

朱震：大壯震爲足，初九在下體之下應足之動，趾也。初九壯于前，大壯之趾也。初无應、不可動而先動、往不正、九四恃壯往，決之過也。不正故有咎。

鄭汝諧：趾在前，進之始。陽剛果於上進，壯于前趾也。陽微在下，不任決責，有所往不勝，徒爲咎爾，故戒之。朱雲未信小夫，欲去師傅之張禹，難矣哉！

李衡引虞：剛應剛不能克之。　引陸：夬決而躁決，理必不勝，而猶往、自爲咎也。　引石：未有權位而足將前。　引牧：大事莫過戎。戰不勝，由前不能料敵也。

楊萬里：初陽下行乎四陽之先、銳行躁往、欲以孤力決去小人，其易勝乎？仲尼斷之曰不勝而往、宜其咎也。此陽處父抑趙盾，宋義排項羽所以皆爲咎也。

朱熹：前猶進也。當決時居下任壯，不勝宜矣！其象占如此。

項安世：夬下四爻皆大壯。初位卑勢遠，遽前趾欲除君側，壯時五方柔暗故行必凶。夬時雖不至凶亦可咎也。

楊簡：初位下德弱，不自度欲行夬決事，是爲壯於前趾。趾下小物，往不勝任矣！故冒往爲咎。

吳澄：大壯初九壯於趾。此因大壯言壯於前趾。案前趾謂四之位也。初急於前進以決上六，故用其勇壯欲超升大壯四陽之位以近九五而決上六也。往不勝其任則咎，戒辭也。

梁寅：陽決陰，在上職之當然，在下則思出其位，使決而勝猶不可，況不勝乎！初九任決事如趾在下而壯于進者，往不勝、能无咎乎！

來知德：初急進四近五以決上六，故不曰趾而曰前趾。往者往決上六也。曰前曰往，初急進之情見矣。君子決小人、但位卑无應、恃剛往不勝、反爲小人傷則爲咎也。苑滂似之。

王夫之：初居下以剛居剛、恃積剛遽欲迫陰、不勝、陽銳折。位未高、道未盛欲攻小人，不勝折入邪，賈捐之是也。德未充遏人、必激成妄、佛老是也。皆以壯爲咎者也。

毛奇齡：大壯以四陽而壯于趾，則此進于前而加一陽，壯于在前之趾焉。初遠于陰、勢未可往，壯亦何用！且趾亘于足、壯往所忌，卑居自大、多見其不勝任耳。

折中引朱子語類：與大壯初爻同、此大率似大壯，只爭一畫。 引蔡清：不勝者自爲不勝也。故曰爲咎、明非時勢不利也。

李光地：去陰尚遠未可決之時。一陽在下未能決之勢。初壯趾象故嚴爲之戒，前者前進也。

李塨：大壯四陽夬進而五陽則大壯初爻。壯于趾者此。更進而加一陽、壯于在前之趾焉。初勢微遠上，何能勝夬任！乃壯往若此，徒取咎耳。

孫星衍引釋文趾、荀作止。

姚配中案：陽息大壯成夬。陰已至上，初不能及往決陰，陽息之卦、不能勝陰故為咎。孫子曰未戰而廟算不勝者、得算少也。又敗兵先敗而後求勝。

吳汝綸：壯、傷也。歐公云聖人用剛、常深戒於其初也。李習之云自古小人在上最為難去。夬一陰在上、五陽并進、決之宜若易然，乃爻辭俱險而肆、其示戒深矣！

丁壽昌案：止為趾之古文。虞夬變大壯。項平父夬初至四大壯、加九五成夬。朱子語類此大率似大壯、只爭一畫。吳草廬曰初為趾。蘇蒿坪曰初變巽為進退，不勝之象。

曹為霖：思菴葉氏曰君子慮勝而後動，不能必勝而往、能無咎乎！王莽稱假皇帝、劉崇、翟義起兵討之、皆不克而死，壯趾而往之咎也。

星野恆：前趾，指在下而進，居陽故曰壯。上下不應，勢微獨立除惡，不審時勢，雖往而不勝為有咎。聖人保護善類欲成全之，其慮盡矣！

馬通伯：歐陽修曰聖人用剛、常深戒其初。王宗傳曰壯于前趾，先衆而動之象。毛璞曰往不勝為咎者、遠慮也，所以戒其往也。

劉次源：慮勝後動、君子之道。初剛躁逼陰、力弱謀淺，咎在躁、必難勝之、徒張其談。

李郁：夬時宜用壯，然不宜過壯。初九居剛承剛，又有九四為敵，壯太甚矣。故曰壯于前趾。趾壯則跛，躑躅難行、往債事故不勝。　傳象：下不宜恃壯動，往自取咎。

于省吾：虞翻曰夬變大壯，大壯震為趾，位在前故壯于前。按壯應讀如戕，並諧爿聲故通借。

馬融壯傷也。易凡言戕均謂兌。姤言女壯即女傷。兌爲毀折故傷。

徐世大：踵在前趾，跑路不成，得挨罵。說文有止無趾。初爻不能體諒人、不良於人乃以爲咎！可見其無理可喻！

胡樸安：壯，戕之借字。說文傷也。民衆爭鬥傷前趾也。往爲分決、必不勝而爲咎也。故象曰不勝而往、咎也。

高亨：壯借爲戕，傷也。戕前趾不利行象。往不勝謂征伐不勝敵。爲訓有固通，但如字讀亦可。不勝適以爲咎。

李鏡池：壯、傷。不勝爲咎。不勝之咎，很不好。這象占行旅。說明趾傷，如果還去就非常不好。

屈萬里：按趾古作止。

傅隸樸：壯于前趾即勇於前行。初雖剛正勇毅、然位卑又不得四應、暴虎馮河、無必勝之理、將反受其害了！

金景芳：與大壯卦有點相似。壯是前進的意思。初九要前進，但要有勝利把握，若不勝就是咎了。

徐志銳：吳澄曰：「偏健則剛過鄰于暴，偏說則剛不及流于懦」。初九只有過剛之弊无和悅之嫌，不勝夬柔之事、然卻憑借剛壯之勇上往、結果必造成過咎。決斷一柔要和悅不相傷爲夬卦之義。

張立文：牀（壯）于前止（趾），往不勝，爲咎。　譯：初九，野獸雖被射傷前趾，但前往不能獵獲，則有災患。

林漢仕案：卦辭中、漢仕彙前賢言作三點總結：(1)柔決剛。君側惡人挾君令淩君子、勢不可奪。(2)剛決柔、清君側小人，嚴懲姦邪，以警效尤。(3)柔消則小人道隕，剛長乃自終。

讀仇士良教其黨徒固寵術。知君子所以能不顧一切行其所不知之命運，明知其不可爲而爲之，諫君溺小人之非！而直言剛決柔、清君側、宣佈小人罪狀爲「眞儒生之見也。」其實前仆後繼、置生死於度外之志士仁人，魏徵寧爲良臣而不欲作忠臣以增長君王之惡。是輩忠貞死節之士、若可以死、可以不死、死不能喚醒君夢。是否可以不死？是魏徵之不欲作忠臣之奏、不能給天下士子響共鳴之應。蓋環境之不同、處理方式亦隨之調整，要之孟子所稱之「浩然之氣」仍在空氣中郎當也！配道與義則自然激出火花。若以折枝楊柳即正言方今春日萬物欣欣向榮上奏，極斥君非；偶爾遊獵則以不宜數諫。矯枉過正則估名釣譽矣！一種米養百種人、固不可一概而論之也。茲彙初九壯于前趾、往不勝爲咎之理安在：

象曰：不勝往、咎也。

王弼：健初決始、往不勝、宜其咎也。

孔疏：徒欲果決必不克勝、所以爲咎。

虞翻：變大壯、震爲趾、位在前、剛應剛、不能克爲咎。

張載：能慮勝而往則无咎。

程頤：九在上乃下居決、初躁、前趾進行故有不勝之戒。
蘇軾：初九羊象、施壯于兌、往牽矣！動不勝宜爲咎也。
張浚：初厥德未孚而果於行。莫若修德以俟朋陽之助。
張根：欲速之患，欲速不量之弊。
朱震：初无應、往不正。四恃壯往、決之過、不正有咎。
鄭汝諧：剛果於進、陽微不任決責，往不勝、徒咎故戒。
李衡引陸：躁決不勝。　引牧：大事莫過戎、前不能料敵也。
楊萬里：初陽欲以孤力決去小人、仲尼斷不勝宜其咎也。
朱熹：前猶進。居下任壯、不勝宜矣。其象占如此。
項安世：初位卑勢遠，欲除君側，五柔暗行必凶、亦可咎也。
楊簡：初位下德弱，不自度行決事，故冒往爲咎。。
吳澄：前趾四之位。初急升四欲決上六、往不勝戒辭也。
梁寅：決在下思出其位、勝猶不可、況不勝乎！能无咎乎！
來知德：曰前曰往、急情見矣！位卑反爲小人傷、范滂似之。
王夫之：位未高、道未盛欲攻小人，不勝折入邪、賈捐之是也。
毛奇齡：初遠于陰、壯亦何用？卑居自大、多見不勝任耳。
折中引蔡清：不勝者自爲不勝也。明非時勢不利。

李光地：初壯趾象故嚴爲之戒，前者前進也。

李塨：初勢微遠上、何能勝夬任。壯往若此、徒取咎耳。

姚配中：陽息大壯、陰至上、初不能往決陰故爲咎。。

吳汝綸：壯、傷也。歐公云聖人用剛常深戒其初也。李習之云自古小人在上最爲難去。夬爻辭俱險，示戒深矣。

丁壽昌：蘇蒿坪曰初變巽爲進退、不勝之象。

曹爲霖：思菴葉氏曰君子慮勝而後動、不能必勝能無咎乎！

星野恆：在下而進、不審時勢、聖保護善類欲成全之。

馬通伯引：壯于前趾、先衆而動象。又遠慮所以戒往也。

劉次源：初剛躁迫陰、力弱謀淺、咎在躁。徒張其燄！

李郁：初居剛承剛又敵剛、壯太甚、往僨事故不勝！

于省吾：壯應讀爲戕。易凡言戕均謂兌、兌毀折故傷。

徐世大：腫在前趾。初不能體諒人、可見其無理可喻！

胡樸安：民衆鬥傷前趾、往分決必不勝而爲咎也。

高亨：戕前趾不利行、征伐不勝敵、不勝適以爲咎。

李鏡池：象占行旅、說明趾傷、如果還去就非常不好！

傅隸樸：勇於前行、位卑不得四應、暴虎馮河、反受害。

金景芳：壯是前進的意思、但要有勝利把握、不勝有咎了。
徐志銳：初九有過剛之弊，決柔要和悅不相傷爲夬卦之義。
張立文：野獸雖被射傷前趾、但不能獵獲則有災患。

夬卦乃君子小人鬥爭、不必動用軍隊。李衡引牧曰：「大事莫過戎。戰不勝、由前不能料敵也。」內部事動用軍隊，其兵諫矣！以兵脅迫、其不可者一。能以兵裹脅君上者、多爲權臣、可以傀儡君王、或有不能反遭害者、大意之失也。初無位當然無以典兵、「國之大事莫過於戎」說豈非無的，其不可者二、 蓋又非不可也、實不能也。 夫之先生謂「道未盛欲攻小人，不勝折入邪、賈捐之是也。」按賈捐之爲賈誼曾孫，字君房，元帝初召待詔金馬門。數召見、言多納用。數短中書令石顯，以故不得官。後與長安令楊興共薦石顯奏曰「石顯本名族、禮義之家、宜賜爵關內侯。」石顯察知賈捐之權謀、奏論坐棄市。船山意即指賈捐之不能勝小人——當時中書令石顯——後改譽顯冀得入爲尙書令，反被害，不勝折入邪道而死也。船山先生喻不夠切貼、蓋賈捐之棄市也。大凶也。初爻祇言往不勝爲咎耳。 前賢處理初爻「壯于前趾」。之壯字有：

即(1)壯本字義、謂壯其前趾、果決也，躁動也、任壯也。勇於前行、暴虎馮河。有勇無謀也。

(2)夬變大壯，大壯震爲趾、位在前故壯于前趾。

(3)壯、傷也。應讀爲戕、均謂兌毀折（又有二義、一傷人二傷獸）

(4)居陽故曰壯。聖人用剛，依爻辭及陰陽組合排列看，似陽殄陰、陰遭收拾反噬、是陰決陽矣。以唐中葉後宦官玩弄廢立言、更前、玄宗令楊思勗典兵平安南，寵高力士至李輔國稱尙父、幽玄宗、其後程元振掌國政、魚朝恩掌禁兵、陳弘志弑帝、劉克明、仇士良廢太子立武宗、王宗實立懿宗。宦官小人、儼然不祗高過士大夫百官、亦且高於九五皇帝陛下矣！宰輔在外廷、皇子無威寵、宦官肆行無忌、初陽之所謂壯于前趾、吳澄之謂偏健鄰暴、偏說近懦。幾無關所謂暴懦矣、動則成蠶粉矣。　楊萬里言仲尼斷不勝、星野恆謂聖人保護善類欲成全之。吳汝綸引歐陽修曰聖人用剛、常深戒於其初也。初之壯而躁、暴虎馮河之象隱然漸現其形矣。梁寅之謂：在下思出其位。使決而勝猶不可，況不勝乎。深得初九爻辭之意。

九二，惕號莫夜，有戎勿恤。

象曰：有戎勿恤，得中道也。

鄭玄：莫，无也。无夜，非一夜也。（釋文）

王廙：惕號莫夜。（釋文）

翟元：錫號莫夜。　錫，賜也。（釋文）

王弼：居健履中，決事審度而不疑者，雖有惕懼號呼，莫有戎，不憂不惑故勿多恤也。

孔穎達：體健居中，決事無疑惑，雖有人號呼莫夜必有戎來害己，不惑不憂故勿血也。

李鼎祚集解引虞翻：惕、懼也。變柔成巽、申命故號。剝坤爲莫夜、二動成離爲戎、變正故有戎。四變成坎憂，坎又得正故勿恤。謂成既濟定也。

張載：警惕申號，能孚號而有厲色也。以必勝之剛，決至危之柔，能自危慮，雖有戎何恤！能得中道故剛而不暴。

程頤：陽決陰、君子決小人、不可忘戒備也。二處中居柔，不爲過剛、能知戒備。內懷兢惕、外嚴誡號、雖暮夜有兵戎亦可勿恤矣！

蘇軾：戎、上六也。惕號莫夜、警也。有戎勿恤、靜也。能靜不忘警、能警而不用得中道矣、與大壯九二貞吉同，故皆稱其得中。

張浚：二居乾中、健不息爲惕。教化素行，禮法素修，皆惕號事。莫夜有戎，烏恤乎變倉卒！二有功於夬大矣哉！乾二位在日爲暮夜、兌上爲有戎。

張根：在我无歉。

朱震：二動成離、巽多白眼、懼象。巽風兌口號呼故曰惕號。離日西下、莫也。巽入、日入地、莫夜也。離戈兵，坎憂、離見坎伏，勿恤也。陰盡陽生、雖有戎窮寇也。

鄭汝諧：惕懼、號警。二不任決責。其於小人，未嘗用壯以勝之，惟警備不足憂。莫夜陰也。小人害君子，惟務陰肆其害，故備之。

李衡引陸：二惕懼而號。得中小心翼翼，故莫夜有戎不足憂恤。　引旦：二位不當，必惕守中正行號令。當曰惕號莫夜。　引石：古剛斷類此者衆，亞夫當之。

楊萬里：莫夜句絕。二剛才遇同德之君，四陽之盛決一陰之衰、若臨大敵，有備如此、雖兵戎驟至勿憂恤矣！

朱熹：當決時剛而居柔，又得中道，故能憂惕號呼以自戒懼而莫夜有戒，亦可无患也。

項安世：二與五同德相輔。五方蔽，上六欲興戎驚二，二但守中勿恤，上必自窮。凡軍中夜驚法當以勿恤處之。在壯能貞，在夬能懼，處健可謂得中矣。

楊簡：惕懼警號，雖莫夜不懈，則雖有兵戎勿憂恤。九二能惕號莫夜，得中道必明，何往不通！聖賢之道，中而已矣。

吳澄：惕儆懼也。二得中聞上六號呼猶儆懼。二地上將入地下、上變柔成離戈兵象。占知戒備、雖莫夜卒有兵戎之變、亦不用憂恤也。

梁寅：五主決乎陰者、然近陰如莧陸。二與五應剛居柔、又得中道、是助五決陰者。惕號即象孚號有厲。能如是則雖莫夜有戎可勿憂矣。

來知德：九二以剛居柔、又得中道、故能憂惕號呼以自戒備。思慮周而黨與衆、是以莫夜有戎。變出于不測、亦可以无患矣。

王夫之：二剛居柔、彊自治不暇與物競。惕者心憂，號者戒群陽自治。上六疏遠，有戎心出於非意，莫夜之寇、害不及己，勿恤可矣。二得道戎不能傷、故可勿恤。

毛奇齡：二當任決、遠未可決、因取申教令怵惕之。無如宵小乘間伺隙、能守中正便無慮。

二處離日中闇、又當外蔽，坎恤離則勿恤矣！路晏夜如廁、有盜不敢害、守正釋憂心。

折中引王申子曰：二剛得中而知戒懼故惕號、防之密備之素也。 案：有以莫夜句、勿恤句者。無事陽號故有事勿恤。史稱終日欽欽、如對大敵。二遠陰主於平時。

李光地：二亦去陰遠、然有剛中之德，能憂惕呼號以豫爲戒備。卦所謂孚號有厲者。人之防寇戎者多懈暮夜，能惕號於暮夜，體制雖有戎亦可無憂矣。

李塨：仲氏易曰二當任決者，但遠未即決，因取孚號、彼宵小乘間抵隙、每思暮夜作興戎計，壁人腹刃投以不測。九二能守中正便已无慮，所謂其危乃光者也。

孫星衍引釋文惕、荀翟作錫號、戶羔反。鄭王廙音號，莫音暮。 引集解荀爽錫、賜也。

鄭康成莫、無也。無夜、非一夜。

姚配中案：剛柔者晝夜之象。陰上故曰莫夜。惕號謂戒令。大宗伯以恤禮哀寇亂號戒嚴、寇不能至。故有戎勿恤。陽息之卦防陰長也。上反三離爲戎。案象不宜化之陰。

吳汝綸：惕號日惕懼而號令之也。東坡云惕號莫夜、警也。有戎勿恤、靜也。得中道矣。

丁壽昌：惕、荀翟作錫、賜也。康成釋莫爲無、非也。虞氏惕懼也。二失位故惕、變坎號、動成離戎。吳草廬曰二地上、日至地將入莫也。愚謂二變半坎憂、離成坎揜故勿恤。

曹爲霖：葉思菴曰上六恃應三比五，號使助己。二第守中不動、上必自窮，何能爲乎！周亞夫軍夜驚、亞夫堅臥是也。楊一清用太監張永謀誅瑾、此能惕號於莫夜者也。

星野恆：惕而號呼也。上無正應、居中不至過剛、莫夜有戎、寇之小者、非公然行劫之類、勿憂恤。天道福善禍淫，群小之慍、何足芥蔕哉！務行善而已矣。

馬通伯：惕號自告邑也。一陰居兌上、兌爲日、入莫夜之象。重門擊柝以待暴客、有備无患、何恤於戎！若初壯前趾、三壯于頄、則皆所謂即戎者矣。

劉次源：二剛居柔，不恃勢、常惕厲呼號，莫以莫夜弛備。二中道不激不隨、有戎勿恤，畏以勝之。

李郁：二聞上六號不免危惕。動自化、內卦成離，離甲兵，日在下是莫夜。聞警發兵、星夜勤王，不惜自化應五故勿恤。傳象：九二化柔得位中正。

徐世大：惕、荀翟作錫，賜也。二爻以人痛苦爲樂。傷號者反云可以警夜！受傷呻吟、夜裡有敵甭愁。

胡樸安：說文惕、敬也。恤、憂也。謹于號令，莫夜有戎來擊勿憂也。自恤號令、勿恤有戎，得處夬之中道。故象曰得中道也。

高亨：莫俗作暮。有戎謂有寇兵。筮遇此爻、惕懼焉、哭號焉，其禍似將不測。然勿憂、將不足爲患也。

李鏡池：驚懼呼號、因爲敵人來犯。晚上要打仗。不用擔心。言下之意是早有準備。 莫：暮本字。

屈萬里：惕、懼也。戒愼恐懼，故有戎勿恤。恤、釋文荀翟作錫。

傅隸樸：惕號、今之戒嚴令。即有敵人夜襲、也無所憂懼。九二陽剛居柔位、剛能自晦，合乎中道。

金景芳：惕號、號呼表示警惕。莫、暮。雖暮夜有戎也不要憂、因爲有準備了。程傳：「陽決陰不可忘戒備也。」

徐志銳：九二剛居陰得中、得中正之道。二聽到上六叫號有所警惕。即或是夜幕降臨時也不放鬆戒備。有備才能无患。發生兵戎事也不用有何憂慮。五剛九二最得卦義。

張立文：九二，傷（惕）號，募（莫）夜有戎，勿血（恤）。

譯：九二，恐懼而呼號，夜晚有寇兵到來，然亦不用憂愁。

林漢仕案：句讀有二：

1. 惕號，莫夜有戎，勿恤。

2. 惕號莫夜，有戎勿恤。

象之謂有戎勿恤。王廙之惕號莫夜。東坡之句讀惕號莫夜，警也。有戎勿恤、靜也。似有所本。

惕之爲言敬也、懼也，驚也，坎爲憂。古文惄。

惕號、李光地謂卦所謂孚號有厲者。 傅隸樸云即今之戒嚴令。翟元謂錫號莫夜。釋文引云錫、賜也。王弼云惕懼號呼。孔云有人號呼莫夜必有戎來害己。 李鼎祚引虞翻：懼也。變柔成巽、申命故號。剝坤爲莫夜。 張載云能孚號而有厲色也。 程子以內懷兢惕、外嚴誡號。 蘇軾：惕號莫夜句、警也。 張浚：健不息爲惕。二居乾中。教化、禮法皆惕號事。 張根：在我无歉。 朱震：二動巽多白眼懼象、巽風兌口號呼曰惕號。 鄭汝諧：二不任決責、惟警備不足憂。惕懼號警。 李衡引陸：二惕懼而號。引旦：位不當、必惕守中正行號令。 楊萬里：二剛才遇同德君、若臨大敵、有備如此。 朱熹：剛居柔得中道、故能憂惕號呼以自戒懼。 項安世：二五同德、五方蔽、二但守中、在夬能懼。 楊簡：二惕懼警號、得中道必明、何往不通。 吳澄：惕敬懼。二得中聞上六號呼猶儆懼。 梁寅：五主決陰如莧陸。二助五、惕號即彖孚號有厲。 來知德：得中道故能憂惕號呼以自戒備。 王夫之：惕者心憂、號者戒群陽自治。 毛奇齡：二當任決，因取申教令怵惕之。守正釋憂心。 折中引王子申：二剛得中，知戒懼故惕號。案無事惕號故有事勿恤。 李光地：憂惕呼號豫爲戒備，卦所謂孚號有厲者。 李塨引仲氏易二當任決、遠未決、因取孚號。 姚配中：惕號謂戒令。大宗伯以恤禮哀寇亂號戒嚴、寇不能至。 吳汝綸：惕懼而號令之。 丁壽昌：二失位故惕、變坎號。 曹爲霖：葉思菴曰上六恃應三比五、號使助己。二第守中不動、上必自窮，何能爲乎！ 星野恒：惕而號呼。 馬通伯：惕號自告邑也。 劉次源：二剛居柔、不恃勢、常惕厲呼號、莫以莫夜弛備。 李郁：二聞上六號不免危惕。徐世大：二以人痛苦爲樂。傷號者反云可以警夜。 胡樸安：說文惕、敬也。謹于號令。 高亨：筮遇此爻、惕懼焉，哭號焉、其禍似將不測。 李鏡池：驚懼呼號、因敵人來犯。 屈萬里：戒愼恐懼。 傅隸樸：惕號即今之戒嚴令。 金景芳：懼號、號呼表示警惕。 徐志銳：二聽到上六叫號有所警惕。 張立文：九二恐懼而呼號。

姚配中引周禮大宗伯「以恤禮哀寇亂。」號戒嚴。似不確切。蓋大宗伯職掌、建邦之天神人鬼地示之禮、以佐王建保邦國。疏言尊鬼神吉禮、重人事、凶禮。所謂恤禮哀寇亂：鄰國兵作於外爲寇爲姦、作於內爲亂爲軌。御姦以德、御軌以刑。云哀之者、當遣使往、諮問安不而已。看大宗伯職掌、九二之惕號、莫夜有戎。似不當由掌建邦國以禮之臣任斯責、況寇亂在鄰國？況恤哀彼鄰國寇亂之禮、僅派人諮問安否而已！況大宗伯祗管吉凶等之禮耶！莫夜有戎之惕號、令不由禮官出！

總上文惕號之義有：

警也，驚懼也、敬也、惕懼號呼。變巽申命故號。孚號有厲色。內懷兢惕、外嚴誡號。健不息爲惕。教化禮法皆惕號事。兌口號呼曰惕號。二不任決責、惟警備惕懼號警。二惕懼而號。二必守中正行號令。憂惕號呼以自戒懼。二五同德、二但守中、在夬能懼。二聞上六號呼猶儆懼。二助五即彖孚號有厲。惕者心憂、號者戒群陽自治。二當任決、申教令怵惕之。無事惕號、有事勿恤。憂惕呼號、豫爲戒備。惕號謂戒令、戒嚴。惕懼而號令之。上六應三比五、號使助己。惕號告自邑。常惕厲呼號。傷號可以警夜，二以人痛苦爲樂。謹于號令。筮遇此爻、惕懼焉、號哭焉、以禍似將不測。因敵人來犯、驚懼呼號。戒慎恐懼。即今之戒嚴令。

「因敵人來犯而驚懼呼號。」則一群烏合之衆也、殄滅在即。寇敵已臨、乃雷光火石事、驚呼者待死耳、來不及抵抗即壯烈成仁矣！

「常惕厲呼號」者，綳緊神經、不懼彈性疲乏呼？不能常則又予敵可乘之機！

「傷號可以警夜、二以人痛苦爲樂。」若果如此、覆滅乃天意，亦想必當然耳！徐世大幻想也。

「無事惕號、有事勿恤。」烽火數舉則不靈、狼來也數唱則援兵不至、亦自絕於人者也。

「上六恃應三比五、號使助已。」號者謂上六小人號九三、九五也。三五已助上六、則莫夜之戎爲二乎？上六勿恤乎？葉思菴言差矣！

「二不任決者。」（鄭汝諧）「二當任決。」（毛奇齡）「二剛才與五同德。」（楊萬里）「五決陰如莧陸，二助五。」（梁寅）見仁見智也。郁郁乎、吾从衆。

「筮遇此爻、惕懼焉、號哭焉，以禍似將不測。」高亨似寫一群愚蠢團體、既不能令、又不受命，阿斗不如也。

惕義懼驚恐憂、敬愛疾愁。程子之謂內懷兢惕、外嚴誡號。姚配中之號戒嚴、胡樸安之謹于號令、傅隸樸之戒嚴令。梁寅之二助五、即彖孚號有厲。卦辭即曰孚號有厲。彖解孚號有厲曰其危乃光。說雖不同而近是。

查孫子兵法卷九行軍篇有：烏集者虛也，夜呼者恐也。曹操註：軍士夜呼、將不勇也。杜牧曰恐懼不安故夜呼以自壯。楊萬里之謂九二剛才遇同德君、若臨大敵、有備如此。毛奇齡之二當任決、因取申教令怵惕之。今惕號莫夜、有戎勿恤。蓋爲莫夜惕號倒裝句。莫夜惕而號、正夜呼也、將不勇也。恐懼不安夜呼以自壯也。下文「勿恤有戎」即有戎勿恤倒裝句、豈夜呼之自壯、可勿憂耶？九二之得中體健。程子謂二處中居柔、不爲過剛、能知戒備、九二決非怯將也。二非怯將、則惕懼、號哭之說、有污九二爻辭也耶？ 虞翻之變柔成巽。朱震之巽風兌口、號呼曰惕號。提供一轉折信息：蓋莫夜將臨、愼選「雞肋」口號耶？當曹公兵處進退維谷時、暮夜軍士請口令、曹公以雞肋予之、楊脩知大兵將撤退也，蓋從食之無味、棄之可惜中味出主帥心意。惕號也者、豈夜間辨認敵我之口號耶？若然、莫夜戎來可立辨是敵非友也。嚴敵我之防如此，故云勿恤。

莫夜、鄭玄莫、无也。无夜、非一夜也。即言夜夜、每夜也。按莫、茻、日沒草中也。莫今言黃昏時節、暮爲古今字。儆非一時一夜、鄭說似可从。 蘇軾謂有戎勿恤爲靜。如何靜？管子云靜乃自得道在天地之間也。其大無外、其小無內。靜則精、精則獨立。獨則明、明則神矣！神者至貴也。（管子卷十三）

九二之爻辭謂入莫夜時分、我方自有辨認口令嚴加戒備別夷夏之防。勿用憂恤變起倉卒彼外來之騷擾也。

九二之謂得中、當無閃失悔吝之責。折中之謂「防之密、備之素」也乎？

九三，壯于頄，有凶。君子夬夬，獨行遇雨，若濡有慍，无咎。

象曰：君子夬夬，終无咎也。

鄭玄：壯于頯，頯，夾面也。（釋文） 王肅：頯音龜。

蜀才：九三、壯于仇。（釋文）

翟元：頄面顴頰閒骨也。頄面也，謂上處乾首之前稱頄，頄夾閒骨，三往壯上故有凶也。（集解）

王弼：頄，面權也。謂上六。夬剛長而三獨應上六助小人，是以凶。君子必棄夫情累、決之不疑故夬夬也。若不與衆陽爲群，獨行殊志應於小人，則受困有恨而无咎也。

孔穎達：九三剛長時獨應上六助小人是凶也。君子不受應在決斷无滯是夬夬也。若不能、殊於衆陽應小人，則受濡濕自怨，无咎責於人。

李鼎祚引荀爽：三體乾爲君子，三五同功，二爻俱欲決上故君子夬夬。獨行謂一爻獨上與陰相應，爲陰所施故遇雨也。雖濡能慍不說，得无咎也。

司馬光：壯于頄、形壯于面也。三爲健極故。物惡太健故有凶。然君子體剛履正、決決無疑，信志獨行而不易于世，雖怨怒不足爲咎。雨濡者怨謗之象也。

張載：陽居陽進上是壯于頄。不得中道、過壯或凶。君子明事幾用夬、進緩以善其終。不假用衆故獨行，使之悅從故曰遇雨若濡。雖慍於正无害，故君子之道綽然餘裕。

程頤：三，上有君而自任其剛決、壯于頄者也，有凶道。與上六正應獨行和合、不與衆同、君子當遠絕之，若見濡污有慍惡之色、如此則无過咎也。三正因此義爲教耳。

蘇軾：上六爲臀，故九三爲頄。與小人處而壯見于面顏、有凶道矣！三以陽居陽、見壯面顏避其私配，舍其朋而獨行以答其配、使上六陰和洽爲雨至濡，雖慍終必无咎。

張浚：疾惡見夫顏色，惡者懼而弗通，何以化？君子行獨，其迹若濡。群陽用心合於天故无咎。論心不論其迹可矣！乾上剛過爲頄、兌下有慍、上居兌澤爲遇雨若濡。

張根：決小人之道，不惡而嚴。壯于頄所以凶也。君子反之，是以免也。

朱震：易傳曰爻辭差錯，當云獨行遇雨、君子夬夬。傳爲是。頄、頰間骨。三健極應上六小人而違衆，有凶道。上兌三動復兌、夬夬也。如澤流遇雨、巽白眼慍怒則无咎。

鄭汝諧：決當王庭，三上相應而多疑。三以剛居剛、失之果、當委曲致慮焉。頄顴骨見于面，機先露、凶道也。夬道當捨朋獨行、遇雨相應而和也。若濡如污、衆疑我不決而慍、吾心期必決而後已，故終无咎。

李衡引荀：三五同功決上故夬夬。一爻獨上與陰應、爲陰所施故遇雨。　引陸：應小人故外有沾汙之累，內有慍恨之恥。无咎者、有志存焉。　引牧：濡變慍怒。陰陽和而雨。　引介：剛亢外見、壯于頄者，必乎夬之辭，應上疑汙故若濡。使彼遷善從己與之和同而无夬矣。

楊誠齋：九三外君子、內爲上六小人助、君子家寇也。舍君子、從小人凶道也。處陽應陰、壯頄象、應一陰任己獨行與和合、遇雨象。夬夬若濡是從君子、无咎之道也。決絕上六爻、若濡汙己而慍見、去汙自潔所以无咎也。

朱熹：頄顴也。三當決時剛過乎中、是決小人剛壯見于面也。凶道也。然獨與上六應，若能果決不係私愛，雖合上如獨行遇雨至若濡爲君子所慍、終必決去小人无所咎。溫嶠之於王敦、其事類此。

項安世：當夬上六、三應、嫌其不能夬。遽發面、勃應之則有凶理。獨行遇若濡、中實慍，則於君子之道无所失。何咎之有！止於无咎爲可惜耳。兼君子小人言之。上言小人、下言君子。

楊簡：頄、面顴。壯于頄、悻悻之怒見諸顴也。用壯如此，君子中之小人也。淺者之決大率類此。遇雨陰陽和象。健決而和，若濡實不濡，故終無尤咎。

吳澄：頄面顴骨、上六也。三之應爻上乃所欲決者。恃勇淩上故有凶。君子不恃剛過壯。若語辭。三六應、和爲雨。占獨爲上六所濡、有怒意。決之而和无勞力傷己之咎也。

梁寅：三剛過中、決小人必悻悻然故壯于頄、言剛壯見于顴骨也。如是凶道。然三君子之夬夬、獨與上應、如獨行遇雨若濡慍怒、不足爲凶而可无咎也。決雖過又何病焉！

來知德：頄音逵，面顴也。聖人爲占者戒：決小人若見于面則幾露反噬之凶不免矣！三合上六、見恨君子。如爲雨濕若污、爲君子所慍。然從客觀變終必能決小人也。

王夫之：三上應有比匪之嫌。正應、情固不可絕。外示不屈則小人怨、周顗所以殺身、壯頄之凶也。以剛居剛，志非合污。獨遇上六有相霑濡之迹，心慍結不形於色，雖凶而无咎。

毛奇齡：鄭元作頯云夾面。蜀才作仇、字聲之誤。頄者首頰骨也。未行形先露、豈非凶象！三爲夫爲正人君子、夬之又夬、三獨行正當坎窞、遇雨濡然。拂于心則无咎。

折中引王安石：三剛亢外見，應上疑污故若濡，和而不同何咎之有！朱子語類：君子去小人不必悻悻然，和柔去之乃无咎。引何楷：稱若或觀迹不察其心，故有恤。

李光地：三上相應。三過剛故用壯，應而有所濡故憒憒見於面目。決道貴和，壯于頄則有凶矣。君子存必決之志、雖若爲染、終必无咎也。何必逞一決之氣以避一日之嫌乎！三上應、五上近故皆重言夬夬。

李塨：以剛處剛、赫然見于辭色。顴骨高峙（頄音葵、面顴。）淺丈夫也。豈有不凶？爲君子計、惟夬之又夬、志于必往、雖獨行雨濡、利器深藏、終无咎。

孫星衍引釋文：頄、求龜反。顴也。又音求、又邱倫反。鄭作頯、夾面也。王肅音龜、江氏音琴威反。蜀才音仇。

姚配中案：上三正應、相應不決陰、陰來之三、三動失位故戒有凶。三獨應上故獨行遇雨、言小人亦以恩澤結人心也。易溺人、君子愼之。故有慍无咎，所謂其危乃光也。

丁晏：頄鄭作頯、夾面也。蜀才作仇。說文無頄字，當從鄭君。五經頯巨追反，權也。釋文頯李音仇。本與仇同音故蜀才作仇。頄音求、玉篇頄面顴也。集韻鳩頯同。

吳汝綸：爻義與陰爭勝則傷於頯、和於陰則終能決陰也。三頯爲上所傷。夬夬猶踽踽獨行者、與陰應。王介甫云知時之未可而不失其和故若濡、有慍者矣。和而不同也。

丁壽昌：說文无頄字，當從鄭作頯。與仇同音故范借爲仇。遇雨王注有恨、與大傳文相背。程改經文、本義釋較優。吳草廬九三上六和爲雨沾濡象。有含怒欲決意。蘇蒿坪變兌爲決，重兌夬夬象。坎亟心慍象。

曹爲霖：靈寶之敗、非哥舒翰輕戰所致，故象終无咎。漢桓帝時陳蕃之去宦官，是壯于頄！明皇至扶風，分綵將士與訣、衆哭不敢有貳心、自是流言息。亦頗合此爻象意。

星野恆：頄、顴骨、在鼻兩傍。疾惡過甚形於色，故壯于頄、有凶。己獨與上遇、若見汙染、得諸陽之慍，亦無所害。三有若濡之訓，不必嚴所以欲成功也。

馬通伯：王安石曰頄在上見於外、應上六疑污也。君子所爲、衆人不識、若濡慍矣！和而不同、有夬夬志、何咎之有！沈該曰夬而善處嫌疑之地者非必凶也，戒也。

劉次源：壯于心不壯于色。始雖慍、終必決。三以剛處剛、悻悻見其面、機洩凶生。君子疾惡，容貌轉平。若濡雖疑其形、未知其深。志白咎奚足云。

李郁：頄顴也。三居剛敵剛故壯于頄。承乘剛、動輒咎。三獨應上、有位有責、无所諉卸故君子夬夬。上行遇雨，澤下施故若濡。不居德、有憂心。三往上以剛終故无咎。

于省吾：頄面也。三往壯上故有凶。頄鄭作頯，夾面也。蜀才作仇。今淮南人呼壯爲傷、是讀壯爲戕也。均謂谷爲毀折。夬爲大兌象，或正覆、互兌。凡言戕均謂兌。

徐世大：壯假爲戕傷、腫壯雙聲。臉中毒凶祟有鬼。獨個出門遇雨，淋濕了怨恨不在乎。

胡樸安：傷于面、其傷已深故凶。文王使人分決。上動下名詞。往爲分決者遇雨而濡，若有怨於心，而於事則无咎也。故象曰終无咎也。

高亨：壯借爲戕、傷也。頄在面不易傷，傷、大不吉。夬疑借爲趹，行疾貌。又或以決爲趹。君子趹趹疾行、遇雨濡、只使人怒耳，固無咎也。快本當作趹。

李鏡池：頄顴骨受傷，是象占。筮占則凶。另占行旅：君子夬夬：急急的獨個兒走、遇雨淋得一身濕，很不高興，但沒事。　若：而。　慍：不高興。

屈萬里：頄釋文鄭作頯、蜀才作仇。按作仇是，言其仇之壯也。又疑作奎、跨也。經傳釋詞若、而也。言遇雨而濡也。又夬、行疾也。疾走不顧爲決。今俗謂之快。

傅隸樸：壯、助的意思。頄音龜、顴骨。喻上六處全體之上。三正應勾搭、助小人是凶事。勉君子當明辨是非、決所當決。三人格受污如雨濕衣、雖悔恨自作孽、能歸咎誰呢？

金景芳：本義說決小人剛壯見于面則凶道。又說獨與上六爲應、受上六玷污故慍怒。本義講得好。王安石說剛亢外現。和而不同、有夬夬之志、何咎之有。這段話講得比較好。何楷說上六兌主、觀迹不察心故慍。解也挺好。

徐志銳：九三一見上六就勃然變色怒氣沖沖，有失處夬之道。故言有凶。君子處夬既要與上六劃清界限，又可相應陰陽成雨。互相排斥、互相統一。最後肯定九三還是能夬夬无過錯、遇雨是不得不如此的。

張立文：（九）三，牀（壯）于頯（頄），有凶。君子鈌鈌（夬夬）獨行，愚（遇）雨如濡，有溫（慍），无咎。　譯：九三，腿肚子受傷，凶的象徵。君子外出，疾速獨行，途中遇雨，淋濕衣服，雖有怨恨，但無災患。

林漢仕案：卦辭是剛決柔、清君側：柔決剛、淩君子、至剛長乃終。初九壯而躁、暴虎馮河、思出其位。使決而勝猶不可，況不勝乎！九二得乎中，每於莫夜黃昏後即審選嚴敵我之辨口令、甬憂恤任何時分變起倉卒之騷擾。九三若沿初九不顧後果之動、九二之嚴敵我之防之色、禍且不測矣！蓋剛可殄柔、柔亦可滅剛之時也。聖人是戒君子之壯于頄、有凶也。茲先誌先賢壯頄之釋、以見指撝也。

鄭玄：頯、夾面也。　王肅音龜。

蜀才：壯于仇。　翟元：頄、面顴頰閒骨也。頄面也。

王弼：頄、面權也。謂上六。三獨應上六、助小人，是以凶。

孔疏：三助小人是凶也、殊於衆陽。无咎責於人。

李鼎祚引荀爽：三乾爲君子、三五同功，俱欲決上。

司馬光：壯于面也。三健極、物惡太健故有凶。

張載：陽居陽，進上是壯于頄。不得中道、過壯或凶。

程頤：三、上有君而自任決，壯于頄者也，有凶道。

蘇軾：上六臀、九三頄。與小人處、壯見于面、凶道。

張浚：疾惡見夫顏色、惡者懼而弗通。乾上剛過爲頄。

張根：決小人之道、不惡而嚴。壯于頄所以凶也。

朱震：三健極應上六小人而違衆、有凶道。

鄭汝諧：頄顴骨見于面、機先露，凶道也。三失之果。

李衡引介：剛亢外見，壯于頄者。

楊誠齋：九三外君子、內助小人。君子家寇。舍君子從小人，凶道也。處陽應陰，壯頄象。

朱熹：決小人、剛壯見于面，凶道也。

項安世：當夬、應、嫌不能夬。遽發面勃應之有凶理。

楊簡：悻悻之怒見諸顴也。君子中之小人也。

吳澄：頄面顴骨上六也。三恃勇淩上故有凶。

梁寅：決小人悻悻然見于顴骨，如是凶道。

來知德：頄音逵，面顴也。聖人爲占者戒。幾露反噬，凶不免矣。

王夫之：三上應、有比匪之嫌。外示不屈則小人怨，周顗所以殺身，壯頄之凶也。

毛奇齡：未行形先露，豈非凶象！

折中引王安石：三剛亢外見。引朱子語類云：君子去小人不必悻悻然。

李光地：三過剛用壯，憤憤見於面目。何必逞一決之氣以避一日之嫌乎！

李塨：以剛處剛，淺丈夫也，豈有不凶。

姚配中：三上正應不決陰、陰來之三、三動失位故戒有凶。

丁晏：說文無頄字、當從鄭作頯，灰面也、五經頯，權也。

吳汝綸：爻義與陰爭勝則傷於頯、三頯爲上所傷。

曹爲霖：陳蕃去宦官、是壯于頄。

星野恆：頄在鼻兩旁。疾惡過甚形于色故壯于頄有凶。
馬通伯引沈該：夬而善處嫌疑之地者非必凶也。戒也。
劉次源：三以剛處剛，悻悻見其面，機洩凶生。
李郁：三居剛敵剛故壯于頄。承乘剛、動輒咎。
于省吾：三往壯上故有凶。今淮南人呼壯爲傷，是讀壯爲戕。凡言戕、均謂兌。
徐世大：腫壯雙聲。臉中毒、凶祟有鬼。
胡樸安：傷于面、其傷已深故凶。
高亨：壯借爲戕、傷也。頄在面、不易傷，傷、大不吉。
李鏡池：頄顴骨受傷，是象占。噬占則凶。
屈萬里：按作仇是。言其仇之壯也。又疑作奎、跨也。
傅隸樸：壯、助的意思。三正應勾搭、助小人是凶事。
金景芳：本義說決小人剛壯見于面凶道。又說受上六玷污故慍怒。本義講得好。
徐志銳：三一見上六就勃然變色、怒氣沖沖。失處夬之道。
張立文：腿肚子受傷、凶的象徵。
按張立文云：「初九稱前趾、九四稱臀、九三壯于頯在其間、應是趾上、臀下之脛部，不應爲面權、才符合周易之原意。故壯于頯、言腿壯部受傷。」
丁晏頄、鄭作頯、當從鄭君。　丁壽昌以說文无頄字當從鄭作頯。與仇同音，故范借爲仇。蜀才作仇。屈萬里按作仇是，言其仇之壯也。又疑作奎、跨也。　今字書頯，同䫲、說文作沬，洗臉。馬云面也。

作頄、頯、頞皆有面意、作仇則是怨耦爲仇。孰變面？仇變？抑九三變？悖悖者九三？上六？易家云：

王弼：頄、面權也。謂上六。張浚吳澄、似主上六頄也。

司馬光：壯于面、三健極、太健故凶。張載、程子、蘇軾、鄭汝諧、朱子、楊簡、來知德、王夫之、毛奇齡、李光地、劉次源、李郁、徐志銳、似乎皆以九三剛壯於色、遽發面、露幾淺丈夫也。

　上六小人、上六爲三仇、怨耦也。吳汝綸以前、壯皆謂壯於色、未行形先露。王弼云上六露憤悖色、則九三宜見色順機行事、否則有凶。似在爲君子戒！然君不見李義府軍笑欣欣，笑中有刀潛殺人，白居易詩結論云：「陰陽神變皆可測，不測人間笑是瞋。」。據李義府軍若笑臉對人，下一步準是殺無赦，白居易故云不測人間笑是瞋！今上六壯于頄、怒于頄。抑或莊嚴其色現于頄？則上六喜怒哀樂之寫于臉者一如正常人也。怨耦變臉、九三有凶。在理路上可通。作者青少年期則服役金門、據云胡璉司令官若怒鞭部屬、明日即有陞官之喜。豈胡司令官亦喜怒與常人異耶？胡爲正人君子也、想係予鞭者一補償耳、亦偶一爲之、好事者以予傳播耳！徐志銳云：三二見上六就勃然變色、怒氣沖沖。司馬光以來多數易家本此說。若謂上六類唐肅宗以來宦官如魚朝恩、仇士良，或龍漦妖子得周幽王之寵者、九三之慍怒、眞有使君嬌嗔更嫵媚之雅興？吾恐其早成齏粉矣！是上六之慍悖有凶、九三之慍怒亦有凶。吾嘗論爻辭乃人生六階段耳、値九三階段、孰怒都凶。吳汝綸于省吾以後、發現壯字可釋爲傷、云今淮南人呼壯爲傷。稗文引郭璞。于省吾云是讀壯爲戕。其後胡樸安、高亨、李鏡池、張立文、皆以壯爲傷。　傅隸樸以壯爲助，謂三正應勾搭、助小人是凶事。　金景芳說受上六玷污故慍怒。　傅以三助上六、至群陽怒是凶。金以九三受玷污而怒上六、怒是九三自怒而慍上六。　高亨謂面不易傷，傷及面乃大不吉！　張立文以頯爲腿肚部、故云壯于頯、言腿肚部受傷。

若謂九三、有傷顏面、今云「沒面子。」九三獨應上六、助小人。（王弼）孔疏爲殊於衆陽。朱震謂違衆。楊誠齋謂九三外君子、內助小人，君子家寇從小人凶道。王夫之云有比匪之嫌。李堪斥爲淺丈夫！九三確然擠群衆之中，位於下之上、對群陽言有傷情面。繫辭云吉凶者、言乎其失得也。是有凶之說、有閃失也邪？閃失、特指九三言。傳以壯爲助、有可能讀管子小問「至其壯也」注謂苗轉長大，誤爲揠苗助長之助。王弼第言剛長而助柔則凶。疏助陰爲凶。乃解爻義、非解壯字之義也。九三之應不只傷九三情面、亦傷群陽情面也。三之所以有失也。

下文君子夬、獨行遇兩。

王弼云：決之不疑故夬夬。　孔穎達云：君子不受應，在決斷无滯是夬夬。若不能則受濡濕。　虞翻云：三五俱欲決上故君子夬夬。爲陰所施故遇雨。　司馬光云決決無疑。

雨濡、怨謗象。　程頤：君子當遠絕之，若見濡污有慍惡之色則无過咎。　蘇軾：舍其朋獨行以答其配，使上六和洽爲雨至濡、雖慍終必无咎。　張浚：論心不論其迹可矣！　朱震上兌、三動兌、夬夬也。　鄭汝諧：夬道當捨朋獨行，衆疑我不決、吾心期必決而後已！　李衡：三五同功決上故夬夬。又引應上疑汙故若濡、使彼遷善无夬矣。　朱熹：若能果決不係私愛、雖合上終必決去小人。　楊簡：君子中之小人、淺決大率類此。遇雨陰陽和象。健決而和、若濡實不濡。　吳澄：占爲上六所濡、決和无咎。　梁寅：三獨與上應、決雖過又何病焉。　來知德：三上合見恨君子、從容觀變必決小人。　王夫之：以剛居剛、志非合污、與上六霑濡不形於色，雖凶而无咎。　毛奇齡：三正人君子、夬之又夬。　李塨：爲君子計、惟夬之又夬、利器深藏終无咎。　姚配中：三獨應上故獨行遇雨。言小人亦以恩澤結人心也。　吳汝綸：夬夬猶踽踽獨行者。王介甫云和而不同也。　馬通伯：君子所爲、衆人不識，和而不同、有夬夬志、何咎之有！　高亨：君子趹趹疾行遇雨。　李鏡池：急急獨個兒走、遇雨淋濕不高興。　屈萬里：疾走不顧爲決。傅隸樸：君子決所當決、三人格受污、雖悔咎誰！　徐志銳：要與上六劃清界限、互相排斥、互相統一、相應成雨是不得不如此。三夬夬无過錯。　張立文：君子外出疾行遇雨，但無災患。

決之不疑。九三似乎可以一往無前、視死如歸矣！張浚之「論心不論迹」似乎另有轉折、被目爲君子中小人、視作淺丈夫，應上六合上六，小人亦知恩澤結人心。然九三不形於色。捨朋踽踽獨行、人格受污、又何病焉！蓋和而不同、利器深藏於心。使上六和洽爲雨至濡、即或是爲陰所施故遇雨。三正人君子、期必決而後已！從客觀變、善處嫌疑之地。　來知德云：聖人爲占者戒，剛長終必決小人也。

項安世云君子之道无所失、止於无咎爲可惜耳！

九三之應上六、不只傷九三情面、亦傷群陽情面、三之所以有失也。然君子和而不同、獨行踽踽，與上六和合爲雨、污而不污、決之不疑、一往無前、終於剛長決小人去而无咎。又止於无咎爲可惜耳。

九四，臀无膚，其行次且，牽羊，悔亡。聞言不信。

象曰：其行次且，位不當也。聞言不信，聰不明也。

子夏傳：擊羊悔亡。

馬融：其行趑且。　趑，卻行不前也。且，語助也。（釋文）

鄭玄：其行趑趄。（釋文）　王肅：其行趑趄。行止之礙也。

王弼：不剛而進，必見侵、失所安故臀无膚，其行次且也。羊抵狠難移，謂五，夬主。亢不能納言，聞言不信，以斯而行，凶可知矣！

孔疏：四據下三陽，不正，進必見侵傷，居不安若臀无膚，次且，行不進也。五尊夬主、居尊當位，下不敢侵，若牽五可悔亡。四亦剛亢，聞牽羊之言不信服事五也。

李鼎祚引虞翻：二四已變坎爲臀，剝艮爲膚，毀滅不見故臀无膚。大壯震爲行，坎爲破、爲曳故行次且。 又兌羊、二變巽爲繩、艮手。四之正得位承五故悔亡。震言、坎耳，震坎象不正故聞言不信。

司馬光：九四任其剛決以據健之上，故居與行皆不安也。羊、狠物也，牽羊者制其狠心也。制其狠心則悔亡矣！不正而決，故聞言不信也。

張橫渠：一陰在上，衆陽爭趨，三其正應，己獨乘之，故行止皆凶。牽羊者必讓，先之則爲力。溺於所趨，必不能用故聞言不信，溺於心，聽必不聰。

程頤：臀无膚、居不安也。行次且、進不前也。四剛決不足、欲止衆陽進、勢不得安；行則居柔失剛、不能強進、牽挽從群行則可亡其悔、處柔必不能。聞是言必不能信用也。

蘇軾：上六臀也，同體之末爲臀。與衆陽處、同體見決、故其行次且不安。羊初九觸我、我之悔，我牽而縻之，故悔无，莫肯釋則懼者衆！雖其左右前後將无不可疑、故聞言不信。

張浚：四位不中、竊據三陽上爲臀无膚。其行次且疑有首鼠心，互巽不果爲次且。兌羊觸物，戒必從衆陽後亡悔。反巽爲聞言不信。五陽進、四次且其行，設心正者也，不然何以无凶咎悔吝辭！

張根傳象：外卦受決者也。據非其位，自宜遠引，庶可以免，而剛戾不信，其危可知。

朱震：一陰在上、衆陽爭趨之。四動伏艮臀、艮膚。三陽下侵故臀无膚。无膚則不可處、四欲前五礙之故行次且。處乘剛行不前、位不當也。四動兌羊、不動耳目不聰明、雖告莫之聽焉。

鄭汝諧：三正應、四乘之故臀无膚、居不安也。陽居陰，與上同體、未能進前故行次且。四當若牽羊、遜三陽使進能成決功，四不足於剛，安能聞此言而信之也。

李衡引子：志進決柔、剛不當位，比用壯者能自牽其志則悔亡。　引胡：羊九三、若能牽連三剛協力上決小人則悔亡也。

楊萬里：四以狠濟剛而處陰、百鍊繞指、決不斷、止不進，三陽進後見傷是臀无膚。欲進而不止、行次且象。欲從五牽不能忍狠愎之性必違、四媚說不信至順不納逆疑之。

朱熹：陽居陰不中正、居則不安、行則不進。安出其後則可亡悔。決時志在上進必不能也。占者聞而信則轉凶爲吉矣。牽羊不進，縱之使前而隨其後則可以行矣！

項安世：兌體悅、陰迫於二陽，不能自決，故臀无膚。若聽二陽牽可合悔亡。然羊非可牽之物，強狠之人方以不正爲悅，誰能語之，故聞言不信，聰不明也。

趙彥肅：夬之四說上六而不決，同體故也。夬時人知陰可決，次且不進，是爲不明。行雖不速，厲无大咎。

楊簡：四乃君子中小人。九剛四柔，居群剛中不與俱決，故爲下之剛者所傷故臀無膚。勢不得不與之俱而行次且。若能如羊群牽以往則悔亡。四聽不明不知道故聞言不信。

吳澄：四居上體之下爲臀，膚在臀下而柔、四乘三剛其下不柔、臀无膚也。剛居柔、進不勇故行次且。兌羊牽聯而進，四隨五也，占悔亡、勉其進。四不聰聞流言不謂其實。

梁寅：陽居陰又說體、如臀无膚、次且不前也。四知才力不足當舉賢、四讓三居前而已處下則悔亡。當決不決、聞言必不信。占因不信之辭而或信焉，庶无悔矣。

來知德：四不中不正。易言臀皆坎爲溝瀆故垢。次且即趦趄、行不進也。當決、教占者連下三陽同進則可亡不進之悔。變坎耳痛聞言不信。不中正之人亦不樂聞君子之言，言亦不信。

王夫之：四剛居柔退爻、不能敏於夬。故羸弱不行。然隨五後獎五前進、如牽羊者從後鞭之則陰可消而悔亡。兌體、聞上六甘言、不信諸陽，安能亡悔哉！以其弱易悅也。

毛奇齡：四重卦腹、單卦足。臀足上體柔、乘剛卻柔似無膚。其行不前趑趄焉。兌羊躁不馴、必牽之在前。人言亦可畏、能使聞而不信。雖耳聰目明、失聞雖聰不明。

折中引方應祥：九四兌羊，善觸，牽羊抑其很性，可以亡悔。　案：臀與陰相背，臀无膚喻四不能安坐故次且欲進，不能自制其剛，如牽羊則可亡其悔。

李光地：四與陰同體而相背，有臀象。可以坐待，雖近勢尚隔而不能安，如臀无膚。不坐、行不進。牽制也。名正事順鮮能審己從容故聞言不信。丁寧深切之至反若緩其辭。

李塨：四剛居柔、位處不當。變坎爲臀，臀下有柔肉曰膚，乘剛則臀无膚矣。坎爲曳、无膚次且不進矣。四視上六兌羊、羊前我從後驅之、此牽羊術。四聽不明雖號不信。

孫星衍引釋文：臀、徐徒敦反，次、本作趑、或作𨀁。說文及鄭作趚同。七私反。且本亦作趄、七餘反。　集解馬融次，卻行不前、且、語助。王肅趑趄、行止之礙也。

姚配中案：二四互坎、陰俱不見故无膚。此言陰亦不可廢。陰陽猶膚骨，純陽故无膚，謂過剛也。且次行不進也。牽羊謂牽上使居四得位故悔亡。傳象不信，聰不明也。
丁晏：說文別有趀趄、云行不進也。次本作趑、䞘，鄭作趀。且本作趄、跙同。次且古文。
馬卻行不前，說文不前不精。趀倉卒。又作跐。玉篇跐迒急行走。跙行不進也。又牽、子夏作掔、司馬云牽也。
吳汝綸：四在上體之下故象臀。體剛爲无膚。遠于陰不能決故次且不進。兌羊之行常次且、故勸之引而進。當如牽羊然則悔亡矣。四聞言不信、所以深痛之也。
丁壽昌：王注四牽五羊說未安。方孟旋曰本義羊使前、則羊還是九四、自牽抑其很性。蘇蒿坪曰喻不敢躁承以進乃有濟也。若悔之則亡矣。悔承牽羊、言慮其任剛。
曹爲霖：明皇蜀道蒙塵、楊國忠首唱、皇孫在外者皆委而去、此臀无膚、行次且也。父老進言、有告祿山包藏禍心、陛下誅之、致播越、聞言不信也。牽羊抑其躁剛之性也。
星野恆：次且又作趑趄，難取狀，臀無膚、居不安也。以陽居陰、不中不正，雖有忠言不信、雖有明師良友不知親、方陽決陰，獨居不正，其何以得決之功！
馬通伯：馮椅曰分二體取象，下卦上爲頄，上卦下爲臀。鄭剛中曰言膚皆陰爻。案四剛位不當、次且其行、羸困莫能興！若化陰承五可決上六之陰悔亡矣！四化坎聰離明、惜不化也。
楊樹達：新序雜事篇五宋玉事楚襄王而不見察。自謂處勢不便、豈可量功校能哉！詩不云乎、駕彼四牡、四牡項領。夫久駕不得行，易曰臀無膚、其行趦趄、此之謂也。
劉次源：剛處柔、阻五逼三、性多疑懼、且前且卻。兌羊躁、牽則行、悔亡。不聰明、剛愎自用、无濟亂之才、又无聽諫之德、聞言不信、安辨邪貞、覆敗以及。

李郁：四失位承乘剛，坐立不安象。故臀无膚。初剛敵，欲往未能故行次且，兌羊，牽挽上六使居四、得位故悔亡。兌言、四未之正、剛愎多疑故聞言不信。

徐世大：次且說文作趑趄，釋文作𨀖跙。形容老、病之行。四爻以己身武壯、不信有老弱。有人走路拐呀拐，牽條羊一動就逃了，聽說不相信。

胡樸安：臀即屍、髀也。膚皮也。民衆爭鬥至臀无皮。有礙於行。因所牽羊逃亡、致啓爭鬥。分決者聽之不明、而民不信也。故象曰聰不明也。

高亨：臀部受杖象。余疑肉袒示願受罰，牽羊欲求免禍。古以羊爲吉祥物。古人聞言不能定其誠否，蓋亦筮之、若遇此爻則其言不誠。困有言不信義同。

李鏡池：臀部无肉、大概受傷了。走起路來困難。這是象占。下文貞事：牽羊做買賣、虧了本。問他怎麼虧的，他說不清楚。

屈萬里：次且猶躑躅也、行不進也。不信、不實。次且、熹平石經同。鄭趑趄。　牽、子夏作掔。牽羊示願服爲臣僕也。古者蓋有此習俗。

傅隸樸：屁股無肌肉坐不安穩。四柔位剛資、無剛果毅力，坐不穩、進蹣跚、故行次且畏葸！若像像羊受牽而行、便可無悔。四羊質虎皮、說也聽不進去、故曰聞言不信。含惋惜眞莫可如何之情。

金景芳：臀沒肉、走起路來次且難走。表示九四還是要前進的。　方應祥說：「羊九四、性善觸、自牽其羊抑很性則可亡悔矣。」折中按語特恐此時聞言不信。把話講明白。

徐志銳：九四剛居陰入兌體、健不足和悅有餘，表現怯懦。有如屁股受傷、皮膚沒長好、走路艱難次且。形容九四想進又不敢進。告之以剛強、但九四聽不進去。是個很不聰明的怯懦者。

張立文：九四、脤（臀）无膚，其行鄹（次）胥（且），牽羊悔亡，聞言不信。譯：九四，屁股沒肌肉，行動艱難不進，但獲得羊，便可無厄，聽到人的忠告、不相信。

林漢仕案：聖人戒初之用剛、思出其位也。勝猶不可、況不勝邪！九二得中、無閃失悔吝之事。每入暮夜、內懷敬惕、頒別夷夏之防之口令、雖有突發事故、勿恤有戎之來也。兵法所謂恃吾有以待之也。九三之應上六，傷群陽情面、三之有所失也。然君子所行、不必盡人皆知、問心不問迹也。識者以止无咎爲可惜耳。九四坐立不安、進退維谷。位不當也。聞言不信、聰不明也。茲舉臀无膚、行次且、前賢如何造其象：

馬融：趑卻行不前，且語助。　鄭玄：其行趑趄。　王肅：行止之礙也。　王弼：失所安故臀无膚。五夬主亢不納言、聞言不信。　孔穎達：次且行不進、四剛亢不信服事五也。

以上次且爲行止之礙、不進也。次且連綿詞、字又作趑趄。馬融且爲語助詞說不確切。

失所安若臀无膚。亢不納言故不信。

引虞翻云：二四變坎爲臀，震行坎曳次且。　司馬光：四任剛決據健之上故不安、不正而決故不信。　張載：一陰群陽爭趨、三正應、己乘之故行止皆凶。溺所趨必不能用故不信。

程頤：居不安、進不前。四剛決不足、居柔失剛，不能強進。　蘇軾：上六臀。同體見決故不安。。張浚：竊三陽上爲臀无膚。行次且疑首鼠心。四設心正、不然何以无凶咎之辭。　張根：據非位、剛戾不信、危可知。　朱震：一陰衆陽爭趨、四動伏艮、臀、艮膚。五礙故次且。

虞翻二四變、坎臀。朱震四動伏艮臀。按孟氏逸象、虞氏逸家皆謂坎爲臀、艮爲皮膚。朱震四動有伏艮爲臀。查艮无言臀者。來知德謂易言臀皆坎、爲溝瀆故垢。蘇軾以上六爲臀。張浚以四竊三陽上爲臀无膚。折中案臀與陰相背。蘇軾以「同體之末爲臀。」似與咸卦蘇軾自云：上六之所在者口也。卦之不同，猶今人之相罵、換位置即換腦袋。換卦即換人體部位、屁口與口豈可相混淆！來知德云臀爲溝瀆故垢也！

司馬光目中之九四、任剛決、據健上之勇士。張載眼中之九四、群陽爭趨一陰，陰亦以公器籠絡君子、澤結人心。（姚配中言）不祗陰之狠、亦見陽之貪。大哥二哥同爲污濁中人也！又云三正應（上六）、己乘（九三）、故行止皆凶。已溺所趨矣、與九三爭寵矣！上六未必罪四也！程子謂四剛決不足、居柔失剛，不能強進，牽挽從群行則可亡其悔。程子之牽挽從群行是衆陽爭趨巴結諂媚上六邪？抑群行起而攻之？或抑爲渾噩過渡斯「非常時期」！

鄭汝諧：三正應、四乘之故臀无膚。陽居陰與上同體故行次且。四牽羊、四安能聞言而信之！

李衡引胡：羊九三、若能牽三剛協力決小人則悔可亡也。

楊萬里：四狠處陰、百鍊繞指。三陽進傷臀、行次且象。從五牽必違、四媚說逆疑之。

朱熹：居陰不安、行則不進。牽羊縱之使前而隨其後可行矣。

項安世：兌體兌、迫於二陽故臀无膚。聽二陽牽悔亡。羊非可牽、不正爲悅、故聞言不信。聰不明也。

趙彥肅：四說上六而不決、次且不進。不明无大咎。

楊簡：四爲君子中小人、爲下所傷故臀無膚。不得不行而次且。四聽不明故聞言不信。

吳澄：四居上體之下爲臀，剛居柔進不勇故次且。兌羊牽四隨五也、占悔亡。勉進四聞言不謂其實。

梁寅：陽居陰又說體、如臀无膚。四讓三居前而已處下則悔亡。或信焉庶无悔矣。

來知德：易言臀、皆坎爲溝瀆故垢。次且不進。連三陽進可亡不進之悔。不中正不樂聞君子之言、言亦不信。

王夫之：四退爻、羸弱不行。隨五後如牽羊進則陰可消而悔亡。聞上六甘言不信諸陽！以其弱易悅也。

毛奇齡：四重卦腹。行不前。羊躁必牽在前。人言可畏，能使聞不信。

折中引：九四兌羊善觸、牽抑其很性可亡悔。臀陰相背，无膚喻不能安坐。不能自制其剛、牽可忘悔。

李光地：四與陰同體而相背、臀象。可坐待、近勢幾所當審。惟無急進自制其剛、得所處義矣。不信丁寧。

李塨：四變坎爲臀。乘剛无膚。四視上六兌羊、羊前我從後驅之。四聽不明、雖號不信。

姚配中：二四互坎、陰不見故无膚。陰不可廢、陰陽猶膚骨，純陽无膚。牽上使居四故悔亡。不信聰不明。

吳汝綸：四在上體之故象臀。體剛无膚。羊行次且，勸引進則悔亡。四不信所以深痛之。

丁壽昌：王注四牽五羊說未妥。本義羊使前、羊九四。蘇蒿坪曰喻不敢躁承以進乃有濟。慮其任剛。

曹爲霖：楊國忠唱皇孫皆委去、此臀无膚。告祿山包藏禍心、聞言不信。牽羊抑其躁性。

星野恆：陽居陰不中正、雖有忠言不信。不正何以得決功！

馬通伯引馮椅曰下卦上頄、上卦下臀。又引鄭言膚皆陰爻。四化陰承五可決上六之陰、四化坎聰明、惜不化也。

劉次源：阻五迫三、性多疑懼。且前且卻、剛愎自用、无濟才又无聽德、安辨邪貞！

李郁：承乘剛、坐立不安象。故臀无膚。初敵剛故行次且。牽上六居四得位悔亡。四未正多疑故聞言不信。

總右鄭汝諧以下言臀无膚者計：

三正應、四乘之故臀无膚。三進傷臀。

陰迫於二陽故臀无膚。

四小人爲下所傷故臀無膚。

四居上體之下爲臀。陽居陰又說體如臀无膚。

四重卦腹、單卦足、足上體柔臀。

四與陰同體而相背、臀象。

四變坎爲臀。

楊國忠唱委去皇孫在外者爲臀无膚。

下卦上頄、上卦下臀。

承乘剛、坐立不安故臀无膚。

爻之言臀者，數千年來學者勤於覓象，皆謂己所見者臀也。抽象具象想當然之象雜陳。馬通伯引馮椅曰下卦上爲頄、上卦下爲臀。其意折開二卦言、而夬本一卦而下象頄、頭臉埋在屁臀下、豈鮀鳥邪？曹爲霖之謂明皇逃亂、查國忠唱丟棄皇孫之在外者以自保，謂此爲臀无膚。棄其左右手，股肱皆去無以立矣！豈止无膚而坐立不安！ 言四小人爲下傷。上六陰迫於九四九五二陽爲臀无膚。前者四爲臀、一如覓得象者之謂：四居體下爲臀；四重卦腹、單卦足、足上體柔爲臀；四變坎爲臀。後者則以上六爲臀。蘇軾謂同體之末爲臀。其想當然之象以變坎爲臀得逸象之「坎之爲臀」說之聲援。臀之言坐立不安似獲易家所共識。

羊之象，謂四牽羊。（鄭汝諧）謂羊九三者（李衡引）四欲從五牽，不忍狠愎之性必違。（楊萬里）

上六若聽四五牽可悔亡。（項安世）

兌羊牽四隨五也。（吳澄）

羊躁、必牽在前。（毛奇齡）朱子則以羊前、人隨後。

九四兌羊善觸。（折中引）牽羊抑其躁性。（曹爲霖）

四視上六兌羊。（李塨）

牽上（六）使居四故悔亡。（姚配中）（李郁）

四兌羊躁，阻五迫三、性多疑懼、牽則行。（劉次源）孰是羊也？三四五六爻皆是羊？援羊性躁抑狼質羊皮。謂牽上六兌羊、使居四則悔亡、其卦變風天小畜矣！四變上六不變則水天需。如此與夬卦九四爻辭何涉？女自變自導自演也，九四爻辭仍牽羊、悔亡。不得其解！小畜自小畜卦，需卦自有需卦爻辭也。四視上六爲兌羊∴羊性善觸外、公羊淫、幼羊有跪乳之恩、母羊性溫馴。羊吉祥也。豈九四視九三之配與九五之比爲囊中物、分得不只一杯羹、而欲獨自擁有把玩邪？羊不只躁、亦臊、九四一身臊矣！不自知而以爲吉祥也。牽羊示臣服邪？

九四之臀無膚、蓋即言九四之坐立不安也。九四臭屁股故垢也。（來知德）其行次且、作趑趄，趀跙。跅迊。行不進，躑躅，倉卒急行，其狀九四之不安。九四之垢也。牽羊、亦九四之厚擥上六或群陽、與彼結爲「戰略伙伴矣」！既已表面一家人矣、悔亡諒必當然。聞言不信也者、九四之牽擥厚賂、非誠於中也、九四聞人言同、異己、亦不自信也。人亦不信九四矣夫？

徐世大：四武壯、不信有老弱、聽說不相信。

胡樸安：臀即髀。民衆爭鬥至臀无皮。分決者民不信。

高亨：臀受杖。余疑肉袒受罰、牽羊免禍。筮遇此爻，有言不信。

李鏡池：臀无肉、走路困難。牽羊做買賣。虧了本。

屈萬里：牽羊示願爲臣僕也。

傅隸樸：坐不穩、進蹣跚、行畏葸、羊質處皮。說也聽不進去。

徐志銳：九四健不足、悅有餘。表現怯懦。

張立文：屁股沒肌肉、行不進、獲羊可無厄。人忠告不信。

屁股受杖、牽羊願爲臣僕。羊質虎皮、表現怯懦。李鏡池以「牽羊做買賣爲貞事。虧了本、說不清楚怎麼虧的。」胡樸安爲民衆打架。高亨疑肉袒牽羊謝罪免禍。

九四臭屁股坐立不安、躑躅不前，厚擥衆人而後往則悔亡。然九四既不信人、人亦不信九四之爲人也乎？

九五，莧陸夬夬，中行无咎。

象曰：中行无咎，中未光也。

子夏傳：莧陸木根草莖，剛下柔上也。　孟喜：莧陸，獸名。決有兌，兌爲羊。（孫堂案從兔足苜聲）

馬融：莧陸，商陸也。一名商陸。一名章陸。或名當陸。

宋衷：莧，莧菜也。陸，當陸也。

王肅：莧陸一名商陸。一名章陸。

蜀才：莧睦夬夬。睦，親也，通也。（釋文）睦，和也。（晁氏）

王弼：莧，陸草之柔脆者。決之易。五尊敵賤，雖勝、未足多也。處中而行，免咎而已！未足光也。

孔穎達：夬之爲義：剛決柔，君子除小人。五夬主決上六至易，如決莧菜然！以尊敵賤，雖勝不足貴、特以中行之故纔得无咎。

李鼎祚集解引荀爽：莧謂五、陸謂三、兩爻決上故夬夬。莧者葉柔根堅、陸差堅于莧。莧根小、陸大。五體柔居上、莧也。三體乾剛在下根深、故謂之陸。　引虞翻曰莧讀夫子莧爾而笑之莧。中動得正故中行无咎。舊讀非也。

張載：陽近於陰，不能无累，故必正其行然後免咎。

程頤：五剛陽中正爲決陰主、莧陸易斷，必決其決如莧陸、則中行中道无過咎矣！若反比之，其咎大！

蘇軾：莧如、陸也。九五夬之尤者、雖中而未光故中行无咎。中行者、反與四陽處而釋上六也。五以陽居陽、剛之全者、不戚同體之傷。九四之象，以爲位不當也。

張浚：莧陸至柔脆物。陽德旣盛、用決猶莧陸易爲功也。持中行僅免咎，戒何嚴哉！聖人法天用中，意革化小人爲大夬、不得已也，不以化而以決，斯九五所以未光歟！

張根傳象：中猶未光，況不中乎！人君而讎匹夫，其誰不懼！

朱震：五尊位決主。莧蕢商陸、澤草。五陽並進決小人之時反比之，中道未光也。五兌乾健決、上六復成兌故夬夬，震巽象毀，莧陸去、中道光矣！蓋示人心有欲則離道矣：

鄭汝諧：三應上、五比之，三謀去小人、非所當。惟揚庭決之、以中則爲无咎。聖人之於小人、非貴誅絕，使之歸吾仁、畏吾義。莧陸根蔓、小人類難絕故以是示意焉。

李衡引言：董遇云莧陸商陸二草、俱柔脆之物。 引牧：陸最高地、若小人在高位、衆疾決之易矣！ 引咸：詳注驗經、誤增中孚。

楊萬里：莧陸草之脆。夬夬決之強，中行決之和，无咎決之安，未光決之憾。李輔國初一家奴，晚號尙父，代宗不敢顯戮至盜首。殺夬也，盜中行也，不明正刑可羞也。五忍恥以中道去之、幸於无咎，變而已矣，何光大之有！

朱熹：莧陸今馬齒莧，感陰氣之多者，九五決主，切近上六之陰、決之不過暴、合於中行則无咎。戒占者當如是。

項安世。夬夬重夬之象。當夬者上六也。三應五比。君比於陰而能自決保中，僅免咎而已，五居尊大中而上无咎爲可惜。莧音丸、山羊也，喜登高行險。上六其高者也。陸、所行之路。

趙彥肅：莧居陸，陰乘陽也。決而又決，務盡去之。中而行乃光明。不決上六，於九五有累故也。

楊簡：君子之勢至五亦已盛矣，陰勢已去、特其體猶存爾，柔脆如莧，人踐莧不復存昭昭矣！如必施決蓋過矣，故聖教曰中行無咎。

王應麟：說文莧、山羊細角也。從兔足苜聲，讀若丸。寬字從此。徐鍇案本草注莧羊似麢，羊角有文、俗作羱。

吳澄：莧從卝、舊誤從艸，羊之角、中從目、下從凡、羊足，陸大塗，莧行而不息，行至中半，占得中故无咎。

梁寅：五夬主比於上六、如莧陸感陰氣之多者也。然五剛健中正、能決其所決者，故合於中道而无咎也。朱子云莧陸二物：莧、馬齒，陸、商陸也。

來知德：　菜。莧陸夬夬者即俗言斬草除根。五夬主、與上六近不免溺其私、決之不勇，故必如決莧並其地而決之、不爲中德之累而无咎矣。其象占如此。

王夫之：莧細角羊不能觸，陸平原羊所樂處。兌羊行於平原、得其所安。五近上六有驅除之責而安自得，與鄰无戒心、夬夬而實未決也。得位居中非暱陰故可以无咎。

毛奇齡：五疊乾爲高岡，上兌羊之角。澤菜生阪上，此莧陸也。棲此細草何用決去？君子戎之夬之又夬，若恐中德未光。吳澄襲說文莧爲山羊。讀恆、虞讀莞不讀現。

折中引朱子語類：莧陸兩物皆感陰氣多。案以細草陰類喻小人。時當含章則包之、揚庭則決之。包之剛體不失，決之以中行。

李光地：近上同說體，感於陰者也。受感雖健亦不能消蝕也。故象爲莧陸。占必夬又夬。中道自治乃无咎。決小人於外者必反身脩德、尙乎中行，正其本之要也。

李塨：乾平直而五疊隆峙、若高平之陸。上六拆于上若陸上有莧。九五以中行者夬之又夬、是固決而和者、何咎。君子恐陽不決陰、講持中調停、皆腐儒敗乃事者也。（王崑繩曰陰有不忍割者是未光也。）

孫星衍引釋文莧、閑辯反。三家音胡練反。一本作莞、華板反。蜀才作睦、親也邇也。集解子夏：莧陸本根草莖、剛下柔上。孟喜：獸名。馬融一名商陸、宋衷菜也。

姚配中案：莧陸草名喻陰也。陽息大壯已決五陰、夬又欲決上故夬夬。春秋傳曰見惡如農夫去草。五得中夬之當故中行。　傳象決陰未盡故中未光、使盡則其危乃光也。

丁晏案：莧陸三說：一、說也。如夫子莧爾而笑之。莧莞同字。二、莧陸、和睦也。古陸睦亦通。三、一名商陸，草名。今莧菜之赤莖者。孟喜莧陸獸名。窮謂訓說從莧、訓草從莧、訓羊從萈。

吳汝綸：莧陸、獸名、羊屬。夬有兌為羊。夬夬狀其貌。中行、半途。无咎者戒辭。以五親與陰決，唯恐其不勝也。

丁壽昌：案莧陸、今考之二草為是。荀莧五陸三、兩爻決上故夬夬。蘇蒿坪兌上一陰以困上六。項平父莧、山羊。吳草廬是項說。五在前猶莧之導先路。項本孟喜莧之譌。

曹為霖：夬三月卦、莧始生時、細草陰類喻小人。明皇奔蜀、次馬嵬、將士飢疲、槍揭國忠首、併殺秦韓二國夫人、上令收隊不應、象曰未光也。陳元禮鋤國忠等如莧陸。

星野恆：莧、陸、皆感陰氣多之物。此爻陽剛中正居尊位，與上六比而說、如莧陸然。決之不果、喪其剛德，以中正得免於咎！不然不幾失其身乎！

馬通伯：胡炳文曰夬三月莧始生之時。其袒案乾鑿度云斷制除害、全物為務。中光則纖翳不存、未光故蒐陸生焉。孟子山徑蹊間用成路。中行、行即用、自无莧陸之感！

劉次源：莧、山羊細角、性不喜平陸，欲絕去之、決之又決。五以剛處剛、上逼酌中以行。當斷不斷，心或有所繫、咎必叢集。

李郁：莧同莞，說也。陸同睦。剛能說，夬能睦，此九五善容納也。當夬而能決故曰夬夬。五居中位，自五行上故曰中行。五之上成離、宜自行與上易位、明察下情故无咎。

徐世大：莧陸譯作野草在路上。大路上草已茁壯不加責，中行的衛士們不挨罵。

湖樸安：種莧菜之地，為民眾分決爭鬥之事也。以溫和態度分決，僅无咎而已。其用未廣。言中行之用未廣也。光、廣也。

高亨：莧當作莧。陸者翹尾躍馳。趹趹行疾。中行猶中道。莧羊躍馳，趹然於中道、逞意放足象、自可無咎。

李鏡池：細角山羊在路中間跳得很快很歡，古人以爲怪異，故作象占。筮占无咎。　莧王夫之山羊細角者。　陸但爲踛、跳也。　中行：路中間。

屈萬里：司馬注莊子：陸、跳也。又陸讀爲踛。卜辭有莧字爲地名。說文莧，山羊細角者。中行即中道，道之中也。中行應吉、止於无咎者因中而未光也。

傅隸樸：九五剛正居尊、夬主、率四陽決上六如折一根莧陸草。但五與之比近狎暱、必有咎。唯中道而行才可免咎。

金景芳：程朱都解作馬齒莧。鄭汝諧引說：其根至蔓、旁根更生、小人難絕如此。項安世說：嫌不能夬故皆以夬夬明之。比于陰而能自決以保其中故可免咎。講得比較好。

徐志銳：九五對上六雖逆比、也有信孚的一面、上六才得張狂。唯有行剛健和悅的中正之道才能无咎。指明九五雖居中位但偏用和悅、中道未光。中道即既剛健又和悅。

張立文：莧歎（陸）缺缺（夬夬）中行，无咎。　譯：細角山羊疾速跳馳於道路之中，無災患。

林漢仕案：莧陸夬夬、中行无咎。莧、經籍纂詁字一作莧、笑也，蕢，說，草之柔脆者，啇陸，木根草莖，獸名，莞，一作莧菜也，从草見聲。萁也。

中行見之易經爻象者有：

泰卦　九二爻辭：得尙于中行。
益卦　六三爻辭：中行告公用圭。
益卦　六四爻辭：中行、告公從。利用爲依遷國。
夬卦　九五爻辭：莧陸夬夬、中行无咎。
師卦　六五象辭：長子帥師、得尙於中行。
泰卦　九二象辭：包荒，得尙於中行。以光大也。
復卦　六四象辭：中行獨復、以從道也。
夬卦　九五象辭：中行無咎、中未光也。

莧陸之所以夬夬、試輯二千年來易家學說如下：

子夏傳：木根草莖、剛下柔上。
孟喜：獸名、兌爲羊。
馬融：一名商陸、章陸、當陸。
宋衷：莧菜也。指莧。陸、當陸。
蜀才：陸作睦，親也，通也。莧睦夬夬。睦、和也。
王弼：莧、陸草之柔脆者。五敵賤，雖勝、未足多也。
孔穎達：五夬主，決上六至易，如決莧菜、勝不足貴。
李鼎祚引荀爽：莧謂五、陸三。莧葉柔根堅、陸差堅。

引虞翻：莧讀爲夫子莧爾而笑之莧。舊讀非也。

程頤：決陸主、必決其決如易斷之莧陸。反比之、咎大。

張浚：用決猶莧陸至柔脆物、易爲功也。

張根：人君讎匹夫、其誰不懼。

朱震：莧蕢商陸、澤草。五陽並進反比之。示人心有欲則離道矣。

鄭汝諧：聖人之於小人、非貴誅絕。莧陸根蔓、小人類難絕，使歸仁、畏吾義。

李衡引牧：陸最高地，若小人在高位。衆疾決之易。

楊萬里：夬夬、決之強。中行決之和。

朱熹：莧陸、今馬齒莧。感陰氣之多者。決不過暴。

項安世：夬夬重夬象。莧、山羊喜登高行險。上六高者。

趙彥肅：決而又決、務盡去。莧居陸、陰乘陽也。

楊簡：陰勢已去、柔脆如莧、踐莧必施決、蓋過矣！

王應麟：說文莧、山羊細角。徐鍇注似麢，俗作羱。

吳澄：從艹誤從艸。陸大塗。莧行不息。

梁寅：夬主比上六。如莧陸感陰氣之多者也。

來知德：莧菜。莧陸夬夬者即俗言斬草除根。五溺其私、決之不勇。必如決莧並其地而決之。

王夫之：細角羊不能觸。陸、平原、羊所樂。夬夬而實未夬也。

毛奇齡：疊五乾爲高岡、上兌羊之角。吳澄襲說文莧爲山羊。　澤菜莧陸也、細草何用決去？君子戒之，夬之又夬，若恐中德未光。

折中：細草陰類喻小人。時當含章則包之，揚庭決之。

李光地：同說體、雖健不能消蝕也。占必夬又夬。

李塨：君子恐陽不決陰，講持中調停、皆腐儒敗乃事者也。（王崑繩曰陰有不忍割者是未光也。）

姚配中：莧陸草名喻陰。陽息大壯已決五陰、又欲夬上故夬夬。春秋傳曰見惡如農夫去草。使盡則其危乃光。

丁晏：訓說從莞，訓草從莧，訓羊從莧。

吳汝綸：莧陸獸名、羊屬。夬夬狀其貌。五親與陰決、唯恐其不勝也。

丁壽昌：考草爲是。五三兩爻決上故夬夬。項平父山羊本孟喜莧之譌。

曹爲霖：夬三月卦、莧始生。細草喻小人。陳元禮鋤國忠等如莧陸。

星野恆：陽爻剛中居尊位、與上六比而說、感陰氣之多如莧陸然。決之不果喪其剛德。

馬通伯案乾鑿度云：斷制除害、全物爲務。中光則纖翳不存、未光故莧陸生焉。

劉次源：山羊性不喜平陸、欲絕去決之又決。當斷不斷、心或有所繫。

李郁：九五善容納。當夬能決故曰夬夬。

徐世大：莧陸、野草在路上已茁壯、不加責，

胡樸安：種莧菜地、爲民分決、溫和分決、无咎而已。

高亨：莧羊躍馳、逞意放足於中道。趹趹行疾。

李鏡池：細角山羊在路上跳得很快，古人以爲怪異。

屈萬里：陸、跳。又讀爲踛。卜辭莧、地名。說文山羊細角者。

傅隸樸：五夬主率四陽決上六如折一根草。五與狎暱。

金景芳引項安世云：「比于陰而能自決。嫌不能夬故以夬夬明之。」講得比較好。

徐志銳：五對上六逆比、也有信孚的一面，上六才得張狂。

張立文：細角山羊疾速跳馳於道路中。無災患。

莧陸是：

1. 木根、草莖。剛下柔上。草之柔脆者、根蔓難絕。
2. 獸名、兌爲羊。　莞、山羊細角似麢、俗作羱。
3. 一名商陸、章陸、當陸。
4. 莧菜。當陸兩種植物。或只指莧菜。
5. 陸作睦、親也、通也。
6. 莧爾而笑之莧。
7. 莧蕢商陸。

8. 陸，最高地。若小人在高位。　莧居陸、陰乘陽。

9. 今馬齒莧，感陰氣之多者。

10. 陸、大塗、莧、行不息。從艹誤从艸。　陸平原。

11. 細草陰類喻小人。莧陸草名、見惡如農夫之去草。

12. 訓說從莧，訓草從莧，訓羊從莧。

13. 考草爲是。項平父謂山羊，本孟喜之譌。

14. 莧陸、野草在路已茁壯。

15. 陸、跳、又讀爲踛。　卜辭莧、地名。

莧陸是草本木根植物

莧陸是羊，是山羊，是山羊之細角者、是動物。

又可折開莧是莧，陸是陸。如陸作睦、親也。跳也，又讀爲踛。陸是最高地。陸是大塗、陸是平原、商陸。莧爲羊、山羊之細角者，莧行不息、莧爾而笑之莧。地名。莧菜。

鄭汝諧謂莧陸根蔓、小人類難絕。來知德謂決莧菜並其地、俗言斬草除根。一謂難絕、一要斬草除根。後來居上矣！　謂莧爲山羊者、有云山羊喜登高行險。（項安世）羊樂平原。（王夫之）山羊不喜平陸。（劉次源）山羊在路上跳得很快。（李鏡池）讀易同道可認眞攀附以上任一家言、皆取得易傳之所本、所宗。前輩亦可視後之來者之親依，安享吾道不孤之嘆之樂，而得傳人。　李塨以爲「恐陽不決陰、講持中調停，皆腐儒敗乃事者。」大主觀、大嚴肅。蓋後人皆設身處地猜測九五與上六關係而著己見、未必中，聊備一說可也。小人自有小人之說辭。彼體貼君王日理萬機，面對百官如面對聖賢，緊張乏味之相見暨問答，洎餘暇、覓得可博主子一笑之技、釋放出人生另一本性吃喝玩樂性之解放有何不可！天天收其放心。天天攝六根六塵六識固可成佛成聖、皇帝老子如晉平公者不樂為君矣！師曠之碎琴、盲者尚不許、況有眼之卿相欲佐君為聖君賢君者邪！小人之欲鬆弛主上之根塵器識神經、主上笑納與之共樂、此宦者公公投其君上人性之下流而埋沒其上乘神性、三公九卿所以幾諫不惜為忠臣烈士、史家可立判孰是君子小人口誅筆伐之也！

夬夬，荀爽謂五、三兩爻決上故夬夬。　程頤稱必決其決如莧陸（易斷）。　朱震云五兌乾健決、上六復成兌故夬夬。　楊萬里：夬夬、決之強。　項安世夬夬重夬象。梁寅：五夬主剛健中正、能決其所決者。　王夫之：夬夬而實未決也。　毛奇齡：細草何用決去、君子戒之、夬之又夬、若恐中德未光。　李光地：占必夬又夬。姚配中：陽息大壯已決五陰、夬又欲決上故夬夬。　吳汝綸：夬有兌為羊、夬夬狀其貌。劉次源：山羊欲絕去、決之又決。　李郁：當夬能決故夬夬。　高亨：趹趹行疾。莧羊躍馳。　李鏡池：山羊跳得很快、古人以為怪異。　金景芳引項說：嫌不能夬故以夬夬明之。夬夬之義、歧見亦多，而決上六則無異說。　王弼、孔穎達五主決上六至易、勝不足多。觀唐憲宗後宦官奴欺主、勝之不易也！張根之「人君雖匹夫、其誰不懼！」被扶植挾持之主、其誰懼？苟爽五三兩爻決上故夬夬、奈何三應五比、兩剛皆溺其私、比應之不暇、何以責彼決之不勇？盼兩爻之決上故夬夬耶！　楊萬里之夬夬、決之強。毛奇齡之細草何用決。李郁之當夬能決故夬夬。似皆不見三應五比與上六之關係也。唐中葉後一百餘年、宦官操君主之廢立、決之強，毋寧謂陰決之強。朝廷內外披靡。東漢末、有明中葉後、內持批紅、舉世諂媚之風，建生祠，稱九千歲。夬夬、能決也者、吾見其不能也。若夫主賢臣忠、不必咬牙切齒夬夬、彼上六早已賜一百廷杖、棄屍如野狗，即生亦驅出宮門永不錄用矣！言斬草除根、如農夫去草、此其時也。小人之難絕、芝蘭與荊棘同時存在、小人之化歸仁畏義、亦此時也。夬夬、高亨云趹趹、行疾也。李鏡池謂怪異。李採趹行疾、陸跳、而夬之音以爲怪異也乎？

「中行」之意謂中心行願、謂權貴、謂行中正之道（中庸之道）。謂中等人才，上順下篤。中庸上材。（即論語不得中行而與之者）綜泰益師復卦爻象辭「中行」之義也。然則「中行无咎」也者、蓋謂九五上順下篤无咎乎？中心行願爲上六所不許、權貴而受制家奴、行乎天命可也、若夫上材、則上六早爲肢解、或爲上六肢解、不容上智者成材害事也。故以荀子中材上順下篤謂九五之所以无咎。從順篤中或可翻出一片天也。

中行指材質，莧陸似亦當指材質。故謂之柔脆木根草莖可也；謂之兌羊、山羊可也。羊雖狠、遇獅虎豹狼狗皆可餐。莧陸方之上六小人、如植物根蔓難絕、如動物山羊、險惡環境自有其生存之道、內喜自鬥無法共禦外污，奴欺主也、草蜢撩雞公、三五溺於私、比應之不暇故九五遇上六如莧陸之柔脆生命者撩撥逗決、上順乎柔、下安諸剛可獲无咎也。蓋亦莫可奈何情勢中以待天命乎！亦見易之爲君子謀也。一線生機在、無限希望來。

上六，无號、終有凶。

象曰：无號之凶，終不可長也。

王弼：處夬極，小人在上，君子道長，非號咷所能延也。

孔穎達：小人居群陽之上，衆共棄也。君子道長，小人必凶，非號咷所免，故禁其號咷曰无號，終有凶也。

李鼎祚引虞翻：應在三，三動體巽申命故二曰惕號、今作三動誤也。四變坎，上應三歷坎險。巽象壞，三慍不應故无號、上乘五陽，終必消滅故有凶也。傳象：陰道消滅也。

程頤：陰消將盡，獨一陰處窮，衆君子決去危極小人，无用號咷畏懼終必有凶也。　傳象：（小人）雖號咷无以爲也。

蘇軾：无號者不警也。陽不吾警則吾或有以乘之矣！然終亦必凶。

張浚：君子孚大功而天下信，小人據勢利欺衆，簧鼓天下，惟屈之以道，使天知其爲小人，知其爲惡，夬道斯成。巽上號、无號莫之應，在小人凶，在天下吉。

張根傳象：勢必至是，惟中道可免。以佞悅偷，免于一時，終必見討。觀上爻之義，則夬夬之道未易可知。

朱震：上六之三成巽爲號，上六小人、號呼求免。不去則无自悔之實，陽長陰消、終必有凶。聖人開小人自悔之路。

鄭汝諧：號驚懼意。勢窮自警、君子之所容。上以一柔乘五剛，庶幾其不怙終而能改，聖人曷嘗逞其快必殲小人類哉。內君子、外小人、使各安其處而已。是諄諄爲戒。

李衡引牧：小人乘至尊，雖无號令、終自有凶。　引徐：上六不順、合當誅罰。又曰小人乘尊不承號令致凶。　引胡：雖號呼于天、終不免凶。　引介：不能號咷以憂而改修其道。

楊萬里：夬上六小人、與我同類，一陰乘五陽，自以爲得矣，陽長己必消而號咷！詩云啜其泣矣，何嗟及矣。決之上六乎？李斯父子、潘岳友朋臨刑時正如此爾。

朱熹：陰柔小人、居窮極時、黨類已盡、无所號呼、終必有凶也。占者有君子之德則其敵當之。不然反是。

項安世：姚小彭氏三號皆指上六。孚號，此挾君令下者也。二聞號而惕，三不應，雖號，必勢窮力盡无所號，及終安能不凶乎！

楊簡：夬去六、柔已決矣。剛長然不可不敬戒，苟忽不警號則終有凶。放逸失道者終於凶。

吳澄：上當兌口爲號呼象。上向三號、將死臨絕之音也。上六變純乾、无復有號呼之聲矣！占一陰消亡故曰有凶。

梁寅：衆君子去一小人、則小人勢孤援絕矣。故无所號呼其黨而終有凶也。

來知德：上六當權時號呼其正應、今夬夬不可號，哀求五相親比、亦夬夬、五不可號，故曰无號、終有凶。即小象終不可長。占者凶可知矣！

王夫之：陰慝僭上，雖有應相比以說，時至瓦解，不能望救於人也、運窮終凶。易不爲小人謀、勿疑其乘人之上而不易拔也。

毛奇齡：決至此無庸號矣！此長終則彼凶終耳。自注：余銘缶曰終不可長、恐其不得爲純乾也。

折中引蔣悌生：說似爲小人謀、言苟或默然養禍、則終必致凶也，何嘗慮小人有凶！　案：夬與壯前三爻全類。夬上之號、戒始終不忘危懼而已，壯與夬危懼之心同也。

李光地：陽盛陰衰、警戒之心不可忘。上六陰窮，未可忘戒懼而无呼號，終必凶。患生於所忽、去小人不盡、王充是也。外寧致內憂者唐憲宗莊宗是也。

李塨：五陽孚號則一陰无所號矣！不可長、其凶宜耳。剛決柔若易，然初不勝、三受濡、四趑趄、五夬未光。初三恐決過、四五恐不及。二得中不寧。深戒勿忽小人也。

姚配中案：上不孚五爲陽所決，決之使盡，陽氣散亡故无號終有凶。喻殷當決小人、嚴其號令也。　案象傳虞翻曰：陰道消滅故不可長也。

吳汝綸：告以无號者、衆所共棄、非號咷所能延也。

丁壽昌：吳草廬曰上當兌口故有號呼象。蘇蒿坪曰變剛故曰无號。案終有凶即彖所謂剛長乃終。

曹爲霖：此一陰在上則貴妃楊氏無疑矣！六軍不發奈何！此爻所謂无號終有凶也。因學紀聞引苕谿劉氏云五君子決一小人而曰小人道憂、蓋上下交而志同，如泰之時、然後小人之道不行。仁宗之罷夏竦也。

星野恆：此爻一陰居窮極之地，爲衆君子所逐，雖號咷孤危、控告無所、無人救濟、必不免凶故云无號終有凶。

馬通伯：鄭杲曰无號即无孚也。有孚則陰從陽、剛長乃終。其袒案王庭號令不信於天下、是无號也。烽火不至未有不亡者。此亦爲九五未光者戒也。

劉次源：陰居夬極、黨援已窮，无所呼號。不改其行、終必有凶。邵子以乾繼夬、蓋未悟陰陽消長、不能相爲有无。陽剝上即復下、陰夬上即姤于初。

李郁：上不降三成履、終將爲陽所夬。故曰无號終有凶也。傳象：陽息之卦，一陰不可久存。

徐世大：不要嚷，歸根遭橫禍。上爻總結不得善終。

胡樸安：无分決之號令。二惕號已有號、五幾无號而終凶，信法令嚴始可長治，故象終不可長也。

高亨：无號義不可通。疑无當作犬。犬號凶兆也。墨子昔三苗大亂，龍生於廟、犬哭乎市。吾鄉以犬號爲凶兆，殆古之遺俗也。

李鏡池：敵人來襲擊，沒發現，當然就沒報警，所以終于遭殃了。　卦爻辭主要講防敵，說明有備无患，失去警惕就會遭殃。

屈萬里：无，勿也。終不可長，言不可長保。

傅隸樸：本爻无號作嚎咷解。上六孤陰乘衆君子之上、群起決之、理無倖免。即使號咷哀求、國人皆曰可殺時、不可緩其一死。終必滅亡。城狐社鼠、剛長乃終。

金景芳：最後這一爻、不要號呼，終究還是凶的。程傳君子得時、決去危極小人、无用號咷畏愼。解得挺好、挺明白。有人說易爲君子謀、上六爻辭好象替小人講話了。程朱按字面意義是對的。

徐志銳：上六一柔被決掉、故言无號之凶。「終不可長也」，指上六被夬掉、陽剛至窮極轉向消、不能太長久。五剛對一柔、對立又統一、三五一應一比均无絕對排斥之意。偏于用悅難斷決。初勇決四懦九二得中道、此爲六爻之義。

張立文：尙（上）六，无號，冬（終）有凶。　譯：上六國家號令而無人聽從，結果有禍殃。

林漢仕案：殷鑑不遠、不讀史則歷史故事可以一再重演、鑑之借塵封不見影也。中唐後百六十餘年宦者廢立弑君，權力高於人主，非敵一人也，敵天下也。有明之衛廠，宦官司偵緝、掌硃批、王振、劉瑾、魏忠賢。權傾人主、虐殺朝臣、舉世諂媚、宰官亦不得不交結內監。然而籍沒有日。殺一小小趙高耳，何補大秦帝國之覆亡！故易家之謂易爲君子謀者、在快意小人之籍沒、黜其黨羽之時，亦警以小人號叫「予及汝偕亡」之怨懟。上六之无號、終有凶者，非敵一人也、敵天下也。任你橫行終有盡頭、國家社會亦將隨之陪葬，新秩序其將應運而生乎？

茲錄易家前輩快意於上六之誅也輕快文筆之一二如后：

王弼：小人在上、君子道長、非號咷所能延也。
孔疏：居陽上、衆共棄、故禁其號咷曰无號終凶。
虞翻：三慍不應故无號、上乘五終必消滅故有凶。
程頤：君子決去小人、无用號咷畏懼、終必有凶也。
蘇軾：无號不警也。不吾警則或有以乘之！然終必凶。
張浚：无號莫之應、在小人凶、在天下吉。
張根：以佞悅偷、終必見討。觀上爻夬夬之道未易可知。
朱震：上六號呼求免。聖人開小人自悔之路。
鄭汝諧：聖人曷嘗逞其快必殲小人類哉！是諄諄爲戒！
李衡引：上六不順、合當誅罰。又小人不承號令致凶。雖號呼于天、終不免凶。
楊萬里：詩云啜其泣矣，何嗟及矣！李斯父子、潘岳友朋臨刑正如此。
朱熹：小人窮極、黨類已盡、无所號呼。占者有是德則其敵當之、不然反是。
項安世：三不應必勢窮力盡无所號、安能不凶乎！
楊簡：夬去六、剛長不可不敬戒，苟忽不警號則有凶。放逸失道者終凶。
吳澄：上向三號、將死臨絕之音也。變乾无復有號呼之聲矣！
梁寅：小人勢孤援絕、故无所號呼其黨而終有凶也。
來知德：上六呼正應、哀求五親比、夬夬不可號故曰无號。占者凶可知矣。

王夫之：陰慝雖有應比、時至不能望救於人、運窮終凶。易不爲小人謀、勿疑其乘上不易拔也。
毛奇齡：決至此無庸號矣，此長則彼凶。
折中引蔣悌生說似爲小人謀。何嘗慮人有凶！案夬上六之號、戒始終不忘危懼而已！
李光地：上六陰窮，未可忘戒懼而无呼號、終必凶。患生於所忽、去小人不盡、王允是也。
李塨：五陽孚號則一陰无所號矣。深戒勿忽小人也。
姚配中：上不孚五爲陽所決。陽氣散亡故无號終凶。象傳虞翻曰陰道消滅故不可長也。
吳汝綸：非號咷所能延也。
丁壽昌引吳：兌口呼象。引蘇：變剛无號。案剛長乃終。
曹爲霖：此一陰貴妃楊氏無疑。无號終有凶也。
星野恆：陰居窮地爲君子逐、雖號咷控告無所，不免有凶。
馬通伯引鄭：无號即无孚。有孚則陰從陽。案王庭號令不信於天下是无號。烽火不至。
劉次源：陰極黨援已窮、无所呼號。邵子未悟陰陽消長、不能相爲有无。陽剝上即復下。
陰夬上即姤初。
徐世大：歸根遭橫禍，不要嚷。
胡樸安：无分決號令。五幾无號而終凶。

高亨：无號義不可通。疑无作犬。犬號凶兆。

李鏡池：敵來襲、沒發現報警。失去警惕遭殃。

屈萬里：无、勿也。終不可長、言不可長保。

傅隸樸：无號、嚎咷。號咷哀求、國人皆曰可殺、理無倖免。

金景芳：不要號呼，終究是凶的。程朱按字面意義對的。

徐志鋭：上六柔被決掉。故言无號之凶。

張立文：國家號令無人聽從、結果有禍殃。

王弼謂君子道長、非小人號咷所能延。孔穎達疏謂禁其號咷。如何禁？膠封其口乎？君子其快意矣！

吳翻謂三慍不應故无號。與朱震「上之三成巽號呼求免」相反。張浚莫之應，項安世謂「三不應、雖號无所號。」明明應而曰无應、應即不應耶？李塨「三受濡」，徐志鋭「三五應比无絕對排斥之意」。然則易家不能快意於應即不應也！君子虐矣！

程子替君子打氣壯膽、謂无用號咷畏懼、小人終必凶也。

蘇軾謂无號陽不吾警也。鄭汝諧「聖人曷嘗逞快必殲小人類哉！是諄諄爲戒」。斯即王夫之「易不爲小人謀。」折中引：「似爲小人謀。」其爲小人謀亦即爲君子謀耶？

李衡、楊萬里等謂上六雖號呼天、何嗟及矣！李斯父子、潘岳友朋臨刑正如此。

朱子則以黨類盡无所號呼，來知德謂呼正應，求親比之不可，王夫之謂時至不能望救於人。毛奇齡之決至此無庸號矣。似不如吸澄之謂「將死臨絕之音也」較恰切。而劉次源君之謂「郡子以乾繼夬、未悟陰陽消長，不能相爲有无。」天運循環也。則似有抹煞五剛決一柔、對立又統一之艱苦鬥爭。

无號之義計有：非號咷所能延。即號咷亦不能免一死也。（王弼）

禁其號咷曰无號。（孔穎達）

三陰不應故无號。（虞翻）

衆君子決小人无用號咷畏懼。（程子）

无號者陽不吾警也。（蘇軾）

小人乘尊不承號令致凶。（李衡引徐）

兌口號呼象。（吳澄）

陽氣散亡故无號。（姚配中）

无號即无孚、有孚則陰從陽。（鄭杲）

王庭號令不信於天下是无號。（馬通伯）

上下降三成履、終將爲陽夬故曰无號。（李郁）

无號義不可通。疑无當作犬。犬號凶也。（高亨）

其中姚配中謂陽氣散亡故无號。上六陰去成乾，吳澄謂「上六變純乾、无復有號呼之聲。」是散亡者陰也。姚謂陽散、豈陽爲陰之誤邪？ 李鏡池以敵襲無警似另類解爻。

高亨謂上六犬哭爲凶。鱷魚淚邪？天下人之哭也，家國興亡之所繫，豈狗通人事，狗之靈知天運之轉？眞人不如狗矣？靈狗可供於廟堂之上矣！然何益於去小人成就君子？吳澄之上六變成乾，上六變則成上九、又是亢龍有悔矣！

法輪常轉、天運循環、不必怨天尤人、回首往事：初時壯躁之豪邁、不計身家性命暴虎馮河。旁觀者勸之曰勝猶不可，況不勝乎！蠻幹。九二得中、無悔吝之誤、每入莫夜即頒敵我識別警號、勿用憂恤被外來倉卒之騷擾。九三時應上六、不只傷九三情面，亦傷同儕情面，九三所以有失。然期九三君子和而不同、污而不染、有爲之時止於无咎爲可惜也！九四坐立不安、躑躅不前、能掔衆陽前來則悔吝之事可免。然九四先不信人、人亦不信九四也。九五遇上六如柔脆之莧陸欲挑逗迫決、自尋麻煩、惟上順乎柔、下安諸剛可獲无咎也。（觀甘露之變、宰相、節慶史皆因謀誅宦官仇士良不成反遇害）上六非秖敵一人、亦敵天下也，將死臨絕雖號呼天、整個家國亦連帶陪入悔吝之中、新秩序其將應運而生乎！以人生六階段言：初蠻幹不計得失。二得中而知警惕防患未然。三爲情欲變臉、親痛仇快。有爲之年不能有所作爲、可惜。四階段人我不能交通互信。故坐立不安、躑躅不前。五自身脆弱、惟中其行、上順下篤可保无咎。上六悔吝事多、前程往事，順乎天命復奚疑而已。

䷭ 升（地風）

升，元亨。用見大人，勿恤南征，吉。

初六、允升，大吉。

九二、孚、乃利用禴，无咎。

九三、升虛邑。

六四、王用亨于岐山，吉。无咎。

六五、貞吉、升階。

上六、冥升，利于不息之貞。

䷭ 升，元亨。用見大人，勿恤，南征，吉。

彖曰：柔以時升，巽而順，剛中而應，是以大亨。用見大人，勿恤，有慶也。南征吉，志行也。

象曰：地中生木，升，君子以順德，積小以高大。

馬融：昇。　鄭玄：上也。坤地巽木，木生地日長而上，猶聖人日益高大也。故謂之昇，進益之象。（集解）

王肅：君子以愼德。（釋文）　姚信：君子以順德。（釋文）

陸績：合抱之木，始于毫末。（京氏易傳注）

王弼：巽順可升，陽爻不當尊位，无嚴剛之正，未免於憂。以柔之南則麗乎大明也。

孔穎達：升，登上之義。升得大通故元亨。无剛嚴之正，見大德之人後无憂。陰之陰彌足闇，南是明陽之方故云南征吉也。

李鼎祚引虞翻：臨初之三、剛中而應故元亨。二當之五爲大人。離見坎恤。二之五得正故用見大人。勿恤、有慶也。離南方卦、二之五成離故南征吉，志行也。

張載易說：萃者聚也，聚而上者謂之升。乾九二利見大人，以時上升，有六五配合之慶，故有可見之德、南征勿恤也。

程頤：升者、進而上也。升進有亨義，卦才善故元亨。用此道以見大人，不假憂恤前進則吉也。南征，前進也。

蘇軾：巽非能破堅、幸遇坤故能升、坤順五應是以大亨。大人之於物、危者安之。下巽上順、質柔而遇、見而知畏、其爲利也大矣！坤巽皆會於南，南征吉者二者相求之謂也。

張浚：二陽升於內、柔以時升。巽順有可升之德、可升之資，二剛中應五，是以其亨大。用見大人指剛中之陽也。五大人。巽不果至離萬物相見、南征所以吉歟！

張根吳園周易解：自下升上必得其時。　南征與南狩同義。傳象：始乎爲士、終乎爲聖人，君子之升蓋如此。

朱震：柔在下以時而升乎上、升時得位而大亨矣。二五易、剛中正得位、離目見、大人者二之五也。二失位爲憂，陽爲慶、離南方、征正、二之五勉其升也。升道皆趨明也。

鄭汝諧：翼傳曰升與晉義近：晉柔下、乃承王義；升順上，乃文王事紂義。用見大人、謂其所用者在見大人如文王是也。見則得所依。南征者捨暗趨明、明謂文王。

李衡引玄：木生地中日長於上故謂之升。　引陸：木柔地順、養而長之，此元亨之德。德日升可見大人。升向明吉其宜矣。　引代：尊爻无此人故不云利見。

楊萬里：升位足以行道；升德足以進道。升位見大人、故无附麗小人之失；升德見大人則入於君子之塗。南征前進也。然舜升禹稷，紂升飛廉，必有分矣，求升者謹之。

朱熹：升進而上也。自解來。內巽外順，九二剛中五應之，其占如此。南征前進也。

項安世：升自臨變、三降初，升自初始。剛中在下，其勢必升，二爲大人。升者上所忌、故勸用見大人勿恤，陽來朋陰乃陰之慶，戒陰也。南征吉，勉陽也。二升五也。

楊簡：上坤下巽，木從地中升。柔得時故升。巽不忤、順無違、剛不懾、屈中無偏，人心應、合此是以大亨。大人者道之所在、慶澤所及廣，征往就離明則吉。

吳澄：升、日進而上也。地氣上騰，木生地中。占四陰巽順而應故亨。九二在下之大人、三降在上來見无憂也。卦自臨變、初三相易、三南也，故南方征行則吉也。

梁寅：升進、宜見大人、不用憂恤而事可爲矣。凡升于位、升于治、升于德、莫不如是。南征者前進也。東南巽、西南坤、二卦夾拱而爲南、故曰南征也。

來知德：升、進也。言占得此卦者大亨、用見大人不可憂懼，從南方行則吉。二雖大人乃臣位。五君用九二則見之。文王圓圖巽東南卦。巽升坤故南征吉。

王夫之：元亨者陽爲初陰所升、得中爲主於內，陰爲陽升居尊賓於外、陽爲主而道行。陰賓下應九二、見大人不以陰亢陽卑爲嫌也。南者向明之方。志協陽、柔順之道近光而行、其吉宜矣。

毛奇齡：升進爲義。臨初之三尚有臨象。臨曰元亨、此亦曰元亨。小過四之二連乾，乾曰見大人、此亦見大人。中有坎有恤而戒使勿恤，離冀其南征。于此明推易之法。

折中案：卦直言元亨無他辭者、大有、鼎也。雖有他辭而非戒辭者升也。升者賢之無所阻礙而登者也。易道莫大於尚賢、賢人得時莫盛於此三者。故彖皆曰元亨。用見。代氏曰尊爻無此人，故不云利見。代氏得之。

李光地：地中生木、日夜長、升義。賢人得時進象故占元亨。用此人以見大人之喜、南征則吉。

李塨：地中生木、初柔卦主、柔以時升也。德巽、二剛中五應。六五用見九二大人、陰陽合有慶勿恤矣。巽東南、坤西南、皆南，征則志行矣、吉矣。

孫星衍引釋文升、鄭本作昇。　引集解馬融曰升、高也。褚氏曰猶人日思善道、進而不已、其德日新故能亨也。傳彖順德引釋文順、王肅同本又作愼。史徵曰順恐當作愼也。

姚配中案：鄭作昇，升假借字。案彖傳柔謂初，巽順剛中而應是以大亨。虞云柔謂五、升謂二似失之。柔以時升用見大人南征吉、乃謂二之五。如虞說當云柔以剛升。

丁晏：釋文鄭本昇。本于緯書。說文無昇字。日部新附有之、古只用升。　傳象積小以高大。釋文本或作以成高大。仲翔有成字。禮記中庸鄭注引積小以成高大。漢唐易皆有成字。

吳汝綸：謂陽升。太玄擬之爲上爲干。而彖云柔以時升。二陽上進故元亨而彖釋大亨，皆非本義。大人九二也，三內見大人、疑不升、陽志固南行位五也。象勿恤上屬、非。

丁壽昌：吳草廬九二在下之大人、三陰降而來見、故可勿恤、言其无憂也。案二五皆可稱大人。蘇蒿坪巽體剛中、大人象。互坎恤、互兌說。昌案五離南征象、不必升降言。

曹爲霖：金谿陳氏曰柔指初六言，自匹夫升爲天子時也。巽順、剛中上應以全德，大亨宜矣。

夏少康有田一成卒成中興之業、勾踐沼吳之功，皆順道積至高大者。

星野恆：卦變與萃錯、內巽外順、九二剛中應五、此賢人得君象。西南坤在上體、指南征進升而吉。懷剛中之材、遇好賢之時、可以進而有爲、此升之義也。

薛嘉穎：巽下坤上、賢人君子得時登進之象。見大人無憂。南征正是見大人、向南爲進。元、大也。

馬通伯：代淵曰尊爻无大人故曰用見。徐幾曰大人二也，五當應二。用見九二剛中之臣，以升於德。林栗曰巽東南、坤西南。自巽升坤必涉乎離、離南方也。

楊樹達：先民有言：明出乎幽、著生乎微。升、元亨、用見大人、勿恤、南征吉。積小致大之謂也。

劉次源：與咸應，咸逆至萃五十、其數已盈、故雜鼎以示徵、五虛中應二、束帛下迎、見大人勿憂其邅屯。南征則遇離明其吉也。世界由此升平也。卦自小過來。

李郁：升、展拓。以漸進爲義。九三卦主。元指九二，臨初進二得中故曰元亨。二升五故用見大人。外卦南相偕升，陽得位乎外故南征吉。征則九四失位，然升義唯上進故勿血也。

徐世大：祭祀，最普徧。以此見大人，勿憂往南行，好的。六爻爲祭之六格，當祭而祭、方稱大吉。南郊爲祭天處，祭天大人事。

胡樸安：升卦以家族組織逐漸健全，上用於國、國亦強固。萃功成、武王大會民衆。大人武王、民衆上見，可勿憂恤。征伐南方諸侯、以驗民力是否可用。吉、事前之吉言也。

高亨：元大、亨享。古大享之祭，筮遇此卦故記曰元亨。亨按利見是也。筮見大人則利、可勿憂，南征亦吉。

李鏡池：南征吉，可以肯定不是昭王南征不復事。以穆王大興九師征楚爲可能。勿恤，不用擔憂。利見大人屬另占。　升上升發展。　南征，文辭過簡、難以稽考。

屈萬里：升、釋文：「鄭作昇。」　萃反爲升。九二剛中應六五是以大亨。　傳象：順、虞、何作愼。　德姚本作得。以高大。象木之生長也。鄭虞並作以成高大。

傅隸樸：見賢思齊——德業上進言。舜何人也——事業上進言。用見大德之人方可免後憂，往南即向光明處升進而獲吉。利祿薰心如班固附竇憲、柳宗元附王叔文、「用見大人勿恤」道理甚明。

金景芳：引折中按說。「南征前進也。」程傳說。又引代淵說「尊爻无此人、故不云利見。」

徐志銳：柔要依據具體條件、順客觀條件、入事物情理、可升則升。九二剛中應六五柔中，是以大亨。告誡六五應該見而用之。對九二鼓勵南征，即向坤陰方行去應坤六五。志行也。

張立文：登（升），元亨。利見大人，勿血（恤）。南正（征），吉。　譯：升，開始舉行亨祭，宜見大人，不必憂愁，向南征伐則吉祥。　登借爲升。血借爲恤。帛書用見大人。

林漢仕案：元亨二字。元始也。（孔穎達）　元者萬物之始。（程傳）朱熹：元、大。　王船山：元、首也。彖傳：大哉乾元。（以天道釋元字。）　文言：元者善之長。是元有乾元、首、善之長、大、始萬物之義。　亨：彖：雲行雨施，大明終始。（自元而亨。以易象釋亨字）文言：亨者嘉之會。（嘉會足以合禮）孔疏：亨通。（令使萬物開通而爲亨）程傳：亨者萬物之長。（各稱其事）蘇軾：禮非亨則偏滯不合義。　朱熹：亨，通。　來知德：元亨者天道之本然，數也。數當大亨。　王夫之：亨烹，享通。烹飪薦享、情達交合、故以爲通義。　姚配中：乾元亨者：陽始通陰，陰陽交會。　高亨：亨即享字。徐世大：亨爲烹，熟食獻享。　屈萬里：亨無作通解，恐是祭享之義。是亨有嘉會亨通、烹飪薦享義。升、元亨。蓋謂：升卦全體言：元始獻享，藉大享得天、得人也。元亨故曰大亨。

茲依序輯易家之說臚列如后：

彖：柔以時升、巽順，剛中而應，是以大亨。

象：君子以順德、積小以高大。

馬融：昇。鄭玄：上。木生地日長而上，猶聖人日益高大。

陸績：合抱之木、始于毫末。

孔穎達：升得大通故元亨。

虞翻：臨初之三、剛中而應故元亨。

程頤：升進而上有亨義。卦才善故元亨。

蘇軾：坤順五應是以大亨。

張浚：二剛中應五、是以其亨大。

吳園：自下升上必得其時。

朱震：柔在下以時而升乎上。升時得位而大亨矣。

鄭汝諧：晉柔下承王、升順上如文王事紂義。

李衡引陸：本柔地順、養而長之、此元亨之德。

楊萬里：升位足以行道、升德足以進道。必有分矣！求升者謹之。

朱熹：升、進而上也。自解來、二剛中應五、其占如此。

項安世：自臨變。三降初，升自初始。剛中在下必升。

楊簡：柔得時升、巽順、剛中無偏、人心應、合此大亨。

吳澄：占四陰巽順而應故亨。

梁寅：凡升于位、升于治、升于德、莫不如是。

來知德：升進。言占得此卦者大亨。

王夫之：元亨者陽爲初陰所升、得中爲主於內。陰爲陽升、居尊賓於外。陽主道行，陰賓應二。

毛奇齡：臨初之三尙有臨象、臨曰元亨、此亦曰元亨。

折中：升賢無阻、易道莫大於尙賢。故彖皆曰元亨。

李光地：地生木中日夜長、賢人得時進象、故占元亨。

李塨：初柔卦主、柔以時升，德巽、二剛中應五。

孫星衍引褚氏曰：猶人日思善道、進不已、德日新故能亨。

姚配中：柔謂初、巽順、剛中而應，是以大亨。

吳汝綸：二陽上進故元亨而彖釋大亨，皆非本義。謂陽升、太玄擬之爲上爲干。

曹為霖引：柔指初六、自匹夫升為天子時也。巽順、剛中上應以全德，大亨宜矣。

星野恆：卦變與萃錯。懷剛中之材、遇好賢之時、可以進而有為，此升之義也。

薛嘉穎：元大也。賢人君子得時登進之象。

楊樹達：明出乎幽、著生乎微、積小致大之謂也。

劉次源：與咸應、雜鼎示徵、卦自小過來。

李郁：升、展拓、以漸進為義。三卦主、元指二、臨初進二得中故曰元亨。

高亨：元大、亨享。古大享之祭。筮遇此卦故記曰元亨。亨按利見是也。

屈萬里：萃反為升。二剛中應五是以大亨。

傅隸樸：見賢思齊。德業上進言。舜何人也。事業上進言。

徐志鋭：九二剛中應六五柔中、是以大亨。

其所以亨者可歸納為：

(1)柔以時升。巽順，剛中而應，是以大亨。（彖）

(2)合抱之木、始于毫末。木生地日長、積小以高大。

(3)升得大通故元亨。（孔疏）

(4)臨初之三、剛中而應。（虞） 自臨變、三降初、升自初始。（項安世） 升進自解來。（朱熹） 臨初之三尙有臨象、臨曰元亨、此亦曰元亨。（毛奇齡） 卦變與萃錯。（星野恆） 與咸應、雜鼎示徵、卦自小過來。（劉次源） 三卦主、元指二、

臨初進二得中故曰元亨。（李郁）萃反爲升。（屈萬里）

(5)升進而上、有亨義，卦才善故大亨。（程頤）

(6)坤順五應是以大亨。（蘇軾）姚配中評虞說柔謂五、升謂二似失之。如虞說當云柔以剛升。項說剛中在下必升。

(7)自下升上必得其時。（張根）占四陰巽順而應故亨（吳澄）

(8)陽爲陰所升、得中主內；陰爲陽升居尊賓於外。（王夫之）

(9)陽升。（吳汝綸）

(10)元大、亨享、古大享之祭。（高亨）

以上十說中、以彖曰柔以時升、巽順、剛中而應說最爲得體。朱子之其占如此。來知德之言占得此卦者大亨。幾無所爭議。蓋升卦初六允升、大吉。陰升也。初岐嶷孰不喜？九二利用禴、感格人神、又應六五、无咎也者、善補過也。九二之提升、陽升也。九三升虛邑、開展視野胸襟、施展抱負之時乎？又應上六、順乎時勢也。六四王亨岐山。氣機成熟、經營神器得地祇之助，故爻著一吉字、又云无咎者也。六五貞吉、升階。此時儼然一天子矣。曹爲霖謂柔指初六，自匹夫升爲天子。宜爲此時矣！升階不止於登堂，亦將入室。見其宮室之美，百官之富、不足易吾之志、能久要不忘平生之言者、九二剛中之應、貞固足以幹濟也！上六冥升，利不息之貞。上六雖入耄耋暮年、爲千秋不朽大業、始乎爲士、終乎爲聖人之志、吾道一以貫之、吾行亦一以貫之、不以垂老易吾行、不就是日新又新提升其境界乎？　卦辭之曰升元亨者、元始走來即因嘉會之使萬物亨通也。　用見大人、勿恤、南征、吉。各家亦有其說辭：

　彖云勿恤、有慶也。南征吉、志行也。　王弼：以柔之南則麗乎大明。　孔疏：陰之陰彌足闇，南明陽之方。　虞翻：二之五得正故用見大人。離見坎恤。離南方卦、二之五成離。　張載：乾九二利見大人、有六五配合之慶。　程子：南征、前進。不假憂恤、前進則吉也。　蘇軾：坤巽皆會於南，南征吉者二者相求之謂也。　張浚：五大人、二剛中之陽用見也。　張根：南征與南狩同義。　朱震：二五易、離目見，大人者二之五。　鄭汝諧：紂所用者見文王大人得所依、南征、捨暗趨明。明謂文王。　李衡引陸：德日升可見大人。引代：尊爻无此人故不云利見。　楊萬里：升位升德見大人、南征前進也。　朱熹：南征前進。　項安世：升自初始、二爲大人、升者上所忌、故勸用見大人勿恤。陽朋陰、乃陰之慶，戒陰也。南征吉，勉陽也。　楊簡：大人者道之所在、征往就離明則吉。　吳澄：九二在下之夫人、三降在上，來見无憂也。初三相易、三南也。　梁寅：宜見大人、不用憂恤而事可爲矣。　來知德：二雖大人，乃臣位。五君、用九二則見之。文王圖巽東南卦。　王夫之：見大人不以陰亢陽卑爲嫌。南者向明之方。　毛奇齡：坎恤而戒勿恤。離冀其南征。　折中：用見、代氏曰尊爻無此人，故不云利見。代氏得之。　李光地：用此人以見大人之善，南征則吉。　李塨：六五用見九二大人。陰陽合有慶勿恤。巽東南，坤西南、皆南，征則志行矣、吉矣。　姚配中：柔以時升乃謂二之五。如虞說升謂二、似失之。當云柔以剛升。　吳汝綸：大人九二也，三內見大人、疑不升陽志固南行位五也。象勿恤上屬、非。

丁壽昌：二五皆可稱大人。引吳：九二在下大人、三陰降來見。蘇云巽體剛中大人象。五離南征象。　星野恆：九二剛中應五、此賢人得君象。　薛嘉穎：南征正是見大人。向南爲進。　馬通伯：徐幾曰大人二也，五當應二，用見九二剛中之臣。　劉次源：見大人勿憂其邅屯。　李郁：二升五故用見大人。陽得位乎外故南征吉。征則九四失位、然升義上進故勿恤。　徐世大：南郊爲祭天處，祭天大人事。　胡樸安：大人武王，民衆上見可勿憂。征南方諸侯以驗民力是否可用。　高亨：筮見大人則利。　李鏡池：南征、肯定不是昭王南征不復事。利見大人屬另占。　傅隸樸：用見大德之人方可免後憂。往南光明處升進。　徐志銳：告誡六五應該見（九二剛中）而用之。對九二鼓勵南征。

大人：有謂九二，謂六五，謂文王大人，謂大人者道之所在。二五皆可稱大人。大人武王，大德之人。

孰是人也須見？求見抑召見？用見與利見有別否？

蘇軾謂二者相求也。張浚謂二剛中之陽用見六五大人。鄭汝諧：紂所用者見文王大人，接暗趨明。吳澄、吳汝綸謂九三來見九二大人。李塨、徐志銳同謂六五應該見九二剛中大人。

是大人有謂九二、六五、文王、武王、道之所在、大德之人。

其見也亦有：二者相求，二見五，五見二，紂所用者見文王，民衆見武王，九三來見九二大人。

又用見、與利見差別：

代淵：尊爻无此人故不云利見。　項安世謂升者上所忌故勸用見大人勿恤。　來知德謂二雖大人乃臣位、五君、用九二則見之。　李光地：用此人以見，大人之喜。李塨：六五用見九二大人。馬通伯用見九二剛中之臣。李郁：二升五故用見大人。徐志鋭：告誡六五應見（九二）而用之。

六五用柔豈陰亢陽卑耶？豈尊爻无此人耶？柔應剛正柔用剛輔也、理想邦治可期。用見、利見、皆因見而有利也。以公言皆獲公利；以私言、下之見上，利下之勿憂遭屯。（劉次源云）以上言、爲公（國）得人也。唯以「告誡」上之應見下、似嫌裹脅。又「升者上所忌」亦嫌無的、蓋君上令升也。上之所令升者、上其忌乎？自升則權臣也、勸見豈能免憂乎？　徐世大云南郊祭天、其六五矣！以九二、六四之利用禴、王用亨于岐山言、祭天則僭矣！

勿恤、南征，吉者。有謂勿恤爲用見大人。勿憂。吳汝綸謂彖勿恤上屬非。蓋謂勿憂南征也。彖以勿恤。有慶也。南征吉、志行也。以南爲陽明方向之說者有：王弼、孔穎達、虞翻、朱震、鄭汝諧、項安世、楊簡、王夫之、丁壽昌引蘇、李郁、傅隸樸等。

以南征爲前進則吉者有程頤、楊萬里，朱熹、薛嘉穎等。

以南征爲南狩同義者張根一人耳。
以南征依文王圖：坤、巽皆會於南爲說者有：蘇軾、來知德、李塨等。
以離南征象、說始虞翻、二之五成離，離見坎恤。朱震、毛奇齡、丁壽昌案。
以南征爲南郊祭天處者、徐世大一人。
以南征爲征南方諸侯、以驗民力是否可用、說者胡樸安。
以南征肯定不是昭王南征不復事，以穆王大興九師征楚爲可能。又云文辭過簡、難以稽考。說者李鏡池。

漢仕以爲勿恤正位南面事可佈告天下而挺進也。象謂「有慶」、「志行」。征之爲言正也。卦辭謂用見大人之後、有慶於正天下乎？其南面矣！張載以有六五配合之慶。吳汝綸謂陽志固南行位五也。六四爻辭王用亨于岐山。象謂順事。李塨謂自侯而王、曹爲霖更謂初匹夫而有天下、取象文王。升卦之元善大亨、因見諸大人、勿憂南面事、乃大吉有慶也、志得大行也。象謂積小以高大。始于毫末之木今已合抱矣夫！

初六、允升，大吉。

象曰：允升，大吉。上合志也。

孟喜：初六𡴘升，大吉。（堂案汗簡引古周易同）

九家易：謂初失正，乃與二陽允然合志，俱升五位故曰上合志也。（集解）

王弼：允，當也。雖无應，與二三合志俱升必大得，大吉也。

孔穎達：巽卦三爻皆應升上，升之不疑，惟初无應，恐不得升，當二三升時俱升，必大得矣！故曰允升，大吉也。

李鼎祚引荀爽：謂一體相隨允然俱升，初欲與巽一體升居坤上，位尊得正故大吉。

張載：允、信也。自信於己，與上合志而升。

程頤：柔居巽體之下、巽主、上承九二剛、二剛中應君、當升之任者、允、信從也，初信二從之、同升乃大吉也。初陰无援、從剛中當任之賢以進，是由剛中之道也，吉孰大焉。

蘇軾：所以爲升者巽也。所以爲巽者初也。初六雖陰柔、蓋誠能之故允升。陰升遇陽、得其所升。初六以誠能之資遇九二、宜其爲吉之大者矣！

張浚：允、信也。在己有可信之德、然後獲信于上、上信則天下信、吉於是乎大。蓋得巽仁以應四、陽爲君子而二陽信已爲之援，是以无往不合也。

張根：巽之體故。

朱震：允、施氏易作𨈑、進也。初巽主，一柔承二剛、二三俱升、四當位、初動則正、從三進升四與上合志，允升也，是以大吉。荀爽曰一體相從，允然俱升。

鄭汝諧：允、信也。文王初爲諸侯、雖處於下、其升可信也。升六爻无不吉、非文王誰足當之？蓋文王柔升、異於人之用柔。上合志非獨言四、凡在上者志无不合也。

李衡引陸：升初為巽主。无應於上進不在私。四亦无應，與己合志、為衆所信，故升而大吉。
楊萬里：初六柔、最下、木根也。木土相得、木升必銳。初與四正應、初六木始生、六四土最下生木者。四為文王岐山事、初其呂望渭濱事也與？允信也。
朱熹：柔順居下、巽之主也。當升時巽於二陽，占者如之則信能升而大吉矣。
項安世：凡陽升非陰所樂、惟初六與六四合志而相允，不獨四也，上三陰皆與之合，故其升上皆允之，六爻中獨為大吉。太玄以干上準之。
趙彥肅：與上三陰合志，蓋柔以時升之時，雖在下可升也。
楊簡：初在下不可遽升，必待在上信之後可升。允者信之至也，故大吉。
吳澄：說文引允作粇、進也。省作允。本臨之六三、退于初、進初九之陽上升三也、故曰允升。占大指三之剛畫，本臨初升三居下體之上而吉也。
梁寅：陰信陽而順從之者。初柔下為巽主、信從二陽以遂其升故謂之允升。能如是則大吉也。
來知德：允、信也。初柔順當升之時、與四合志。坤土升初四皆坤土故允升。占如是必升矣、故大吉。
王夫之：允誠也。初六自處卑、柔承陽升使主於內、讓賢能、進君子出至誠。故升德之吉莫吉於初。群陰方升獨屈以巽也。
毛奇齡：以初升三則信乎其升之矣。初升上也。三當半坎之交、合志也。
折中引王申子：初以柔居下、乃木之根，升必達。引何楷曰初巽主猶木根，得地氣，其升大吉孰如之。　案允字與晉衆允同義。獲上信友以升也。王氏何氏之說是也。

李光地：柔以時升、巽一陰始生、升之始。初木根、其義最善、故爲大吉。允升者爲上所信而升也。允在上、傳曰合上志。

李塨：參天之柯自兩葉始，故初六之升允升也。（允、信也）上坤土以培下木，兩志相合，其吉何可量者。

孫星衍按說文引作𡗜升，與施易同。引集解施犨曰𡗜、進也。

姚配中案：允、信也。應在坤土性，信而後升，所謂時升也。二升居五、初之四得位，承五故大吉。　案象傳：上謂五、二升五、初與之合志也。案彖二升五上下應故志行。

吳汝綸：允說文作𡗜、進也。謂與上二陽幷進，故上合志也。

丁壽昌：漢上易引施讎𡗜、進也。程傳允者信從也。說文允、信也。王注允當、非也。案巽體三爻俱有升義。程傳本義與上合志之義不合，當从舊說。初至四坎爲志故上合志。

曹爲霖：宋仁宗問置相於王素，對惟宦妾不知姓名者可選。帝曰如是則富弼耳。及宣制、士大夫相慶於朝。此允升大吉也。

星野恆：信而升也。柔居初承九二之剛，巽順尊賢故能信從君子俱進、吉孰大焉！

薛嘉穎：初之允升大吉者、以其與上二三合志也。九家易與二陽允然合志。

馬通伯：此爻象鄉官書考之法也。教之有術、升之有漸、所謂合上志者。自閭胥至鄉大夫同心以興賢、則其升也允矣。言當乎人心也。文王繫易、周公立爲法制如此。

劉次源：以陰處初，志趣恬退、二三在上與初合志、同體、深信其志、必俱汲引以升、大吉在是。
李郁：允、衆允之謂也。二進五由衆柔相推，徯我后、后來其蘇故曰允升大吉。
于省吾：允施讎作𡴞、進也。按𡴞乃執之譌，允執古通。允者信然之辭。甲骨卜辭事實相符每言允。允雨允隻（獲）。允升者信乎其升也。進與升義複，非經旨也。
徐世大：六爻爲祭之六格，初爻爲其綱，允當的祭，大好。
胡樸安：說文作𡴞進。言由家進於國而大吉也。武王之志、原欲民衆進升爲國用。故象曰上合志也。
高亨：漢上易傳引施讎本允作𡴞。進也。考金文作當爲屮木生長上進義。本卦允升者前行登高自是大吉象。
李鏡池：允借爲𡴞，進也。　允升，前進發展，不詳事實。大吉。貞兆與貞事相應。
屈萬里：爾雅允、信也。言因信而升。王注允、當也。按允亦有用義。說文𡴞、進也。𡴞、允之古文。
傅隸樸：有巽德、柔居剛位、有升志無升力、升無援引，幸九二德位具備、當信從二一塊上進、必得大吉。卦辭解用見大人勿恤、即指此言。初六質性弱故爻勉之。
金景芳：引周易折中何楷說：「所以爲升者、巽也。所以爲巽者、初也。大吉孰如之。」解釋得比較好。傳象引呂大臨說：「初柔進上、志與三陰同升、众之所允。」說確實對。

徐志銳：初六柔以時升之時，有上升條件稱允升而得大吉。蔡淵：「允、信也。」信則不見疑、不僅六四、包括六五、上六都同意初六上升。所以象曰允升大吉、合上志也。得「柔以時升、巽而順」的卦義。

張立文：初六、允登（升），大吉。　譯：初六、進而登高，則大吉。　允施讎本作粇，進也。　于省吾信然之辭。

林漢仕案：允之義、經傳言信也。誠也，當也，繼也、嗣也，習也，曲也。說文㠯聲、用也、任賢勿貳、會意。地風升卦之初六，象謂上合志。爻謂大吉。朱子、來知德云占如是、信能升而大吉矣。今試綜合古今各大家言、看彼等如何勾劃初六之允升、大吉。

象之言上合志是一總目標、導引千百年來易學爻辭研究者之指南。孰是其上也？

九家易謂與二陽合志、俱升五位故曰上合志。

王弼：允當。與二三合志俱升必大得。

孔疏：初无應、當二三升是俱升必大得矣。

李鼎祚引荀爽：初欲與巽一體升坤上、位尊得正放大吉。

程頤：允信從也。上承九二剛中應君、當升之任者。

蘇軾：初六以誠能之資遇九二，陰升遇陽、得其所升。

張浚：蓋得巽仁以應四、二陽信己爲之援，是无往不合。

朱震：允進也。柔承二剛具升、四當位、動正、從三進升四與上合志。

鄭汝諧：文王柔升、上合志非獨言四、凡在上者志无不合。

李衡引：初无應進不在私、四亦无應、與己合志、爲衆所信。

楊萬里：初木根、初與四正應、四土生木者。四文王、初呂望渭濱事也與？

朱熹：巽主、當升時巽於二陽。占者如之信能升大吉。

項安世：陽升，初與四合志相允、上三陰皆與之合允之。

趙彥肅：與上三陰合志、柔雖在下可升也。

楊簡：初在下不可遽升，必待上信後可。允者信之至也。

吳澄：說文允引作⿰夲允、進也。本臨三退初、初升三也。

梁寅：初柔巽主、信從二陽以遂其升、如是則大吉也。

來知德：初當升與四合志。初四皆坤土故允升。大吉。

王夫之：允誠也。初卑承陽主於內、升德莫吉於初。

毛奇齡：初升三則信手其乎。初升上也。三半坎合志。

折中引：初柔下、木根。又引巽主猶木根、得地氣升大吉。

李光地：初木根、其義最善。允在上、傳曰合上志。

李塨：上坤土以培下木、兩志相合、吉何可量。

姚配中：應在坤土性。二升五、初之四得位承五故大吉。

吳汝綸：允說文作⿰夲允、進也。與上二陽幷進故上合志也。

丁壽昌：王注允當非也。程朱上合志之義不合。當从舊說。初至四坎爲志故合上志。
曹爲霖：宋仁宗選宦妾不知姓名者爲相、士大夫相慶於朝。此允升大吉也。
星野恆：柔初承九二之剛，巽順尊賢、能信君子俱進。
馬通伯：升允言當乎人心也。文王繫易，周公立爲法制。
劉次源：二三在上與初同體深信其志、必汲升大吉。
李郁：二進五衆柔允相推，徯我后故曰允升大吉。
于省吾：⿰米允乃⿰革允之譌，允古通。信乎其升。進非經旨。
徐世大：祭之六格。初允當的祭、大好。
胡樸安：言由家進於國。武王志欲進民升爲國用。
高亨：允考金文當爲艸木生長上進義。允升登高大吉象。
李鏡池：允升、前進發展、不詳事實、大吉。
屈萬里：信升。允當。允亦有用義。⿰米允、允之古文。
傅隸樸：初有升志無升力、幸九二德位備、當從故爻勉之。
金景芳引呂大臨：初志與三陰同升，衆所允。說確實。
徐志銳：初有上升條件稱允升、四五六都同意初升。

升之初爻、因象之「上合志」也傳釋允升、大吉。易家遂從中創造出孰是初之上、舍比應皆可上合、不按牌理而謂初爲文王柔升、不只上合四志、凡在上者无不合。（鄭汝諧）　楊萬里則是硬拗六四文王，初六呂望、初與四正應、爲姜太公遇文王渭濱美事！朱震以四動變正、當位、如此初四應矣。另有巽木四土、土生木。初坤四五六亦坤爲合志者。陽升、初被提攜幷升者。茲彙其說如后：

與二陽合志俱者之說者有：九家易，王弼，孔穎達，朱熹，梁寅，王夫之，吳汝綸，劉次源等。

只承九二剛中應君者有：程頤，蘇軾，星野恆，李郁，傅隸樸等。

應四、二陽爲援說者有張浚，朱震等。

上合志、非獨言四，凡在上者志无不合。說者有鄭汝諧，項安世。

初无應、四亦无應、與己合志者。有：李衡引，來知德。

言初木根、四土生木、初四正應者爲楊萬里，折中引。

與上三陰合志。坤土培下木。說者爲趙彥肅，李塨，金景芳，徐志銳等。

初升三之說者有吳澄、毛奇齡，所謂半坎合志。丁壽昌則以初至四坎爲志。

應坤土、初之四得位承五、二升五故大吉。說者有姚配中。

除此以外、說初能升、允升、用升之機者如曹爲霖之宋仁宗選相、謂宦妾不知姓名者可選、富弼當之。初直升卿相矣！　高亨之艸木生長上進、允升登高。上承李塨之「參天之柯自兩葉始。」更早陸績之言「合抱之木、始于毫末。」張根之「始乎爲士，終乎爲聖人。」而其不可諱言者、目下初之爲兩葉、爲毫末、爲士也。如之何一躍提升初爲文王，爲呂望？甚而至「徯我后、后來其蘇」之境界！呂望、文王確曾爲襁褓兒，謂彼有呂望文王垂髫之期可也、謂初爲萬民所仰徯我后，一躍爲卿相又匹夫而爲天子則初似不曾經：「天上地上、唯我獨尊。」始生之佛釋迦初期也哉！

又土生木也者、奈何五行謂土生金、水生木！當然土可生木、土亦可生火、生金、生水、生土。楊萬里先生之謂初四正應、土生木。似皆相對言初也。蓋初四无應、初四巽木剋坤土也。剋則不合志矣！

允升，出土本張立文亦作允登（升）。允、孟喜作𡕥。孫堂案汗簡引古周易同。朱震謂施氏易作𡕥、進也。其後吳澄引說文允作𡕥、進也，省作允。丁壽昌引說文允、信也。于省吾謂作𡕥、進也。乃𡕥之譌。允⿰幸允古通。允者信然之辭。允升者信乎其升也。進與升義複、非經旨。屈萬里謂爾雅允、信也。王注當也。按允亦有用義。𡕥、允之古文。

丁壽昌　程傳「允者信從也」爲非。並謂程朱「上合志」說不合。

于省吾𡕥乃⿰幸允之譌。查字書𡕥本作𡕥，允省。又允之或體⿰來允。（林義光）　古文⿰田允。

玉篇允當，說文信，增韻肯，通作盾。顏師古盾讀曰允。　書君奭：「予不允、惟若茲誥。」允、佞也。肯也，修也，以也，發語詞、無義。公平、許諾。釋詁允佞也。逸周書寶典：「展允干信。」允爲諂佞。允信也佞人似信任者。然則初之允升、能無因諂佞而上合二陽三陰之志乎？初柔，面面俱到，人見人愛、鬼見鬼愁、謂不得予親也，如是凡在上者无不合志矣！人神共憐、不必巽木植坤土已欣欣上攀矣！比九二則應六五、无應六四即應、而六四下比九三而應上六矣。于省吾謂升進也。「進與升義複、非經旨也。」以允爲諂佞解、于言是也。即以誠信解、亦甚是、蓋升之條件爲允、庶能上合二陽三陰之志而蒙擢拔。升之不疑而大吉若是。而謂升卦初期允升大吉、不亦宜乎！

九二、孚，乃利用禴，无咎。

象曰：九二之孚，有喜也。

干寶：剛中應故孚。禴、春時也。非時而祭曰禴，文王儉以恤民，四時祭皆以禴禮，神亨德與信，不求備也。九五坎爲豕、禴以豕而已，不奢盈于禮故曰有喜矣。既濟九五不如西鄰之禴祭，實受其福。

王弼：與五應，往必見任，體剛進不求寵，閑邪存誠，志在大業，故乃利用納約于神明矣。

孔疏：二五應故曰孚，體剛履中，可薦其省約于神明而无咎也。故曰孚，乃利用禴无咎。

李鼎祚引虞翻：禴、夏祭也。孚謂二之五成坎爲孚。離爲夏故乃利用禴、无咎失！

張載：與萃六二同。

程頤：二陽剛在下事五陰柔在上，以剛事弱，不誠其可久乎！當內存至誠不事外飾故曰利用禴，謂尚誠敬也。禴祭之簡質者，以誠意通上則得无咎。

蘇軾：二升遇三，蓋升而窮者也。雖窮於三而配五、窮而之五、五亦无所升而納之、故薄禮可以相縻而无咎也。

張浚：事君猶事神事天。舍誠必不交孚。二以剛德在巽中，五順二巽、中道默通曰孚，君總日新，致君堯舜矣。禴夏薄祭、貴誠不貴物、志得道行、君子之喜。互兌爲喜。

張根：五爲正應故。

鄭汝諧：處危疑之地、惟誠勝之。凡言利用禴祀皆所以釋危疑也。二五爲應、五君二在下而剛必升、亦居可疑之地，故孚皆利用禴、利用享祭、文王卒自免羑里。

李衡引子：剛正无私、應上以孚、盡下之義。得道故有喜无咎。引陸：陽處陰、剛應柔，推誠於五，故皆利用禴。

楊萬里：六五柔謙得九二交孚之臣。禴祭薄而无文者。文王在岐山、內文明外柔順，召而至、幽而聽，非陽剛之臣盡力於外，吁其危哉！武王太公之志、其升之九二、如此而後无咎有喜也。

朱熹：義見萃卦：（按其萃六二爻辭「孚乃利用禴」同、其意卜者有其孚誠則雖薄物亦可以祭矣。）

項安世：禴、夏祭。即南征之義。下升上志在求明，征升南明。二與五相孚。乃者難辭也。九二志在上行，九二之孚僅得无咎，其難可知。孚者五用情於二，禴者二用情於五。

楊簡：與初六允升、萃二辭同，何聖人重復致意若此？人躁進者多，不待見孚冒進己說往往如是。二能待上見孚，用禴祭薄而誠至通上殊難得可喜。用禴者易之道也。

吳澄：二剛中應五、五柔未易速孚，故俟孚而後利用禴也。禴、宗廟之禮薄於常，升以誠不以物。占誠孚於上用禴則上不疑其簡，故无咎。

梁寅：二剛中應五柔中，是剛強之臣事弱君也。唯不事矜飾、專尙孚誠乃能取信於君而无咎。孚乃利用禴去飾存誠之謂也。

來知德：二以剛居中、五柔順應之、孚信之至。故利用薄祭亦可交神。占如是亦得遂其生、喜故无咎。

王夫之：延陰以升者三也。二處下遠陰、雖受初升而不當位、无能爲主、惟孚合乎三、乃以升陰而利有孚、則位雖不當而无咎。　傳象：喜得三以成相升之美。

毛奇齡：小過以四剛而易二柔非升也，然而柔已升。升剛事人，升柔祀鬼。以柔升之祀、當必有時祭焉，爲之交孚。下位伏離、非夏禴乎？升鬼爲祀、卦象如此。

折中引張清子：升九二中實爲孚與五應，與萃六二中虛爲孚應、虛實雖殊、其孚一也。二爻皆利用禴。升以柔爲善，二剛亦利者以中。初，得時之遇言、二、君子進身之道言。四兼之。

李光地：有應於上與萃同辭。升聚之際、必盡其誠信。升之陽爻、非時物也。以其剛中而應故无咎。

李塨：九二剛中則有孚于五。升而用禴，巽臭肆達。皇尸載喜利矣！何咎。（南征故禴、夏祭）

姚配中案：二應在五，五互震爲春，二之五得位故孚，乃利用禴无咎。荀有明信，沼谿澗沚之毛可薦鬼神。此喻紂能改孚其臣民則二升五猶是殷之天下也。又之五正故喜。

吳汝綸：九二與萃二同辭、皆以二五相應爲孚。

丁壽昌：干令升曰剛中中而應故孚。又九五坎爲豕禴祭、不奢故有喜。案易中九二應六五多吉无咎、皆取剛柔相應。程以剛強之臣事弱君、非通例。陽爲喜。九二陽爻故有喜。

曹爲霖：左傳曰苟有明信、澗溪沼沚之毛可薦於鬼神。孚利用禴之謂也。不孚不足以利用，況禴祭之薄哉！

星野恆：剛才居下與五柔君應、宜存形迹防陵逼之嫌，宜儉朴不尙文飾則升而无咎。所以喜也。

薛嘉穎：九二以誠上交則爲上所任。上下交孚是有喜。

馬通伯：德馨香祀登聞于天、亦升之義也。二五相孚、二受福爲有喜、五則有慶以及天下。

劉次源：剛中誠篤，與五相孚，不言而信，升何有乎！以之禴祭、神必鑒之。天人感格、咎用以无。

李郁：五降、二乃能升。孚謂二五志相合也。剛得五位乃能爲祭主。民悅其德、帝歆其亨故曰孚乃利用禴也。傳象：天與人歸、有得位之喜也。

徐世大：二爻爲祭祖。禴或謂夏祭、或謂春祭。俘奴那麼利用祭祀，莫怪。

胡樸安：萃六二用禴以信之。此於升進時用禴以信之也。无咎者，以升進民衆喜說也，故象曰有喜。

高亨：竊謂禴祭當以麥菜爲主，不用家牲，用野禽，春夏皆可行，祭之薄約者。有忠信、鬼神享之故曰孚、乃利用禴。筮遇此爻可無咎，故曰无咎。

李鏡池：用俘虜作人牲禴祭，是當時戰爭中常有的。可能即益卦有孚中行，告公用圭。指周公東征事。

屈萬里：用禴、熹平石經無用字。禴作瀹。

傅隸樸：九二剛質居巽中、勇於進、行不失正。能得六五信任。禴爲祭品最儉約者、祭者明誠、雖儉約可爲神享、任者忠敬爲人君接納。二陽居陰失位有咎、今利用禴尙何咎之有？故曰无咎。

金景芳：引周易折中張清子說：「萃升二五應。萃中孚、∴中實爲孚、虛實雖殊、孚則一也，孚雖用禴亦利。彖言剛中而應，指此爻也。」講得挺好。

徐志鋭：九二剛中之臣應柔中之君。等候六五孚而后升。此時雖薄禮也可相見而无咎。五勿恤見九二大人，九二之孚即九二被六五所信孚。觀六五升階尤爲明確。

張立文：九二、復（孚）乃利用濯（禴），无咎。　譯：九二、以俘虜爲牲，利於禴祭，沒有災患。　復借爲孚。　濯借爲禴。或作礿。

林漢仕案：禴字同礿、字又作瀹、春祭爲殷制、用改夏祭曰礿。字書礿義有⑴夏祭。（祠礿嘗烝）⑵春祭。（禴祠烝嘗）⑶夏祭，大司馬獻禽以享。⑷夏祭、新菜可汋、薄也。時百穀未登、可薦者薄。⑸字又作礿汋瀹爚躍鬻。　四時之祭、皆當是大祭。周禮牧人云：

凡陽祀用騂牲。猷司農注陽祀、春夏也。周用騂。勉時祭、祖宗家法傳遞信息不可替也。

九二孚、乃利用禴、无咎。其九二定時獻享、奉時羞或騂牲犧牲，大牢也。或大司馬所獻之禽，依規矩行事、祭神乃教育子孫、祖宗家法必須傳承、凝聚共識力也乎？神其來假、人神皆實受其福祐也。其謂利用也者：「禴祭」爲被利用之手段乎？神得賄賂而祐人；人得祭迄後之燕享而認同司祭者；時祀盡敬、崇德修誠、主祀者亦得調整其心靈。九二時神采奕奕、獲神人共福矣。孚者孚於人神也。著一「无咎」二字，豈其作法上有瑕疵耶？初以諂佞獲升、合上二陽三陰之心志、蓋初之純、初之蒙昧，初尚無機心也、故大吉無疑。九二時段剛脫離稚氣即人模人樣、圖結合內外人心、利用國之大事之一——祭祀、期孚信人神、激厲人心、有所企圖乎？干寶謂「非時而祭。」項安世謂「即南征之義。」楊簡云「不待見孚、冒進己說、往往如是。」來知德云「利用薄祭亦可交神。」鄭汝諧謂「凡言利用禴祀、皆所以釋危疑。二在下、剛必升，亦居可疑之地。」傅隸樸謂「二陽居陰失位有咎，今利用禴、尚何咎。」　九二之動作大、企圖心亦大。項安世言「即南征之義。」國家大事——祭與戎——九二已發軔乎？抑在團結內外、創造天時以孚合天心、人心？幸而无咎者、易家妙筆生花、謂文王免羑里、武王太公志、周公東征事、張浚謂事君猶事神事天、致君堯舜矣！　其然乎哉？試摘述古往今來易學大家說九二者如后：

象謂九二孚、有喜也。　干寶：體中應故孚。非時而祭曰禴。文王儉以禴、不求備也。王弼：應必見任、剛不求寵，志在大業。孔穎達：應故孚。　李引虞翻：二之五成坎爲孚。禴、夏祭。　程頤：二剛事五柔弱上、利用禴、誠意通上則无咎。　蘇軾：升遇三而窮，配五而納之、薄禮相縻而无咎。　張浚：事君猶事神、舍誠不交孚。致君堯舜矣！　鄭汝諧：九二處危疑之地。利用禴釋危疑。文王自免羑里。　李衡引子：剛正應上、盡下之義，得道故有喜无咎。　楊萬里：五柔謙得九二交孚之臣。文王在岐山、非陽剛之臣危哉！武王太公之志、升九二无咎有喜。　朱熹：卜者有其誠、雖薄物可以祭。　項安世：禴夏祭、即南征之義。二孚僅得无咎、「乃」難辭。　楊簡：躁進不見孚、往往如是。用禴通上、殊難得可喜。　吳澄：占誠孚於上、用薄於常禮則不疑其簡、故无咎。　梁寅：剛強之臣事弱君、孚乃利用禴、去飾存誠之謂也。　來知德：二剛中、五柔應、故利用薄祭可交神、占如是亦得遂其生。喜故无咎。　王夫之：延陰以升者三、二无能爲主、惟孚合三得成相升之美。　毛奇齡：升剛事人、升柔事鬼。下伏離夏禴、升鬼爲祀。　折中引：升以柔爲喜、二剛亦利者以中。　李光地：萃六二同辭。升陽非時物、剛中而應故无咎。　李塨：巽臭肆達、皇尸載喜、利矣。（南征故禴、夏祭）。　姚配中：五互震爲春。荀信、沼谿澗沚之毛可薦鬼神。二之五得位故孚。　吳汝綸：二五相應爲孚。　丁壽昌：五坎爲豕、禴祭不奢故有喜。程剛臣事弱君非通例。　曹爲霖：不孚不足以利用。況禴、祭之薄哉！　星野恆：剛才宜存形迹防陵逼之嫌。宜儉樸則升而无咎。　薛嘉穎：上下交孚是有喜。　馬通伯：二受福爲有喜，五有慶以及天下。　劉次源：剛中誠篤與五相孚、禴神必鑒之。天人感格、咎用以无。　李郁：五降二升、剛得五位爲祭主。天與人歸、有得位之喜。　徐世大：俘奴利用祭祀，莫怪。　胡樸安：升進時用禴以信之。升進、民衆喜悅也。　高亨：禴祭當以麥菜爲主。不用家牲、用野禽。春夏皆可行。鬼神享之故孚。　李鏡池：用俘虜作人牲禴祭。指周公東征事。　屈萬里：熹平石經無用字。禴作瀹。　傅隸樸：剛居巽中、行不失正。失位有咎，利用禴何咎之有！　金景芳引：孚雖用禴亦利。剛中而應。　徐志銳：剛中應柔中。九二被六五所信孚。觀六五升階尤爲明確。　張立文：以俘虜爲牲、沒有災患。濯借爲禴、或作礿。

九二有大志、時乎其可、例行公事「胡魯」一番皆可孚信人神以遂其之「大欲。」其祭也、有謂簡薄、雖沼谿澗沚之毛可薦鬼神。有謂祭以豕小牢。周禮牧人陽祀用騂、則犁牛之子騂且角大牢矣！有謂以俘虜作人牲以禴神、有謂以麥菜爲主、不用家牲、用野禽。丁壽昌非程頤之「剛強之臣事弱君」爲非通例。有周公、管仲、諸葛亮、曾國藩之志則可。得主上知遇、馬革裹尸以還、是所願也。九二新進、論年齡、論層次、論閱歷、論經驗、不可以霍光比。然其銳進勇毅、有理想、急盼上下交孚故可誓言匈奴未滅、何以家爲！忠誠度不必懷疑，蓋九二剛而中也。不過亦無不及。爲孚人、祭乃被利用爲手段。祭神如神在之恐懼戰栗或無之也。象斷言九二之孚、有喜也。喜即福。九二之一切作爲有福喜。是乃天意、无咎也者亦天意。今先有結論、倒敘回來問爲何獲福喜？先果後因也。爲何獲喜？爲何无咎？亦一體兩面矣夫？

時祭、或非時祭、王弼云志在大業。九二處危疑、利用禴以釋危疑。（鄭汝諧）星野恆謂宜存形迹防陵逼之嫌。而交孚、幾全爲二五剛柔應爲著墨重點也。除王夫之謂「二无能爲主升、孚三得成相升之美。」外。較異議者「二之五得位故孚。」（虞翻）餘皆著重以五柔孚、或上下交孚。孚于君即孚于人神。其祭以俘虜、蓋樹威乎？其祭以麥菜沼毛、能无矯柔乎？其祭以野禽、亦見軍演成果。其以豕小牢，以騂大牢、庶幾人神可共樂矣！神享後餘唾、百僚共享美味而凝聚人氣、豈可以儉神靈而無以利用祭祀交孚百官悠悠衆口？況南征行師之際耶？用儉神即儉人也，神人弗祐之矣！漢仕以爲九二以時位言、不當儉約待上下也。禴之値得利用、當非以薄祭交神可以感格天人。雖非時祀而能盡敬、厚賂鬼神、祭如神在、展誠心、布孝道、凝聚共識、故以禴名似有瑕疵、得交通上下、聽信九二、不祗利用祭通神、人亦因禴祭宴席後被利用也。无咎也者、事先則獲啓示、事後則屬報導、而受鼓勵行事則一也。九二因利用禴而孚信人神、善補過乎？善補過也。

九三、升虛邑。

象曰：升虛邑，无所疑也。

馬融：九三昇虛邑。　昇，高也。虛，邱也。（釋文）

王弼：履得其位，以陽升陰，莫之違距，故若升虛吧也。

孔疏：三升上六、上六陰柔、不距於己、若升空虛之邑也。

李鼎祚引荀爽：坤稱邑。五虛无君、利二上居之故曰升虛邑、无所疑。　引虞翻傳象：坎爲疑，上得中故无所疑。

張載：上皆陰柔，往无所疑。

程頤：以陽剛之才，正且巽，上皆順之，復有授應，以是而升，如入无人之邑，孰禦哉！

蘇軾：三以陽用陽，其升也果。四陰居陰、其避也審，故曰升虛邑、无所疑也。以至強克至弱，禍福未可知，不言吉者、存乎其人而已。

張浚：坤上爲邑。三有剛德、二又比之、巽仁充內、坤衆順外、邑人心歸。邑、我邑也。邑其虛矣，升又何疑？湯武之舉則然、其進也如虛邑之升、在夫勉不息之剛。

張根：湯武之事。

朱震：三升上、三上相應以正下、坤下爲邑、陰爲虛、升虛邑也。巽而上順如升无人之邑、孰禦哉！三升上巽、无所疑也。

鄭汝諧：伐密、伐崇墉、皆此爻之義。

李衡引荀：坤稱邑。五虛无君、利二上居之。　引介：剛得位有應、升无疑，升虛邑者易而小之也。湯武升是矣。

楊萬里：二三木之幹，其長也孰禦？其升也如无人之境，故曰升虛邑。其濟濟多士，文王以寧之時乎？

朱熹：陽實陰虛，坤有國邑之象。九二以陽剛當升時，進臨於坤，故其象占如此。

項安世：三與上六雖正應然亦乘其空虛消盡之時而入之，始无所疑。使當其富實之時、能无疑乎？三自已向申，盈變虛。

楊簡：凡卦奇盡前多阻遏象。今九三前盡耦畫無所阻遏，故有升虛邑象。又曰無所疑也。凡升一無疑阻者謂之升虛邑。

吳澄：臨之三四五互坤爲邑。柔畫耦爲虛，三自初升以實臨三之虛故升虛邑。

梁寅：人不遂其升者、必有阻於前也。九三剛得正、進臨坤、虛豁无阻、其吉亨不言可知矣。陰虛、坤邑、乃虛邑之象。

來知德：以實升虛、故曰升虛邑。或曰非空虛乃丘虛也亦通。三陽當升、進臨坤故有升虛邑象。占者得此、其升无疑可知矣。

王夫之：凡升道升人者必自升。三剛得位爲進爻，推陰而升、三亦升矣！陽實陰虛、坤國土、陰升則虛中待陽之進爲治，故有升虛邑象。不言利、固无不利矣。

毛奇齡：坤爲邑、虛者高也。詩曰升彼虛矣。自初登三即初所稱允升者。初已信矣，三何疑焉！

折中案：三獨無吉利之占、升虛邑但言其勇於進、無所疑畏。九三過剛、與柔升之義反、故其辭非盡善。

李光地：以當升之時故過剛直進無所疑、升虛邑象。不言凶咎。

李塨：坤爲邑。上坤下有坤爻，三峙其中，虛象。（同墟，大丘也）九三升而漸高至于虛邑，當其在初已允，在二已孚，此又何疑焉！

孫星衍引釋文虛如字、空也。徐去餘反。　引集解馬融曰虛、邱也。（釋文）

姚配中案荀注：天生孝悌，地養以衣食。人成以禮樂、亡則各從其欲、雖有城郭名曰虛邑。虛邑可升故无所疑。喻紂不自悔則成虛邑、有德者將來居之。

吳汝綸：陽實陰虛、三之上皆陰矣故曰虛也。猶云入無人之境也。象云无所疑、疑者閡礙也。

丁壽昌：篆文无虛字、四邑爲邱。說文虛、大邱也。別作虛。兼空虛義。蘇蒿坪曰上坤無陽，虛邑象。案三變坎爲疑，當升故无所疑。

曹爲霖：卦取積小高大象，爻曰升虛邑。此文周之述祖德也。

星野恆：剛才居巽體、上有應援、彼我之間無阻礙，猶蹈無人之地，坤在外國邑象。升之吉不假言也。

薛嘉穎：坤陰爲虛，坤爲國邑。九三過剛、勇於上進、无所疑畏。

馬通伯：丘即四井爲邑、四邑爲丘之丘。周禮司諫掌糾葛民之德。九三升虛邑、是使爲比長閭胥也。旣詢問觀察而書之、又辨其能而任之，故曰无所疑。

劉次源：坤國土、三陽居正、遇坤順接、才剛體巽、性善入、進无阻、如升虛邑，吉可知无俟煩說。

李郁：坤虛邑，未闢之地，未治之邦，是宜升而取之。三上行于坤故外虛邑。　傳象：三本得位，唯外義決上進、爲二前驅、雖失位亦无所疑。

徐世大：三爻祭天。虛邑譯爲天國似非牽強。此爲天子之祭。可見祭有等差。

胡樸安：虛邑、邑之大丘也。這進升時、登大丘訓示出發，使民衆明瞭進升意義而無疑也。故象曰无所疑。

高亨：虛邑、邑之在丘者，故云升。升虛邑、不畏水患。古洪水爲災，徙家遷國，利升虛邑。本爻或爲徙家遷國者言歟！

李鏡池：虛邑：建于虛丘之城邑。　這是指進軍于虛邑，戰爭獲勝。

屈萬里：春秋繁露：三者皆亡（謂孝悌、衣食、禮樂）則君不能使臣，雖有城郭、名曰虛邑。謂無守備之邑。

傅隸樸：九三得位、陽剛入柔境、不惟上六納己、即六四、六五也都虛懷相迎、如入無人之境。象曰无所疑、是夫子勉勵何可遲疑？往則盡得其所有，故曰升虛邑。

金景芳：朱子本義：「陰虛、坤邑象。九三陽升進于坤。其象占如此。」　程傳：「此是而升、如入无人之邑。」折中：「但言其勇于進无所疑畏耳。」不是全好，也有不足之處。

徐志銳：九三得巽而順之爻。順乎客觀規律能升、同樹木發芽紮根破土出現地上。故言升虛邑。九三升无阻礙，因上六无所疑。升入坤體如入无防禦之地、暢通无阻、非常順利。九二升有阻礙、因六五有所疑、孚乃才有喜。

張立文：九三、登（升）虛邑。　譯：九三、登上邑的高丘。注：虛、高丘，巽爲高、坤邑。

林漢仕案：初稚堪憐、幼而岐嶷、似諂佞之應對進退、獲普遍好評而愛護有加。九二時从實際行動結交上下。利用神，也利用人，人神皆甘被利用而二又善補過得无咎。九三時段、爻謂「升虛邑。」陽爲實，勇於進。蘇軾云：「其升也果。」虛邑，象謂「升虛邑、无所疑。」虛邑之說頗多、茲摘說如后：

馬融：虛、邱也。（釋文）

王弼：陽升陰、莫之距。故若升虛邑。

孔穎達：三升上六柔、不距己，若升空虛之邑。

荀爽：神稱邑。五虛无君、利二上居之故升虛邑。

虞翻：坎爲失足、上得中故无所疑。

張載：上皆柔、往无所疑。

程頤：陽正且巽、上皆順之、升如入无人之邑，孰禦？

蘇軾：三陽升果，四陰避審，故曰升虛邑。无所疑也。

張浚：坤上邑衆順外、我邑心歸。湯武之舉、進如虛邑之升。

朱震：三上相應以正下、坤下邑、陰虛、升虛邑。

鄭汝諧：伐密伐崇墉、皆此爻之義。

李衡引：升虛邑者易而小之也。湯武升是矣。

楊萬里：二三木幹、長升如入无人之境。文王以寧之時乎？

朱熹：陽實陰虛、坤國邑象。其象占如此。
項安世：三上正應、然乘其空虛消盡時入、始无所疑。
楊簡：九三前盡耦畫、無所阻，故有升虛邑象。
吳隆：臨三四五互坤爲邑、耦虛、初升實臨三虛故升虛邑。
梁寅：九三剛正進坤、虛豁无阻。陰虛坤邑、虛邑象。
來知德：以實升虛。丘虛亦通。三陽當升。升无疑。
王夫之：三剛得位爲進爻、虛中待陽進治。固無不利矣。
毛奇齡：坤邑、虛高。詩曰升彼虛矣。初信三何疑焉。
折中案：升虛邑但言其勇於進。與柔升義反。
李光地：當升時過剛直進無所疑、升虛邑象。
李塨：三峙上下坤中。初允二孚、此又何疑焉。
孫星衍：虛、空也。引馬融曰虛、邱也。
姚配中：亡孝悌禮樂、雖有城郭、名曰虛邑、有德者將來居之。
吳汝綸：陽實陰虛、三之上皆陰故曰虛邑。入無閡礙。
丁壽昌：四邑爲邱、說文虛、大邱。引蘇坤無陽、虛邑象。
星野恆：剛居巽、上有應援、彼我間無阻礙。
馬通伯：四井爲邑、四邑爲邱。周禮掌糾民德、辨能任之。

劉次源：三陽居正遇坤順、才剛體巽、性善入无阻。

李郁：坤虛邑、未闢地。宜升取之。爲二前驅，雖失位亦无所疑。

徐世大：三祭天、虛邑天國。此爲天子之祭。

胡樸安：登邑之大丘訓示出發。使民明升義無疑。

高亨：邑之在丘者。古洪水之災、爲徙家遷國者言歟？

李鏡池：建于虛丘之城邑。進軍于虛邑、戰爭獲勝。

屈萬里：亡孝悌衣食禮樂則君不能使臣，雖有城郭，名曰虛邑。謂無守備之邑。

傅隸樸：陽入柔境、不惟上六納、即四五也虛懷相迎。夫子勉往則盡得其所有，故曰升虛邑。

金景芳：朱子陽進坤。程子加入无人之邑。折中勇進无疑畏。不是全好、也有不足之處。

徐志銳：九三巽順客觀規律能升、同樹木發芽如升虛邑。三升上六无所疑、入坤體无防禦之地。暢通无阻。

張立文：登上邑之高丘。巽高、坤邑。

虛、邱也、說文虛、大邱也。李鏡池謂建于虛丘之城邑。「升虛邑」則實指升建于虛丘上之城邑乎？抑邑之高丘邪？陽實陰虛、納于上六陰虛中、上六不距己。又不止上六，即六四、六五亦虛懷相迎。如入无人之邑。虛中待陽進治。初允二孚、此又何疑！坤稱邑。五虛、利二上居之故升虛邑。

巽木坤土、發芽紮根、破土、長而升入无人之境。

三前耦畫無阻、三剛正入坤邑、虛豁无阻。

虛、空也。 亡孝悌衣食禮樂、雖有城郭不能守、名曰虛邑。是以虛邑即城郭。九三豈升無道者之城郭爲之守備邪？九三之事紂耶？（姚配中引喻紂不自悔則成虛邑。）

升虛邑、張浚、張根言湯武之舉。鄭汝諧謂伐密、伐崇則爲西伯晚年事。九三之當湯武、文王之升邪？

四井爲邑、四邑爲邱。邱邑乃周禮建制行政區名稱、其大小當十六井也。三升轄十六井之行政地方首長矣。

徐世大之虛邑天國。胡樸安之登邑大丘。高亨之徙家遷國到邑之在丘者以避洪水。李鏡池之進軍建于虛丘之城邑。張立文之登上邑之高丘。皆極富想象。

李郁謂坤虛邑爲未闢地。九三之升爲「闢草萊，任土地」者矣？孟子之謂服又次刑者也？蓋天道重生、彼輩富君國者在製造戰爭所需物資也。盡地利非爲生民。

易家多以陽實爲陰虛納。異性相吸、九三上六正應、上六宜爲九三入幕之賓、然謂初允、二孚、（李塨）四五六也虛懷相迎。（傅隸樸等）眞如程子言如入无人之邑。三爲大淫棍矣！不祗老少一把罩、即九二同性亦作彼契兄、九二之倜儻風流、豈甘雌伏？李郁謂爲二前驅、九二自有六五之應、人神皆可掌握利用者、自甘下賤至此？六五自有應、又豈在乎九三之實可自由進出、入無閡礙？春秋繁露謂亡孝悌禮樂、雖有城郭不能守、名曰虛邑。亦即雖有粟、吾得而食諸也。況易家有以湯武之舉、伐密伐崇文王之事方之九三！曹爲霖謂「此文周之述祖德也。」周之太王王季之亂倫理豈若是耶？又喻「紂不自悔則成虛邑。」（姚配中）理路是、爻位言則祇九三耳。漢仕以爲升以九三階段言、六爻爲六階段、亦即人生第三時段言、事業基礎已達巔峰、進無罣礙。又懼浪得虛名、蓋升入虛空之邑、焦土政策、得與不得同也。此處宜以李衡引石介之謂：「剛得位有應、升无疑、升虛邑者、易而小之也。」解較爲允當、蓋仍初、二之得意、九三亦得意之具體事實也。

升虛邑、當非九三剛、正且巽、四五六大邸任九三馳騁、況即初、與二又遭非禮染指邪！先儒輩似是而非非之想美矣！又剛德而巽、其升也果、如入无人之境、可曾爲莫之距之虛空至弱者設想？姑妄言之一書有頗生動故事言：十四五歲怕日、十八九二十不怕日、二十四五惟恐不日。注以四川音念日字。作者特標明「話醜理正。」夫如是、其進出不能如入無人之境矣！觀彼惟恐不日、力盡彼未必滿足放人。程子、朱震、楊萬里、吳汝綸、傳隸樸諸前輩之如入无人之邑，未必能全身而退！今之言「大男人」主義耶！滿足自己即一切也耶？

初岐嶷以升、大吉。九二用人神亦得无咎。九三宜懼升焦土之邑、又懼浪得虛名。升大邸應本謙巽之體、努少開發、亦得開發之空間任你施展抱負。不著吉凶者、蘇軾云：「存乎其人而已。」是也。

六四、王用亨于岐山，吉、无咎。

象曰：王用亨于岐山，順事也。

馬融：亨，許兩反。祭也。（釋文） 鄭玄：亨、許兩反，獻也。（釋文）

王弼：處升之際，下升可納不可距，距下進，攘來自專則殃咎至焉！若納以通庶志則得吉，岐山之會順无不納也。

孔穎達：四升下二爻皆升，可納不可距，同文王岐山之會，能納不距，順物之情則得吉而无咎。

李鼎祚集解引荀爽：本升卦，巽升坤上據三成艮。巽爲岐，艮山、王謂五。通有兩體，位正衆服故吉。四能與衆陰退避當升者故无咎也。 引崔憬：順初當位比五。太王避狄順時事故吉无咎。

司馬光易說：太王避狄、順也。啓基王迹、升也。

程頤：上順君之升、下順下之進、己則止其所。文王居岐山、順天子致有道，順天下之賢使進、己則不出其位，周王業是亨也。四才善近君當戒。當上升君道下升賢者，己則止其分焉。

蘇軾：下爲三所升、上不爲五所納，此人情必爭之際、不爭虛邑以待之、非仁人其孰能爲此？大王避狄亨岐，豈知百姓相從不去哉？亦順物勢而已。以此獲吉何咎之有！

張浚：互兌爲西山。文王謹守臣節之心乃亨。文王憂愛天下、順天、順道、順君、順人。處四不忘順、紂眷然日望其遷悔，豈非盛德事歟？不孚雖爲！

張根：所以爲至德。

朱震：四柔順謙恭而正，上順暗君，下順三剛賢、己則不出諸侯位者正也。三升五，乾王，兌西艮山、四居西山下，毛公言文王朝紂。崔憬謂大王避狄徙岐之爻，誤矣。

鄭汝諧：文王有君民之大德，繫之於二不可；有事君小心、繫之於五不可！四尊居下，正文王之事。餘從程氏。

李衡引陸：柔以時升，太王之德在岐直曰岐山，天下悅隨文王之德、武王在鎬故曰西山。

引石：下有三爻皆升，當納之順事上、岐山之會三分天下有二，事商是順上也。

楊萬里：六五升主，文王既當六四，則五武王乎？武王放伐、何爲六五陰？六柔五剛中正，觀兵而退，須暇五年，詩人頌曰遵養時晦。非以柔晦剛乎！君升王如歷階宜吉也。

朱熹：義見隨卦。（按隨上六有「王用亨于西山」之文。亨亦祭享之享、岐山在周西、凡祭山川者得之、誠如是則吉。）

項安世：西山在周之西境。六四坤爲國，岐山指國內地。亨古文享。由初視四如升山，自下干上疑不順，然致誠意乃順故有福而无咎。至四勢平矣。王指初，山指四。

趙彥肅：二四不言升，嫌五也。二誠通，四順事，於升之時，立言精矣。

楊簡：或謂周公作爻辭，知其指文王也。文王三分天下二已歸心，而文王就順事之德。六與四皆有柔順之象也。

吳澄：占王謂九三、互兌西、坤國。有岐山陰神，兌上畫陰象神、祭山占也。三升四合乎坤順故无咎。

梁寅：升言祭祀者升而上通之意。四位當升、極乎柔順、文王事紂、其如是乎？言文王舉祭于岐山也、祭不越境、極其誠敬可知矣。其吉无咎宜哉。天子祭天地、諸侯祭山川。

來知德：坤錯乾爲王、指六五。岐山指四、四五比故曰用亨。四柔居柔、順之至者、五用二通乎四以求之、故王用亨于岐山象、吉而无咎之道也。物兩爲岐、坤土兩折岐象。

王船山：四非天位而謂王、周公追王後尊稱之。岐山文王封內之山。登山修祀事而郊神享其德、於事既吉、義亦不失。柔順當位、升亦其宜、固无咎也。

毛奇齡：四本小過之剛甘居柔而祀鬼者。當兌震倒艮山，兌西爲西山、岐山也。去邠就岐、辭強居弱。卦南征吉，爻西遷亦吉。彖象所演各有分屬。

折中案：四初交上體、位巽坤間，有南征象。在己者用之以見大人則吉；爲大人者用之以享神明則宜。言王用此人以享山川也。先儒或言岐山在周西南。曰岐山避南征之文。

李光地：柔居正、升之最善者。乃神明所進、山川其舍諸者！故王當用亨于岐山，爲順事鬼神也。

李塨：升愈高則山矣！互兌在西爲岐山，亨祭岐山，順以事之。（坤爲順）後遂自侯而王。王不其升乎？王指五也。

孫星衍引釋文亨、許庚反、通也。引集解馬融曰亨、祭也。鄭康成曰亨獻也。陸希聲曰升六二柔以時升、太王之德隨之。上六天下悅隨文王之德、太王在岐，武王鎬故曰西山。

姚配中案：此文王欲紂用其道也。殷王棄典刑、用群小，亨岐山欲其用文王之道上格天心也。此文王切望紂、孔子稱爲至德者也。傳象喻紂能自悔挽天人之心甚易也。

吳汝綸：王亨岐山者、因名山升中于天之義也。

丁壽昌：釋文亨許庚反、通也。馬祭鄭獻、案讀爲享。蘇蒿坪曰四柔巽利升、王若用享祀岐山、神必福之。吳草廬曰二三四互兌西、坤國、岐山也。案坤順事故曰順事。

曹爲霖：初爻匹夫而有天下，卦之所以爲升也。此爻取象文王者，王德而侯位也。象曰順事所謂各守爾典也。

星野恆：亨古享字。爻居近君多懼之地。順而正、天下歸之、文王用是享祀封內之山，故王用亨于岐山、吉无咎。

薛嘉穎：岐山即西山，兌爲西。柔順之德、升祭於山、乃得順事鬼神。

馬通伯：阮逸曰易著人事皆主商周。朱軾曰四升上順君、下順民、使祭百神享。許桂林曰隨升之享第言本朝典禮、小心翼翼也。案此述王季九命爲伯之事、德位俱升也。

劉次源：殷王亨於岐山、復興殷室、文王所願。王謂殷王。四席三陽、三分有二、文王謙讓未遑，盼殷撫有，收拾西方。吉而无咎、金甌何傷！惜紂不悟、國用以亡。

李郁：王、文王，指九三。詩云：「天作高山、大王荒之。彼作矣，文王康之。」前王不忘，以後王追事先王、能康前業，故亨祀於岐山。三進四、順而上故吉无咎。

徐世大：四爻祭山川。特著岐山。王以祭于岐山，好。无礙。後世疑爻辭非文王作，安知非作者故示破綻？

胡樸安：亨者言武王大會于岐山也。武王都鎬。言岐山者、推本太王之都言之。或實會民于岐，史無證。然此會上順天下順民。故象曰順事。事吉於理无咎也。

高亨：亨即享、此周初故事。太王、王季或文王、武王享祭于岐山，筮遇此爻而獲介福。故記之。

李鏡池：這可能指太王遷岐山事。也可能文王遷豐前的事。中間還有王季伐鬼戎等，都可能享祭岐山。

屈萬里：與隨上六辭略同。順事、愼事。故以祭祀之事爲有事。

傅隸樸：凡爻言无咎者都是應當有咎。四安本位、陰居陰、下二陽升則虛邑以接納、五拒則謹守臣節以順之、怎會有咎呢？文王下順喁喁輿情、上順暴君猜忌之心、所以終於吉而无咎。

金景芳：岐山、周文王初時所居。程傳：「上順君升、下順下進、己則止其所焉。」這裡邊有深意。順指岐山，還是指紂？朱子本義說：「以順而升，登祭于山之象。」

徐志銳：文王只享祭岐山。不敢稱王去祭天、雖然三分天下有其二，仍服事于殷。借文王事說明六四不可再升。象傳言順事、借爻辭所言告誡其不可升之理。

張立文：六四、〔王用亨于岐山，吉〕无咎。　譯：六四、周王享祭於岐山，吉祥，無災患。

林漢仕案：六經果然皆史也，雖載而不夠翔實。繫辭必後於伏羲也乎？其文王耶，周公耶？阮逸云「易著人事皆商周。」王用亨于岐山之王、由殷末世殷王至周太王、王季、文王、武王、皆是爻所謂王亨之王也。四可以王、三升五亦是乾爲王，王可以指初。（項安世）王謂五。（荀爽）隨上六王用亨于西山，上六亦可以王。「六二柔以時升。」陸希聲之謂「九二以時升、太王之德隨之。」耶？升九二也、非六二。澤雷隨是六二應九五。是初、二、三、四、五、六皆可王矣！人人皆是佛、其然也、而又未必然者、業乎？修乎？彼可取而代之、大丈夫當如是也。豈眞有爲者亦若是乎哉？岐山爲兌西山？抑坤土兩折岐象？或避南征之文謂岐在周西南？茲依易家闡述王者之歸屬、說明如后：

象謂王用亨于岐山、一如爻辭。「順事也」乃其斷爻義。

馬融：亨、祭也。　鄭玄：亨、獻也。

王弼：下可納不可距。岐山之會、順无不納。

孔穎達：四升下二爻皆升，同文王岐山之會能納不距。

荀爽：巽岐艮山王五。四與衆陰退避當升者。

司馬光：太王避狄，順也、肇基王迹、升也。

程頤：上順君升、下順下進、己則止其所、文王居岐也。

蘇軾：爲三升、上不爲五納、太王避狄亨岐百姓從。

張浚：互兌西山。文王順天、順道、順君、順人，不孚奚爲！

張根：所以爲至德。

朱震：上順暗君、下順三剛賢。三升五乾王、四兌西艮山下。文王朝紂。謂太王避狄徙岐、誤矣！

李衡引陸：太王在岐山、武王在西山。　引石：下三爻升當納事上。三分天下有二、事商順上也。

楊萬里：文王六四、五武王、六五以柔晦剛。

朱熹：隨上六王用亨于西山。岐山在周西。

項安世：王指初、山指四，自下干上致誠意故有福无咎。

趙彥肅：二四不言升、嫌五也。二誠四順升時立言精矣。

楊簡：文王三分天下二歸心、文王順事、四有順象。

吳澄：占王謂九三、兌西坤國、三升四合乎坤順故无咎。

梁寅：祭者升而上通、文王祭不越境。諸侯祭山川。

來知德：坤錯乾王指六五、山指四。物兩爲岐、坤兩折岐象。五用二通四故王用亨岐山象。

王船山：四非天位而謂王、追尊。登山修祀神享其德。

毛奇齡：四本剛甘柔祀鬼、去邠就岐、南征西遷吉。

折中：言王用此人以亨山川。岐山避南征之文。岐在周西南。
李光地：柔正、升之善、神明所進、山川其舍諸、爲順事鬼神也。
李塨：互兌在西爲岐山。遂自侯而王，其不升乎？王指五也。
孫星衍引陸希聲：升六二柔以時升、太王之德、上六文王之德。太王在岐、武王鎬故曰西山。
姚配中：文王切望紂用其道。紂能自悔挽天人心甚易。
吳汝綸：王亨岐山、因名山升中于天之義。
丁壽昌引吳：二三四互兌西、坤國岐山、坤順事。
曹爲霖：初四夫而有天下。取象文王、王德侯位。順事：各守爾典也。
星野恆：近君多懼。順而正、天下歸之、用是亨祀岐山。
薛嘉穎：兌爲西、升祭於山、乃得順事鬼神。
馬通伯：案此述王季九命爲伯事。德位俱升也。
劉次源：殷王亨岐山。王謂殷王。文王盼殷收拾西方。
李郁：王、文王。指九二。後王追事先王能康前業，故亨岐山。三進四順而上故吉无咎。
徐世大：四祭山川、特著岐山。後世疑爻辭非文王作，安知非故示破綻？
胡樸安：武王大會于岐山。鎬都推本太王之都言之。
高亨：太王王季或文王武王祭岐山。筮遇此文故記之。

李鏡池：可能太王遷岐、文王遷豐前的事。中間還有王季伐鬼戎。都可能亨祭岐山。

屈萬里：順事、愼事。古祭祀爲有事。

傅隸樸：言无咎是當有咎。二陽升虛邑接納。文王下順喁喁輿情、上順暴君猜忌之心、
　終吉无咎。

金景芳：文王初時居岐山。上升，指岐山還是指紂、這裡邊有深意。

徐志銳：文王祭山不敢祭天。借事說明六四不可再升、告誡其不可升之理。

張立文：周王享祭於岐山，吉祥無災患。

王弼曰岐山之會。孔傳四升、下二爻皆升、周文王岐山之會納不距。首先點出「王用亨于岐山」之王爲周文王。其後程頤、張浚、朱震、鄭汝諧、石介、楊萬里、楊簡、梁寅等皆主亨祭者爲文王。　來知德以坤錯乾、王指六五、五用二通四故王用亨岐山象。以四爲山。王船山即標示「四非天位而王爲追尊。」毛奇齡謂去邠就岐、四本剛甘柔祀鬼。其徒李塨「遂自侯而王。」仍謂文王之用亨也。李塨特指「王指五」耳。曹爲霖謂「取象文王」。然以「初爻匹夫而有天下、王德侯位。」以限制之。傅隸樸、金景芳、徐志銳隨前賢許王謂周文王。特金謂「順指岐山、還是指紂、裡邊有深意」。徐更確認四爲文王、祭山不敢祭天耳。

以上皆謂王用亨之王爲文王。然出其爻位之思者有謂王指五。王德侯位、初爻匹夫而有天下。（曹爲霖）李郁稱「王，文王、指九三。」項安世王指初、山指四、來知德亦以四

爲山。

王謂太王避狄者有崔憬、司馬光、蘇軾。陸希聲謂升六二柔以時升、太王之德隨之。上六天下悅隨文王之德、太王在岐、武王鎬故曰西山。升卦九二也。陽剛中正而非柔以時升。馬通伯案此述王季九命爲伯之事、德位俱升。胡樸安謂「亨者武王大會于岐山也。武都鎬、言岐者推本太王之都言之。」高亨亦以「太王、王季、或文王、武王亨祭岐山。」李鏡池云「這可能指太王遷岐山事、也可能文王遷豐前的事。」張立文即籠統稱:「周王亨祭岐山。」含太王、王季至文武矣。

馬通伯引阮逸曰易著人事、皆主商周。象最周延、不言商亦不言周、照爻文:「王用亨于岐山、順事也。」立說、重心擺在順事。劉次源君即謂殷王亨於岐山。王謂殷王。以爻位言:巽岐、艮山、王謂五。(荀爽)　崔憬云四順初當位比五。程頤以四近君當戒、止其分。蘇軾以四不爲五所納。朱震以四上順暗君,下順三賢。三升五乾王。鄭汝諧以四正文王事。楊萬里亦以四文王、五武王、項安世以王指初、曹爲霖亦以初爻匹夫而有天下。王德侯位。山指四。吳澄:占:王謂九三。三升四合乎坤順。岐山陰神、兌上畫陰象神(即九四),坤國、兌西。來知德坤錯乾爲王指六五、山指四。物兩爲岐、坤兩折岐象。王夫之謂四非王、周公追尊之。李塨則謂自侯而王,指五。金景芳以程傳之上順下順,指岐山還是指紂?認爲裡邊有深意!

以爻言爻、當以不出位之思較爲上路。王德侯位、周公追尊正指文王。先賢程張朱鄭等力推享祭岐山者爲文王豈徒無的？謂祭天地山川區以別之者是、若以三分天下有二、「遂自侯而王」（李塨）則文王不有「司馬昭之心」乎？欲尊反貶也。其推溯太王、王季本無不可、蓋六四仍爲之祭者。然謂四爲殷紂（劉次源）則和之者寡矣、況四非天位乎！（王夫之）

岐山之造象有謂巽岐、艮山。有謂兌西山。謂坤土兩折爲岐象。或謂岐在周西南、言岐即南征。避南征之文故曰岐。或謂推本太王之都言之。古人以祭與戎爲大事、六四之爻辭王用亨于岐山。試以卦之初爻岐嶷之升、九二利用禴、人神皆在利用範圍。九三努力開發空間、登大邱有沖天之志。六四之享祭名山，勢力之擴張強大、不言而喻矣！吳汝綸之「因名山升中于天之義。」近之。高亨之謂「筮遇此爻而而獲介福。」升卦六四之王用亨于岐山者、儼然氣候已成熟矣！曹孟德之不允孫權上表稱臣、堂弟夏侯氏之勸進、謂我願爲文王、經營神器歲月痕迹斑斑可見也。豈其然乎？其不然乎？

六五、貞吉，升階。

象曰：貞吉、升階。大得志也。

王弼：升得尊位，體柔應納不距，任而不專故得貞吉，升階而專也。

孔穎達：柔居尊位，納九二不自專權，故得貞吉升階。保是尊貴而踐祚矣！

李鼎祚引虞翻：二之五故貞吉。巽高坤土震升高故升階。荀爽傳象：陰正居中，爲陽作階、使升居五、己下降二與陽相應故吉而得志。

張載：柔中極尊、不拒來者，使物皆階己而升，正且吉、志宜大獲。易所謂得志：聖賢獲其願、欲得臣无家，堯之志也；貞吉升階，舜之志也。

程頤：下有剛中之應故能居尊位而吉。然質柔必守貞固、乃得其吉也。若信賢不篤、任賢不終、安能吉也！用賢則彙升矣。

蘇軾：貞於九二也。巽能升、以六五應也。此升之階也。木克土而後能生、土以生木爲功。未有木生而土不願者也。故階升則六五爲得志矣。

張浚：德合天人爲貞。坤柔升五、坤中順、德格上下、升罔不吉。坤土爲階、自下而上曰升階。五德若是可爲王爲帝矣！故曰大得志。

張根：舜之事，所謂盡善盡美。

朱震：五虛中降位接九二、二階升則五正而吉。五正二升，君臣道行，由是致治、五大得志也。

鄭汝諧：柔以時升、正且吉者、若循階升、易而漸也。凡言大得志者、謂聖賢得遂其願也。非志得君位，如乾九五乃位乎天德是也。

李衡引石：柔居尊應二、是能委任臣、又居中是正得吉。升階如自階升堂、得居至尊之極也。

楊萬里：六五升主、文王六四、六五其武王乎？五剛也，中正也。不得已而後放伐，故自君升爲王、如歷階而升，垂拱而天下治、拯民於水火。貴爲天子富有天下豈吾志哉！

朱熹：陰居陽、當升居尊位、必能正固、可以得吉而升階矣。階升之易者。

項安世：九二升至九五乃得離明之位，故五大得志。二五相交正故曰貞吉。此堯遜舜之時也。至五无所復升。

趙彥肅：柔升至五貞乃吉，能守中也。人由我升，我爲之階、進賢、君道也。

楊簡：六五升貞正斯吉。如升階以禮而升，舜禹是也。湯武之權、大不得已也。五就桀不可轉、不得已奉天命伐之。故聖人如舜禹禮升爲大得志出民塗炭、天地之心也。

吳澄：二剛中應五、五階之而升，正主事則吉。二升牛如升階然、坤三耦如地勢之自下而高也故象階。

梁寅：六五柔升居尊位、又得剛中之臣以誠輔導之，其升德治如升階之易矣！天下不可階而升也。若致人之治、奚不可升？然弱者病不能貞固、故占曰貞吉、戒之也。

來知德：王亨、上孚下，二覲升階、下孚上。五下賢通四求之、貞而且吉者也。二因四求即覲君升階、上下相孚、其占如此。

王夫之：六五坤順主，非有自尊之意、以貞而爲陽所樂推二與應而延之上、升先言吉、後言升階者。六五柔順爲志、不自以升爲吉也。

毛奇齡：三坤六排如雁齒。五由中升坎爲得志。初震足、二大震足、乃臨以左足升三、小過右足升四、循次若升階然。五上各不升。五比四臨于階。故其象如此。

折中引李元量：升有序、賓主揖遜而升者也。　引熊良輔：以順而升如歷階然。　案：五卦主不取君象。古賓主三揖讓退遜、升貴柔順、發明貞吉之意爾。

李光地：五升之極高者，非中順之德莫能致此。但守貞固則吉。階者升堂之易也，雍容揖遜、三讓而登，禮固如此也。

李塨：至六五則大居正而吉。又安所升，然下與九二應，引天下之賢士以升，坤土兩排如陟東西階。然爲天下得人、志之大得爲何如者？

姚配中案虞注：比喻紂能用文則中興易如升階然。

吳汝綸：五之吉、與二應也。進則上窮、故宜定也。升階者、陰自初至五、中歷二陽故象歷階而升也。

丁壽昌：此爻即彖所謂柔以時升。升卦主也。蘇蒿坪曰五惟柔中、斯能下應九二成升，因其變剛故言貞吉。

曹爲霖：六五君位而言升、是舜禹即眞、湯武順天應人可語此。後世劉裕朱溫篡受禪臺，不足言貞吉矣。

星野恆：柔順不得其正、下有九二之應、賴輔佐成其德，當守貞以得吉、以濟其治。升高必由階進也。

薛嘉穎：李氏升而有序故以階言、王宗傳升蓋謂五也。

馬通伯：李元量曰升而有序謂賓主揖遜而升也。程迥曰下應剛德之臣、自二升五如階、人君升進賢臣之象。案貞吉，久而獲吉。積小以高大之謂。志行此五所以大得志也。

劉次源：升循秩序。五陰居尊、吉在尊固、進登賢才、俊傑在位、久則太平可致。正已風化大行故大得志。

李郁：階者拾級而升也。五升、三四遞進，各得正故貞吉。　傳象：大謂陽升五，故大得志也。

徐世大：五爻謂祭五祀。五祀異說多，要之諸說均有中霤，正指祭階以爲代表。

胡樸安：會岐山後、其事吉也。升階者，用民衆前進如歷階上升。事吉必可得志。故象大得志、言南征之事。

高亨：貞吉猶占吉。升階步步上進、路無坎坷象。筮遇此爻則吉，以其象爲升階，故曰貞吉、升階。

李鏡池：升階猶階升。一級級上升。逐步發展。說得很泛，不知所指。

屈萬里：升階則將登於堂。

傅隸樸：柔質怎能升居此至尊之位？他能下應剛中之二、委任大臣、一時賢良都隨九二升進。貞吉、言堅固其剛中之應則吉。六五貞吉便是天下之進之階故曰貞吉升階。

金景芳：正而得吉。程傳：「不能貞固則任賢不終，安能吉。」這樣講是可以的。升階。程「猶登進自階。」朱子：「升之易者。」講不令人滿意。折中引李元量說，強調升有序。其實升階就是升到階上，升階到堂、五升到高處了。這就是升階。

徐志銳：柔升至五已達到極限了，只有貞固才能得吉。必須守柔用剛、得九二助才可剛柔相際。升階、六五迎九二上升、大指九二剛畫言、二志得逞故言大得志也。

張立文：六五、貞吉，登（升）階。 譯：六五、卜問則吉祥，依次步步上進。

林漢仕案：爻辭升階之前、置「貞吉」二字以框限升階者、蓋有堯舜生物順天應人之志則可也、無則卜而吉、以踐祚爲大得志耳。無益於生民暨替天行道之功也。未必即夏桀、商受、亦一泛泛百元首耳。李光地案五卦主不取君象。又云五升之極高者。張浚曰：五德若是、可爲王爲帝矣。張載直謂欲得臣无家、堯舜之志也。五、人生階段、進入高峰期、無論體力、財富、地位、經驗智力、發展已至巔峰極限。回首來時路、易著德高自滿、顧影自憐而放縱肉欲。寵諛臣之讚我、眞堯舜主也。德蓋三皇、功高五帝。沈緬於虛無交譽佞給聲中老去。聖人作易、正懼時能呼風喚雨之你我、不能乘時立不朽之業、建萬世美名也爲可惜耳。久要能无忘平生之言乎？貞吉貞固足以榦濟乎？孟子曰堂高數仞，榱題數尺、我得志弗爲也；食前方丈、侍妾數百人、我得志弗爲也；般樂飲酒、驅騁田獵、後車千乘、我得志弗爲也。杜甫云願得廣廈千萬間、天下寒士盡開顏。孟子杜甫皆未得志、故其住所、飲酒、田獵，不能驗收是否有項籍之「富貴不還鄉、如衣錦夜行。」之相惜與同感。然其壯志足可爲天下得志王侯富家慚愧耳！口之於肥甘、體之於輕暖、耳之於聲音、便嬖在前任使令、能不墮落者幾希？貞吉二字、正勉立大志、雖未必人人皆可辟土地，朝美俄、莅中國、撫四夷。必使人人皆足仰以事父母、俯足養妻子。謹庠序之教、申孝悌之義可矣！志未酬，志未酬、問君之志幾時酬？此其時也！此其時也乎？

茲述易家箸六五、貞吉、升階之敘論如后：

象曰大得志。

王弼：升得尊位。體柔應納不距。　孔穎達：柔居尊、納九二不自專。保尊而踐祚矣。

李引虞：巽高、坤土、震升、高故升階。　引荀：陽作階、升居五、己降二相應故吉得志。

張載：使物皆楷己而升。得臣无家、堯志也；貞吉升階、舜之志也。

程頤：質柔必守貞固乃吉。若任賢不終、安能吉也。

蘇軾：貞於九二。土以生木爲功。阰升則六五爲得志。

張浚：德合天人。五若是可爲王爲帝矣！故曰大得志。

張根：舜之事，所謂盡善盡美。

朱震：五正二升、君臣道行、由是致治、五大得志也。

鄭汝諧：大得志謂聖賢遂其願、非志得君位。

李衡引石：柔居尊應二、中正得吉、如自階升堂尊極。

楊萬里：五武王故自君升爲王、拯民於水火。貴爲天子、富有天下豈吾志哉！

朱熹：當升居尊位、必能正固、可得吉而階升之易。

項安世：二升五得離明，堯遜舜時也。至五无所復升。

趙彥肅：貞乃吉。人由我升、我爲之階、進賢君道也。

楊簡：以禮升、舜禹是也。大得志出民塗炭、天地心也。
吳澄：二升五如升階然、坤三耦如地勢自下而高象階。
梁寅：天下不可階升、若致人之治、奚不可升！弱者病不能貞固。占貞吉、戒之也。
來知德：二因四求即覲君升階、上下相孚、其占如此。
王夫之：坤主延二上、五柔順爲志、不自以升爲吉也。
毛奇齡：五由中升坎爲得志。五比四臨于階。其象如此。
折中：五卦主不取君象。古三揖讓、發明貞吉之意爾。
李光地：五極高非中順之德莫能致此、但守貞固則吉。
李塨：五引天下賢士以升、爲天下得人、志大得爲何如者！
姚配中案：此喻紂能用文則中興易如升階然。
吳汝綸：陰自初至五、歷二陽故象歷階而升也。
丁壽昌引蘇：五柔中能下應九二、變剛故言貞吉。
曹爲霖：舜禹即眞、湯武應人順天語此。劉裕朱溫築受禪臺，不足言貞吉矣！
星野恆：柔不正、賴二輔佐成德、當守貞以得吉。
薛嘉穎：升有序故以階言。王宗傳升、蓋謂五也。
馬通伯：貞吉、久而獲吉。積小以高大、志此所以大得志也。
劉次源：升循秩序，俊傑在位，久則太平可致。正己風化大行、故大得志。

李郁：拾級而升、五升、三四遞進、各得正故貞吉。
徐世大：五祀異說多、諸說均有中霤。正指祭階爲代表。
胡樸安：用民衆前進如歷階上升。大得志言南征之事。
高亨：貞、占。升階步步上進、路無坎坷象。
李鏡池：階升、逐步發展。說得很泛、不知所指。
屈萬里：升階則將登於堂。
傅隸樸：五柔怎能升此尊位？應二、一時賢良都隨二升、堅固其剛中之應則吉。
金景芳：正得吉。升階到堂、五升到高處了。
徐志銳：柔中至五達到極限。得九二助、剛柔相際。二志得逞、大指二、故言大得志也。
張立文：卜問則吉祥。依次步步上進。

五有佛心慈悲、自小岐嶷即立大志、如釋迦佛甫出娘胎、即指天上天下、唯我獨尊。自小看重自己也。初之柔即知以謟而升、二利用人神互通、孚神即孚人、利見大人矣。三展沖天之志、南征其時乎？四亨名山、勢力已彌天下矣。五人生階段最高峰、聖人懼久要忘平生之言、特勉立萬世之志：在辟土地、朝秦楚、蒞天下、撫四海之餘、所謂貴升爲天子，富甲宇內，亦使人人皆足仰事夫母、俯足養妻兒子女；謹庠序之教、申之孝悌忠信之義。正固其志、如此而升階踐祚、象之「大得志」也者、三皇五帝堯舜之再生、吾懼其亦有所不能也！至謂得臣無家、尊賢用能、群策群力。大得志之君、善用人神之主、豈是獨夫？折衷案五卦主不取君象。高亨言步步上進、路無坎坷象。其順天應人、風化大行、吾亦恐其不爲天下主、天、人其舍諸乎！

孔穎達之保尊踐祚。張載謂得臣无家、堯志；貞吉、升階、舜志。張浚曰德合天人、可爲王爲帝矣！張根言：舜之事、所謂盡善盡美。楊萬里：五武王、貴爲天子、富有天下、豈吾志哉！項安世：堯遜舜時。楊簡：以禮升、舜禹是也。曹爲霖云：舜禹即眞、湯武應人順天語此。六五之不欲爲堯舜禹湯文武已不可能矣！至梁寅之謂弱者病不能貞固、漢仕以爲強者亦病不能貞固也。王夫之謂五柔順爲志、不自以升爲吉。夫之先生不知五之所從來耶？自幼即以生民計、聚天下才、爲天下得人，垂拱而治，五不以升爲吉、當仁而讓矣！六上豈是曹阿瞞忸怩作態者？夫之先生不知六五也。姚配中云：「喻紂能用文、則中興易如升階然。」孟子曰：不仁者可與言、則天下何亡國敗家之有！是紂之不能用文也！六五貞吉、大得志也者有其一貫性、姚之以五喻紂不祇孤掌難鳴、亦於理路之欠聰明乎！

結論：六五、久要不忘平生之言、立萬世之志，貞固足以榦濟、天下人皆仰望女階升爲天下之共主也。

上六、冥升，利于不息之貞。

象曰：冥升在上，消不富也。

王弼：處貞極進不息者也。故雖冥猶升也。施於不息之正則可。用爲物之主則喪矣！終不息，消之道也。

孔穎達：冥猶暗也。利於不息之貞，若冥升在上陵物爲主則喪亡，若潔己修身，施於爲政則以不息爲美，故利不息之貞。

李鼎祚引荀爽：坤暗昧，今升上故冥升。陰用事爲消，陽用事爲息。陰正在上，陽道不息，陰之所利故利于不息之貞。

程頤：六陰升極、昏冥知進不知止，然求升有時而用於貞正而當不息之事則宜矣。君子貞正終日乾乾、自強不息，上六之心用之於此則利也。小心貪求无已則何害如之。

蘇軾：冥者君子之所息。至上六宜息。於不息之正者可，孟子曰求則得之、舍則失之。求在我者、此不息之正者。求之有道、得之有命、求在外者、此不息之正者也。

張浚：巽順之至、剛德必衰，晦其宜也。白晦曰冥。非謂以冥獲升，謂處富貴，極至利害牽之、於升必冥。貞不息則有出晦之道。如日月之行地中也。六巽順極爲冥。

張根：升而不已必顚，修身如此則利莫大焉。

朱震：坤冥晦，陰不富，上六利極猶升不息，不知貞者仁義忠信、樂善不倦、此爲利。可已不已不利。易傳曰以小人貪求无已之心移於進德，則何利如之！

鄭汝諧：六爻大抵皆文王事。文王三分天下有其二、積小以大、巽下柔升、厥德不回、以受方國。上冥升謂紂猶在，其升猶冥冥也。惟以正爲利，不以富盛自居，是以不受命也。

李衡引石：升極是昧升之理。若能知時消息，守正即利。不更求進乃利也。　引牧：升至杳冥極无所往。衆湊己則耗多。故利自強不息。　引昭：升至不可升猶自升是冥升。不止必困、无以保富盛。孔子利不息之貞。疏非也。

楊萬里：上六陰邪小人，升極猶昧求升，宜其消亡不富也。非紂其孰當之？易變則通，移小人貪心爲求道正心，何不利之有！大哉易道。咸上六滕口之規，孟子好辯以明道。

朱熹：陰居升極、昏冥不已者也。占者遇此无適而利、但可反其不已於外之心、施之於不息之正而已。

項安世：三與上六正應。上六從申入亥，虛變爲冥，此乾居西北之時也，故曰貞。自物言之，消而不息謂之不富，自道言之，貞復爲元、坤上六乾實居之，何不利之有！

趙彥肅：不息之貞，終而復始无止也。

楊簡：冥升、不知其所以然而升。獨利於不息之貞，蒙以養正、乃作聖之功。文王不識不知、順帝之則；顏子三月不違仁，冥升之貞也。不息之貞、仁也。

吳澄：在青冥杳冥之上而陰、又昏暗故曰冥升。占位冥升不可過高也，唯進德不息而正主事則利。

梁寅：升不已必困，上六處極、乃將困之時也，故謂冥升。昏冥不知自反也。如能以升進之心施於不息之貞，則升於道德、聖人可至。中庸言愚必明柔必強，其不息之貞乎？

來知德：坤爲迷冥象。上六升極、昏于升而不知止。故聖人教占者惟利不息之貞、他非所利也。爲占者開遷善之門如此。

王船山：升至階而止。上六尤進而往即欲消之位，昧於升矣！上進處高危、所以延陽而安之於內。雖瀕消而貞志不移。貞不息而允合於義矣！

毛奇齡：冥者息也。坤爲永貞、貞不可息。仍于利貞示之意焉。升卦一從臨來，故曰元亨；一從小過來，利貞應于終。有似乎推易之法。此文王之志亦孔子之志也。

折中引徐之祥：豫上樂極故冥豫；升上進極故冥升。　案冥升與晉其角義同。進不能退者、冥升以柔故利不息之貞。皆勤於自治，不敢盛滿自居者也。

李光地：柔升極故冥升。升道不可極。知進不知退、悔厲難免。上柔、溺有冥象。惟宜固守自治守正則高而不危、滿而不覆。保終之道、莫過於此。

李塨：上六坤極、无所升。乃晻曖日晦，夜行不休，彼冥迷者、豈以下有巽利尚欲求富哉？不知陰終消索，何富之冀！苟求富之心以體道、則不息之貞昭格于天。

姚配中案：上陰得位、一體俱陰故利于不息之貞。此喻紂稍能自改亦可暫安。乃紂不用文、自困又困文、文王徒心惻耳。荀爽傳象曰：陰升失實、故消不富也。

吳汝綸：冥升、文王以自寄也。言冥升於上位。吾貞利不息也。太玄于晦擬之晦冥冥、利不明之貞。其測日晦冥在上、不得獨明也。此揚子以自寄也。

丁壽昌：釋文冥、闇昧之義。又日冥也。案易中消息盈虛，虛即消，不息則消、利于不息之貞，其不利于陽長可知。象傳消不富，言陰消陽非小人之福、所以戒小人也。

曹爲霖：思菴葉氏曰冥於消息盈虛之理，知得不知失，知進不知退。李斯淮陰輩可鑒！葛公鞠躬盡瘁、利不息之貞也乎！秦檜爲右僕射、此冥升之謂，趙鼎求罷、利不息之貞也。

星野恆：柔居極、冥而升、知進不知退。然位得其正，君子好義猶小人好利、無往而不爲義焉、升一也。寧滅其軀而不悟，此心之用於好義。

薛嘉穎：升極當退之時，時已消而不息，占守貞而不求進乃利。君子亦順其時而已矣。不息即消也。王應麟曰冥于升而勉其不息、回進善之機也。

馬通伯：升至五上、升道已成、且利貞矣。陽富者福也。升不已必困、死之象也。利不息貞、不息於其死也。通死生爲一貫是謂通乎晝夜之道。不息則死亦不息。

劉次源：上處坤極、陰消不富，故冥升于天、與天爲一。冥幽冥。天道不息、消此息彼、人能積誠爲之、動貞夫一，則時乘六龍翺翔于寥廓矣。

李郁：陽升至上、陰降于三，先王已歿、英靈常在，是爲不息之貞也。　傳象：陰不富、陽進陰消，以實爲虛，是消不富也。

徐世大：上爻爲特殊事故之祭。夜祭或有急要須卜問。不息屏氣息卜問。譯文夜祭，宜於迫不及待的卜事。

胡樸安：冥升者、所征國、其民不明大義、冥頑不服，謂武王進升於冥之國也。利不息之征、一時難服也。消滅必不能得民心、故象消不富。富、實也。升而遇困也。

高亨：冥夜。冥升者昏夜不休求進象。昏夜不休以求上進則必成功。故曰冥升、利于不息之貞。

李鏡池：冥：夜。不息：不停。　日夜不停地發展，是興旺發達的氣象。故吉利。　本卦可能概括从太王到武王，周公東征、國力不斷上升、不斷強盛的歷史。

屈萬里：冥升、言升之高也、上爻多稱飛、稱冥。　傳象古福富字通用。說文富从宀畐聲、畐古福字。　釋息言消則不福、所以利于不息之貞也。

傅隸樸：冥義暗昧。上六柔質位、升到極限仍不息求升、是暗昧行爲。世間萬事都有其極限、事業有止境。德業無止境。可升不息。唯有貞德。非貞不息、就不利了。

金景芳：冥升與冥豫、當然不是好的意思。周易折中引徐之祥說，折中按語，不是講壞。程傳講：「小心貪求无已之心。」是講壞。傳象「消不富」不好講。我沒有想好，大家研究吧。

徐志銳：上六陰柔上升于窮極之地、是昏昧不明者故稱冥升。只能固守不再生息爲宜。再一生息就要發生轉化。象傳消不富、陰爲不富。消減不盈能維持現狀，不然就要轉向反面。升極反降了。

張立文：尙（上）六，冥登（升），利于不息之貞。　譯：上六、夜晚仍求上進，占問則有利於不休止地前進。

林漢仕案：冥升、先集衆賢解釋：

象：冥升在上、消不富。

王弼：處貞極進不息者也，故雖冥猶升。
孔疏：冥猶暗也。若冥升在上陵物爲主則喪亡。
荀爽：坤暗昧，今升上故冥升。
程子：昏冥知進不知止。用不息則宜。貪求何害如之！
蘇軾：冥者君子之所息，至上六宜息。
張浚：向晦曰冥，非謂以冥獲升、六巽極爲冥利害牽之。
張根：升不已必巔。
朱震：坤冥晦。陰不富。上六利極猶升不息。
鄭汝諧：上冥升謂紂猶在、其升猶冥冥也。
李衡引石：升極昧升之理。引昭：升至不可升猶自升是冥升。不止必困。疏非也。
楊萬里：上六陰邪小人、升極猶昧求升。非紂孰當之。
朱熹：陰居升極、昏冥不已者。占者无適而利。
項安世：上六從申入亥、虛變爲冥、乾西北時曰貞。
趙秀肅：不息之貞、終而復始无止也。
楊簡：冥升：不知其所以然而升。不息之貞、仁也。
吳澄：在青冥杳冥之上又昏暗曰冥升。占不可過高。
梁寅：升不已必困。上六將困故謂冥升。

來知德：坤迷冥象。昏于升而不知止。爲占者開遷善之門。
王船山：升階而止、上六進往即昧於升矣。
毛奇齡：冥者息也。坤爲永貞。利貞應于終。此文王、孔子之志。
折中引徐：樂極故冥豫。案與晉其角義同。進不退者。
李光地：升道不可極、知進不知退、悔厲難免。
李塨：坤極无所升，晻曖日晦、夜行不休、彼冥迷者。
姚配中：喻紂稍能自改可暫安。不用文自困又困文。
吳汝綸：冥升、文王自寄。言冥升上位吾貞利不息也。
丁壽昌：闇昧。不息則消、不利陽長，非小人之福，所以戒小人也。
曹爲霖引葉氏：冥於消息盈虛之理、知得不知失、知進不知退：李斯、淮陰、秦檜也。
　此冥升之謂。
星野恆：柔極冥升、知進不知退、寧滅其身而不悟、君子好義猶小人好利。
薛嘉穎：占守貞不求進乃利。王應麟曰「冥升勉其不息。」不息即消也。
馬通伯：升至五上、升道已成、升不已必困、死之象。
劉次源：冥升于天、與天爲一、冥、幽冥。
李郁：陽升至上、陰降于三、先王歿、英靈常在。
徐世大：夜祭或有急要卜問、屏氣息卜問。

胡樸安：冥升者、所征國其民不明大義、冥頑不服。謂武王進升於冥國。

高亨：昏夜不休求進象，則必成功。

李鏡池：日夜不停地發展、興旺象。从太王到周公東征、國力不斷上升史。

屈萬里：冥升言升之高也。上爻多稱飛、稱冥。

傅隸樸：冥暗昧。升到極限仍不息求升是暗昧行爲。

金景芳：冥升與冥豫不是好的意思。折中案不是講壞。程子「小人貪求无已。」是講壞。

消不富、我沒想好。

徐志鋭：上六是昏昧不明者故稱冥升、只能固守不再生息爲宜。再一生息就要轉化。

張立文：夜晚仍求上進。占問有利於不休止地前進。

總上說計：

一、象冥升在上爲消不富。　如何消不富？陰消（死）陽息（生）、陰爲不富。是謂冥升在上不富亦消也。　朱子之謂「占者无適而利」意即保持現狀邪？王船山：升階而止，進往即昧於升矣。薛嘉穎引王應麟云「冥升勉其不息。」　徐志鋭云：「上六只能固守、不再生息爲宜、再生息就要轉化。」　以上爲主張上六不應更有所貪求、止於現狀即保有一切而利。

其次、爲有條件之雖冥猶升在上者：王弼之施不息之正則可用爲物主則喪。　孔疏在上陵物則喪亡；潔己修身、施於爲政、不息爲美。　程子：不息則宜，貪求何害如之。　趙彥肅：不息之貞、終而復始无止也。　楊簡：不息之貞、仁也。　來知德：為占者開遷善之門。教貞者利不息之貞。　毛奇齡：利貞應于終，此文王、孔子之志。　吳汝綸：文王自寄，言冥升上位、吾貞利不息。　星野恆：君子好義猶小人好利、寧滅其身而不悟。高亨：昏夜不休求進象、必成功。　李鏡池：日夜不停發展、興旺象。　這其中「不息」二字之釋又有出入。薛嘉穎以「占守貞不求進乃利。」故王應麟之謂「不息」，「不息即消」解。而本階段「不息為美。」「不息之貞。」不能以消息盈虛之消息著墨。蓋彼消此息、彼亡此生也。不自之貞之息、與自強不息、生生不息之息義同。冥之在上仍能保持不息之正、潔己修身也，毛故謂此文王孔子之志。

三、謂上六昏昧之極、陰邪小人、不可升猶自升。說者有：朱震謂上六利極猶升不息。李衡引昭：升至不可升猶自升是冥升。　楊萬里：上六陰邪小人，升極猶昧求升、非紂孰當之。　朱熹：陰極昏冥不已者。　楊簡：不知其所以然而升。　來知德：昏于升而不知止。　曹為霖：知得不知失、知進不知退。　星野恆：知進不知退、寧滅其身而不悟。傅隸樸：升到極限仍不息求升、是暗昧行為。

四、謂上六再升、宜息。息者生也。即轉入困。　說者有蘇軾：至上六宜息。　張根謂升不已必巔。　李衡引昭謂不止必困。　趙彥肅謂終而復始无止也。　梁寅：升不已必困、上六將困故謂冥升。　折中引徐：案與晉其角義同、進不退者。　李光地：知進不知退，悔厲難免。　丁壽昌謂闇昧、不息則消、不利陽長。戒小人也。　馬通伯：升不已必困、死象。徐志銳生息就要發生轉化。

五、個別訂冥升定義者：張浚：非謂以冥獲升、六巽極爲冥利害牽之。如吳澄之在青冥杳冥之上又昏暗故曰冥升。　李塨：晻嗞日晦、夜行不休、彼冥迷者。　劉次源：冥升于天、與天爲一。　李郁：陽升上、陰降三、先王英靈常在。　徐世大：夜祭或急要卜問，屏氣息。　胡樸安：所征國其民冥頑不服。　屈萬里同吳澄冥升之高。上爻多稱飛、稱冥。

綜上五說：一、止於上六現狀即利。二、有條件之雖冥猶升、其條件爲不息之貞、不息則宜。三、昏冥小人，不可升猶自升、不息求升是暗昧行爲。四、升不已必困、死象、要發生轉化。五、個別細分：⑴非以冥獲升、利害牽之。⑵杳冥之上昏暗。⑶晻嗞日晦、夜行不休。⑷冥升于天、其天爲一。⑸陽升陰降，先王英靈猶在。⑹夜祭或急事卜問。⑺所征國其民冥頑不服。⑻上爻多稱飛、稱冥。

初六允升，大吉。初岐嶷謟佞、人見人喜、大吉允升。　九二、孚、乃利用禴，无咎。九二因利用禴祭感格人神、善補過也、所以无咎。　九三、升虛邑。九三努力開發空間、施展抱負。　六四、王用亨于岐山，吉、无咎。六四氣候成熟、不失契機，名山享祭，勢力彌天。經營神器，痕迹斑斑。　六五、貞吉、升階。六五登堂矣，入室矣，久要不忘平生之言，貞固足以斡濟，天下人皆仰仗女之入主中原也。　上六、冥升，利于不息之貞。暮年幹勁依舊、老當益壯，戒之在得，宜以不息之貞利國利民、貫吾道以一也。耆年功業動鄉關，千秋萬世，此其時也乎？

陸績云：合抱之木、生於毫末。今合抱已成、可以遮蔭、比祐下人矣！然人非草木也！故以張根傳象之謂「始乎為士、終乎為聖人，君子之升蓋如此。」以勉上六，史家如椽大筆俟機而動、能无懼乎？故上六雖冥猶不斷提升境界、不朽功業在于利不息之貞乎？在于利不息之貞也。卦辭許以元亨、大亨吉者、此其時也。

䷮ 困（澤水）

困，亨。貞大人吉，无咎。有言不信。

初六、臀困于株木，入于幽谷，三歲不覿。

九二、困于酒食，朱紱方來，利用享祀，征凶，无咎。

六三、困于石，據于蒺藜，入于其宮，不見其妻，凶。

九四、來徐徐，困于金車，吝，有終。

九五、劓刖，困于赤紱，乃徐有說，利用祭祀。

上六、困于葛藟，于臲卼，曰動悔，有悔。征吉。

䷮ 困，亨。貞大人吉，无咎。有言不信。

彖曰：困，剛揜也。險以說，困而不失其所亨，其唯君子乎？貞大人吉，以剛中也。有言不信，尙口乃窮也。

象曰：澤无水，困，君子以致命遂志。

鄭玄：坎月，互離日，兌暗昧，日所入也。上弇日月之明，猶君子爲小人所不容，故謂困。雖困，居儉能說，是以通而无咎也。（集解）

陸績：上下不應，陰陽不交，三陰上六亦陰，无配。入九五求陽，陽亦无納也。（京氏易傳注）

王弼：困必通。處窮不能自通者小人也。困而得无咎吉乃免。

孔疏：小人窮斯濫矣！君子不改其操，不失自通之道。處困能自通，必是履正體大之人，正身修德，故誡之以有言不信。

李鼎祚引虞翻曰：否二之上乾坤交故通。貞大人吉謂五，无應宜靜則无咎。震爲言，折入兌故有言不信，尙口乃窮。

張載易說：升不已必困，故受之以困。困于險下，柔不自振，非窮而能亨致命遂志者也。

程頤：如卦才則困而能亨、且得貞正、乃大人處困之道也。樂天安命，況隨時善處，復有咎乎？有言不信，當困而言，人誰信之！

傳彖：以口免困、致窮，故有尚口之戒！

蘇軾：困者坐而見制，无能爲之辭。二爲初三揜，四五爲三上揜。二剛中謂貞於大人後吉者五也。水潤下者，在澤下爲澤无水。命與志不相謀者也，故各致其極而任其所至也。

張浚：自否變、君子宜困。三陰挾說險之資、外示和易內蓄姦阻是以困。困以剛中爲貞，貞迺亨，大人居困而吉、无可咎。大人指二五。小人以是爲非，言无益也。文王孔子樂己之道、忘身之困、道傳後世，厥亨孰大！

張根：惟大人能以正而免、況尚口乎！處困之難如此。兌爲口而在上故曰尚口。　傳象：卷而懷之。

朱震：四五之剛爲三上所揜。二剛爲初三揜，陷蔽不伸、君子窮困窒塞之時。剛中而正、文王周孔是也。故曰貞大人吉，以剛中也。見揜天也，上六兌口有言，无應不信也。困而言、人誰信之。若崇尚口才適以增窮矣！

鄭汝諧：九二陷於中，四五爲上六所揜，是以困。坎難也。兌說也。困而安於難則不失其所亨。困而取說於人，尚口乃窮也。君子觀卦之辭則知處困之道。餘從程氏。

李衡引虞：吉謂五。在困无應宜靜則无咎。　引陸：柔掩剛、二見掩不失中、與五同志、是以亨。　引石：君子雖困、長守正道、瞬發畎畝、文王囚羑、守正後亨。　引侁：剛見揜不失中所以亨。　引房：困亨者正也。

楊萬里：剛揜於柔，君子揜於小人，能不困乎？亨不于身，于心。身困心未嘗困也。剛中者百險不能隕其正；正己者千憂不能喪其說。烏往不亨？此大人之事。又何咎？

朱熹：窮不能自振義。坎剛兌柔揜。處坎險而兌說、身困道亨也。占者處困能亨則得正、非大人孰能。二五大人象。明不正小人不能當。不信戒爲當務、晦默不可尙口益取困。

項安世：上九降二爲陰揜、困以成卦言。當坎不失說故亨、以重卦言。困時剛得中貞勝、九二言。困時不失亨。大人能致吉无咎。謂九二也。

趙彥肅：險在內而說、非出險之義，乃處險之義，故爲困。不曰險而說者，以說處險、有致力之義。　困時、求所以不困者。

楊簡：此卦剛爲柔揜故困。坎險兌說、惟君子則然、不以富貴賤貧而加損、宜其不以困失亨也。然至貞正、爲大人乃吉无咎。子路死子羔去可以爲君子、不可爲大人之貞。

吳澄：困、窮瘁也。象木在□中。占雖困可亨。剛中大人正主事者、以此則吉。貞其事吉可无咎。兌口有言、以言傷人，其言誣不實不能困人也。

梁寅：處險而說，身雖困而道自亨故曰困亨。常人安榮以喜、處困戚戚以悲，烏有險而能說！得正有大人之德、吉而无咎矣。當默避患斯可矣。如坤六四括囊是也。

來知德：困、窮病也。聖人教人處困之道。言處困能亨則得其貞、貞由于亨也。欲以言求免、東坡處困多辯舌，文足欺人耳。三五大人，坎耳痛不聽、有言不信象。

王夫之：陰揜陽謂之困。陽道本伸、屈則困。大人處困以貞爲道。守君子之塞，智不施、勇不用、不尙介然之操、成乎硜硜小節！退藏於密以俟命，豈暇言哉！故无言也。

毛奇齡：水能漏澤困、柔能掩剛亦困。困能通、惟陽剛君子為能不失其所。故二五剛中足濟困。恃兌口言辭相抵攔、小人處困、窮可知矣！虞氏謂震為言折入兌故有言不信。

折中案：非處困能亨，蓋窮、所以動心忍性、因屈致伸、必有亨理也。惟守正大人能進德道屈之時。信疑當作伸。不信則人不行己言。夫子窮解、則信當為屈伸之伸。

李光地：二體言坎剛為兌柔揜。六爻言、四五為上六揜，九二為六三揜。澤水、水不能出澤是水涸亦困義。居困守正則吉无咎。默者守困之道，戒有言不信。

李塨：陰勝于陽則戰，戰則陽可復。猶非困也。今坎剛為兌柔掩，狀似悅陽、實蔽陽令自困。遭困不失其所居地則處困而亨。惟君子大人能！徒恃口自解說、困言人難信之！

孫星衍引釋文揜，本又作掩。於檢反。李於範反。虞作弇。

姚配中案：處困之時，不見信於人，故有言不信。　傳彖案困者德之辯。內省不疚於道、臨難不失其德、霜雪降吾知松柏之茂也。又案：兌口在上故尙口、澤无水故窮。處困時非口舌所能辯也。　傳象案水涸故无水。

吳汝綸：剛弇、太玄擬為窮。云陰氣塞宇、陽无其所。困亨、困不失其所也。貞卜問者為大人則吉。困之亨非衆人所能喩。說苑孔子云「唯賢者獨知而難言之」是其義矣。

丁壽昌：釋文困窮，廣疋困悴。王虞貞大人吉句。程以貞句非也。揜又作掩。弇古文。易二五皆可稱大人。蘇蒿坪曰有言兌象。坎疑不信象。惠定宇困不失其所句是也。

曹為霖：蘇傳云困者無可如何之詞也。思菴謂坡公說困、眞如漢帝圍白登、孔子厄陳蔡，妙絕。來氏曰上六掩四五、小人在上位也。三掩二、前後左右皆小人也。

星野恆：困窮之義。九二爲二陰揜、四五爲上六揜。陽屈不自振。九二剛中不失其正爲吉无咎也。徒欲口舌求免、有言不信！君子處世窮不失義、達不離道惟剛中大人能。

馬通伯：沈該曰下坎爲心、上兌爲口。維心則亨，尙口則窮。其昶案：坎陽既陷於陰、又居巽離兌三陰之下，故獨爲剛揜。夏宗瀾安貧守困、讜言致罪，危行言遜足容。

楊樹達：說苑孔子絕糧、子路慍見、子曰居不幽則思不遠、身不約則知不廣。唯賢者獨知而難言之也。後漢書郎顗傳唯獨賢聖之君遭困遇險、能致命遂志，不去其道。

劉次源：困者心境不克自振。困者亨之機，困能說斯爲聖賢心。心亨何病？困而心不失道、百折不撓、唯大人擇善固執。尙口乃窮。此樂心知、告人人不信、未足與凡庸論也。

李郁：困守義卦。困徒求苟免則無恥。困否類。九五卦主。處困要變通。大人指九五、不宜動故貞大人吉。剛中故无咎。兌口有言。出口不誠、聞之者亦不信也。

徐世大：困說文故廬也。此借爲困阨之困。人間困多達少，故困爲普遍。卦實爲求援求恕之辭。大人困、其回旋綽有餘。譯：困阨：普遍，長久。大人好，請不多說，不相信。

相樸安：說文困故廬也。引伸困窮。困記種種困窮事。處困時內審己外審人，雖困猶奮鬥也。大人謂武王。大人處困有以自處、事吉理无咎。有仁義言，所征國民不信也。

高亨：困卦名、亨即享字。筮遇此卦、大人則吉而无咎。筮遇此卦、所聞之言不誠。說文：信誠也。

李鏡池：這是刑獄專卦。言借爲愆，罪。信、伸、說清楚。有罪无法申辯清楚，就要受刑入獄。貞大人吉屬另占。

屈萬里：人或有言，亦非誠信。經義述聞：家大人曰：揜即困迫之名。剛揜者、陽氣在下、困迫不能升也。釋文本又作掩。謂掩蔽也。尙口出口，猶矜伐，不信故窮。

傅隸樸：困是道窮力竭的境遇。人生在世、不論立功立德、目標越大、困難越多。冒險鬥智乃處困須懂的一門哲學。君子坦蕩蕩、處之泰然。惟居中履正大人能「素患難行乎患難。」若飾巧言以解脫，不唯不能見信於人、反增困窮。

金景芳：大象認爲澤无水、彖傳認爲剛掩蔽。從卦辭看、困時怎樣怎樣。孔穎達說：「道窮力竭不能自濟名困。」只有君子處困能亨。孔子說君子固窮，小人窮斯濫矣！在困的時候、倚靠自己申辯、越講越不好。

徐志銳：道窮力竭、難以自濟。剛被柔圍困。惠棟訂正：「困而不失其所句、故亨。」比較通貫。卦體坎險兌說、雖窮困不改所樂。陰陽對立、守正不搖、逆轉順故貞大人吉。唯二五剛中能。柔口舌討歡、久則有言不信更窮困。

張立文：困，亨。貞大人吉，无咎。有言不信。　譯：困、亨祭。占問大人則吉祥，沒有災患。他人有言、其言不可信。　聞一多言爲忠言。有釋爲讒言。

林漢仕案：困、窮也。極也。危也。苦也。方言十三，又廣雅釋詁三、困、逃也。困亦可釋爲亂，如論語不爲酒困。集解引馬注：「亂也」。漢仕以爲釋「逃」更傳神。蓋酒者，味美、所以養老也，所以養病，所以合歡也。又酒者乳也、王者法酒旗以布政、施天乳以哺人。古微書引春秋元命苞。又酒者天之美祿。百藥之長（漢書食貨志下）論語不爲酒亂、表示有節。似不及不爲酒逃豪邁，以酒養老、以酒合歡、施天乳以哺人。如此美祿當前、如何逃？淵明陶公、其詩篇篇有酒、清人評曰、吾觀其意不在酒、寄酒爲跡者也。其自題飲酒幷序云既醉之後、輒題數句自娛。「但恨多謬誤、君當恕醉人。」明人評爲不露一毫道學腐痕。似正似諧。我醉欲眠君且去。似醉而實未醉、多率性！李白之「會須一飲三百盃。」「三杯通大道，一斗合自然。但得醉中趣，勿爲醒者傳。」「美酒三百杯。」「酒酣心自開。」從濂明李白詩中可味出醉翁之意也。淳于髡之可飲一石。諷齊王酒極則亂、樂極則悲、蓋醉生夢死之長夜飲者乎？孔聖人當無是也、故自謂不爲酒逃。有聖人之量可也、若爲俗人則易過量爛醉爲亂耳。卦辭困、亨。如何困中求亨？且輯先賢衆說以見其意：

彖：剛揜、困也。險以說、困不失其所亨、其唯君子乎？

象：澤无水困。君子以致命遂志。

鄭玄：猶君子爲小人所不容故困，居儉能說、通无咎也。

陸績：上下不應、陰陽不交。无配无納。

王弼：困必通。處窮不能自通者小人也。

孔穎達：小人窮斯濫矣！君子正身修德不改其操，不失自通之道。

張載：升不已必困。困于險下、非窮能亨致命遂志者。

程頤：如卦才則困而能亨。且得正、乃大人處困之道也。
蘇軾：困者坐而見制、无能爲之辭。命與志不相謀者也。
張浚：三陰挾說險之資、外示和易內蓄姦阻、是以困。困以剛中爲貞、貞迺亨。
朱震：剛爲柔揜、君子窮困窒塞之時。剛中而正故貞吉。
鄭汝諧：坎難、兌說。困而安於難則不失其所亨。
李衡引石：君子雖困、長守正道、舜發畎畝、文王囚羑。是以亨。　引房：困亨者，正也
楊萬里：君子揜於小人、能不困乎？身困心未嘗困也。剛中、百險不能隕其正、千憂不能
　喪其說、烏往不亨？
朱熹：窮不能自振之義。處坎險而兌說、身困道亨也。
項安世：困以成卦言。當坎不失說故亨，以重卦言。困時不失亨、大人能致吉，謂九二也。
趙彥肅：險在內而說、非出險之義，乃處險之義故困。以說處險、有致力之義、求所以不
　困者。
楊簡：剛爲柔揜故困。坎險兌說、不以富賤加損、宜其不以困失亨也。
吳澄：困、窮瘁。象木在□中。占雖困可亨。
梁寅：處險而說、身雖困而道自亨，故曰困亨。
來知德：困、窮病也。聖人教人處困之道。
王夫之：陽道本伸、屈則困。

毛奇齡：水能漏澤困，柔掩剛亦困。困能通惟剛不失其所。
折中：非處困能亨。所以動心忍性因屈致伸、必有亨理。
李光地：坎剛爲兌柔揜。居困守正則吉。
李塨：遭困不失其所居地則處困而亨、惟君子大人能。
姚配中：困者德之辯。內省不疚於道、臨難不失其德、霜雪降吾知松柏之茂也。
吳汝綸：陰氣塞宇、陽无其所。困亨、困不失其所也。
丁壽昌：釋文困、窮。廣疋困、悴。揜又作掩。弇古文。
曹爲霖：思菴謂坡公說困、妙絕。無可如何也。
星野恆：陽屈不自振。九二剛中不失其正。君子窮不失義，達不離道。
馬通伯引夏宗瀾：安貧守困、讜言致罪，危行言遜足容。
楊樹達：說苑子曰居不幽則思不遠，身不約則知不廣。後漢郎顗傳：聖君遭困能致命遂志、不去其道。
劉次原：困者心境不克自振。困者亨之機。困能說、斯爲聖賢心。困而心不失道。
李郁：困、守義卦。困徒求苟免則無恥。
徐世大：說文困故廬也。此借爲困阨。困多達少故譯普遍。
胡樸安：處困時內審己外審人，雖困猶奮鬥也。
高亨：亨即享字。困、卦名。

李鏡池：這是刑獄專卦。

屈萬里：陽氣在下、困迫不能升也。

傅隸樸：困是道窮力竭的境遇。乃處窮困須懂的一門哲學。素患難行乎患難。若飾巧言、反增困窮。

金景芳：孔子說：君子固窮、小人窮斯濫矣。

徐志銳：道窮少竭，難以自濟。雖窮困不失所樂。

張立文：困、享祭。占問大人吉祥、沒有災患。

卦中出現困之圖騰有：

1.剛揜。二爲初、三揜；四五爲三、上揜。坐而見制。（彖、蘇軾）

2.澤无水困。水能漏澤、困。（象、毛奇齡）

3.上下不應、陰陽不交。无配无納。（陸績）

4.升不已必困。困于險下。（張載）

5.坎難兌說。百險不能隕其正，千憂不能喪其說。（鄭汝諧、楊萬里、朱熹，項安世）

6.困：字書謂故廬、象木在□中。（吳澄、徐世大）

7.困：釋文窮。廣疋悴。困窮病。（來知德、丁壽昌）

8.說理之困：處困時內審己外審人。說苑子曰：居不幽則思不遠、身不約則知不廣。處困哲學。（楊樹達、胡樸安、傅隸樸）

9. 困、卦名。亨即享字。（高亨，張立文）

10. 刑獄專卦。（李鏡池）

謂三陰揜剛、外示和易、內蓄姦阻、是以陽困者尚有張浚、楊萬里、楊簡、王夫之、吳汝綸等。趙彥肅亦謂險而說、非出險之義，乃處險之義、故困。以說處險庶有致力求所以不困者。漢仕以爲見險而說乃冒險家輩、不險不說、愈險愈說。乃天生愛找刺激而本身具有大能者、亦多能視險如夷。正乃出險之義。如趙言以說處險、乃不得已墮險中、正是處險之義、故困。然有致力求不困如趙言。前者無事尚找事、後者遇事能相機調整、然目的在出困。又不止出困，亦挑戰困、向困挑戰。

謂柔揜剛、二爲初與三揜、四五爲三上揜。蓋困卦也。

初四有不正之應，與陸績所謂「上下不應，陰陽不交。」不符、初柔四剛、應也。柔可包剛、剛亦可包柔！九二與九四不正困六三？陰陽本以比應爲悅、今因「困窮」卦義而加陰於罪爲「外示和易、內蓄姦阻。」不足以服悠悠衆口也。

澤無水則乾涸。既名爲澤，水如何能漏澤？（毛奇齡）澤涸似窮困，以改變原來狀態言。毛謂漏澤之水乎？漏入地層中耶？澤漏豈非大澤可成大途耶？大途則通矣，通則不困矣！張載謂「升不已必困。」事實從初爻起至九二、六三、九四、九五、上六、爻爻皆困，非是因升不已必困。步步困、爻爻困。　又字書之困曰廬也，象木在囗中，又釋文廣疋之謂窮、悴、窮病、似皆不能置坎兌於窮止不動。澤水可以滲入泥土，可以飛昇上天，蒸發也。

可以飲爲人畜百果、可以……入土、上天、飲、澤水皆離其地也，旣離其地、如何謂之困？吾故以方言、廣雅稱困爲逃釋困卦爲逃卦也。試觀初爻之臀困、身困也。身逃離株木，轉入幽谷。本當升喬木、今反入幽谷、分明誤判，致三年不被人見亦無所見。九二逃于酒食，逃飯局、逃酬酢。九二有剛中之德而爲卦主，得君加寵命故朱紱方來，而二逃于祿、逃于寵。象故曰中有慶也。是以逃爲是也。若以爲時可而祀鬼神、饗於人，進此一步則有閃失，凶也。所以仍然无咎者、善補過也。六三逃出石室、又値石室外荊天棘地、即使入得自家門院、但妻小不見矣、有所失而悔吝也。九四再次起用、蒙君召我以金車、內心不定、逃不受召、人生起伏若是。決定逃召爲吝，然有終、得崇高節名。九五居尊、成德，然不能行其志、逃于赤紱、乃徐而脫去、過一介平凡生活、祭告神明、鯢卼不安之志或得安矣！上六逃葛藟，逃鯢卼，逡巡忸怩，牽也。戒以不動爲宜，蓋動必有悔也，即不動本身亦有小疵。依正道而前行則有所得而吉也。

卦辭以逃爲通，逃則亨通。若依鄭汝諧等之謂：「困而安於難則不失其所亨。」梁寅之：「身雖困而道自亨。」李光地之：「居困守正則吉。清鴉片戰後廣東巡撫葉名琛，妄想以民制夷，其不戰、不和、不降，自比文天祥爲俘虜之志節，徒爲千古笑柄。孔孟之重視權，「執中無權、猶執一也。」只知困而安於難以待道亨，如此守正守道、孔子當斥之「未可與權」道也。

所謂貞大人吉、无咎。有言不信者：彖以剛中也，尙口乃窮也。　鄭玄：居儉能說，是以通而无咎。　孔疏：處困能自通、必是履正體大之人。　虞翻：貞大人吉謂五。无應宜靜則无咎。震言入兌故有言不信。　程頤：大人處困、樂天安命。當困人誰信之。　蘇軾：二剛中謂貞於大人後吉者五也。　張浚：大人指二五、小人以是爲非，言無益也。　張根：惟大人能以正而免、況尙口乎！　朱震：剛中而正、文王周孔是也，故貞大人吉。无應不信也。　鄭汝諧：困而取說於人，尙口乃窮。李衡引虞：吉謂五、困无應宜靜則无咎。引石：舜發畎畝、文王囚羑、守正後亨。　楊萬里：身困心未困，剛中者百險不能隕其正。　朱熹：二五大人象。不信戒爲當務。　項安世：大人能致吉无咎，謂九二也。　趙彥肅：困時求所以不困者、以說處險、有致力之義。　楊簡：至貞正、爲大人之貞乃吉无咎。吳澄：貞其事吉可无咎。其言誣不實不能困人也。　梁寅：得正有大人之德、吉而无咎矣。來知德：三五大人，坎耳痛不聽，有言不信象。　王夫之：大人處困以貞爲道、守君子之塞智不施，勇不用。退藏於密以俟命，豈暇言哉！　毛奇齡：二五剛中足濟困。恃兌口言辭相抵攔、窮可知矣。　折中：惟守正大人能進德道屈之時。信疑當作伸。　李光地：居困守正則吉无咎。戒有言不信。　姚配中：處困時不見信於人，故有言不信。　吳汝綸：貞卜問者爲大人則吉。困之亨、唯賢者獨知而難言之。　丁壽昌：易二五皆可稱大人。坎疑不信象。　曹爲霖：思菴謂坡公說困妙絕。來氏三上小人也。　星野恆：九二剛中不失其正爲吉无咎。徒欲口舌求免、有言不信。　馬通伯引：危行言遜足容。　楊樹達：賢聖遭困遇險、能致命遂志，不去其道。　劉次源：心不失道、百折不撓，唯大人擇善固執。

未足與凡庸論也。　李郁：九五卦主。處困要變通。大人指五。不宜動故貞大人吉。剛中无咎。不誠聞亦不信。　徐世大：大人困、其回施綽有餘。　胡樸安：雖困猶奮鬥。大人謂武王。仁義言、所征國民不信也。　高亨：筮遇此卦、大人則吉无咎。　李鏡池：貞大人吉屬爲占。屈萬里：猶矜伐，不信故窮。　傅隸樸：人生在世困難多、冒險鬥智乃處困哲學。君子坦蕩蕩，素患難行乎患難。飾巧言反增困窮。　金景芳：孔子說君子固窮、小人窮斯濫矣！　徐志銳：雖窮困不改所樂。逆轉順故貞大人吉。唯二五剛中能。柔口舌討歡、久則有言不信更窮困。　張立文：占問大人則吉祥。沒有災患。他人有言不可信。聞一多謂忠言、有釋讒言。

鄭玄之居儉能說。儉當作險也。來知德：三五剛中大人象。三當爲二，手民之誤。來氏痛斥蘇軾處困多辯舌、文足欺人。曹爲霖引思菴謂坡公說困妙絕。見仁見智也耶？大人：張浚等指二五，項安世等謂九二。蘇軾謂二剛中貞於九五大人。毛奇齡謂二五剛中足濟困。項氏以九二卦主、李郁以九五爲卦主。大人有謂舜發畎畝、文王囚羑。有謂大人武王。或泛言唯大人則吉。皆謂大人足以濟困、咱家涯則以爲六爻皆困、九二逃酒食、逃朱紱、困也。九五不安而逃赤紱。蓋困有大小、若朝秦楚而蒞中國、朝美俄而蒞宇內。謂剛中能也、其實有所不能也。困卦濟困而已矣！而二五亦有其所困、困酒食，困赤紱。傅隸樸引孔子素患難行乎患難。金景芳引孔子說君子固窮。何氏註曰君子固有窮時。程子曰固守其窮。趙順孫言亦通。又引胡氏曰身唯窮而道通。陳大齊則引竹添光鴻謂程說非也。陳又云堅守困窮、不能謂孔子的基本思想、里仁說貧與賤，是人之所惡也，不以其道、得之不去也。可見孔子並非要堅守貧窘。中庸之謂素貧賤行乎貧賤。注蓋君子無所往而不自得、惟爲吾所當爲而已！君子固窮：君子固有窮時；素患難……蓋君子無所往而不自得。若以此釋困亨、逃亨，或以困爲窮，君子固有窮時其義可通。九二、九五、一逃酒食。蓋有不可勝食之肉山酒海也。（毛奇齡、李塨言）又朱紱方來。九丑逃于赤紱。姚配中謂喻文王終以臣節終也。吳汝綸曰五在諸侯之位。九五象志未得而逃赤紱也。傳說清順治皇帝之「朕爲大地山河主，憂國憂民事轉煩。百年三萬六千日，不及僧家半日閒。」困于赤紱也。近代英國有不愛江山愛美人之國王、當兩者不可得兼時，寧攜美人遠走他鄉、自我放逐、老死異邦。亦困于赤紱也。二五皆能利用享祀、其從容可知矣，上六更有征吉字樣。李鏡池謂另占。无咎者善補過也。逃時無論忠言讒言皆不能入耳也。

初六，臀困于株木，入于幽谷，三歲不覿。

象曰：入于幽谷，幽不明也。

干寶：兌爲孔穴，坎爲隱伏，在下而漏。孔穴臀之象也。

九家易：臀謂四，株木三也。三體木，澤无水，兌金傷木，故枯爲株。初者四應，欲進之四，四困于三故曰臀困于株木也。（集解）幽谷二也。三陽數陷陰爲陰弇終不得見也。

王弼：最處底下，沉滯卑困，欲之，二隔其路，居則困于株木、必隱遯者也。以困而藏，困解乃出故曰三歲不覿。

孔疏：處困時，陰居窮下、沈滯卑困，居不獲安，若臀之困于株木。應四二隔，居困進不獲拯，勢必隱遯者也。困不過數歲乃出，故曰三歲不覿。

荀爽傳象：爲陰所弇故不明。

司馬光易說：谷者險而窮下之象也。

張載：處困者正乃无咎。居非得中，故幽而不明。

程頤：六陰處至卑、又居坎下、困不能自濟、四不中、居陰不正、惡能濟！株木无枝葉、不能庇物，臀所以居，无庇不得安居，益迷闇妄動至三歲不遇所亨。不覿不遇也。

蘇軾：困之世見擠不見侵。初擠二有待三、三臀也。臀得其所據後其身能有所爲，今困，身且廢矣！柔擠剛，入谷者也。有配在四而不善二，是以三歲不得見也。

張浚：三陰株木蒺藜象。秋冬草木彫落，困之時也。初應四互巽、兌金制之、初從二陰困君子、己亦以自困、臀困謂不可以有行也。入谷趨險不反，互離不覿其明，自初至四爲三歲。

張根：困初最在其下，險難方熾、深藏乃免。

朱震：四否艮在上體之下爲臀。四陽居陰不安其居，臀困于株木者也。初柔不正、四剛不中、迷謬自四返二、又深陷猶入幽谷，窮困益甚。初私見不正四，歷三爻三歲也。初坎下不明，處困之道、安靜自守而已。

鄭汝諧：剛擠于柔爲困。柔亦困。初以柔處下，困无所託，如臀困乎枯木，不可安處也。幽谷坎底也。三歲之久不能有所覿。二四雖陽，我陰闇安能遽出困！三歲言困久。

李衡引陸：陰處下臀象。失位困極、陰暗無所睹見。性滯至三歲不覿。引牧：困必坐求安、臀坐之任。退轉入谷、三歲久也。引昭：株木二也。初暗劣入谷、自初至四歷三爻三歲。

引房：有應反退入谷、自困不明也。

楊萬里：在下无位小人揜君子、初六是也。所幸求四應，四自厄於困如枯株不能庇，退伏二下自墮坎底、如幽谷无所覿，欲困九二而不能。下體故爲臀。自困自幽，小人亦何利哉！

朱熹：臀物之底。困于株木、傷不能安。初柔困底、居暗之甚、故其象占如此。

項安世：初在坎下故入于幽谷。即坎之初爻入于坎窞也。初加臀謂九四也。初四正應欲藉以拯困、四巽木爲兌金所折故臀困于株木象。初深入坎下是以不覿不明。

趙彥肅：二坎之中爻，爲陰所困，不能發茂如株木然。　困人者人亦困之。三陰本欲困陽、亦受困。如噬嗑，陰陽相噬。

楊簡：株木九四象。木能庇下。四不足庇初，故臀困於株木。坎下耦畫有闕、入幽谷象。三歲無所覿見，幽不明也。不言凶者、困雖君子大人不能免。吉凶在人也。

吳澄：臀謂四、株後人加木、朱木之中身，臀困不能動，四欲拯初不能來。初不得正應之助故入幽谷不能自拔以出困也。雖三坎數三歲之久不能上覿四之正應也。

梁寅：在下處不安、臀困于株木象。株木非可坐之物，坐不安可知。入幽暗而无嚮明之時，坎險幽谷象。困亨唯君子能之。初以陰在下不正、益困固自取也。

來知德：困者柔揜剛、小人困君子。株、根也。覿見。不覿二與四也。初遠與四應、近與二比，然才柔故坐木根入幽谷、不得見二四象、欲困君子反自困。即象而占可知矣。

王船山：困人者未有不自困者也。不明理、不明勢，守株困坐待斃也。株木、木被伐徒莖无枝葉者。剛進初阻於下，祇以自困、三歲終不屈而慙伏自匿。占者雖有小人懷害之心、不足慮，聽自消沮閉藏而已！

毛奇齡：夫困豈獨陰困陽、陽亦困陰。下體爲臀。初陰一畫比堅木、動輒有礙，是臀困于此株木也。當最下如幽谷、歷三歲、雖二四互離無所覿。離爲明、幽即不明耳。

折中引張清子：坐則臀爲下，初六困而不行，此坐困之象。　案：初不能自遷喬木，坐困株木之下。在人則卑暗窮陋不能自拔者。言臀況其坐而不遷也。

李光地：剛能處困，柔不能也。君子困爲時之窮，小人往往自取。此爻陰居下當困，故有困于株木、入于幽谷象。塞不知通，昏不求明，日就昏塞而已！

李塨：卦本柔揜剛而困、然剛不可困、陰亦困焉。坎臀。一陽逼于後、比堅木，有根株无枝葉，臀困于此。坎重窞、初下如幽谷。坎離反故幽不明。歷坎盡必三歲不覿。

孫星衍引集解陸希聲曰坎以木爲堅，多心株木之象。（會通）

姚配中案：坎爲臀。株木根也，謂伏離。科上槁。初失位故困。火涸水也。株木喻惡，坎爲隱伏。初最下離伏不見故入於幽谷。離三爻三歲。火爲水滅是以不覿。（初陽爲陰揜）

吳汝綸：臀在下體之上謂三。株木二也，幽谷初也。陰自三爲二所困入于初，自初至三爲三歲。王注此爻隱者入于不明以自藏也。

丁壽昌：陸遯叟曰坎于木爲堅多心、株木象。蘇蒿坪曰坎有木象。以初變兌毀折故曰株木。幽谷猶云坎窞。坎爲隱伏故有幽與不覿象。坎三畫故曰三歲。

曹爲霖：象取遂志，卦屬困，則有非所困而困者矣。漢武元鼎三年徵諸犯令相引名曰株，入財補郎贖罪買爵，郎選由是而衰。困不至致命者，初四尚有應也。無應則益困。

星野恆：爻在困、柔居下、不安其所、欲徙其居、猶臀據斷株之上、益入幽暗之地。柔弱居下何以能免困得安！

馬通伯：鄭東卿曰兌正秋坎正北。初六大冬之時、蔓草霜殺、所存者株木。三陰皆象草木。案初失位非无應。四兌體暗昧，不得見。坎水象心之本明、物化遂亡其正、困株木入幽谷也。是故幽不明爲天下之至困。

劉次源：困由不學、學亦汗漫。初卑下、陰昏闇。自縛束入坎窞。株木久坐筋攣、入幽谷轉墮妄幻、三歲不覿、終无所見。

李郁：初剛位柔揜故困。株木剛而臀柔。柔加于剛是坐困。入、陽入、幽陰。陽陷于陰故入幽谷。初欲往四隔九二、不能即行故曰三歲不覿。傳象：剛揜于柔故幽不明。

徐世大：卻爻爲地位所困。譯文：袴子鉤住樹榦，進了暗鄧鄧的溪澗，三年不見一面。三者多之始。均示困阨。

胡樸安：南征受困，坐枯木之上。坐既久、入幽谷之中，樹密日不照，故象幽不明。民衆分散三歲之久不覿面也。

高亨：棰楚以杖。謂臀部受刑杖也。杖謂株木。入幽谷謂入圜土。圜土即囹圄黑暗若幽谷。三年不見其人。筮遇此爻將得重罪受刑杖、入囹圄三年，此亦凶象也。

李鏡池：屁股挨了刑杖。挨株木所打。再被關進監獄。幽谷即監獄。三年都不見天日。覿，見。周禮秋官：上罪三年而舍。三年不覿、可見是犯了重罪。

屈萬里：高氏古經今注云：臀部受刑杖也。刑杖以木株爲之故謂株木。　與坎上六義近。入、納。覿、見也。

傅隸樸：具經世才、坐困居幽處隱、與世絕緣。初陽陰居、失位成庸碌無志的人了。臀俗名坐板、株木禿木、無枝葉蔭庇其下。上無援引、憒入幽谷長遠的隳其濟世雄心。三歲代表長達。王銘素曰自初至四歷三爻爲三歲。

金景芳：初六陰柔最下、這個困沒辦法了。坐在沒有枝葉的木下无所蔭庇，而且還入于幽谷。坎是險陷嘛。三歲不覿。程傳說：「終困者也。」是說長久不能解除這個困。

徐志銳：困爲柔困剛，柔也遭困。初柔圍困二不勝任、反陷己入困境，故稱入幽谷。初六所以跌進深淵、因它柔弱昏庸、不明處窮困之道造成。

張立文：初六、辰（臀）困于株木，人（入）于要（幽）浴（谷），三歲不擯（覿），凶。

譯：初六、臀部受刑杖，又被囚而入監獄，三年不見、則有禍殃。　辰臀通假。　刑杖謂之株木。谷浴古相通。擯覿假借，見也。通本無凶字。

林漢仕案：人生百態、所遭遇者之喜、樂、甘、苦、繫之一心。心無所苦、雖上刀山、下油鍋、看作試煉。看作消孽還債。確認有前世之因、故有今世之果。一報還一報、無怨無悔。夫如是、甘苦喜樂皆忘其所從來矣！能忍其常轉之法輪、利衰毀譽稱譏苦樂、八風吹不動矣！生老病死苦、有此身是苦、無常常相左右也。有我有身即不能自在、貪瞋癡慢疑困於我執、無一刻得逍遙，心安理得矣！生是苦、所受是苦、心有所住、已失去女本來面目矣！學則不困，不爲酒困。儒家一敘困而學之處困之法，一爲敘生活修養處常之道。荀子謂患至而後慮者謂之困。乃論語畫分人之才智愚劣一種狀態、故曰困而學之又其次也。困而不學、民斯爲下矣！周禮廩人疏引書云行無資曰乏、居無食曰困。是以無食爲困。方言困謂逃叛，管子謂地墝埆不可種藝爲困。書經謂困爲困窮。天民之無告者也。呂覽謂無衣食曰困。國語謀不中爲困。今初六臀困于株木，入于幽谷，三歲不覿。是屬心理之困？抑生活無衣食之困？抑或謀不中之困？困者窮也，不通也，危也，苦也，逃也，亂也，混沌也。臀困、擺明非心困、亦非衣食之困。臀困，以部份代全體。六爻皆困、初、臀困、二、酒困、三、石困、四、車困、五、赤紱困、六、葛藟困。皆以部份代表全體也。困又有性別、職業、窮富、學歷、政黨、宗教、族群、年齡等層次之分別、其所謂困境也者又各依其層次、程度不同而有輕重而相去千里。譬如宗教信仰者如禪師之「臂困」，豈「坐破蒲團不用功，何時及地悟心空。」故意說客氣耶？科學之實驗未能突破耶？軍隊之坐困，不能突圍，千萬人性命繫於一人之迷思耶？小女生之坐困算術加減乘除之難耶？以臂爲坐、以局部代全體。困者人也、非祇屁股之困于株木。茲依例輯先賢易說以爲比較、以見一斑：象謂入幽谷爲不明。　干寶：兌孔穴、臀象。　九家易：臀爲四、株木三。兌金枯株、幽谷二。四困于三故臀困于株木。王弼：處下卑困、二隔、居則困于株木，困解出故三歲不覿。　孔疏：居不安若臀之困于株木。二隔、應不獲拯。　荀爽：陰弇故不明。　司馬光：谷者險而窮下。　張載：正乃无咎，非中故不明。　程頤：卑不能自濟、四不中正惡能濟。株木无枝葉，不能庇物。不覿、不遇也。　蘇軾：三臀困、身且廢矣。柔揜剛入谷者。配四不善二、三歲不得見。　張浚：三株木蒺藜象。兌金制之。臀困不可行。入谷不反，自初至四爲三歲。　朱震：四在上體之下爲臀、四陽居陰不安、臀困也。初不正、四不中、歷三爻三歲。　鄭汝諧：剛揜于柔爲困、柔亦困。如臀困乎枯木。幽谷坎底。三歲言困久。李衡引陸：陰處下、臀象。引牧臀坐求安。引昭株木二也。　楊萬里：初六小人揜君子，四自厄於困如枯株不能庇。退伏二坎底如幽谷。下體故爲臀。　朱熹：臀、物之底。困不安。初困底暗甚。　項安世：初坎下幽谷、初加臀謂九四，四木爲金折故困株木象。坎下不明。　趙彥肅：三陰本欲困陽、亦受困、陰陽相噬。楊簡：株木九四不足庇初故困于株木。坎下耦闕、幽谷象。　吳澄：臀四。朱、木之中身。臀不能動，初不得正應助故入幽困、三坎數三歲不能上覿四之正應。　梁寅：株木非可坐之物，坐不安可知。初陰不正、益困固自取。　來知德：株、根也。不覿二與四也。坐木根入幽谷、不得與二比四應、欲困君子反自困。　王船山：守株困坐待斃。株木木被伐徒莖无枝葉者。剛進初阻、祇以自困。　毛奇齡：豈獨陰困陽，陽亦困陰。下體爲臀。初陰一畫比堅木。最下如幽谷。二四互離無所覿。　折中引張清子：坐則臀爲下。案：初不能自遷喬木、坐困株木、卑暗不能自拔。　李光地：此爻陰居下當困、塞不知通、昏不求明、日就昏塞而已！　李塨：柔揜剛困。剛不可困、陰困。坎臀、一陽比堅木、有根株无枝葉。　孫星衍引陸希聲：坎以木爲堅、多心、株木象。　姚配中：坎臀。株、木根。初失位故困火涸水。株喻惡、火爲水滅是以不覿。　吳汝綸：臀在下體之上謂三、株木二，幽谷初。陰自三爲二困入初。自初至三爲三歲。　丁壽昌引蘇蒿坪：坎有木象。初變兌毀折故曰株木。幽谷猶坎窞。坎隱伏故幽不覿。坎三畫故三歲。　曹爲霖：象遂志、卦困。有非所困而困者矣。漢武徵諸犯令相引名曰株。入財補郎贖罪買爵。初四尙應、無應益困。　星野恆：臀據斷株上。柔居下何能免困得安。　馬通伯：初六大冬霜殺，所存者株木。三陰象草木。初失位非无應、四暗昧不得見。坎水象心本明、物化亡其正。爲天下之至困。　劉次源：困由不學。學亦汗漫。初自縛入窞、株木久坐筋攣、轉墮妄幻，終无所見。　李郁：初剛位柔揜故困。株木剛臀柔是坐困，陽陷于陰故入幽谷。　徐世大：袴子鉤住樹幹、進了暗鄧鄧的溪澗。三、多之始、示困阨。　胡樸安：南征受困、坐枯木上、入幽谷中、樹密日不照、民分散三歲不覿面。　高亨：棰楚之杖、臀受刑杖。杖、株木。入圜土囹圄幽谷。三年不見其人。凶象。　李鏡池：屁股挨了刑杖、株木所打、再關進監獄。幽谷即監獄。三年不見天日。秋官：上罪三年而舍。三年不覿、可見犯了重罪。屈萬里：刑杖以木株爲之故謂株木。　傳隸樸：具經世才、與世隔絕。失位成庸碌無志的人了。臀俗名坐板。株木禿木、無枝葉蔭庇、上無援引，憤入幽谷隳其雄心。三歲代表長遠。　金景芳：初六柔下、這困沒辦法了。坐木下无所庇、入幽谷、坎陷，長久不能解困。　徐志鋭：柔困剛、柔亦困。初圍困二反陷已故稱入幽谷。初柔庸不明處窮之道造成。　張立文：臀部受刑杖、入監獄、三年不見有禍殃。

爻有物名、易家總爲合象苦、尋尋覓覓、東拼西湊。以臀言：

干寶：兌孔穴、臀象。

九家易：臀爲四。

王弼、孔穎達：陰居窮下、若臀困于株木。

蘇軾：三臀困、身且廢矣。吳汝綸下體之上、三爲臀。

朱震：四在上體之下爲臀。陽居陰不安，臀困也。　吳澄亦以四爲臀。

李塨：坎臀。姚配中亦謂坎爲臀。

徐世大以臀困于株木爲袴子鉤住樹幹。

高亨，李鏡池，張立文等依先輩「若臀之困株木」、「臀困不可行」、「如臀困乎枯木」、「臀據斷株上。」不另立象、直指爻之所稱臀，受刑杖、屁股挨揍。

傅隸樸：臀俗名坐板。

爻有六、以一卦象人身：初足、上頭、臀自當爲四或三。故九家易、朱震、蘇軾、吳汝綸等之覓象 定一卦中間、或中間偏下爲臀之所在、四或三也。 九家易以屁有孔、故以兌孔穴言臀象。 李塨、姚配中謂坎爲臀、直從孟氏逸家中「坎爲臀」。注「隱伏有穴故爲臀」。取象。 徐世大以袴子作代表。 傳隸樸之臀俗名坐板。有病名坐板瘡者、即生於臀兩股間。而臀困于株木。豈臀生瘡、起坐不便爲困耶？ 姑依張浚等直言臀困而不另九彎十八拐覓象以釋初六爻辭、初六時段、如臀困于株木……問題又再起：株木，幽谷，何所指？九家謂兌金傷木，故枯爲株。幽谷二也。王、孔株木未另附其義。司馬光以險而窮下之象爲谷。程子株木无枝葉。張浚以三陰株木、蒺藜象。秋冬草木雕落、又兌金制之。鄭汝諧幽谷、坎底。李衡引昭：株木二也。楊萬里謂初求四應、四自厄困如枯株不能庇。艮二自墮坎底如幽谷。項安世：初在坎下、故入幽谷。趙彥肅：二坎之中爻爲陰所困、不能發茂如株木然。楊簡：株木九四象。吳澄：株後人加木。朱木之中身。梁寅：株木非可坐之物，坐不安可知。來知德：株、根也。王船山：守株困坐待斃也。株木伐徒莖无枝葉者。毛奇齡：初陰一畫比堅木。折中案：初不能遷喬木、坐困株木之下。李塨：堅木有根株无枝葉。孫星衍：坎木爲堅、多心、株木象。姚配中：株木根。火涸水、株木喩惡。吳汝綸：株木二、幽谷初。丁壽昌：坎有木象。初變兌毀折故曰株木。星野恆：臀據斷株上。馬通伯：兌正秋、初六大冬、蔓草霜殺、所存者株木。三陰皆象草木。劉次源：株木、久坐筋攣、入幽谷轉墮妄幻。胡樸安：坐困木之上。高亨刑杖，囹圄若幽谷。屈萬里：刑杖木株爲之故謂株木。傅隸樸株木、禿木，無枝葉庇下。

株木爲兌金所傷故枯爲株。

株木，无枝葉。

三陰株木，蒺藜象。秋冬昔木雕落又兌金制之。

株木二也。四自厄困如株木不能庇。初一畫比堅木。

朱、木之中身。株後人加木。

株木非可坐之物。

株、根。株木伐徒莖无枝葉。

坎木爲堅多心、株木象。初變兌毀折故曰株木。

兌秋、初冬、蔓草霜殺、所存者株木、三陰皆象草木。

刑杖，株木爲之故謂株木。

禿木、無枝葉庇下。

從枯株、蒺藜、根、莖、坎爲水、刑杖、禿木。本以臀坐立說，梁寅則以株木非可坐之物，坐不安可知。 又初最處底下、坎不明、王昭素謂初暗劣、傅隸樸反謂「其經世才，失位成庸碌無志的人。」——見仁見智耶？抑人才因憤入幽谷隳其濟世雄心反成庸碌耶？

幽谷其九二也，幽谷坎底。初幽困底暗甚。楊萬里謂艮二自墮坎底如幽谷。劉次源謂入幽谷轉墮妄幻。高亨以幽谷爲囹圄監獄。爻一身多角、欲理還亂。困無南征之文、胡樸安以南征受困。王船山以宋人守株待兔故事、謂守株困坐待斃。爻下文有入于幽谷。非坐以待斃可知矣！蓋欲出返誤入幽谷也。

初六層次低、柔弱庸暗、雖初四有應而非正、致誤判株木方位標記。臀困、身困也。困、方言及釋詁謂逃。身逃離株木、轉入幽谷。本以逃離以升喬木爲是，今反入幽谷、分明誤判、謀不中也；此一誤判致誤已三年不見當見者、亦不被人見也。

九二、困于酒食，朱紱方來，利用享祀，征凶，无咎。

象曰：困于酒食，中有慶也。

鄭玄：二據初，辰在未爲土，大夫有地象。未上値天廚，酒食象。困酒食者，采地薄不足已用也。二體離，火色赤，四爻辰在午、諸侯受命當王者。文王將王，天子制用朱韍、朱深曰赤。

翟元傳象：陽從上來，居中得位，富有二陰故中有慶也。（集解）

王弼：處中體剛，用中无私，謙以待物，剛以處險，難之所濟，以斯處困，物莫不至，故困酒食，美之至矣！坎北朱南，能招異方者也，豐衍盈盛，誰咎乎？

孔穎達：體剛能濟險，陰謙物所歸，中不失其宜，无應心无私。物莫不至故曰困于酒食也。

紱祭服南方物，祭則受福。盈而自進以征必凶，无所怨咎。

李鼎祚案：本陰位中饋之職，坎爲酒食，上爲宗廟，今二陰升上則酒食入廟，故困于酒食。上九降二故朱紱方來。朱紱宗廟之服。乾爲大赤，朱紱之象。引苗爽：二升五利用亨祀，陽降二，陷爲陰弇故征凶。升降得中居正皆免咎。

張載：九二以剛居中正大人之吉，上交下說、不施聰明、美物方至，然未可有爲，故以祭則吉，以征則凶，雖或凶，於義无咎。

程頤：酒食、人所欲、所以施惠也。二剛中處困不恤。欲澤天下未得遂。五來相求，朱紱方來，德卒升、道卒用、自守至誠以俟命，往求雖得、不度時而征，自取凶悔，何所怨咎！

蘇軾：困之世、利以柔用剛。二以柔用，五以剛用。方其揜，刀鋸不足懷、酒食有餘。故二困于酒食懷小人也。五以爵命二，二方來、祭之故亨、征求故凶，從君不可咎。

張浚：二有中和之德可以養人。方處險中、德未及施曰困于酒食。五德可通神明曰朱紱方來。征凶時未可爲也。坎酒、朱紱謂五。二五道通，雖困終合、天下之慶也。

張根：坎爲赤故。

朱震：二坎水往之爲酒，兌口食。五不動、二未可往，困于酒食。朱紱謂五來求共濟、上下通故利用亨祀。若二求五，雖正亦凶，自取之、无所咎也。五二皆陽如君臣、朋友義合。

鄭汝諧：困二即需五。言陽陷險、以酒食自養俟其亨也。朱紱天子服，言五來即乎二。亨祀盡誠意以交幽明，五困求二、誠意既通，相與拯困。用吾剛以征乃凶道也。下從上困而相援、義非有咎。

李衡引乾：二中和困于祿。朱紱天子賜、大夫服。文王困故以大夫言之。 引陸：剛質陰掩、然困得中、道濟天下。文王羑里難生受命之基。 引石：朱紱祭服。謂可衣朱紱享宗廟也。在險中何可行。引胡：方將、朱紱天子服。易言享祀皆謂至誠通神明。人臣分盡此、求進凶必至。

楊萬里：二陽剛君子爲初三揜。簞食瓢飲，草耕木茹何困?紱冕自來，精誠自通乎神者、五君剛中與己同德。剛中自守、所以有朱紱之慶也。坎爲赤故朱紱。言自來非往求也。

朱熹：酒食人之所欲，然醉飽過宜則反爲所困。朱紱來、上應之也。二有剛中德、處困時。無凶害反困於得所欲多、其象如此。占利享祀、征非其時故凶。而義无咎。

項安世：九二在下未得行道、酒食自娛。朱紱來、君道應、利用享祀感神，此所謂貞大人吉。萬一不利雖凶亦无可咎。九二成卦主，如孔子畏、文王囚、亦何咎之有！

趙彥肅：未得與九五宴樂。

楊簡：困酒食，未見用故無祿也。朱紱方來言九五行且來於二、九二利用享祀竭誠事之。不待朱紱之來而遽征往，則將爲小人所困故凶。以二五君臣皆賢，心相知故无咎。

吳澄：坎酒兌食、優游自養、爲酒食所困而已。互巽股，互離牛革蔽股、紱象、坎赤中黃爲朱紱、否上來二方來。占上賜朱紱祭服利用以享祀。征行失中而凶。固守可无咎。

梁寅：酒食所以爲樂者，今曰困，是以所樂者爲困也。二剛中亦困、是君子而困者。以之事君君應而朱紱來；事神神應、宜享祀。征則非其時、不免於凶。義當爲亦无咎也。

來知德：困酒食者、酒食之艱難窮困也。儒行之并日而食是也。九二當困時守中德、爲人君所舉用、故有困于酒食。孔明臥南陽。朱紱方來、劉備三顧也。死而後已而義无咎也。

王夫之：柔之困剛，有富貴人權餌陷之也。二下初承以酒食不使退，上則六三乘其上以爵祿羈之。峻拒禮不可，受、非剛中志，困也。祭者大人之道，征凶貞士之守，使占者自擇。

毛奇齡：此眞陽受困者。其困也醉飽之過。坎酒兌食。坤裳離朱互巽股、此其困于衣冠者。說文諸侯朱紱。漢儒注易概曰祭祀之服無所分、俱不可解。享祀利、困妄動恐未得。

折中案：小人身窮爲困，君子道窮爲困。三陽君子也。二五紱服，四金車。道窮榮躬寵行適爲困已！征必凶。服朱紱酒食喻爵祿不敢自奉以爲竭誠盡職之具也。

李光地：三陽困皆取飲食車服象。貧賤不足困君子，進退行塞、君子之困也。用此飲食朱紱以承亨祀感格於上、則雖困、征行必凶而義爲无咎矣。

李塨：此富貴而困者。坎酒兌口。肉山酒海，困而不勝，朱紱（蔽膝、朝祭之服）之服來加，九二中道之慶，以祭則可敬鬼神而利，欲進有爲則坎陷而凶！時勢至此于已何咎。

孫星衍引集解鄭康成曰：二據初辰在未、未爲土。此二爲大夫有地象。未上値天廚、酒食象。困者采地薄不足已用也。二離火赤、四爻辰在午爲朱、文王將王。天子朱韍。

姚配中案：坎水兌水伏有離火酒食象。否坤爲紱，乾上來之二故方來，二臣位，上來之二、象股之否、天命歸周也。引乾鑿度云文王爲紂三公故困赤紱、九二周將王故朱紱方來。

吳汝綸：困酒食困於祿也。乾鑿度云九二有大人之行，將錫之朱紱，大夫之服也。征凶、困也。无咎，不失所也。

丁壽昌：王注、程傳皆與困象不合。本義「厭飫苦惱、得其所欲之多」得之。乾鑿度引孔子曰困于祿也。鄭注祿少薄也。朱紱、乾鑿度引孔子曰別尊卑、彰有德。石徂徠曰祭服。王程連征凶无咎句、解皆誤。象有慶、即解二得中无咎之義。

曹爲霖：二不爲五應處困、二位實五位。明土木之變、伯顏帖木兒宰羊進膳，進蟒衣，此所謂困於酒食。朱紱方來。卒迎帝歸，此亦征凶无咎之義。

星野恆：紱與黻同、蔽膝也。朱紱章服之貴者。剛中陷險上下不應、有才困于下者。有酒食不得養。五剛中求賢資輔、誠意交神明。君子居易竣命、存征凶之戒！

馬通伯：乾鑿度易天子三公諸侯、紱服同色。其昶案困于酒食、正需于酒食之反、在困之陽未得上居五位、無德澤以及天下是之謂困。朱紱方來未然之辭耳。歿而血食象此。

劉次源：二剛中境豐足，初三陰晏安鴆毒。腸爛酒食、心腐爵祿。不能自脫庸碌。利用享祀、浮其私欲。二得中易啓沃。前進境陷心樂、于心无咎。不進凶由外作。

李郁：坎酒食。二坎中故困于酒食。朱紱君王服。困時喜得陽剛。二中與五同具剛健之德。二五不爲敵，情通意達、故利亨祀。征謂化柔。忌柔、征則凶。柔得正放无咎。

徐世大：酒醉飯飽鬧肚子，穿紅衣的剛來，還在祭祀？出行可不行，莫怪莫怪。　二爻可能病從口入之病困。紱說文不收。廣雅綬。正義祭服，通韍、芾、亦通黻。

胡樸安：困于幽谷之中無酒食也。喜能歸來故象中有慶也。朱紱南方、南征歸來而祭祀。南征山，其理則无咎也。

高亨：論語不爲酒困。困酒食、飲過量、食過飽。余疑天子公卿皆朱紱、諸侯大夫赤紱。謂君加寵命。筮遇此爻、設宴以慶。爲酒食困。又筮享祀乃利、征凶。疑无咎衍文。

李鏡池：朱紱穿紅色服裝的民族。蠻夷衣。喝醉酒，正好穿紅色服裝的敵人來了。有憂患，祭祀求神，貞問出征則凶。无咎是另一次兆辭。

屈萬里：論語「不爲酒困。」方來、旁也、並也。征凶无咎蓋倒裝句，謂占者无咎、如行征則凶也。　諸赤芾邪幅。紱、熹平石經同、鄭作韍、按韠也。繫傳引紱作市。

傅隸樸：這是大臣之困。二雖失位卻有中德、二爲柔暗之地而九剛明處之，五剛受困于上不應才困，必待天子迎復、朱紱方來。享祀不眞指祭祀此是誠敬意。不待迎逕謀起復、結果便是自作孽了。

金景芳：折中按：「小人身窮爲困，君子道窮爲困。」二五紱服、四金車，然而道不通、榮寵也適爲困而已矣。小人沒錢花、沒出路就窮了。利用亨祀、知我者其天乎！困時急求亨、要有作爲那是不行的。

徐志銳：九二被初六、六三困。二以不變應萬變，道不行从我所好。以酒食處窮困、自我娛樂、優游養生並不見其困。環境雖險、卻有喜慶。

張立文：九二、困于酒食，絑（朱）發（紱）方來，利用芳（享）祀，正（征）凶。无咎。

譯：九二、人們喝醉了，君王穿純赤祭服來祭宗廟，利舉行享祭。出兵征伐則凶。沒有什麼災患。　紼朱通。發假爲紱。芳借爲享。

林漢仕案：說文「困、故廬也。」又困、「限木生長也。」書謂「居無食也。」「天民之無告者。」呂覽「無衣食曰困。」國語「謀不中爲困。」中庸學則不困。荀子患至而後慮者謂之困。論語「不爲酒困。」困者亂也。困有窮、危、苦之義。管子更有「地墝埆不可種藝爲困。」漢仕以爲方言十三及廣雅釋詁三謂困爲逃（叛），用是以釋困卦各爻困義皆可通暢無阻。由本文辭之困于酒食、似當與孔子不爲酒困義近。逃于酒食也。逃飯局、酒局。一則見其時社會之富庶、借杯酒獻殷勤，人情之濃郁，再則從酒局中疏解種種壓力。然亦從中可見其廉隅忠信焉。周禮天官酒正辨三酒。食貨志以酒爲百藥之長。東方朔謂銷憂者莫若酒。酒者乳也。所以養老、養病、合歡。（禮記）酒者天之美祿。（食貨志）孔子之不爲酒困。或曾困于酒也。或曾見有人因酒狂失態也。酒之痲醉、似可暫解千愁而達到忘憂。似酒中仙、酒鬼……然「困于酒食」者，言酒食之豐衍且源源不絕耶？抑幷日而食、言酒食之艱難窮困？試輯易家之所抒以見其眞義：

象：困于酒食、中有慶也。　中有慶三字值得玩味。

鄭玄：采地薄不足已用。　不足而已、未至艱難窮困境地。

王弼：故困酒食、美之至矣。豐衍盈盛，誰咎乎？

孔疏：物莫不至故曰困于酒食也。　王孔皆謂物阜酒美，美之至也。

李鼎祚案：坎酒食、二陰升上則酒食入廟故困于酒食。

張載：九二剛居中正、上下交說，美物方至。祭則吉。

程頤：酒食人所欲，所以施惠也。二剛中處困不恤。

蘇軾：困之時、二以柔用，酒食有餘。困酒食懷小人也。

張浚：二可以養人，方險中德未及施曰困于酒食。

朱震：二坎水往之爲酒，兌口食。五不動、二未可往，困于酒食。

鄭汝諧：陽陷險、以酒食自養、俟其亨也。

李衡引乾：中和困于祿。

楊萬里：二剛爲初三揜、簞食瓢飲，草耕木茹何困？

朱熹：醉飽過宜則反爲所困。二則中無凶害反困於得所欲多。

項安世：二未得行道、酒食自娛。

趙彥肅：未得與九五宴樂。

楊簡：未見用故無祿也。

吳澄：坎酒兌食、優游自養、爲酒食所困而已。

梁寅：酒食所以爲樂、今曰困、是以所樂者爲困也。

來知德：酒食之艱難、窮困也。儒行之幷日而食是也。

王夫之：柔困剛、下初以酒食不使退、上三以爵羈之。峻拒禮不可、受非剛中志、困也。

毛奇齡：其困也醉飽之過。坎酒兌食。
折中：小人身窮爲困、君子道窮爲困。酒食喻爵祿、不敢自奉、以爲竭誠盡職之具也。
李光地：三陽困皆取飲食車服象。進退行塞君子之困也。
李塨：此富貴而困者，坎酒兌口，肉山酒海，困而不勝。
姚配中：坎水兌水伏有離火、酒食象。象殷天命歸困也。
吳汝綸：困酒食、困於祿也。
丁壽昌：王注程傳皆與困象不合。本義「厭飫苦惱，得其所欲之多。」得之。乾引孔子曰困于祿、鄭注祿少薄也。
曹爲霖：明土木變、伯顏帖木兒宰羊進膳、進蟒衣，此所謂困於酒食。
星野恆：有才困于下、有酒食不得養。
馬通伯：困于酒食，正需于酒食之反。
劉次源：二剛中境豐足。初三陰、晏安鴆毒。腸爛酒食、心腐爵祿、不能自脫庸祿。
李郁：坎酒食。二坎中故困于酒食。
徐世大：酒醉飯飽鬧肚子。二爻可能病從口入之病困。
胡樸安：困于幽谷中無酒食也。
高亨：困酒食、飲過量、食過飽。筮遇此爻，設宴以慶、爲酒食困。
李鏡池：喝醉酒。

傅隷樸：這是大臣之困。二雖失位、卻有中德。二爲柔暗之地，必待天子迎復。
金景芳：道不通、榮寵也適爲困而已。困時急求亨，要有作爲、那是不行的。
徐志銳：二被初、三困，二以不變應萬變、道不行从我所好，以酒食處窮困，自我娛樂、優游養生。
張立文：人們喝醉了。

「困于酒食」，「困」字應是要點字、畫龍需要點睛，否則象如何以「中有慶。」言簡意賅、斬釘截鐵以三字總結？

「來地薄不足已用。」以不足爲困。（鄭玄）楊萬里則以簞食瓢飲釋困，雖窮而草耕木茹尚得而食也。楊簡之「未見用故無祿。」無祿不代表斷坎無酒食、蓋或酒薄也。

來知德謂「酒食艱難、窮困也。儒行之幷日而食是也。」從不足、簞食瓢飲、至幷日而食。困字之義：窮也、危也，苦也，書謂居無食。其詮愈晚愈明。　折中一分爲二、謂「小人身窮爲困；君子道窮爲困。」蓋或見先賢多著墨困于酒食爲多酒食、醉飽過宜、故以窮困歸小人。君子之豐足酒食仍謂困者、道窮也、進退行蹇之困也。易所以爲君子謀也。　至胡樸安之「困于幽谷中無酒食。」是眞無酒食爲困矣。

回頭再讀王弼之困酒食爲「美之至矣。豐衍盈盛，誰咎！」孔疏之：「物莫不至。」

張載：「上下交說，美物方至。」　蘇軾：「酒食有餘。」　鄭汝諧：「以酒食自養。」　朱熹：「醉飽過宜、反爲所困。」　項安世：「酒食自娛。」　吳澄：「坎酒兌食、優游自養。」　梁寅：「酒食所以爲樂、是以樂爲困。」　毛奇齡：「其困也醉飽之過。」　李塨：「此富貴而困者，肉山酒海，困而不勝。」　馬通伯：「困酒食，正需酒食之反。」　劉次源：「晏安鴆毒，腸爛酒食，心腐爵祿。」　徐世大：「酒醉飯飽鬧肚子。」　高亨：「飲過量，食過飽。」　李鏡池：「喝醉酒。」　徐志銳：「以酒食處窮困，自我娛樂、優游養生。」　張立文：「人們喝醉了。」　漢仕讀易、常以孔子所謂：「吾從衆」爲依歸，蓋或下意識以爲說者衆即是主流學也。

王夫之謂：「下初酒食不使退，上三以爵羈之，峻拒禮不可，受非剛中志。困也。」夫之先生爲明遺老、蓋寫志乎？　星野恆之謂：「有才困于下、有酒食不得養。」蓋心熱乎？金景芳謂「困時急求亨，是不行的。」心熱則不能中也。論語中有記載孔子不爲酒困，何有於我之例！（子罕）又有「唯酒無量，不及亂」。（鄉黨）　朱注「酒以爲人合懽，故不爲量，但以醉爲節而不及亂耳。」　趙引輔氏曰「人之飲量各不同，故不預爲之量，而以醉爲節。此亦聖人從心所欲，不踰矩之一端。」　今易家從王弼以下、多以豐足酒食著墨，則知「困于酒食」，當從論語「不爲酒困。」「唯酒無量，不及亂。」入手爲是。非謂道窮也，無酒食也，幷日而食也，簞食瓢飲也。故困字乃要點字，可依方言十三謂困爲逃解。然則困于酒食：逃于酒食也。不爲酒困：不爲酒逃也，故可以唯酒無量。爲何要逃酒食？尚書有酒誥「祀茲酒。」已止酒也。酒能喪德喪邦也，故戒止無彝酒、無醉。然酒仍無礙爲瓊漿玉液也，爲乳也、爲養老、合歡也。爲天之美祿也。夏禹惡旨酒、其後視經濟狀況有酒禁、今人更有健康狀況放棄酒食、所謂逃飯局，逃酬酢、象以中有慶三字爲逃酒食祝禱也。能知酒之利，亦能知酒之害也乎？有佛子沙伽陀長老能降龍、因酒醉蝦蟆可欺、故戒佛弟子不能飲一滴酒。逃一時之酒食，亦代表變更往日醉生夢死劣行，蓋不飛則已、不鳴則已振奮有爲之世代乎？從公侯將相至帝王皆有是例。九二有剛中之德爲卦主。（項安世言）五剛中求賢資輔。（星野恆言）得君加寵命。筮遇此爻、利享祀以結合人神、團結內部人事。不利於外事，故以征則凶也。无咎者謂九二逃于酒食、暫斷糜爛生活乎？亦善補過也。九二不失所、二得中、象曰中有慶、其斯之謂无咎乎？

六三，困于石，據于蒺藜，入于其宮，不見其妻，凶。

象曰：據于蒺藜，乘剛也。入于其宮，不見其妻，不祥也。

九象易：本否。二四同功。爲艮門闕象。三不正，上困于民，內无仁恩、親戚叛逆，入宮无妻，非常之困故曰不詳。（集解）

王弼：石堅不納，謂四，三陰居陽，志武者也。四納初不受己。二非所據、剛非所乘，上比困石，下據蒺藜，无應而入，焉得配偶，困處凶，其宜也。

孔穎達：石堅剛不可入，蒺藜刺不可踐，三剛武无應，附四不受，故困于石，比二，陽剛非所據，故據于蒺藜，无應而入，難得配偶，譬入宮不見其妻，處困凶其宜也。

李鼎祚引虞翻：二變正、三在艮山下故困于石。坎爲蒺藜，二變艮手，據坎故據蒺藜者也。艮入二動，艮宮兌妻，二无應，三陰下離象毀，死將至故不見其妻凶也。

程頤：三處險用剛，不善處困之甚！石堅難勝，藉刺據蒺藜、益困。宮、居所安；妻、安主、進退與處皆不可，唯死而已，凶可知。繫辭名辱身危、死將至，妻可得見邪！二陽在上、堅不可犯；居九二剛上、不安。進退皆困也。

蘇軾：三上揜四下揜二。四謂石，二蒺藜，三居陽自以爲陽、求配上，上非其應而非其妻，故曰入宮不見其妻凶。小人易合難久故困。三陰揜剛，其終臀困、妻亡。

張浚：困于石，揜四五也，據蒺藜，揜二也。三困四五、處二上、必身危名辱。自以爲得，不知獲罪天人！互離不當位，坎復易之爲不見其妻。

張根：據非其位，其患如此。

朱震：三險不正。艮坎石，堅不可處，巽交坎離爲蒺藜，不可據。三非其位，不度德量力，乘二剛凌人。坎夫離妻目見。二三兩爻易、象毀、不見其妻矣！死亡將至。

鄭汝諧：進阨于四故困于石，退乘二剛故據于蒺藜，上宮也。以柔遇柔非其配。以此處困，不祥莫甚焉！

李衡引介：石安不動，上六不應故困于石。引昭：上六合應不應，有若入宮不見妻，凶也。

楊萬里：初三夾九二交揜，小人長矣！不知三進困於二陽，如石壓不得見所耦，退乖夫一陽、如棘刺不得出舍。上下反爲君子揜。妻謂上六與己親也。陰陽消長如循環。

朱熹：陰柔不中正。占凶。石指四，蒺藜指二，宮三，妻六。其義則繫辭備矣。按繫辭子曰非所困而困焉，名必辱；非所據而據焉，身必危；既辱且危，死期將至。妻其可得見邪！

項安世：三在坎上、進困九四之石、退據二之蒺藜，動入巽則大過之棺椁。按謂六三將死，非謂妻死也。三坎體爲夫、上九兌體爲妻、坎爲宮謂宅兆也。不見妻謂三上无應。

趙彥肅：坎內實外虛，陽大陰小而害人蒺藜象，指二也。

楊簡：三不中失道，四阻前如石，二在下如蒺藜，上下俱困。又上六不應是不見其妻故凶。中者道之異名。失道致凶，自取之也。君子反求諸己。

吳澄：坎中畫剛爲石、三在上爲石所困。據居坎上畫蒺藜象。互離中虛象宮。三夫、柔邪。上三之妻，柔不應故不得而見。占三柔不正猶罷民困于石、辱且危而死將至也。

梁寅：三進爲四所阻、如石之在前。退乘二剛、如蒺藜在下。是進退不得安。其宮者本爻之位。妻相應者。三上非應、是入宮不見其妻，凶寧免乎！

來知德：艮石、質无情、據依、坎蒺藜。石四，二蒺藜，官三妻六也。三不正欲掩二。前困于無情、後據有刺、一己家室且不能保、將喪亡矣，況能困君子乎！所以占者凶。

王船山：九二剛介如石，六三欲困莫能動，先自困也。以柔居剛、處不安，還自傷。望上六應己與匹耦，上六困葛藟臲卼中不能相助。小人自困何足懼。三剛上柔夫妻象。

毛奇齡：三上爲四卦凡三易、四終不動如石然。虞仲翔曰二變正時三在艮山下故困于石。若坎爲蒺藜、三據之而困。三互離、坎男入離宮。九家易入官無妻、非常之困。

折中案：三陰非能處困者。初坐困，三行困。傷於外必及其家、又無所歸、妄行取困其極如此。

李光地：不中不正處險極，乘二剛、進退皆困。至無所歸宿，皆自取之耳。卦之三陰皆困。此爻又所謂行險以儌幸者，故其困獨甚。

李塨：剛有石象。坎蒺藜象。六三乘下剛則困于石且據蒺藜矣！入坎宮、坎男兌女、上六不應又入其宮、不見妻不祥而凶孰甚焉！此則據非其位而困者。

姚配中案石堅喻禮、三失位故困于石不克濟也。蒺藜喻所據非人也。（傷也）蓋以喻殷也。（孟子曰不推恩無以保妻子）案象：祥善也。三失位不爲天祐故不祥，死期將至也。

吳汝綸：韓詩外傳云此困而不見據賢者也。夫困而不知疾據賢人而不亡者、未之有也。

丁壽昌：蒺藜郭注爾疋布地漫生細葉、有三角刺人。作黎蒺藜俗字。左襄廿五年筮遇困之大過云往不濟、所恃傷、凶无所歸。劉炫曰承四非應名必辱、乘二剛身必危。案四乾爲石、艮小男故小石、困于九四也。

曹爲霖：思菴葉氏曰以事人言：荀彧事操貽空器之禍，陸機入洛兆黑幕之凶。以制人言：先生伐吳焚師崩白帝，符堅伐晉敗逼慕容。孔子曰非所據而據、身必危，此之謂也。左傳筮取棠姜絲，困石往不濟據蒺藜傷，入宮不見妻無所歸也。

星野恆：蒺藜有刺。柔居險極、乘二剛、小人得位進退俱困者。上二陽堅固不可冒進！進退不可則內無所主、故入宮不見妻、凶也。小人居君子之上、進退惟谷何以得濟！

馬通伯：左傳困石往不濟，據蒺藜所恃傷、入宮不見、無所歸也。案石謂上六。漢志石、陰類。不應困于石，乘剛爲蒺藜、離、坎妻、水滅火不見。韓嬰三化陽爲賢。

楊樹達：左襄二十五年崔武子筮取齊棠公妻、困石往不濟，據蒺藜傷也，不見妻凶無所歸也。崔子曰先夫當之矣，遂取之。韓詩外傳引易曰、此言困不見據賢人者也。

劉次源：无家困、有家非說。三柔處剛、所在荆棘。家人糾紛、難以轉側。骨肉參商，蒺藜劇目。妻子自娛、死喪無日。凶如此何戀乎家室！小人據蒺藜爲快、冒不祥之大。

李郁：三剛位柔揜。石剛物。故困于石。坎爲叢棘故曰蒺藜。陽入、三負四據二，二四本柔而爲剛、三所遇皆非陰故曰入其宮不見其妻、凶。妻不隨夫、不詳孰甚。

徐世大：石頭壓著喘不了氣。手按著蔓刺；回家不見了妻子，哎呀！ 三爻爲勢力所困。入宮不見妻、見奪於勢力。

胡樸安：困于山石之間。履于蒺藜之上。乘剛而行。既歸入宮不見妻、或死或亡，不祥之凶事也。

高亨：足躓於石，手據刺木，譬人遭坎坷之境、依奸宄之人，將喪失其婦必矣！故曰不見其妻、凶。

李鏡池：石、嘉石。周禮大司寇之職。民有罪爲害州里，擔枷坐諸嘉石恥辱之。後來又關在有蒺藜的監獄裡，期滿釋放回家，妻子不見了，眞倒霉。

屈萬里：依于蒺藜，乘九二剛也。祥集解虞作詳。按同祥。

傳隸樸：三陰質陽位、才德不足、又不甘寂寞者。四五兩陽堅拒如石、據二如握蒺藜。三上配是宮、上六不應是入宮不見妻。在外困、回家也困、跼天蹐地無所容身故曰凶。

金景芳：朱子認爲石指九四。程子指九四、九五二陽。石指九四有道理、阻三不能進，所以說困于石。蒺藜指九二。進退維谷。宮、朱子說九三本身、妻指上六。　鄭以上爲宮。初坐困、三行困。子曰死期將至、妻可見邪！

徐志銳：蒺藜九二。九四石。困三柔圍三剛。三與初困二，三與上困四五，上下犯剛故有困石、九四阻前。據二蒺藜如坐針氈。據本位居不當位，入宮不見妻，三自身也凶。

張立文：六三、困于石，號（據）于疾（蒺）莉（藜），入于其宮，不見其妻，凶。　譯：六三、人有罪綑在嘉石上，又關在遍地蒺藜的獄裡，釋放回家、妻子不見了，凶。　號爲據轉寫之譌。　宮室家室也。

林漢仕案：初六誤判、蓋初柔暗、身逃離株木又轉入幽谷、謀不中、自取之也、致遭三年不見、遭世遺棄。九二因逃于酒食、合時代之胃口、暫謝糜爛生活、善補過也。中有慶者、朱紱方來、利用享祀也。惟處困以征凶爲戒。內部事重要性高過一切也。六三困于石、亦逃于石，逃得石室樊籠、又入遍地荆棘陣地，據于蒺藜也。就辭性言：困、動辭，據動解，入亦動辭。其義與初之困株木、入幽谷相類似。而其稱石、稱蒺藜、一樣與初之稱臀困株木、幽谷所代表之象、複雜、人言人殊也。雖然、仍得輯而比較以見指撝也：

象謂據蒺藜爲乘剛也。

九家易：上困于民、內无仁恩。三不正、艮門闕。
王弼：石堅謂四、納初不受己。二剛非所乘、困處凶。
孔穎達：石不可入、蒺蔾不可踐。无應難得配偶。
虞翻：三艮山下故困于石，坎蒺蔾。二動艮宮兌妻，三離象毀故死將至不見其妻也。
程頤：石堅難勝、據蒺蔾益困、進退皆困也。
蘇軾：四石二蒺蔾。上非應、三陰揜剛、終臀困妻亡。
張浚：困石揜四五也，據蒺蔾揜二也。不知獲罪天人。
朱震：坎石堅不可處，巽交坎離爲蒺蔾，不可據。
鄭汝諧：進阨于四故困于石，退乘二剛故據蒺蔾。
李衡引介：石安不動，上六不應故困于石。
楊萬里：三進、困於二陽、如石壓。退乖一陽如棘刺。
朱熹：石指四，蒺蔾指二。宮三妻六。繫辭：非所困而困焉，名必辱；非所據而據焉，身必危。
項安世：進困九四之石，退據二蒺蔾。動入大過棺椁。按六三將死、非謂妻死。
趙彥肅：蒺蔾象指二也。
楊簡：三失道、四石二蒺蔾、上下俱困。
吳澄：坎中畫剛爲石，三在上爲石困。坎上畫蒺蔾象。

梁寅：三進爲四阻如石在前，退乘二剛如蒺藜在下。進退不得安。

來知德：前據四艮石无情，後依二坎蒺藜有刺，家室不能保，將喪亡矣。

王船山：九二剛介如石，三欲困先自困。上六困葛藟臲卼中不能助。

毛奇齡：四不動如石，坎蒺藜、三據之而困。

折中：三非能處困者。三行困。

李光地：不中正處險極，乘二剛、進退皆困。此爻所謂行險以徼幸者，故其困獨甚。

李塨：剛石坎蒺藜，三乘下則困于石、且據蒺藜矣。

姚配中：石堅喻禮，三失位故困于石，不克濟。蒺藜喻所據非人喻殷。

吳汝綸：夫困而不知疾據賢人而不亡者、未之有也。

丁壽昌：蒺藜有三角刺人、四乾石，艮小男故小石。

曹爲霖：左傳筮取棠姜繇、困石不濟據蒺藜傷。

星野恆：蒺藜有刺。柔居險極乘二剛、進退俱困者。

馬通伯：馬通伯：案石謂上六、不應困于石；乘剛蒺藜。

楊樹達：左傳崔武子筮……崔曰先夫當之矣！遂取之。

劉次源：三柔處剛、所在荆棘。小人據蒺藜爲快。

李郁：坎爲叢棘故曰蒺藜。三剛位柔揜，石剛物故困于石。

徐世大：石頭壓著喘不了氣，手按著蔓刺。

胡樸安：困于山石之間、履于蒺蔾之上，乘剛而行。
高亨：足躓於石，手據刺木、譬遭坎坷境、依奸宄人。
李鏡池：石，嘉石。周禮大司寇之職。民有罪擔枷坐嘉石恥之。又關在有蒺蔾監獄。
屈萬里：依于蒺蔾，乘九二剛也。
傅隸樸：四五兩陽堅拒如石，據二如握蒺蔾。在外困也。
金景芳：石指九四有道理，阻三不能進；蒺蔾指九二、進退維谷。
徐志銳：上下犯剛故有困石，據二蒺蔾如坐針氈。
張立文：六三有罪綑在嘉石上、又關在遍地蒺蔾的獄裡。
象以二爲蒺蔾，故謂據蒺蔾爲乘剛。
王弼云：石堅謂四、二剛非所乘。
虞翻云：三艮山下故困于石，坎蒺蔾。李郁坎爲叢棘。
朱震：坎石堅不可處，巽交坎離爲蒺蔾不可據。
李衡引介：上六不應故困于石。
吳澄以坎中畫剛爲石，三在上爲石困；坎上畫蒺蔾象。
王船山以九二剛介如石，上六葛藟臲卼。
李塨：三乘下則困于石、且據蒺蔾矣。以剛石坎蒺蔾。
姚配中：石喻禮，蒺蔾喻所據非人喻殷。

馬通伯：石謂上六。

劉次源：三柔處剛、所在荊棘。

以九四爲石、九二蒺藜者衆、特列其異說耳，故總而言之：石謂四、蒺藜謂二。——一說也。

　石謂四、五，困於二陽如石。——二說也。

三艮山下故困于石、坎爲蒺藜、爲叢棘。——三說也。

坎石堅、巽交坎離爲蒺藜。——四說也。

上六不應故困于石。——五說也。　石謂上六。

坎中畫剛爲石，上畫蒺藜。——六說也。

九二剛如石，上六葛藟臲卼。——七說也。

三柔處剛、所在荊棘。——八說也。

撇開乘承阻退應比，直謂石困蒺藜傷者如徐世大石壓，胡樸安困山石間，高亨足躓於石，李鏡池之坐嘉石恥辱之。　蒺藜手按、足履、或謂監獄佈滿蒺藜。

　困于石。據于蒺藜。逃石與據蒺藜爲連續動作耶？若以嘉石言、逃離衹數天之牢獄，又據荊刺叢棘、所爲何來？本恥辱之於嘉石，逃則無羞恥反省心矣。即困窮於嘉石，何爲又得據蒺藜？漢仕以爲困于石，其困於石洞、石室，石竇乎？故逃離石竇、石室、得再冒出山洞後遍山地荊棘之圍困也。困于石竇，一難；又據遍山地之蒺藜、另一難，出一險再遭一險。虞翻之二變之正、三在艮山下、硬拖出逸象艮有石象、實不如卦象不動，上兌澤有白，不聞堅白石乎？名家之言也，白、眼看，堅、手觸。然則白即可代表石矣！三之上爲兌澤、象石，三本身坎、坎爲蒺藜。上無情、下依亦無情、進退皆遇冰冷如石、多刺無情物。（來知德謂石質无情，姚配中以蒺藜喻所據非人、（傷也）。）三負兌據坎也。在外跼天蹐地，不如歸去也。歸去來兮，入于其宮，不見其齊，妻者齊己也。吉凶生而悔吝著矣。象曰入于其宮，不見其妻，不祥也。何爲生悔吝？蓋六三與上六无應也。虞翻謂死將至。程頤、朱震、朱熹、項安世、吳澄、來知德、姚配中、胡樸安，皆依虞翻之見。蘇軾謂妻死、項安世謂「非謂妻死也。」吳澄謂上爲三妻、柔不應不得而見、占三柔不正、死將至也。象謂不祥、非必死也。虞翻謂二變則二三四爻爲艮山、始有石象。（逸象）項安世謂三動入巽。上兌澤、下巽風，與繫辭所謂古之葬者……易之以棺椁、蓋取諸大過。上兌下巽正是大過、有棺椁者、死矣，然死得棺且椁、非富貴人家不能也。困之時、甫逃離石困、又逃離蒺藜、返回家不見老妻、則其死也有棺且椁，亦與有榮焉矣！繫辭又云困于石、據于蒺藜、入于其宮、不見其妻，凶。子曰非所困而困焉，名必辱；非所據而據焉，身必危。既辱且危、死期將至、妻其可得見耶？ 曹爲霖之謂荀彧事操、陸機入洛、先主伐吳、符堅伐晉，皆非所據而據、身必危之謂也。蓋皆尺有所短也。不識所事非人，而好游權門，昧於大局而不用朝臣言、非所困而自投困。與本爻之占困，占凶異。且荀彧五十死於憂，堅四十八、在位二十九年、死於不許姚萇禪代。皆非即時困死也。繫辭所釋既辱且危、死期將至，妻可得見耶？蓋戒之，避免非所困而困也。至天之困、如本爻辭「安排」之困而凶者、悔吝也，爻不止於六三，上仍有九四、九五、上六三爻。人生際遇若止於六三、九四之困于金車，九五之困于赤紱，上六之困于葛藟。六三已死、解脫矣！無金車、赤紱之可逃也！更無論上六葛藟之困。六三、逃出石室，又遇遍地蒺藜。入其家門、不見妻小、悔吝不已也。

九四、來徐徐，困于金車，吝，有終。

象曰：來徐徐，志在下也。雖不當位，有與也。

子夏傳：九四來荼荼。音圖，內不定之意。

馬融：來徐徐。　徐徐，安行貌。（釋文）

王肅：來余余。（堂案：猶荼荼、舒遲貌）

翟元：荼荼（音圖）內不定之意。（釋文）

王弼：二剛以載者故謂金庫。徐徐疑懼之辭，志初隔二，不當位，威令不行。畏二故徐徐，有應不能濟故吝。然陽居陰，履謙量力，不與二爭、物終與之故曰有終。

孔疏：九二剛德勝故曰金車。四應初而礙三故曰困于金車。有應不敢往，可恥可恨故吝。不失謙道爲物所與故有終。

李鼎祚引虞翻：來欲之初，荼荼舒遲也。見險故來荼荼。否乾爲金，坤轝，歷險故困于金轝，易位得正故吝有終。

張載：心有偏係、吝也。以陽履柔、故有終。

程頤：力不足故困。亨困之道、必由援助。初四正應、初比二、二以剛載謂金車，四阻於二故來遲，困于金車也。疑而之它可羞吝。有終者初四終必相從。寒士妻弱國臣各安其正而已。

蘇軾：初六我之配，二之所惡。二剛載己者故爲金車，下從初而困於二，故徐徐不急於配，配之所怨，剛之所與，故吝而有終。

張浚：車必獲輔而後可行。君子在困，非求應於下、道不能上達。四兌金本乾體曰金車。三間之、比二求初故來徐徐。志應初雖吝得終也。自外而內曰來。巽不果爲徐徐。

張根：志在于民，遲遲其行。

朱震：四尚柔不足濟困、與初應而九二礙之、疑初捨己從二故來徐徐。二剛能載故曰困于金車。四志初懼二、處困不能相濟、吝道也。不與二爭、雖不當位、終有與之者。

鄭汝諧：易言往、往外；來，來內也。四從初而困於二金車、故來徐徐。四居不當位、困金車雖吝，有初終必合也，合則正必能拯困。初四位應情感，安有漠然不恤者！

李衡引牧：剛能載故稱金車。徐謙貌。澤无水是車之空、有德无用故困于金車。功无所施、吝也。有終者下應己、困有所濟故能保終。

楊萬里：氣從聲應、各從其類。易相應豈必以位？九四應在九二、乞二解圍、二徐來者、三閡如金車堅不可卻，四志二不渝必應、君子類同志通終不爲揜，吝始必通終。

朱熹：初四正應，四位不當不能濟物，初方困於下又爲九二隔。然邪不勝正，占雖可吝而必有終也。金車九二象未詳，疑坎有輪象。

項安世：四兌金，人所乘車。九乘四不正不可有行。故困于金車、吝。四居柔而主說、始雖徐徐、小象解志在下、終則有與、但以不當位爲吝而已！

趙彥肅：二困其與陰交、故困之。

楊簡：四正應初。九二在下堅剛阻之，二初比，四不得應而困矣！故曰困於金車吝。然二雖金車終不能奪正、故四終與初六爲應，有初六相與，不至甚困。

吳澄：居柔其行不勇、徐徐來下應初。坎爲輿爲輪，四坎下畫、剛成兌金，雖堅固不利轉所以遲也，故困于金車。占下來拯初而重滯不速故吝。雖然終必能下與初應也。

梁寅：四與初應、初困于下爲二金車所隔。二剛中而健、中有物者，四陽剛居上位而不能拯，亦可羞吝矣！然處說體、已出險、邪不勝正、其應必合、此所以有終也。

來知德：金車九二、自下而上往、自下而下來。徐徐四來初也。四初正應，徐徐而來，爲九二所隔，又困于金車象。然陽有所與、終不能爲陰所困。故其占如此。

王夫之：金車所以行，謂五也。　四剛居柔爲退爻，不急求伸，故與上六遠不爲其揜。所困者五、五不能行、與之俱止而所行吝。然承五待時而動，柔豈能終揜！必有終亨之道！

毛奇齡：四未嘗移下。下移來也。未嘗來故曰緩緩。匪懈也，困于金車焉耳。四不來初不上，初始四終。兌金坎車。虞氏曰否乾爲中之應、歷坎故困于金車。推易之解。

折中引胡瑗：徐徐者舒緩不敢快進也。　案：徐徐喻君子當困不欲上進。困金車：招我以車不容不來也。如是可羞吝！然近九五所謂大人者、與之同德，終有亨道。

李光地：四陽在上位，無意來而被招致。來徐徐，困金車象。古車服以庸。居坎體車輪之上。困居位故吝。上與九五合德故有終。

李塨：三陽惟九四有應。故其志以斯世斯民爲己任。駕金車救初六之困，徐不前坐爲車困，德不下其吝乎！然志不變必及所與。如孔子雖困于周流，而澤被萬世是也。

孫星衍引釋文徐徐、子夏作荼荼。金車本作金輿。　引集解子夏傳：荼荼內心不定之意。馬融安行貌。　何氏曰九二以剛德勝故曰金車也。（疏）

姚配中案：來、四欲初來也。　案象：初四陰陽應故有與，言終易位也。

丁晏：釋文子夏作荼荼，翟同。案爾雅執徐、李巡注舒也。周禮弓人先鄭注荼讀爲舒舒徐也。古徐舒荼並通用。

吳汝綸：金車、金輅也。金車朝聘所用。以困故其來徐徐然舒遲也。徐徐翟作荼荼義同。象云志在下者，謂欲與初同隱也。

丁壽昌：古徐舒荼音義並同。惠半農曰昏禮諸侯親迎乘金車。四來迎初而初入幽谷故有是象。蘇蒿坪曰四五互巽爲進退不果。徐象。四變坎故曰金車。說卦坎爲弓輪，多眚。

曹爲霖：爻變爲坎金輪故困于金車，李安溪謂楊龜山足當此爻義，蔡京當國、有議先生出除邇英殿說書爲非，先生言人不敢言、從容不躁競，困指蔡當國、不克盡從其言也。

星野恆：爻在困而不中正、應初、初與二比、來應之意徐緩。金堅車所以載物、困于金車不免吝！同志相應、雖有阻隔、終必相合，其可一時窮厄舍應妄有所求哉！

馬通伯：王宗傳自外而內來、巽不果有徐徐。案初體坎爲車入幽谷。四困金車不覿不獲速駕故吝。四不變應初、非貪慕榮勢、聖人以有終許之。鑒其志楊子雲所處殆近。

劉次源：行處困。四不當位、私縛五援，行珊珊、困于金車、行路維艱。吝由自取、五何有焉！自縛自解、奚待人援！悟則无困，有終者剛得以自全。

李郁：四若爲柔成坎坎、剛來嫌于承剛，從容不迫。雖困尙得金車之乘。失位故吝。往三得位、可以退處三故有終。

于省吾，釋文車本亦作輿。正義引何氏：九二以剛德勝故曰金車也。

徐世大：來的是這樣慢慢的，金飾車子不敢快跑長坂，笑話，終身沒望。 四爻爲環境所困、如禮俗。

胡樸安：南征主帥徐徐歸來，困于金車之中。率民征必率民歸。不先歸故來徐徐。與民衆偕歸也。雖吝而於事有終也。

高亨：徐本字、茶借字。來徐徐者其來遲緩也。因爲金車或逢峻坂不能上、或陷深淖不能出、爲此所困、路遇艱難，終可達其所期之地。

李鏡池：徐徐、慢行樣子。金車、囚車。金、禁也（釋名・釋天）被關在囚車、慢慢行來，這是不幸的，但終于被釋放了。

屈萬里：釋文：馬融曰徐徐安行貌。子夏翟元作茶茶。王肅作余余。集解虞作荼荼云舒遲也。車、集解虞作轝。金車，以金飾車、殆即綴輅。一曰金輅。反下曰來。

傅隸樸：九四陽剛居柔位，比二、力不足拯初。九二剛而能任重、金剛性、坎輪故九二稱金車、四畏二故拯妻之行來徐徐、勇不足是羞吝。傳象：不棄正配志仍在，行爲雖欠勇敢、然終能與初六相應。

金景芳：上往下來。雖來徐徐、有終、最後還是好的。金車：程傳認爲九二。不對。九四本身困。有與：程說有應初六。折中引蘇濬、何楷說與是九五相比。我看可以。

徐志銳：四近君大臣，以九來居四、非其所願。象說「來徐徐，志在下也。」四想潛藏在下。四五兩剛相比。蘇浚說「四五德合，天下事終舒徐濟之，故曰有與。」

張立文：九四、來徐，困于〔金車〕。閵（吝）有終。　譯：九四、來得所以遲緩，是因金車出了故障，雖有艱難，但結果總算回來了。

林漢仕案：往來之說，蹇卦初三四上皆有往來之辭、往由內而外，來自外而內。果如是乎?請比較蹇卦爻辭即可知大略也。

來徐徐：子夏作來茶茶。音圖，內不定之意。馬融徐徐、安行貌。王肅作來余余。王弼：徐徐、疑懼之辭。虞翻：荼荼、舒遲也。見險故來荼荼。蘇軾：徐徐、不急於配。張浚：四金車、三間之，比二求初故來徐徐。巽不果爲徐徐。張根：遲遲其行。朱震：與初應而二礙之、疑初捨己從二故來徐徐。鄭汝諧：四從初而困於二金車，故來徐徐。李衡引牧：徐、謙貌。楊萬里：易相應豈必以位？九四應在九二、乞二解圍、二徐來者。項安世：四居柔而主說、始雖徐徐、志在下、終則有與。吳澄：居柔、其行不勇、徐徐來下應初。輪堅不利轉、所以遲也。故困、重滯不速故吝。來知德：徐徐、四來初也。正應、徐徐而來。王夫之：四剛居柔爲退爻，不急求伸。毛奇齡：四未嘗移下來、未嘗來故曰緩緩、匪懈也。折中引胡瑗：徐徐者舒緩不敢快進也。案徐徐喻君子當困不欲上進。無意來而被招致。李塨：徐不前、坐爲車困。丁晏按古徐舒茶並通用。吳汝綸：以困故其來徐徐然舒遲也。丁壽昌引蘇蒿坪曰四五互巽爲進退不果，徐象。星野恆：初來應之意徐緩。馬通伯：四困金車不覿不獲速駕故吝。劉次源：行珊珊、困于金車。徐世大：來的是這樣慢慢的。胡樸安。南征主帥徐徐歸來。率民征、必率民歸、不先歸故來徐徐。李鏡池：徐徐，慢行樣子。慢慢行來。傅隸樸：四畏二故拯妻之行來徐徐。徐志銳：天下事終舒徐濟之，故曰有與。張立文：來得所以遲緩，是因金車出了故障。

輯學如積薪、總是後來居上。上是上矣、未必能壓群芳也。徐徐之意有：內不定之意。（子夏作茶茶，音圖。）

安行貌。（馬融）

王肅作余余。（孫堂案猶荼荼，舒遲貌。）

疑懼之辭。（王弼）

舒遲也。（虞翻）

不急於配。（蘇軾）

巽不果爲徐徐。（張浚）（四求初三間二比）

遲遲其行。（張根）

疑初捨己故來徐徐。（朱震）

謙貌。（李衡引牧）

四應二、乞二解圍、二徐來者。（楊萬里）

居柔、其行不勇、輪堅不利轉所以遲。（吳澄）

四不急求伸。（王夫之）

四未嘗來故曰緩緩、匪懈也。（毛奇齡）

喩君子不欲上進、無意來而被招致。（李光地）

徐不前、坐爲車困。（李塨）

古徐、舒、荼並通用。（丁晏）

以困故其來徐徐然舒遲。（吳汝綸）

初來應之、意遲緩。（星野恆）

四困金車不覯，不獲速駕。（馬通伯）

來的是這樣慢慢的。（徐世大）

南征主帥徐徐歸來（胡樸安）

被關在囚車、慢慢行來。（李鏡池）

四畏二、拯妻之行來徐徐。（傅隸樸）

四想潛藏在下、天下事終舒徐濟之。（徐志銳）

四來得遲緩、金車故障。（張立文）

易經爻辭、象似雌雄同體、總是翻來覆去製造愛戀矛盾，然後爲之說辭、比應乘承是也。而楊萬里竟又超出於傳統一四、二五、三六之應、近鄰相比之外，謂「易相應豈必以位？九四應在九二。四志二不渝必應。」與其師程頤謂初四正應、初四終必相從說異。而蘇軾亦謂初六、我之配，下從初而困於二。朱震云四志初、與初應而九二礙之。鄭汝諧亦謂四從初而困於二金車。朱熹：初四正應、初困下又爲九二隔，然邪不勝正必有終。知萬里先生「氣從聲應、各從其類，四志二必應。」爲斷袖餘桃癖也。

胡樸安謂南征主帥徐徐歸來。胡以升卦之南征、延伸至困爲武王南征。故打從初起即謂南征受困。四之歸來、率民征必率民歸，如之何反自困金車？上六有劓罪貶謫之議，豈武王當之耶？胡之說不能不謂辭愈明而事愈混淆不清也。李鏡池之云「被關在囚車」。張立文謂金車故障、四所以來遲。皆望文生義、後來欲居其上之說也。

子夏、翟元謂徐徐、內不定之意。應是九四來徐徐之正解。李光地云四無意來而被招致。折中云招我以車不容不來。而九四與困其他各爻困逃之意通、初臀困即身困、身之逃離株木、因誤判反轉入幽谷。九二之逃于酒食、暫斷糜爛生活，蓋善補過也。而得君寵命，九二有剛中之德爲卦主。放筮遇此爻女公女侯、利享祀結合人神也。不利於外事故征則凶。六三逃出石室、又値遍地荆棘、行不得也。豈事多疑之主？人生反覆若是。家業幾破、悔吝不已也。九四近君、王夫之謂金車所以行、謂五也。瑞應圖：「舜時金車見帝庭。」此天生瑞物。宋書符瑞志：「金車、王者至孝則出。」本瑞應之物、後人遂謂金車爲富貴車駕。九四之遭時蹇反覆、雖迎以金車、而其志、內不定也。逃于金車，不受金車之召也。人生起伏多變若是。四之逃于君命不應駕、或可得平反而放棄、不免吝事耶！有終、九四階段、終、祟也、得名乎？有崇高之節名也哉！

以九二爲金車，說者多，如王弼、孔穎達、程頤、蘇軾、朱震、鄭汝諧、李衡、楊簡、梁寅、來知德、傅隸樸。多乎哉，不多也。張浚之謂四兌金、本乾體曰金車、項安世、吳澄、毛奇齡、李塨從之。丁壽昌亦以四變坎故曰金車。是以九四本身或言兌、或言坎爲金車也。

楊萬里以三閡，如金車堅不可卻。以六三爲金車也。

朱熹：金車九二象未詳，疑坎有輪象。疑九二之爲金車之說也。

吳汝綸：金車、金輅。金車、朝聘所用。　漢仕之謂迎以金車。本子夏與翟元云內不定之意。蓋謂拿不定主意乎。而有逃召、逃金車、逃君命不應駕之說也。船山先生以金車謂五、李光地云招我以車不容不來。而九四之逃也，雖吝而得令名乎！

高亨謂金車逢峻坂、李鏡池以金車爲囚車。屈萬里以金節車、即綴輅、一曰金輅。張立文謂金車出了故障。讀者諸君從而可見易經傳注之多元化之一斑也。從女所好、即爲標準答案。

九五、劓刖，困于赤紱，乃徐有說，利用祭祀。

象曰：劓刖，志未得也。乃徐有說，以中直也。利用祭祀，受福也。

京房：九五劓劊。（釋文）　鄭玄：劓刖當爲倪仉。（釋文）

王肅：九五鯢鯢，不安貌。（釋文）（案應是上六號卼。）

陸續：鯢卼，不安貌。　傳象鯢卼，志未得也。无據无應故志未得。二朱紱，此赤紱：二享祀，此祭祀。傳无他義，謂二困五，三困四五初困上，斯乃迭困之義也。（集解）

王弼：五以剛失，致物之功不在暴，五陽居陽，不能謙，致物不附，用壯行威，異方畢乖，遐邇愈叛，欲得乃失，故劓刖困于赤紱。困後徐徐有說。困而能改，祭祀必得福。

孔穎達：五用剛壯，物不歸己，用威行劓刖刑，異方畢乖，赤紱南方物。言剛猛不能感物，但用德徐徐則物歸有說矣！居尊能反，不執其迷，用祭祀則受福也。

李鼎祚引虞翻：割鼻曰劓，斷足曰刖。四動震足艮鼻，離爲兵兌刑故劓刖也。赤紱謂二，否乾朱，坤紱，二未變應五故困于赤紱也。兌說坤徐、二動應己故乃徐有說。引崔憬：若春秋傳曰政由甯氏，祭則寡人。在困思通終必喜。

張載：陽居陽，處困以剛，威怒以求，物之來反爲赤紱所困。與九二義反矣！苟能徐俟，乃心有說。物既自至，以事鬼神、福可致焉。處困用中、不失其守而已！非有爲時也。

程頤：上截鼻下刖足，上下皆揜於陰也。困由上下无與。赤紱臣下服、取行來義。五剛中與二同德，是始困徐有喜說、若祭致誠致賢以義合，至誠乃受福也。

蘇東坡：其曰赤紱、正也。朱紱、嚴之也。下受上之辭。傳象利用、用九二也。

張浚：困三陰蔽其耳目、使二不得應五，曰困于赤紱。赤臣道也。欲刑陰而無助。惟君臣有剛中直故徐乃有說。兌說，祭誠去間，治興險平矣！受福于天，夫復何疑！

張根：羑里之事。

朱震：四強臣、間二五同德相求、五爲四傷故曰劓刖。二應五以征爲凶、五无助而困于赤紱。五剛中而正、四豈能問？故曰乃徐有說。祭祀及百神、二受福、陽爲福，故曰利用祭祀受福。

鄭汝諧：極乎剛。揜於上者劓之、揜乎下者刖之，所以去間己者，求合于二也。赤紱下服，謂下未合，徐求二五終必合。人鬼曰享，天神曰祭，以是爲上下之別歟？

李衡引子：五怒二進將刑之，上下敵應困矣。　引陸：上六鼻、三足刖、陰掩剛。赤紱諸侯服。五聖主，志大遂。

引石：五无應困、諸侯不臣、刑之。用中直天地且福。

引胡：困主用刑威、反爲困。　引集：禮化道福。

引錡：怒行刑更離。　引房：剛中與二同億、利祭天地。

引牧：二之紱不應己、故困于赤紱。

楊萬里：九五剛中之才、正大之德；九二有剛中之才，九四有陽剛之志。君臣同德，小人刑以劓刖，君子錫以紱冕、始困而徐說、是易道也。志未得未刑小人時、中直即中正。

朱熹：劓刖傷上下，赤紱无所用、反爲困矣！上陰揜，下乘剛。然剛中說體故能遲久有說。利祭祀久則獲福。

項安世：劓刖指九二。上爲三劓，下爲初刖。五有賢未得用，故困于赤紱！言臣道未應也。乃徐有說猶四徐徐有終。二五非正應、特以中相得。二得兌說，祭上下受福。

趙彥肅：從欲以治，君道之亨。刑而服之，君道之困。徐乃不困、於用刑也。

楊簡：劓刑鼻，上爲陰所困；刖刑足，乘剛而困於四也。困於赤紱謂九二不應。五志求二、理中直、當竭誠相與，以誠致福。五居中非無道之象。

吳澄：五居互巽上畫，居高不安故臲卼。赤紱二非正應反爲繫累故困于赤紱。五中正自處能徐徐說去之也。占赤紱繫身雖困、用之祭祀則爲宜。

梁寅：劓傷於上、刖傷於下。九五爲陰揜、下乘剛故劓刖。既爲刑人、則赤紱无所用。既出險說體、其困者亨矣，故徐而有說。利用祭祀者剛中孚誠、人交鬼神亦誠而已矣。

來知德：九五當柔掩剛之時、上下俱刑傷。三比四揜二、不惟劓刖、又困赤紱、君臣皆受困矣。九五悅體、如祭之誠信、斯有悅而受其福矣！故教占者。

王夫之：上六從上而劓，三從下而刖，受傷不足爲君子之困。居尊當位、說於困則大行故无征凶之戒。赤紱朱紱義同。皆諸侯命服。

毛西河：九五困亦君子也。以恆之三剛易五、震足倒艮鼻，一剛割其間，劓鼻刖足，困之至。幸剛中祇濕被服手足束爲君子困。逞口有言不信。祭則受福。此君子之困也。

折中引王應麟謂李公晦曰：明雖困於人，幽可感於神。豈不以人不能知、鬼神獨知之乎？不知人知求天知、處困之道也。　案：五取高益困于赤紱。兌體從容有餘裕、祭義與二同。

李光地：五爲陽、困之極。至遭傷害。羈束愈深。困赤紱象。然不可不寬裕其心故徐則有說。用此赤紱祭祀。傳象：有中德則自反而縮，困而心亨矣。祭祀誠則受福。

李塨：後半震不成震足，前半艮不成艮鼻，且俱爲兌之毀折，劓且刖矣！雖五得位、繫我赤紱、束縛絞急、德中直豈終困哉！徐出言說（悅通）以達天、獲福利矣。文王之囚終三分有二似之。

孫星衍引釋文劓、徐魚器反，刖徐五刮反。荀王肅本作臲卼。京作劓劊。　引集解荀臲卼不安貌。　鄭康成劓刖當爲倪仉。　陸希聲曰五剛中能去小人以救困者。上六鼻、六三足，皆掩剛者，故刑沖去之。（會通）

姚配中案：赤紱謂四、互離赤喩文有聖德、終守臣節、天下歸之而志愈不安，故劓刖。（鄭倪仉、荀臲卼不安貌）坎曳故徐、喩文王終以臣節終也。方來天命歸周非有覬覦心也。

丁晏：苗陸作臲卼，鄭劓刖當爲倪仉。說文劓刖或從鼻。臲作臬劓臲並同。刖說文䟳或從䟰亦省作兀、介一音兀。古刖鼿仉聲近。倪臲同，古文倪臲聲近。臲卼釋文說文作劓䠱。說文槷䠱當爲劓刖異文。小徐本劓䠱。槷古文臬。槷臲音義並同䠱。與卼聲相近。

吳汝綸：劓刖當依王陸作臲鼿。說文劓䠱不安也。赤紱、諸侯也。五在諸侯之位故曰困于赤紱。乾鑿度云夫執中和、順時變所以通至美也，故曰乃徐有說也。

丁壽昌：劓刖、臲鼿、倪仉、劓劊、劓或作劓。臲卼。刖明𧿳或省作兀、或介並通。蘇蒿坪曰兌爲毀折故劓刖。案朱紱九五、赤紱九二。坎爲赤、乾朱皆祭服。五爲二困也。

曹爲霖：劓刖、上下俱傷。赤紱臣服。困赤紱言上下受制於奸邪。唐武宗任李德裕、無宦官藩鎮專橫之意、眞剛中有說受福也。西伯囚、紂賜專征伐之鈇鉞，契斯象矣。

星野恆：截鼻劓、去足刖。困處尊位、上下俱揜於陰、爲其傷。赤紱、人主命有德，不應不來故困于赤紱。五有剛中德必有剛中賢以輔之、誠乎中可接鬼神，何以不濟。

馬通伯：陳壽祺曰說文作槷䠱、蓋劓刖臲鼿倪仉槷䠱古字竝通，皆一聲之轉。王應麟曰利用祭祀、知我者其天乎！李公晦謂明困於人、幽可感神。案五剛揜而困、不怨天尤人、不喪所守是能勝天下之艱鉅。

劉次源：五爲上揜、下蔽于三。肢體受罰、困苦顚連。居尊如縛蠶、困于赤紱、幸剛居中，自覺自脫、利祭祀心與天通，諸困自痊。因祭感格受福。

李郁：刑鼻刖足。四非柔故劓、二非柔故刖。赤紱臣服。五無比應、孤寡不穀、爲臣下所困。亦不急于征四伐二，唯以中直誠信感天、四兌言感、二亨祀通神受福。

于省吾：劓刖鄭倪仉，京劓劊，荀王𪖐𪖙、訓不安。即秦誓杌隉。三上大坎故不安。紱金文作市、離赤。朱深赤淺五大坎據離故困赤紱。說脫困、半震祭故利祭祀。

徐世大：割了鼻子又斷腿，穿紅衣的威權可畏。慢慢說說看，好在祭神鬼。 五爻為官刑所困。有關說之道、如利用祭祀送賄之類。

胡樸安：南征不用命、治以劓刖，以南征志未得。赤紱赭衣、說脫。罪次者久乃脫其罪，因情有可原也。南征用禴示信。不服而返、尙祭以振民氣。故象受福也。

高亨：赤紱、自諸侯達於大夫之命服。說借為挩解也。劓刖、危而不安、為赤紱所困。筮遇此爻或能徐徐解赤紱、脫危險。有猶或也。祭祀當作享祀。筮遇此爻享祀則利。

李鏡池：與九二爻合看。被朱紱人俘虜、割鼻，刖足，成了奴隸，才漸漸有脫身的機會，跑回來。「利用祭祀」指脫險感謝神靈保祐而祭祀。

屈萬里：應从苗王本，即隉阢不安貌。官高多危。有、又。劓刖，釋文荀王本作𪖐𪖙。云不安貌。京作劓劊。尙書多方：劓割夏邑。劓亦割也。

傅隸樸：陽居陽剛猛象。治國用威之徵。以劓刖之政、必失人心。赤紱、諸侯代稱。諸侯不服、不用命是王政之困。徐是寬緩、說同悅服、王政改用寬和誠敬便無不可解之困了。

金景芳：劓刖都是肉刑。程傳上下揜于陰為傷上傷下。勉強。荀王劓刖作𪖐𪖙不安貌。鄭倪仉。書秦誓阢隉。莊子魯有兀者。我斷定王程朱是錯誤。應依荀王鄭不安解。說應讀如脫。就是擺脫困境。讀如悅不一定對。祭與九二同。

徐志銳：二五相應共同濟困。但二沒脫困、截鼻則難出氣、二處境稱劓刖。去足難行走、怎能援助九五？只有行中道才能耐心等候，待天時的變化。借祭天地奉天時一定有福慶。

張立文：九五、貳（䠱）椽（㼱），困于赤發（紱），乃徐有說。利用芳（享）祀。　譯：九五、處危險不安之境，是被穿赤紱的大夫所困厄，慢慢可化險爲喜悅。宜舉行祭祀。貳椽（䠱㼱）通行本作劓刖。石經作劓劊。通行本䠱䡆。發假紱。　芳假爲享。

林漢仕案：古刑不上大夫。今九五、劓刖。又困于赤紱。何以至於斯極耶？茲輯古往今來易家覃思偉論，備君諮詢。

象：劓刖，志未得也。　京房：九五劓劊。

鄭玄：當爲倪仉。　王肅：九五䠱䡆不安貌。

陸績：䠱䡆不安貌。故據无應，故志未得。

王弼：五以剛失，異方畢乖，故劓刖困赤紱。

孔穎達：五剛壯、物不歸己。用威行劓刖刑。

李鼎祚引虞翻：四動震足艮鼻，離兵兌刑故割鼻斷足。

張載：處困以剛，物之來反爲赤紱所困。

程頤：上截鼻、下刖足。上下皆揜於陰也。赤紱臣下服。

蘇東坡：赤紱正也。朱紱嚴之也。

張浚：三陰蔽其耳目、使二不得應五。赤紱臣道也。

張根：羑里之事。
朱震：五爲四強臣所傷故曰劓刖。五无助而困于赤紱。
鄭汝諧：擠於上者劓，擠於下者刖，所以去間已者。求合于二。赤紱下服、謂下未合。
李衡引子：五怒二進、將刑之。引陸上六鼻三足刖。赤紱、諸侯服。引石諸侯不臣。引
牧二紱不應困赤紱。
楊萬里：君臣同德。小人以劓刖，君子賜以紱冕。
朱熹：劓刖傷上下。赤紱无所用、反爲困矣！
項安世：劓刖指九二。上爲三劓、下爲初刖。五有賢未得用故困于赤紱。
趙彥肅：刑而服之、君道之困。徐用刑乃不困。
楊簡：上爲陰所困、刑鼻；乘剛困於四、刑足。九二不應、困於赤紱。
吳澄：五居高不安故鼿卼。二非正應反爲繫累故困赤紱。
梁寅：九五陰掩、下乘剛故劓刖。既爲刑人，赤紱无所用。
來知德：五當柔掩剛、上下俱刑傷，君臣皆受困矣。
王夫之：上六從上而劓，三從下而刖。受傷、不足爲君子之困。赤紱、朱紱義同。
毛西河：九五困。劓鼻刖足、困之至。
折中引王應麟：明雖困於人，幽感神明。五高益困赤紱。
李光地：五陽、困之極、至遭傷害。

李塨：後半震不成震、前半艮不成艮、俱爲兌毀折、劓且刖矣！ 文王囚、終三分有二似之。

孫星衍引陸希聲：上六鼻、六三足皆掩剛、故刑而去之。

姚配中：赤紱四。喻文（王）有聖德、天下歸之、志愈不安，故劓刖。

丁晏：劓刖：荀臲鼿。鄭倪仉。說文臬刖。臬劓臲並同。刖、說文跀或從趴、省作兀、介音兀。臲卼釋文作齀。說文槷齀當爲劓刖異文。小徐劓齀。槷臲、音義同齀。與卼聲近。

吳汝綸：赤紱、諸侯服。五諸侯位故困于赤紱。

丁壽昌引蘇蒿坪曰：兌毀折故劓刖。案朱紱九五、赤紱九二。五爲二困也。

曹爲霖：困赤紱言上下受制於奸邪。西伯賜專征契斯象。

星野恆：截鼻去足、困處尊爲其傷。不應不來故困赤紱。

馬通伯案：五剛揜而困。

劉次源：五爲上揜、下蔽于三。肢體受罰、居尊如縛蠶，困于赤紱。

李郁：四非柔故劓、二非柔故刖。五無比應爲下所困。

于省吾：即秦誓杌隉。三上大坎故不安。朱深赤淺。

徐世大：割了鼻子又斷腿。五爻爲官刑所困。

胡樸安：南征不用命、治以劓刖。赤紱、赭衣。說脫。

高亨：赤紱、自認侯達於大夫命服。危不安為赤紱所困。
李鏡池：被朱紱人俘、割鼻刖足成了奴隸。
屈萬里：隉阢不安貌。官高多危。有、又。
傅隸樸：剛猛治國、劓刖之政。諸侯不服王政之困。
金景芳：劓刖都是肉刑。應依「不安」解。說讀如脫。
徐志銳：二處境稱劓刖，怎能助五？二沒脫困。
張立文：處危險不安境，是被穿赤紱的所困厄。

九五劓刖。九五上下皆揜於陰，故截鼻、刖足。（程）五為四傷。（朱震）　陰困刑鼻、乘剛刑足。（楊簡、梁寅、毛西河、李光地、丁壽昌、星野恆、劉次源、徐世大）九五貴為天子侯王、自刑耶？抑為上六陰揜、乘九四剛、蔽六三陰而蒙刑難？古謂刑不上大夫、今君可刑耶？金景芳曰：「我斷定王程朱是錯誤。」蓋有天子已加刑仍可君天下、臨百官萬姓者邪？九五不可刑，故易家以為九五加刑於人、即五刑制人者也。孔穎達之謂「用威行劓刖刑」是也。鄭汝諧謂「揜於上者劓、揜於下者刖。所以去間己者」。李衡引子：「五怒二進、將刑之。」又引陸：「上六鼻、三足刖。」項安世：「劓刖指九二。」又云「上為三劓、下為初刑。」則似劓執行劓刖者六三與初六是也。王夫之云：「上六從上而劓、三從下而刖。」孫星衍引陸希聲：「上六鼻、六三足、故刑而去之。」傅隸樸：「剛猛治國、劓刖之政。」吉凶生大業，六爻皆卜者自己也、又謂六爻似人身也、姑無論劓刖爲上六、六三、九二、皆自殘也！又以六爻爲天下國家言、初民也、二三四公侯將相、上爲公卿。故從矛盾中生大業、發揮剛猛治國、齊之以刑之政論。從天地人中再產生一套人生哲學。上可劓、三可刑、其制人者九五君也。依法治人。

嚴刑治國、民免而無恥身、故又謂九五不安而已。以劓刖、臲鼿爲不安貌。王肅、陸績、吳澄、姚配中、于省吾、高亨、屈萬里、金景芳、張立文皆以劓刖、臲鼿、倪伍、劓刖、臲脆爲不安貌。孰不安？九五不安也。于省吾謂三上大坎故不安。人主不安、天下不安矣！

又有謂文王羑里事。（張根） 文王囚、終三分有二似之。（李塨） 喻文王有聖德、天下歸之、志愈不安。（姚配中） 西伯賜專征契斯象。（曹爲霖） 九二爲明英宗土木之變、困于酒食，姚配中以六三喻殷，九四、李塨以「如孔子困于周流。」曹爲霖謂：「楊龜山足當此爻之義。」九五則方之文王因時。是則是矣！英宗、紂亦君也，一爲國受難之君，一爲文王上司紂王、所謂暴君、亦共主也，噫有所貶褒矣？

其以象說者如：四動震足艮鼻，離兵兌刑故割鼻、斷足、（虞翻） 李塨謂後半震不成震、前半艮不成艮、俱爲兌毀折、劓且刖矣！象是象矣，不能有所啓發也。毋寧採朱子、來子之謂教占者如是則何如何如，高亨之「巫遇此爻享祀則利」也。徐世大、胡樸安、李鏡池等則望文生義耳。

困、方言謂逃叛。蓋生於顚沛流離之世、一生皆主逃。爲現實逃、爲理想逃。初逃離株木、反入幽谷，致遭世遺棄。九二時段則逃于酒食。善補過也。六三逃得石室樊籠，又入荆天棘地另一牢籠。九四、雖是遲來之平反、召我以金車。拿不定主意、逃召、逃君命。雖吝而得令名也。九五時段蓋處人生最高峰期。九四時小象稱來徐徐、志在下也。欲得一介平民安居而不可得也。程子謂寒士妻、弱國臣、各安其正而已。吳汝綸稱欲與初同隱也。九五象謂志未得。陸績解作无據无應。九五孤獨矣。雖居尊成德、不能行其所志矣。逃于赤紱者：朱紱、赤紱皆非志也。乃徐有說。說、脫也。挩去赤紱過一介平凡生活也。利用祭祀者謝天謝地乎？告慰生死兩造。臲卼不安之志、或得安矣！至赤紱爲臣服、諸侯服、君服、乃其餘事也。

上六、困于葛藟，于臲卼，曰動悔，有悔，征吉。

象曰：困于葛藟，未當也。動悔，有悔，吉行也。

孟喜：槷䰉（說文） 于劓䰉。（釋文臲卼，說文䰉。）

向秀：動悔有悔，言其无不然。（釋文）

王弼：困極乘剛无應，行則纏、居不安故困于葛藟、臲卼也。困之至也！窮則思變，令生有悔，以征則濟矣！

孔穎達：蔓繞臲搖，不安之辭。上六極困而乘剛无應，故困葛藟。曰、思謀之辭，令有悔然後求通可以獲吉。

李鼎祚引虞翻曰：巽爲草莽稱葛，謂三。兌爲刑人，故困于葛藟，于鮠甈。乘陽故動悔、變失正，三變正已得應之故征吉。　傳象困于葛藟謂三未變當位應上故也。

張載：困極、重剛在下，不得其肆。居非安、舉招悔，取捨皆咎，故行然後吉。一云動悔。有悔猶云動悔之悔也。

程頤：旣極理當變，葛藟、纏束物，鮠甈、危動狀。六爲困所纏、居高危地、動輒有悔。曰自謂也。能悔而往則得吉也。以說順、進可以離乎困。

蘇軾：三柔謂葛藟，柔而牽己。五剛難乘謂鮠甈。上六困於此二者，其不動乃所以有悔也。上无揜吉莫如征。以柔用剛，乘之以爲蒺藜，以剛用剛、乘之者以爲鮠甈而已！　傳象：上足爲配、三未足以當也。

張浚：上二陰牽之揜剛，逡巡忸怩，若困於葛藟，鮠甈不自安。葛藟小人牽連狀。小人困君子而赧慊，故鮠甈，動悔從陽，其征斯吉。聖人示動悔、爲小人者知所以棄惡而趨善也。反巽爲鮠甈、兌說爲吉行。

張根：困極則亨。牽制則不安，悔則獲吉。

朱震：上困極當動。巽草葛藟。困極求助、三柔不正、求爲未當。上六動失正悔，安困不動乃有悔，不知征以正行而吉且无悔矣！是行而後吉也，故曰吉行。

鄭汝諧：應三、三柔附己牽之、葛藟也。比五、剛載己難安，鮠甈也。自言動則有悔不以爲悔，征則吉也。柔不能征故動悔。困極當通故告之以征吉。征吉吉行一也。

李衡引陸：所謂吉凶悔吝生乎動者也。故變乃通。　引牧：糾束志不得專故困葛藟、乘剛不安故臲卼。　引介：葛藟六三、今柔所牽愈困。　引薄：君子不易德變常、由諸道也。

楊萬里：上六一陰孤，出刑戮外、天幸也。始爲二陰所縈、如困葛藟之蔓不得脫；終乘二剛如據臲卼之几不得安，動懼禍及故有悔。聖人縱去不追故許征吉。故拯困之道、莫上乎征吉、而劓刖爲下，可不戒哉！

朱熹：陰處困極，故有困于葛藟、于臲卼象。然物窮則變，故其占曰若能有悔則可以征而吉矣。

項安世：三非所當牽而牽之、故困于葛藟，九五非所當乘而乘之故困于臲卼。徒用口禦人。有讀又、所謂尙口乃窮也。若能斷不牽、辭不居而行、吉孰如焉！

楊簡：上六前無阻、宜往脫困。柔懦疑滯、不能決。葛藟滋蔓、柔弱盤旋似之。又乘剛故臲卼不安。聖人教之曰苟疑慮果有悔，若遂征往則吉也。吉行在乎行也。

吳澄：上柔纏繞巽木上、葛藟象。九五高不安、上六愈高愈不安矣，故困于臲卼。占與豫六三回。兌口言自處未善故困，今動改悔亦不免有悔也。徒言不勇，征行則離于困矣！

梁寅：葛藟懸於上、不能无危，不能无動。上六柔居高以憑陵君子、其臲卼不安、動有悔矣！然處困極、有變通之理，故動有悔，亦可以征行而吉也。

來知德：臲卼不安、葛藟纏束物。上六亦欲掩剛困君子，反不能困。欲動則纏不能行、欲靜又居君上不自安，訟則有悔。誠能去其陰邪之疾而去可也、故占征則吉。

王夫之：葛藟蔓艸，臲卼崎嶇地。上六柔當位、賢於初三，行將何往？必欲揜陽、是自入葛藟中，所居高危不安地，陰可以悔矣！釋剛不揜自遠以行則君子難解、己亦吉。

毛奇齡：若小人之困又不然。爲葛藟弱絲累巽木之顚，以小加大、以卑居高，危然自尊，杌隉不自安已耳。告毋動、動則悔變矣。困極必通。苟當其時可吉行蓋困之必亨。

折中引易祓：陽不可終困、困極則變。　引徐幾：有悔則可出困征吉。　引吳愼：困由己柔暗、當變主悔。　案：處困貴說、上說主、尙口支離不安，故必悔離去之則吉。

李光地：柔居困極、危不自安，困亦自取之也。苟能自思吾動皆悔，離而去之、勿復牽繫以自困則吉之道也。爻有葛藟象。處困莫善於說也。

李塨：六以柔纏巽木上是困于葛藟，居巽高是臲卼。（杌隉不安），然窮則變、征行而吉。征即動。小人悔掩剛之不當，亦可通此。

孫星衍引釋文藟又作虆。臲，說文作劓，薛同卼，說文作𡰝薛又作杌，字同。　集解引向秀曰言其无不然。（釋文）

姚配中案（陸機藟、亦延蔓生葉艾白子赤。）臲卼不安貌。葛藟喻歸附文王者。（據蒺藜紂用群小也）曰詞也，動見忌謂爻變有悔。化之陽可與三易位故征吉。文事殷困而反國象。

吳汝綸：于者大也。曰者自怨艾之詞。動變也。有又也。方變改其悔，已而又悔也。此其大臲卼之事也。惟征則去而之吉矣。

丁壽昌：槷𡰝古文、杌隉今文、劓刖假借、臲卼俗體。虞曰巽草莽爲葛藟、三也。蘇蒿坪曰兌口舌有動悔象。案上悔吝之悔，下改悔之悔。改悔亦由悔吝生、實一義也。

曹爲霖：唐文宗受制於家奴、自謂周赧漢獻不如。困葛藟臲卼也。李德裕言邪人如藤蘿、競爲朋黨。先帝執心不定，故奸邪乘間入也。令政事出中書，天下何憂不理！

星野恆：葛藟蔓草善縛物、臲卼危動象。柔居上、下不應、縛束不解、搖動不安。可以變通，處說不與物忤。不動雖無悔、終不免於困、必也有悔可以得吉行！

馬通伯：上悔以事言、下悔以心言。柔不能處困、宜變剛也。困時尙口乃窮。傳推言在改行不在徒言。自訟則吉。動悔有悔，自訟之辭也。

劉次源：陰私糾縛、徒自繫于葛藟，困于臲卼。坎坷交錯、動輒得悔。因悔去私係，是以征吉。一變成乾、純剛何屈。

李郁：上六無應、柔應柔、繞纏象。故困于葛藟，故臲卼不安。悔則變志、動失其操故曰動有悔。困時柔宜變剛故曰征吉。

于省吾：虞翻乘陽動悔，變有悔，三變正故應征吉。　按古動本作童、童重古同字、悔讀作謀。重謀有悔征吉。困三至上大坎爲謀、坎極不應疑重謀慮，決往脫險而吉矣。

徐世大：葛籐纏身、站在搖搖擺擺的石磯，說動一動麼，晦氣星照臨，走得脫才行。　上爻則上纏下不穩，動輒得咎。困極。

胡樸安：主帥雖免劓赤之罪、貶困于葛藟之間不安也。不當位致遭貶謫。有、又也。言前行悔而又悔。再從事征伐、必吉矣！故象吉行也。

高亨：困于葛藟困于臲卼也。易之臲卼、初文當作臬兀，木橛在地者、足爲木橛所擬而躓也。足爲葛藟所絆而躓。皆小物尚困、如此動必悔。葛橛步步削除斬去故曰征吉。

李鏡池：被關在有刺葛藟、木樁圍住的監獄，防範很嚴，想越獄、一動就悔上加悔。征吉屬附載。　刑獄是統治階級用來鎭壓人民的機關，對暴力統治的了解很重要。

屈萬里：上悔疑當作晦。鄭云宴也。（上悔字疑本爲敏字。用書謚法敏、疾也。）言動而宴遲則有悔。按敏悔疊韻形相近。于、曰也。按悔與靡音近、無也。動無有悔。

傅隸樸：臲卼即隉杌。動搖不安、葛藟纏繞物、指六三、乘九五剛君不得安。行動坐臥既受困、物極必反、當思變了。上動悔、動輒得悔、悔作過錯解。下悔改脫困便是吉。

金景芳：葛藟、纏束物，臲卼、危險狀。實際上臲卼典劓刖應該是一個詞。變前所爲、改正過失。還是得吉的。

折中引項安世說：若能斷葛不牽，辭臲卼不居，行去吉孰加焉！

徐志銳：葛藟、莖蔓纏繞木枝攀援而上困剛、發現自己處窮困。再繼續圍困陽剛就要有過悔，只有改悔才能无過悔。行就是變通、解除對剛的包圍則陽不窮柔也脫險境。

張立文：尚（上）六。困于褐（葛）纍（藟），于貳（臲）椽（卼），曰悔夷有悔，貞（征）吉。　譯：上六、有人被葛蔓絆倒，手雖抓住木橛，但悔而又悔，出征伐則吉祥。　褐借爲葛。纍借爲藟。　貞借爲征。探索困境以明吉凶休咎。

林漢仕案：困、方言逃也。困于葛藟，逃于葛藟；于臲卼、承上省困字。故逃于葛藟、亦逃于臲卼。臲卼本九五劓刖不安貌、傳志未得也。九五乃處卦之最佳狀態，以人生言、蓋顚峰時期乎！此時仍志有未得，仍杌隉不安。孔子云四十五十而無聞焉、斯亦不足畏也而已！亦即孟夫子之吾未免爲鄉人之嘆也！逃于無限糾纏、亦逃于志未得不安狀態、掙扎擺脫、又自攢它千層錦套頭、可嘆可悲、亦徒有志於斯而已矣！　茲輯前賢傳爻珍見於一室、供養後世賢者共賞也：

象言簡意賅云：困于葛藟、未當也。

王弼：困極乘剛无應。行則纏、居不安。

孔穎達：夢繞臲搖、不安之辭。困極乘剛故困葛藟。

李引虞翻：巽草莽葛、謂三。兌刑人故困葛藟、臲卼。

張載：困極，重剛在下，不得其肆。居非安，舉招悔。

程頤：理當變。葛藟纏束物。臲卼危動狀。六爲困所纏、居高危地，動輒有悔。

蘇軾：三葛藟、柔牽已。五剛難乘、謂臲卼。困此二者。

張浚：上二陰揜剛、逡巡忸怩若葛藟小人牽連狀；小人困君子而赧慊故臲卼不自安。

朱震：上困極當動。巽草葛藟。求三未當。動失正悔。

鄭汝諧：應三、三附己牽之、葛藟也。比剛難安、臲卼也。

李衡引牧：糾束不得專故困葛藟，乘剛不安故臲卼。　引介：葛藟三、柔牽愈困。

楊萬里：上一陰孤。如爲二陰所縈、如困葛蔓不得脫；終乘二剛如據臲卼之几不得安。

朱熹：陰處困極，故有困于葛藟、于臲卼象。
項安世：三非所當牽而牽、五非所當乘而乘故困。
楊簡：葛藟滋蔓、柔弱盤旋似之。乘剛故不安。上六柔懦疑滯不能決。
吳澄：上柔纏繞巽木。五不安、上六愈不安矣故困臲卼。
梁寅：葛藟懸於上、柔居高憑陵君子、不能无危，其臲卼不安矣。
來知德：上六欲動則纏不能行，欲靜又居上不自安。
王夫之：上六必欲揜陽，是自入蔓艸中。臲卼崎嶇也。居高危不安地。
毛奇齡：小人爲葛藟弱絲累巽木之顚。以小加大，以卑居高，杌隉不自安已耳。
折中引吳愼：困由己柔暗，李光地：困亦自取之也。
李塨：六柔纏巽木是困于葛藟，巽高是臲卼不安。
孫星衍：藟又作虆，臲、劓、卼、鼿、杌同。
姚配中：葛藟喻歸附文王者。（據蒺藜紂用群小也。）
吳汝綸：于者大、曰自怨艾之詞。有、又也。此其大臲卼之事。
丁壽昌：槷鼿古文、杌隉今文、劓刖假借、臲卼俗體。
曹爲霖：唐文宗受制家奴、困葛藟臲卼也。李德裕言邪人如藤蘿。
星野恆：葛藟善縛物、臲卼危動象。柔居上、下不應，縛束不解、搖動不安。
劉次源：陰私糾縛、徒自繫葛藟、困臲卼。

李郁：柔應柔、繞纏象，故困于葛藟。故臲卼不安。

徐世大：葛籐纏身，站在搖擺石磯。上纏下不穩。

胡樸安：主帥雖危劓罪，貶葛藟間不安也。

高亨：臲卼初文當作臬兀。足爲木橛所礙而躓、足爲葛藟所絆而躓。皆小物尙困。

李鏡池：被關在有刺葛藟、木樁圍住的監獄。防範嚴。

屈萬里：于、曰也。

傅隸樸：臲卼即隉杌。動搖不安。行動坐臥受困。

金景芳：葛藟、纏束物。臲卼、危險狀。

徐志銳：莖蔓纏繞木枝攀援而上困剛。

張立文：有人被葛蔓絆倒、手抓住木橜。

爻辭爲上六困于葛藟、上六困于臲卼。非是有人被葛絆倒。上六之爲困于葛藟、臲卼、幾無異辭、自困或人困、困人。以葛爲蔓生物善繞纏故也、善攀援故也。臲卼爲不自安或高危兩解並行。衹高亨以臲卼爲臬兀，木橛也。爲異訓。李鏡池因而引伸爲木樁圍住的監獄。巽爲草莽、巽亦爲長木。奈何兌說兌見爲上六耶？易家善爲製造互體、半象、兩象互易、旁通、世應、遊魂、飛伏等卦變、循己意而無不可卦變矣！上六爲何困于葛藟？爲何困于臲卼？ 第一困極、處困卦之極、謂上六也。極則變，故程子曰「理當變。」變則可通而離困矣！第二乘剛困。蘇軾云五剛難乘。項安世謂五非所當乘。又謂上二陰揜剛。（張浚），楊萬里亦謂爲二陰所縈。王夫之云：上六必欲拚陽。第三无應。星野恆：柔居上、下不應、縛不解、搖不安。自王弼點出「困極、乘剛、无應。行則纏、居不安。」上六之困幾成定論。毋須三四五爻爲巽、巽草莽稱葛，謂三。項安世謂三非所當牽而牽。吳澄謂上柔纏繞巽木。毛奇齡謂小人爲葛藟弱絲累巽木之顚。皆以三四五爻卦中有卦立說也。夢繞臲搖、逡巡忸怩。鄭汝諧之「應三、三附己牽之。」理當爲三无應。小人困君子者：五非所當乘而乘也。其夢其忸怩，正乃來知德所謂「上六欲動則纏不能行、欲靜又居上不自安。」上六乘剛、九五比之乎？不能逃出它千層錦套頭、徒呼負負者、上六之由己柔暗、亦自取之也。（折中引吳愼言、李光地語）如是而困于葛藟，困于臲卼，終不能逃出菟絲女蘿之「陰私糾縛。」莖蔓之善纏，傾倒一時之顫抖而遺千載之功業也。易之言曰動悔者、向秀云「言其无不然。」蓋處斯境、理无不然也。王弼謂窮思變、令生悔。孔疏：曰、思謀之辭，令有悔然後求通可以獲吉。程傳：曰、自謂也。吳汝綸：曰者自怨艾之詞。張浚則以曰爲聖人示動悔。姑無論「思謀、自謂、自怨艾、聖人示曰」，上六必須解決象之所謂「未當也」之「行則困、居不安」狀態。上變、天水訟矣！來知德之「訟則有悔。」馬通伯之「自訟則吉。動悔有悔，自訟之辭也。」豈是神來之筆？逃困入訟，正動悔、有悔也。于省吾將「動」字謂「重」，「悔」爲「謀」、故謂重謀有悔。丁壽昌謂「上悔吝之悔，下改悔之悔。」毋甯用聖人教之曰動悔有悔較爲入理。（張浚、楊萬里、楊簡言）蓋上六動爲乾成天水訟，故程子云：「動輒有悔。」朱震云：「上六動失正悔。」毛奇齡云：

「告毋動、動則悔變矣！」姚配中云：「動見忌謂爻變有悔。」徐世大之：「動輒得咎。」朱子之「物窮則變」不可行矣！按王弼之「窮則思變」，下文有「令生有悔。」是與聖人之戒「動悔」合轍。曰動悔是聖人戒不動爲宜。而又曰有悔者、不動本身也。困葛藟、困䡾卼之有悔也。繫辭謂悔吝者憂虞之象、又云悔吝者言乎其小疵。是上六之動有憂虞之象，亦小疵也；不動仍其舊、則爻辭逃葛藟、逃䡾卼、又夢繞䡾搖、逡巡忸怩者，牽也。乃得永久之憂虞、志有未得而不安。雖然「病歿而名不稱焉。」者，徒有志於斯也千千萬，未免爲鄉人，亦以一鄉人終矣！又何加焉，是悔者小疵也。爻辭再加征吉者、征之爲言正也、行也。上六依其正而行其行、當有所得乎？吉也者、有所得也。欲逃葛藟、逃䡾卼而不能、實有憂虞小疵、然依其正而行亦有所得而吉也。

䷯ 井（水風）

井，改邑不改井，无喪无得。往來井井，汔至亦未繘井，羸其瓶，凶。

初六、井泥不食，舊井无禽。

九二、井谷射鮒，甕敝漏。

九三、井渫不食，爲我心惻。可用汲，王明，並受其福。

六四、井甃无咎。

九五、井洌寒泉，食。

上六、井收勿幕，有孚元吉。

䷯ **井，改邑不改井，无喪无得，往來井井，汔至亦未繘井，羸其瓶，凶。**

彖曰：巽乎水而上水，井，井養而不窮也。改邑不改井，乃以剛中也。汔至亦未繘井，未有功也。羸其瓶，是以凶也。

象曰：木上有水，井，君子以勞民勸相。

鄭玄：坎，水也，巽木桔槔也。互離外堅中虛，兌泉口，桔槔汲水，出井象。井汲无空竭，猶政教養天下无窮也。井，法也。 汔至……繘，綆也。羸讀曰虆。

干寶：水，殷德；木，周德。井、地德、養民性命清潔之主者。改紂亂，俗不易成湯，故改邑不改井。二代各因時宜故无喪无得。殷末井道窮故汔、周興未及革正，故未繘井，井泥穢交受塗炭，故曰羸其瓶，凶矣。（集解）

蜀才：累其瓶。（釋文）

陸績：井道以澄清見用爲功，井象德不可渝變也。（京氏易傳注）傳象：井以德立，君正民信德以其道也。

王弼：井以不變爲德。德有常，不渝變、井道以出爲功，幾至而覆，與未汲同也。

孔穎達：古穿地以瓶汲。君子脩德養民，有常无改，故修德取譬。井有常德，邑雖遷而井无改，終日汲未損，注未言益。井井潔靜貌。汔幾近，繘綆未離井口，瓶覆與未汲同。喻常德須善始令終，若有初无終則必凶咎。

李鼎祚引虞翻：泰初之五，坤爲邑，乾初之五折坤故改邑。初爲舊井，四應甃之故不改井。无喪泰初之五坤象毀故无喪。五來初失位无應故无得。往謂五，來謂初。巽繩爲繘，汔幾也謂二。未繘井未有功也。羸鉤羅，離瓶兌毀瓶漏故凶。

張載：養而不窮，莫若勞民而勸相也。

程頤：井、常不可改、不可遷，邑可改之它。井汲不竭、存不盈、至者皆得其用。汔，幾也。繘、綆也。幾至未及用與未下繘同。有濟物之用而未及物、猶无有也。敗瓶其用喪、凶也。

蘇軾：食往、不食來。食不食存乎人。井者存乎己。存乎人者二、己者一，故往來井井。汔燥，至井未及水曰汔。至得水未出井曰未繘井。井未嘗有得喪。繘井之爲功，羸瓶之爲凶，在汲者爾。傳象：人之於井未有錮之者也。

張浚：坤五下居乾初，坤邑。坤陰往來坎一不變，邑有興廢、井在地自若。譬君子剛中至德、无喪得、中先定。往來未嘗加損。汔至未繘而……誠不至也。巽繩兌折至未繘井爲羸瓶。

張根：分定故也。无喪所謂天府，往來愈有愈多，能爲己不能爲人，不足貴也。

朱震：古八家爲井，四井爲邑，邑改井不改，井德之不遷也。初往上之五、汲象、取之不竭故有喪實无喪；五來之初、存之不盈故有得實无所得。往養物无窮也。汔幾，繘汲繩，二幾及初、反兌毀折、初二不正凶。汔至者半途而廢也。

鄭汝諧：余玩易皆兩兩相對。困剛爲柔揜故有言不信。命也。君子求之於性。澤无水困命也。

井有水性也。若汔至未繘井則井非我有。人性有人欲之私則性非我有矣！困井互爲表裡。

李衡引陸：邑之有井，猶國之有法，國變法不易、汲來往不拒不留。君子之道亦猶是。　引胡：邑猶身、井猶德。積德於身、用不用乃君民幸與不幸耳。於身何所損益？往來井井、往來之人蒙其利，猶君子之德无不及也。

楊萬里：有遷邑就井，无遷井就邑。不爲汲者喪得虛盈，汲往汲來養不窮，井何惠焉？景公吾老、宣王吾惛、孔孟爲井、是汲者弱。羸縲通用。繫也。巽入井不上水井功廢故凶。

朱熹：井穴出水，以巽木入坎下、上出其水故爲井。往來者皆井其井。汔、幾。繘、綆。羸、敗。幾至未盡綆而敗缾則凶。占仍舊无得喪。當敬勉不可幾成而敗也。

項安世：改邑不改井、言其體、往來井井、言其用。往者自往、來者自來、井未嘗喪、得。未繘言入、羸瓶言出。綆斷瓶碎、无可爲矣！按巽乎水作巽乎木、范諤昌言說也。

趙彥肅：三陰爲地、三陽爲水。四柔不阻陽之往來、石隙通泉象。　木就地引水，水因木升騰，君子下意以勞民，民情說而上達也。

楊簡：井贍養潤澤之功無窮而實寂然不動，道心無體、養物惠民、心未嘗動。無喪無得、所謂井者如故。學未通達是爲汔至、小有知省，強及物則有羸瓶之凶。

吳澄：泰初易五坤邑成坎水、邑改、二畫不改井不改。占邑改无減損、井不改故无得。剛上柔下成井故往來井井。汔幾繘綆、陽畫象水、水未出井，耦猶瓶傷漏，占羸瓶言。

梁寅：井居其所不動。汲之不竭、无所喪，不汲不盈、无所得。往來皆井其井。汲井幾至未盡綆而敗瓶則凶，非井之罪。井不動、爲者必有功，不愼敗事、汲非其人也。

來知德：井乃泉脈、不可改變、其德本无喪得、往來用之不窮。繘、井索，羸弱不勝瓶、將瓶墜落于井，則无濟人利物之功。故占者凶。

王夫之：井義致養於人；清濁用舍分；田出賦、邑殊井在中不遷。改邑不改井、以井田言。汔至其底，未繘井太深入而綆短，羸敗毀也。非徒无功，敗國亡家有餘！

毛奇齡：井巽木取水。從泰來。改乾初之剛塡坤土成坎，坤邑也、今改爲井是改邑。但改坤邑即名井是不改井。乾不喪坤不得。陽往陰來往來井井。汔幾。繘綆也，羸毀也。

折中引邱富國：不改井井體、无喪得井德。往來井井用。汔至未及用，羸瓶失用。 案：所在之邑、井無異製，國不異政。井無盈涸喻道可久。井井喻道可大。政能養民、無器無人則水不能上，澤不能下。

李光地：邑里有遷、泉源常在是改邑不改井。水注不盈、挹不竭故无喪得。往來井井，王者養人有源不匱。汔至羸瓶喻垂成廢法。膏澤不施。汲罷收繘置井上故曰繘井。

李塨：巽木入、坎水下，取水上、汲井象。反易上兌、反手下巽是改邑。坎反亦坎是井不改。取不竭、无所喪。惠不居、无所得。往外坎、內大坎。幾至井未用繘（繩），忽羸其瓶，毀折下漏則无以上水，不其凶手！

孫星衍引集解宋衷曰：世本云化益作井、化益伯益也。鄭康成曰井、法也。周氏曰井以不變爲義。先儒曰井以清絜爲義。 繘、綆也。羸讀曰虆。（鄭玄）蜀才作累。

姚配中案：泰初之五故改邑、初之五成井，剛得位得中不化故不改井。（虞云初舊井……與傳不合。） 泰五不化則初不得之五、喻殷不失養則周不得也。水涸喻殷德衰。井井養民耳。

丁晏：范謂昌證墜簡改巽乎木。荀爽注木入水出、井之象。孔疏巽爲木、以木入于水而又上水，井之象。則唐人本作巽乎木，今本作水，字形相涉而誤。

吳汝綸：井、法也。易繇止取井象。井邑對文。邑謂城郭、井謂田野。改邑、國家有廢興，不改井、山河無古今。井不變、往來人多不亂、用井有得失、敗瓶則凶矣。

丁壽昌：黃帝穿井、化益作井。井深、井法、井不變、井清絜爲義。蘇蒿坪曰坤爲邑、五乾爻居坤體故曰改邑。井屬邑，坎即井故不改井。坎通故无喪无得、往來井井。古汲用瓶甕。繘綆也汲水索。

曹爲霖：蘇傳陽泉、陰井。初泥四甃上收井象。二射四渫五洌泉象。以人事擬之、初二如巢許，三四如孔孟，五上則堯舜伊周。葉思菴謂此解奇刱恰合眞堪枕祕。

星野恆：汔幾，繘綆，羸敗，瓶汲水器。巽木入坎水而上水、井汲養人不竭、存不盈、以濟用爲功、幾至則前功畢廢。蓋君子脩德不可隳其素志、幾成而敗也。

馬通伯：王念孫曰廣雅矞、出也。繘通。出釋繘字。姚永樸曰井井重文形況字。荀子井井兮其有理是也。林栗曰剛中者泉在中也。徐總幹曰昔井田有井邑之法用三代制度爲象也。

劉次源：井者通也。地有泉、濬則通。性本靈明、牿亦不亡、復亦非得。古今聖哲井井擴充。

幾至未繘井與未汲同。毀瓶不善汲、新其瓶復汲何凶！不汲則曠也。

李郁：井喻性、人人无殊。邑必有井所以養人。邑可徒、井不可遷。井取水、水來水往於井无所得失。繘綆、羸傷。汲短未至水而瓶傷、自敗其器故凶。

徐世大：邑里疆界即使改，井還是原封，沒損失也沒收益，大家在井的小徑上走動，到了夏至還沒有汲井，瓶瘦瘦的，那才凶。井爲農耕組織單位，井囚阱，食水井，田間小道。

胡樸安：井田之井與汲飲之井兩義。井田聚居。政治興衰相替有喪得、居處不改无喪得。九百畝井井相次、民衆往來守舊業。民散汲廢壞是凶也。

高亨：改建邑，不改造井。無造新井之勞費，亦不得新井之利益。往來井句，井汔至句，邑人往來井上汲水也。井涸竭也。繘借爲矞、亦未掘穿井，井涸塞而毀甕、將無以爲飲食也。

李鏡池：井田、水井又借爲阱。邑主改換封邑調走。封邑以井爲計算大小。汔、水涸。至借爲窒、淤塞。繘、淘井。羸、水瓶打破。被調井數沒變、无失得。舊邑呆不下去了。

屈萬里：往者用此井，來者仍用此井也。「亦」有不承上文但爲語助者。汔、虞翻幾也。繘、王弼訓出。矞繘通。所汲之水幾至井上尚未出井口也。井愈汲愈出無有窮也。

傅隸樸：井原文作丼。中間一點是汲瓶、罋象。井取義在汲。邑聚居民衆，人民掘地求水。邑可遷、井不可遷。井不減量、不滿溢。聖賢恆德、無得無失。井井喻聖德不可污，如水性潔淨。水不能出井、壞了事、喻不能盡才。

金景芳：井打成后就成井了。汲也不竭、不汲也不盈。邑變井還是依舊。程傳說汲不竭、存不盈。往來的人都用這個井。繘井、汲水繩沒打上來、陶罐壞了，不是凶嘛！

徐志銳：井通達、因井水取用不竭。鄭康成：「巽木桔槔也。」古八家一井、四井一邑、邑三十二家共飲一井水。井不能隨村落搬遷、守靜不動不盈。繩索短、瓦缶壞都无法提水。說明井通也不可大意、審慎如一、善始善終。

張立文：井，茝（改）邑不茝（改）井，无亡（喪）无得。往來井井。⿰鬲乞（汔）至亦未汲井，纍（羸）其刑垪（瓶），凶。　譯：改建其邑不改井，無失無得。衆人來來往往汲水，井水乾涸，不能汲、且瓶頸已壞、不能盛水，則凶。茝改。刑垪，頸瓶。又國王有封邑權故可改邑。井田制不需改。

林漢仕案：用制九夫爲井，方一里，古三百步爲里。周禮小司徒注引司馬法：六尺爲步、步百爲畮、畮百爲夫、夫三爲屋，屋三爲井。井水陰也。（漢書五行志中之上）井之爲道以下給上者。井者居德之地、不變之物、以清潔爲義。其字義：井法、井見、井靜也，井通也。井井有理也。井汲之所，相與語財利於市井。（漢書貨殖傳）

井之甃、解決飲也。間亦有爲農事灌漑。故其用、八家共一井，以仰事父母、下畜妻子言、約百人內有一井也。以內地方言則三百步爲里、方一里爲井。蓋或即古井田法：井爲制度、兼爲用而公甃井以聚民也。鄭玄謂「政教養天下无窮也。」是也。丁壽昌言黃帝穿井、化益作井。曹爲霖以人事擬之、初二巢許、三四孔孟。五上堯舜伊周，葉思庵謂此解眞堪枕祕。最早干寶以殷水德、改紂亂俗不易成湯，故改邑不改井。殷末井道窮故汔。漢仕以爲井之用蓋生存條件也。古之智者、或黃帝、或伯益鑿地爲井、出水致潔可以養人、遂發展爲制度、爲聚居條件之一、穿地爲井遂爲普遍解決飲與用也。易家又從井之用中、理出所謂井：德取常、行取潔、義博施、善取終。四德具矣。（李衡引牧）　而井田之法、務使仰足事父母，俯足畜妻子、爲王道之始也。　今井卦，敘井之壞、姑不論其「水涸喻殷德衰。」以小喻大、以平常喻大政、有所寄託發揮、就其初之井泥不可食、至二之井下化生水蟲，致有九三井渫人亦莫食之嘆。蓋未之試飲也。六四乃因三之渫、見水可用、正式整治工程開始、從井底、井壁由下而上、至井垣及地面周邊、壞井之甃治、善補過矣，所謂无咎也。九五有清泉供八家聚居治井田之民共用、不虞匱乏矣。上六謂井帽勿遮、汲者無禁、取之不竭、惠而不費、大得井民之心也。人民得安居樂業矣。從井德、發展至井法井政矣！茲述易傳大家「改邑不改井、无喪无得。」之傳釋以見一斑：

彖：改邑不改井、剛中也。　鄭玄：桔槔汲水出井象。　干寶：改紂亂、俗不易成湯、故改邑不改井。　陸績：井德不可渝變。君德正民信。　王弼：井以不變爲德、德有常、不渝變。　孔穎達：井有常德、邑雖遷而井无改。君子脩德養民、有常无改取譬。　李引虞翻：坤邑、乾初之五折坤故改邑。四應甃故不改井。　程頤：井、常不可改，不可遷。邑可改之它。　蘇軾：人之於井、未有錮之者也。井者存乎己者一。　張浚：坤邑往來有興廢：坎一不變、井在地自居。　張根：分定故也。　朱震：四井爲邑。邑改井不改，井德之不遷也。　鄭汝諧：困井互爲表裡。　李衡引陸：邑有井猶國有法。國變法不易。引胡：邑猶身、井猶德，用不用於身何損益！　楊萬里：有遷邑就井、无遷井就邑。　項安世：改邑不改井言其體。　楊簡：井功無窮而寂然不動。道心無體、養物惠民、心未嘗動。　吳澄：泰初易五、坤邑成坎水、邑改、二畫不改、井不改。　梁寅：井居其所不動、爲者必有成功。　來知德：井乃泉脈，不可改變。　王夫之：改邑不改井、以井田言。邑殊井在中不遷。　毛奇齡：坤邑，今改爲井是改邑。但改坤邑即名井、是不改井。　折中引邱富國：不改、井井體。案所在之邑，井無異製、國不異政。井井喻道可大，政能養民。　李光地：邑里有遷、泉源常在是改邑不改井。　李塨：反易上兌下巽是改邑、坎反亦坎是井不改。　孫星衍：周氏曰井以不變爲義。先儒井以清絜爲義。　姚配中：泰初之五故改邑，成井不化故不改井。　丁晏：唐本作巽乎木、今作水、形誤。　吳汝綸：邑城郭、井謂田野。改邑、國家有廢興；不改井、山河無古今。　丁壽昌：蘇蒿坪曰坤爲邑。五乾居坤體故改邑。井屬邑，坎即井故不改井。　馬通伯：徐總幹曰昔井田有井邑之法、用三代制度爲象也。　劉次源：井者通也。地有泉、濬則通。牿亦不亡。　李郁：邑必有井、所以養人。邑可徙、井不可遷。　徐世大：邑里疆界即使改，井還是原封。　胡樸安：井田與汲飲之井兩義。井田聚居、九百畝井井相次。

高亨：改建邑不改造井。無造新井之費、亦不得新井利益。　李鏡池：井田、水井、又借爲阱。封邑以井爲計算大小。邑主改換封邑調走。　傅隸樸：邑聚居民衆掘地求水。邑可遷、井不可遷。　金景芳：井打成后就成井了，邑變、井還是依舊。　徐志銳：古八家一井、邑三十二家共飲一井水。井不能隨村落搬遷。　張立文：改建其邑不改井。孟子滕文公上載：使畢戰問井地。孟子答以「仁政必自經界始。井地不鈞、穀祿不平、是經界不正。故暴君汙吏慢其經界。方里而井、井九百畝……。」孟子所敘乃井田制度。漢仕所臆：即以八家共營方三百步之井田、其所聚居之衆共鑿一井而飲，八家人丁以父母妻子計約四十八至百。蓋水生存條件之必須也。孟子曰：「民非水火不生活、昏暮叩人之門戶，求水火，無弗與者、至足矣。」沒水用猶今世之塞甫路斯島，水珍貴似汽油、量值過米麵之等重等價。則茶水之供旅人、昏暮叩求、人未必與之矣！蓋不足也。徐志銳以「邑三十二家共飲一井水」說，無乃艱辛於飲乎？四井爲邑、方一里之井田共有四、民之散居又不止四里、四里始鑿一井、冬湯夏水，爲飲亦大不易居矣！蓋每挑一擔水，往返費數小時也。　鄭玄謂以桔槔汲水、水塘能，井不能。桔槔之用、以不超過四十五度內爲佳、若垂直汲水、桔槔之用未之見也。豈謂轆轤乎？蓋井、不方便放置桔槔以汲也。

「改邑不改井。」先聖之命題：邑與井不對稱。邑爲行政單位、井可爲行政最基本單位、如王夫之言：「改邑不改井、以井田言。」則改邑不改井者、從制度面改行政單位也。而易家之井、似兼言水井、汲食之井。且一邑有四井、有四口可汲之水井、各就方便其居民之汲。行政隸屬之井田可更其隸屬之邑，而飲用之井則仍爲該井田八家居民之汲井。井田可以謂公器、汲井乃八家之私用也。從未聞汲井由行政命令兼指揮令所屬者、蓋地上物即歸地上物之主人也。易家之造詞工巧，如有「有遷邑就井、无遷井就邑。」（楊萬里）「井乃泉脈，不可改變」。（來知德）「國家有興廢——改邑；山河無古今——不改井。」（吳汝綸）傳隸樸言：「邑可遷、井不可遷。」應爲通釋、又如徐世大之謂「邑里疆界即使改，井還是原封。」邑由四井組成、邑之遷、如何遷？遷仍在四井之內也。或係井田之改隸，或係邑都、四井之行政首府之播遷、仍不得出其所屬四井之內也。出四井則成廢其原有之井田矣！非大旱則兵燹、不再適井民居也。苟無是、則如象言：「改邑不改井、剛中也。」骨幹架構不變、井田仍是井田、上仍有邑之領導。兼言飲用之井德不變、有常、行潔、博施。諷爲政者修德養民亦當如是矣！所謂井井喻道可大，政能養民也。井田與飲井交纏運用。故云井卦、井田可以改隸屬上司兼領而原井田單位不改其原分配畝數大小、即飲井亦不改，由原使用者繼續使用。即改屬邑不改原井一切也。

无喪无得，往來井井。汔至亦未繘井，羸其瓶、凶。

經文无喪无得。亦如夫之先生言：「以井田言」。　胡樸安更謂：「井田之井與汲飲之井兩義。政治興替有喪得、居處不改无喪得。」李鏡池尤大其井爲「井田、水井、又借爲阱。邑主被調走、井數不變、无失得。」然多數易家謂无喪得爲井水、水苗、泉脈。鄭玄：「井汲无空竭。」　孔穎達：「終日汲未損。」　程頤：「井汲不竭、存不盈。」　朱震：「取之不竭，故有喪實无喪。」　楊萬里：「汲往汲來養不窮。井何惠焉！」　梁寅：「汲之不竭、无所喪；不汲不盈，无得得。」　折中：「无喪得井德、往來井井用。」　李光地：水注不盈、挹不竭。故无喪得。」　李塨：取不竭、无所喪；惠不居、无所得。」　丁壽昌：「坎即井、坎通故无喪无得，往來井井。」　李郁：「井取水、水來水往、於井无所得失。」

以上言井德、如金景芳言：「汲也不竭、不汲也不盈。」直似埳井之鼃謂東海之鼈口氣：「吾樂與……擅一壑之水而跨跱埳井之樂、此亦至矣。」東海之鼈告之海曰「千里不足舉其大、千仞不足極其深，十年九潦水弗加益、八年七旱、崖不加損、此東海之大樂。」蓋井無汲不竭者之水，地下井之水苗有一定之儲藏量也。今人知海洋之水佔地球水總量之百分九十七點二。冰河佔百分之二點一五。河川萬分之一、湖泊千分之十四、懸浮水零點零零五。地中水零點六二、今歌井水脈有限之儲藏量爲汲之者無禁、用之不竭、猶言王道蕩蕩，政教養天下无窮。道之可大。王者養人有源不匱。似嫌「以天爲大、唯堯則之」之大成政治之反諷。又況地中水一公里內與地中水一公里外等値各約零點三一之持分矣！歌井泉與東海之鼈歌東海之大、等量齊觀其水量、吾人其埳井鼃見同矣！井能潦弗加益、旱不加損乎？无喪无得、往來井井者，蓋足八家居民汲食耳、足一井田制度內居民之飲用、汲之者有限、故井水之供應似無窮也。若蘇軾謂「井未有錮之者也。」不知保養節用、其涸雖未必立見、而其必也可期矣。何勞禁錮之也其食之者寡乎！

李郁之「邑可徙、井不可遷。」有謔語云「井被盜。」謂井被攝緘滕固扃鐍擔去，汝信之乎？井不可負趨盜走也！汔至亦未繘井、彖言「未有功也。」王弼云「幾至而覆、與未汲同。」程子云「有濟物之用而未及物。」蘇軾云「至井未及水曰汔。」其繘綆短而汲長耶？朱熹云「幾至未盡綆而敗缾、當敬勉不可幾成而敗也。」夫之先生謂「井太深入而綆短。」李塨云「忽羸其瓶。」姚配中「水涸喻殷德衰。」星野恆云「幾至則前功畢廢。幾成而敗也。」說易者至高亨：「井、涸竭也。井涸塞而毀甕。」李鏡池：「汔、水涸、淤塞。繘、淘井。」張立文謂：「井水乾涸、不能汲。瓶頸壞、不能盛水。」　井之水從取無禁、用不竭。至此井又淤塞乾涸矣！曹爲霖云三四如孔孟、五上則堯舜伊周。葉思菴謂此解奇挧恰合、眞堪枕祕。若令曹爲霖晚生於高亨、李鏡池之後，不知其語塞耶抑另出辭反制？五之井冽寒泉，食。上云井收勿幕、有孚元吉。白紙黑字。卦辭之作、汔至亦未繘井、羸其瓶，凶。或係仍停留爻辭之初六、九二也。初井泥不食、二井谷射鮒、甕敝漏。爻之三井渫、四井甃、五寒泉、上勿幕。往來井井矣。至所以未繘井、之所以羸其瓶、凶。非井之罪也、使用者、汲者當敬勉檢討。占謂凶、特指自暴、自棄者不可有言、不可有爲耳。

初六、井泥不食，舊井无禽。

象曰：井泥不食，下也。舊井无禽，時舍也。

干寶：井下體本土爻故曰泥也。井爲泥則不可食，託紂穢政不可養民。舊井謂殷未喪師，亦

皆清潔无水禽之穢，況泥土乎！故曰舊井无禽矣！（集解）

王弼：井底无應，沈滯滓穢。井泥不可食，不見渫治者也。禽所不嚮況人乎！時所共棄、恆德至賤，物无取也。

孔疏：初六井底，上无應，是井下泥污不堪食。井不變之物，是有恆。今居窮下恆德至賤故物无取也。禽人共棄。

李鼎祚引虞翻傳象：食、用也。初下，泥，巽木果，无噬嗑食象故不食。乾爲舊位故舊井。

引崔憬曰：井下无應，是井不汲久廢。禽古擒字，猶獲也。

程頤：井不可食、以泥污也。井用水養人、禽鳥亦就求。舊廢之井、禽鳥亦不復往矣！六陰居下无水、猶人當濟物而才弱无援、不能及物、爲時所舍也。

蘇軾：井、即其所居、邪正決矣！初六惡之所鍾。養則日新、不養則日亡，擇居所以養也。得所居則潔、則食，食則日新故不窮，泥不食則廢。舊井、廢井也。无人猶可治，无禽不可治，所以爲井者亡矣！故時皆舍之。

張浚：井以污濁廢，鳥獸猶去之，況人乎！初柔居險下，蓋不能潔，自抵廢者。君子惡居下流、以失其清明之性。坎上巽入，兌毀爲泥，互兌不食，四有離體，與物不相應爲无禽，爲時舍。

張根：无所可用故。

朱震：初六柔處穢、井下坤土，兌口上，不食也。乾之初九往爲水去泥存、舊井也。離鳥、四不應初、无禽也。猶舊井澤盡、无禽、人不食可知。四往不顧、時舍之也。

鄭汝諧：輕清、陽也；重濁、陰也。輕清爲泉，重濁爲泥，餘從程氏。

李衡引陸：井由於源、瀆源則井泥；法生於禮，禮亂則法乖。井邑民居所在，國墟則禽犯。有人舊井可治、未可永廢。　引崔：禽古擒字，猶獲也。

楊萬里：初六居下井之底，宜其泥不潔不清，衆禽且无一食之者、況人乎？人不食、時舍不用誰尤？

朱熹：井以陽剛爲泉、上出爲功。初陰居下蓋井不泉而泥、則人所不食而禽鳥亦莫之顧矣。

項安世：初在最下、上无應。初无水、如井中之泥水、人不食、猶有禽，舊井无水、幷禽无之矣。象曰時舍、明非初罪、時止在此爾。

楊簡：初四兩陰不相應，有不食無禽象。井泥不食，汙下也。己德不清明致人不食。當求諸己。時舍之廢則在時而不在我也。

吳澄：井以陽剛爲泉、陰柔爲土、初陰在水下故泥。有泥无水遠兌口、不食象。荒井舊井。泥不但人棄、坎禽象、在上不來下，故曰无禽。

梁寅：居井至下、井泥不可食也。以人言之，處至下无才德、亦時之所棄也。

來知德：初六陰濁在下、乃井之泥，不食成廢井。无井傍汲水之餘瀝，禽亦莫之顧而飲矣。占者不利于用可知矣！

王船山：禽獲謂得水也。井水下漏則其上无水。下謂下漏而濁。時舍者，時所不尙也。故家大族夷爲野人，可傷也。

毛奇齡：初二地道、初尤下、井底之近泥者。兌口倒能食乎？初本泰乾則初非井，既名井而改故名舊井。井𦣻下缺、巽山雞離飛鳥無反顧者、此其棄置爲何如者也！

折中引蔡清：井以陽剛爲泉，初六陰故爲井泥。爲舊井。井以上出爲功，初六居下故爲不食、爲无禽。

李光地：陰柔爲泥，在下不食。舊井申井泥之義。无禽申不食之義。

李塨：初二地道、初尤下，井底之泥。井泥必久不渫治，舊井也。𦣻下缺即巽雞、離飛鳥亦無反顧，爲時所置可知矣。

姚配中傳象案：舍，止也。泰初之五初下仍有伏陽，般不用之則爲舊井，周來修之，猶爲新井也。四所謂井甃者也。豈舊井之不可食與！

丁晏：初六舊井无禽、注家多不得其解。崔憬謂古擒字猶獲也。未妥。井无禽猶姤云无魚。魚通稱禽，初𦣻井泥堙无魚、二射鮒有魚、三則渫去泥。无禽爲无魚漢初已有此解。

吳汝綸：禽疑當爲㑹。說文食所遺也。言井泥人已不食、至舊井、食所遺之水亦无之矣。

丁壽昌：崔憬禽古擒字、義近是而未安。魚通稱禽。井之无禽爲无魚、漢初已有此解。昌案坎下畫稱泥。巽下半坎故有泥象。初變乾爲舊、巽魚、初變巽象不見故无禽也。

曹爲霖：陳氏曰其才汙下、爲時所棄。如春秋成公七年，衛孫林父出奔晉，蓋此類也。若桓公五年，天王使仍叔之子來聘則失其義矣。

星野恆：陰居下、上不相應、不能上水、泥汙不可食者，井廢禽不來，何所見濟物之用哉！初柔自棄汙下，上無應與、何以成功？人其可無才乎！

馬通伯：兪樾國語云登川禽是禽名通乎水族。趙汝楳曰古者鳥獸蟲魚通曰禽。井泥不食、雖生物亦无之。案時舍謂上无陽氣之應。

劉次源：甘于汙下、人賤侮也。時舍自取也。有泥不食、誰之咎！泥不甃也。鹿禽无則舊。初陰卑下汙染厚也。

李郁：柔在水下故稱泥、不可食。井久不渫遂爲舊井。人不汲、禽類亦无從而飲啄焉。其涸塞可知矣！宜舍之時也。

徐世大：井泥封了沒人吃，舊井裡沒有什麼入阱的野味。有土地無人民，井荒穢、無人養護致坍陷泥封。鳥獸就井飲，阱譯亦通。

胡樸安：井底多泥水濁不能食。言廢壞之井舍置不用。

高亨：井泥不食、汲水之井不可用。陷獸之井、井當讀爲阱、舊阱湮廢淤淺不可用也。筮者當從事改造也。

李鏡池：水井是供飲用的，污濁象泥漿沒法喝；陷阱用來捕獸的，崩壞裝不住野獸。

屈萬里：經義述聞：井當讀爲阱。崔憬曰禽古擒字猶獲也。魚通稱禽。丁晏曰周禮庖人：凡用禽獻、夏行腒鱐。鄭司農云鱐、乾魚、杜子春云鮮魚。

傅隸樸：初井底。陰沈。唯有泥。不見井水。北方平原百十里不見河川池沼、雀鳥向井邊覓飲。杜詩有鸕鷀窺淺井句。舊廢的井、人不食、鳥不來。喻君子居下流。

金景芳：井不能用，不能吃了。舊井禽獸也不喝它的水。這卦完全作爲井來看待。傳象：棄井、人們不用它了。

徐志銳：初六井底混雜泥沙不能食用。王夫之說：「禽豈擇泉后飲？按禽、獲也。汲以獲爲利、淤塞則汲亦无所獲。」解比較合理。當時舍棄不用、可知初六爲廢井一口。

張立文：初六，井泥不食，舊井无禽。　譯：井水有泥不能食用，陷阱湮廢不能得獸禽。

林漢仕案：穀梁宣公十五年：古者三百步爲里，名曰井田，井田者九百畝、公田居一。井竈蔥韭盡取焉。注八家共居。　孟子滕文公上載：使畢戰問井地。孟子因而發揮仁政必自經界始。暴君汙吏必慢其經界。（井地鈞者）方里爲井、井九百畝、其中爲公井。（行九一之助）公羊所謂均民力、彊國家。男六十、女五十無子者、官衣食之。四海之內莫不樂其業、故頌者作。井、有謂商六百三十畝爲井、分九區。周大其井畝爲九百。井魚井蛙言偏狹、井鮒喻困難。有關井之成語有井德、井見、井法、井清、井井、井通、井靜、市井。古代日出作、日入息，鑿井飲。自然形成每日相見、識思交換中心。井之成卦，或即含由原本飲水聚居生活面、擴大爲阱及行政區域八家共井、政治層面均民力、彊國家。官給衣食、四海樂業境界。初六之謂井泥不食、舊井无禽。應從井之基本面敘述。

　爲何井泥不食？

從記敘層面切入、猶言兒時扮家家酒之餅餌不可吃也。古代茹毛飲血、想亦知泥漿難下嘸也。今以粗淺常識、堂堂進入高妙易學殿堂、且觀古今賢者如何不食井泥？

象曰：井泥不食、下也。

干寶：井下本土故曰泥。託紂穢政不可養民。

王弼：无應、沈滯滓穢，不見渫治者也。

孔疏：初井底无應、泥污不堪食。居下窮德至賤故无取。

李引虞翻：初下泥、巽木果、无噬嗑象故不食。　引崔憬：井不汲久廢。

程頤：井以泥污不可食。六居下无水、才弱无援。

蘇軾：養則日新、不養則日亡。泥不食則廢。擇居所以養也。

張浚：井以污濁廢。初居下、君子惡居下流失清明之性。

朱震：柔處穢、井下坤土，兌口上，不食也。水去泥存。

鄭汝諧：輕清陽爲泉、重濁陰爲泥。

李衡引陸：瀆源則泥。禮亂法乖。井邑民居所在、未可久廢。

楊萬里：居下井底、宜其泥不潔不清。

朱熹：陽剛爲泉、上出爲功。初陰居下蓋井不泉而泥。

項安世：初最下无應、无水，如井中之泥水，人不食。非初罪、時止在此爾。

楊簡：井泥不食、汙下也。己德不清、當求諸己。

吳澄：柔土陽泉。初有泥无水、遠兌口、不食象。

梁寅：井泥不可食、人處至下无才德、時之所棄。
來知德：初六陰濁在下、乃井之泥、不食成廢井。占者不利于用可知矣。
王夫之：初卑柔爲民致養上象。中有不樂輸之情。
毛奇齡：初地道尤下、井底近泥，兌口倒能食乎？
折中引蔡清：陽爲泉、初六陰故爲井泥。初居下放不食。
李光地：陰柔爲泥，在下不食。
李塨：井泥必久不渫治。
姚配中：殷不用之則爲舊井，周來修之、猶爲新井也。
丁晏：初習井泥堙无魚。
吳汝綸：言井泥人已不食。
丁壽昌：坎下畫稱泥、巽下半坎，有泥象。
曹爲霖引陳氏曰：其才汙下、爲時所棄。
星野恆：陰上下應不能上水、自棄汙下、人其可無才乎？
馬通伯：井泥不食、雖生物亦无之。
劉次源：泥不甃也。初陰卑下污染厚。甘于汙，人賤也。
李郁：柔在水下放稱泥。久不渫、人不汲、涸塞可知。
徐世大：井荒穢，無人養護、致坍陷泥封、沒人吃。

胡樸安：井底多泥、水濁不能食。
高亨：汲水井不可用、陷獸阱湮廢淤淺、笓者當改造。
李鏡池：污濁象泥漿、沒法喝。陷阱崩壞裝不住野獸。
屈萬里引經義述聞：井當讀爲阱。
傅隸樸：井泥陰沈、有泥不見水。喻君子居下流。
金景芳：井不能用。這卦完全作爲井來看待。
徐志銳：初六井底混雜泥沙，水不能食用。廢井一口。
張立文：井水有泥不能食用。陷阱湮廢不能得獸禽。
林漢仕以爲井之所以混濁，其一、爲人口密度過大、人口一多則汲無休止、湧泉之不及蓄也。此一現象吾見之矣。二、地中水更下沉、井深只及泉面，故出水不多而用之者衆也。三爲井久不渫。四、地質本身變化致水去成眢井。五、因戰爭屠殺、人口他遷成廢墟。泉久不汲自然荒穢，涸塞。六、井爲阱則不能陷獸而无肉食，丁晏之謂泥堙无魚。李鏡池謂陷阱崩壞。七、天災地震人爲破壞。
象劃一界限爲「下」、後世遂覓下之象爲 *1.* 初井之最下。*2.* 初无應四。*3.* 初二地道、初尤下。陰爲泥。*4.* 坎下畫稱泥、巽𠀤坎泥象。*5.* 泥，不甃也。*6.* 兌口上、不食也。謂初井之最下者有干寶，朱熹，丁晏等。干寶又稱井泥所以不食，殷之已喪師之後也。謂初四无應因而无水者：王、孔、項安世等。

謂初二地道、初尤下、陰爲泥者：毛奇齡等。
謂坎下畫稱泥、或巽半坎泥象：丁壽昌。
謂因不甃致井泥者：劉次源。謂久不渫者有李塨。
謂兌口上、不食者有朱震等。虞翻謂无噬嗑象故不食。
直謂井荒穢、無人養護致汚濁者有徐世大、李鏡池等。
以井水濁另有所喻者如干寶之託紂穢政。孔疏居下窮德至賤。程頤之才弱无援。張浚之君子惡居下流。李衡引云禮亂法乖。楊簡：己德不清，當求諸己。梁寅之人處至下、无才德、時之所棄。來知德云占者不利于用可知。姚配中云殷不用則爲舊井。高亨則云井不可用，又阱湮淤淺。張立文沿用高說。井泥不食、蓋人不食也。馬通伯謂雖生物亦无之。蓋謂雖生物亦不食乎？馬說似將一切生物擬爲人格化、馬牛家禽尚飲池塘圳溝濁水、而野生虎豹獅象有水即飲矣、又況魚鼈蛇蟲水生物耶？馬通伯蓋謂人不食、雖生物亦无食之也。說不夠精確。

「舊井无禽」，今約其說：象謂時舍。干寶云殷末喪師、水潔无禽穢、況土乎！王弼：禽不嚮、況人乎！　孔穎達：禽人共棄。　虞翻：禽，古擒字、猶獲。　程頤：舊廢之井、禽鳥不復往矣。　蘇軾：廢井、无禽不可治、所以爲井者亡矣。　張浚：與物不相應爲无禽。　朱震：舊井澤盡无禽，人不食可知。　李衡引云國墟則禽犯，有人舊井可治。　楊萬里：泥不潔、衆禽且无一食之者，況人乎？　朱熹：人所不食、禽鳥亦莫之顧矣。　項安世：舊井无水，并禽无之矣。時舍，明非初罪、時止在此爾。　楊簡：初四不應、有不食無禽象。時舍則在時、不在我也。　吳澄：坎禽象，在上不來下故曰无禽。　梁寅：初无才德、亦時之所棄！　來知德：無井傍汲水之餘瀝、禽亦莫之顧而飲矣。　毛奇齡：巽山雞、離飛鳥、無反顧者，此其棄置爲何如者也！　李光地：舊井申井泥之義，无禽申不食之義。　姚配中：般不用則爲舊井、豈舊井之不可食與？　丁晏：禽字猶獲，未妥。魚通稱禽。无禽爲无魚，漢初已有此解。　吳汝綸：禽疑爲[illegible]、食所遺也。井泥人已不食、所遺之水亦无之矣。　丁壽昌：魚通稱禽。无禽爲无魚。巽魚、初變巽不見故无禽。　星野恆：井廢禽不來。　馬通伯引趙汝楳曰：古者鳥獸蟲魚通曰禽。時舍謂上无陽氣之應。　劉次源：鹿禽无則舊。　李郁：舊井、人不汲、禽類亦无從而飲啄焉。宜舍之時也。　徐世大：井坍陷泥封，鳥獸就井飲。阱譯亦通。　胡樸安：廢壞之井舍置不用。　高亨：陷獸之阱淤淺、筮者當從事改造。　李鏡池：泥漿沒法喝，陷阱崩裝不住野獸。　屈萬里：井當讀爲阱，魚通稱禽。　傅隸樸：雀鳥向井邊覓飲，舊井人不食、鳥不來。　金景芳：舊井、禽獸也不喝它的水。完全作井看待。　徐志銳：王夫之說：「禽豈擇泉后飲？禽獲也，汲獲水、淤則汲无所獲。」解合理。　張立文：阱湮廢不能得獸禽。

夫之先生謂井水下漏而濁，豈井水之來另有其流？蓋井之水、來自泉源也、故掘井九仞而不及泉，猶爲廢井也。原泉混混、無謂井漏而濁者也。井之所以漏、已無原泉可知、其功能只靠河流圳溝之灌注蓄藏水矣！

人懂得飲水衛生條件，人所以不飲，不合衛生條件也。王弼之云禽不嚮、況人乎！反過來、禽之嚮，人亦嚮乎？吾見其未必也。蘇軾之无人猶可治，謂无人飲之濁井猶可治，无禽飲之井不可治。豈禽之知，可預知掘井九仞仍不得泉乎？人不如禽之知矣！掘井可得泉即是可治之井也。李衡引陸云有人，舊井可治，未可永廢。朱熹之謂人不食、禽鳥亦莫之顧矣。蓋謂井傍無汲水之餘瀝乎？井无禽之禽字。有謂古擒字。（虞翻。李衡引崔）猶獲也。夫之先生謂獲水。丁晏云禽猶獲、未妥。魚通稱禽。无禽爲无魚。吳汝綸謂禽疑爲[illegible]、食所遺也。（人所食之遺水也。）李郁云人不汲、禽類亦无從飲啄焉。若禽爲魚、人汲則成車轍之鮒魚矣，不借升斗之水、不能活也！即泥水、不爲俎上肉、則將索魚枯肆矣！蓋水本少、又汲而去之、喻生存空間窄，井魚逃無所矣！壞井坍塌或阱淤淺皆爲廢井也。金景芳之完全作井看待、禽獸也不喝它的水。徐志銳即斥爲禽豈擇泉飲？淤，汲无所獲也。張立文則譯作井水有泥不食。无禽譯爲阱廢不能得獸禽。言象者謂巽山雞、巽魚、離飛鳥、坎禽象、吳澄、毛奇齡、丁壽昌是否可以休矣！

井泥不可食。以人之靈、若另無它水源可旁貸，則當即刻疏濬掘深、无坐以待斃也。即水濁、明礬、多層過濾亦可使清也。井泥之不食者、人不得而食也。蓋年久淤塞、制度不行乎？人口增加？舊者久也、年久失脩致无所獲、无所得也。初占象蓋如是：上惠久不下、政策層面有疏失；下才弱不能自力救濟，致人畜俱呈現不穩定狀態。從井之基本面井泥不食、人之不得食。至舊井无禽，並六畜水生物皆困。從原始之聚居層面到政治層面之敘述也乎？

九二、井谷射鮒，甕敝漏。

象曰：井谷射鮒，无與也。

子夏傳：鮒謂蝦蟇，井中蝦蟵呼為鮒魚也。（孫堂案王應麟注鮒，小魚也，似鯉，色黑而耐寒。又即今鯽魚。又引鄭康成注鮒魚言微小也。小魚通稱。未聞以鯽魚為蝦蟇。）

孟喜：甕敝漏。

鄭玄：坎水上直巽、三艮山，山下有井，必因谷水所生魚，無大魚，但多鮒魚耳。言微小也。甕、停水器也。（釋文）又射，厭也。（射音亦）

王肅：射，厭也。鮒，小魚。　雍敝漏。

王弼：谷水從上下射，井以下給上者，无應上，反下初故曰井谷射鮒、鮒謂初、失井道。井已下復下注、莫之與也。

孔疏：井而似谷故曰井谷射鮒魚，井下注似甕敝漏水，水漏下流故曰甕敝漏也。

李鼎祚引虞翻：巽為谷為鮒，鮒、小鮮也。離為甕，甕毀凶。引崔憬傳象：與五非應，與初比，若谷水不注唯及于魚，甕漏者取其水下注不汲之義。

司馬光：谷、窮也。窮井中所守隘。射鮒于井所獲微；甕者以汲，敝漏水不可得。九二處下內不當位、上无應、斯象也。

程頤：二雖陽而居下无應比初。如谷就下，失井道、就污泥射注於鮒鰕蟇微物耳。上无應援、无濟物之功、如甕破漏不爲用。　傳象：井以上出爲功。

蘇軾：二非正、无應於上，下趨谷者故曰井谷。二趨初六。初謂鮒。井有鮒，人惡之矣！然猶得志於甕者此必敝甕也。

張浚：二不獲上應五而下比初陰、趨不正、德之墮。位險下爲谷，巽鮒、魚細者。二本剛中，棄中正從昏濁，剛德既虧，才器淪喪，惜哉！不著凶咎辭，幸二反身從善也。

張根：所養可知。

朱震：井以不遷爲德。五不應、二宜自守、養德俟時。谷注谿者也。鮒、蛙也。兌巽爲魚生於井泥，坎離弓矢射也。二動兌毀口壞、甕敝漏也。言動曷若自守哉。

鄭汝諧：二剛中、井之有泉者。惟乘初柔、柔不實謂谷射鮒。下乘虛，上亦无與、則所汲者亦敝之甕。

李衡引石：喻中人之性、不能應上。從師友之訓而反習於下，自敗其材器之象。鮒或以爲蝦蟆。

楊萬里：谷水注下功及魚鼈，井水汲上功及百姓。二比初小人有鮒魚象、則上之君子无我汲者矣！谷下注、甕漏亦下注，皆不上出之義。

朱熹：二剛中有泉象。然上无正應、下比初六、功不上行故其象如此。

項安世：二在下之中、上无應、如井旁泉穴、止能下射泥中鮒、又如敝漏甕、不能載水上出。谷者井中泉穴已離泥（有水）而未渫、渫且不食況谷乎！鮒常處泥中、蝸牛近是。

楊簡：九二中正非泥者，九五不應、君不用則二所及者鮒而已！鮒、魚之至小者，初六象之。甕敝漏，汲者之過，非井罪，故曰無與也。言無應不見用也。

吳澄：九二陽井中水，初六耦畫象谷，水下注谷故曰井谷。鮒小魚指初六、水下注衝射以活小魚而已。九二水、初耦畫象甕下漏者、二无應於上、象水不上出。

梁寅：井谷井旁穴。鮒蛙也。井有泉而无能汲者、泉但注蛙穴爾。莫汲以甕漏故。二剛中上无正應不能汲引，非井之恥，不能汲者之恥也。

來知德：坎弓、巽鮒小魚。莊子轍中鮒魚。前儒以爲蝦蟇、蝸牛、皆非。九二剛中但无應不能汲、牽溺于初與卑賤相與、不能成井之功矣！僅射鮒。破甕漏水象。占不能成功可知矣。

王船山：射注也。鯽魚得少水即活，言无引掖賢才之實，九二下空而陽泄，與猶助也。

毛奇齡：二猶在井下、內水不浮、外甃不治、儼井之在山谷者。井類溪谷則多水蟲、穿水來往如射，謂之射鮒。此固非恆汲之水可養人者。倒兌如漏，彖所謂羸其瓶者。

折中引張振淵：以井言爲井谷之泉、僅下注鮒。以汲井言爲敝甕、水反漏下。　案：井谷井中出水穴竅。功足射鮒。上無汲如瓶漏。井喻政，以汲之者喻行政之人。汲之者喻被澤之衆。三義相因。

李光地：井谷有水異於泥矣。然僅可射鮒而已。甕敝漏安能及於人？九二剛中近初又無應故取此象也。是賢人君子其身側微而莫之汲引者也。故曰井谷射鮒。

李塨：二井有水，（兌毀折、變艮山）似谷，莊周所謂缺甃之崖是也。惟下注射鮒（鯽）。倒兌下缺似翻壺之甕。汲必有與者、（无應故无與）顧誰與此。

孫星衍引集解子夏曰鮒謂蝦蟇。　鄭康成曰九二坎爻、坎爲水、上直艮山、上有井、但多鮒魚、言微小也。又射、厭也。甕停水器。王肅曰射厭也。鮒小魚也。

姚配中案：離矢坎弓、二應在五故射鮒。（注引呂覽：射魚指天而欲發之當也。淮南子天子親往射魚。蓋古有射魚之法。）詩曰魚躍喻民樂，射鮒苛其民。傳象：失位无應，自賊其民故无與。

吳汝綸：射、厭也。井谷多鮒。水不足食、甕敝漏、器不足用、蓋兩失也。兩失則莫之與矣。

丁壽昌：谷又音浴。射厭。鮒魚名、子夏謂蝦蟆。甕俗从瓦非，當作罋、汲瓶。即彖羸其瓶。射隼射雉射鯽魚、射必无大魚、互坎離爲弓矢。故有射鮒之象。義順不必穿鑿矣。

曹爲霖：敝漏則欲汲有所不可矣。士君子窮在下、只可惠及閭里鄉黨，不能澤及天下。程朱絕學只傳其徒而已！時爲之也。

星野恆：井如谷也。鮒魚名、或云蝦蟇。剛中無應、施不周、如澗谷旁注、抱敝甕汲水！在下位不獲乎上、民不可得而治矣！不遇時寧老死巖穴而已！賢者安命樂天終其身也。

馬通伯：王引之曰谷即壑、井中容水處。說苑云魚固人之所射。是古有射魚之法。其昶案二失位无應於上、象射魚於井谷而无甕以承之也。井不能遷而出。

劉次源：二比初爲邪惑、另闢旁門。上无應、谷險阻徒勞、有泉僅堪注鮒。甕敝漏，邪說誣民、不終朝也、何取！

李郁：泉出爲谷、射、注也。鮒、小鮮。井旁出水射之、沾微濡目。甕敝水漏、亦有涓滴之潤，然爲量小。水乏其源，雖養亦竭。故曰射曰敝也。

徐世大：井谷爲沿井圈之溝以排餘水，漑田。射譯捕捉。井的洩水溝裡捉小魚，水瓶又舊又漏。

胡樸安：谷、深也。射、斁之借、厭也。井深蝦蟆無數，與人无與！敝漏即羸瓶。甕敗也。

高亨：射魚者必臨乎大水、施於大魚，若井谷射鮒、不能中魚、適穿其甕、甕以破漏耳。甕正字作罋。

李鏡池：井阱崩塌積水成谷，長了小魚，很難射、足見食的困難。水瓮破了、喝水也大成問題。極言邑人生活困苦。

屈萬里：射、荀作耶。按形之誤也。甕、汲器。此射鮒誤中甕故敝漏。　鮒小魚。射以弓矢射之也。呂氏春秋井中無大魚、新林無長木。說苑：魚固人之所射。無與九五應。

傅隸樸：井水上行、谷下注。水急如矢曰射。鮒是小魚。子夏謂蝦蟇、莊子埳井蛙。都是水族。初六有泥無水、二有水無應、不能汲用喻不能發揮養人作用，人謀不臧英雄失意。

金景芳：九二剛才居下沒應援，只能比初。井卦向上才好，今二只能在下。谷是井底出水的穴。射、注、泉水少僅夠射鮒。甕壞汲不上水、井水還是吃不到。

徐志銳：井水上出爲能發揮養人作用。九二无應只好比初六就下、爲井水不上出、就下旁流、則井水同山谷中的泉水、涓涓注入河溝，只可供養小魚而已！射爲注射。

張立文：九二，井瀆（谷）射付（鮒），唯敝句。 譯：九二，從井口射井裡的小鮒魚，沒有射中，系放破笱亦無法捕得魚。 唯敝句通行本作甕敝漏。意瓮被射破。

林漢仕案：鮒：子夏傳謂蝦蟇。蝦嘛呼爲鮒魚。王應麟注鮒、小魚、似鯉、色黑耐寒、即今鯽魚。 鄭玄注鮒魚言微小。小人通稱。未聞以鯽魚爲蝦蟇。 王弼：鮒謂初。 虞翻云小鮮。引崔憬謂魚。 司馬光云射鮒于井、所獲微。 朱震謂鮒、蛙也。 楊萬里云魚鼈。項安世謂蝸牛近是。 毛奇齡云水蟲。 傅隸樸：水族。

人苟非餓窮、則爲娛樂、鮒，井中化生物、鄭玄云「無大魚」，但多鮒、小魚耳。王肅謂射爲厭、胡樸安謂斁之借，厭也。姚配中引淮南子天子親往射魚。 丁壽日云：射隼、射雉、射鯽魚、射必无大魚。 高亨謂射必臨乎大水、施於大魚。 司馬光云：井中所守隘、所獲微。是厭斁之言足也。豈天子厭足於井底射鮒耶？古之射魚，蓋取樂也、猶今台灣所謂刷魚、殘忍無比。以無水食之民、加諸厭足射魚之樂、是何不食肉糜蛋糕之思見也，未足以言聽聰。姑無論井中之蝦蟇、蝦嘛、鯽魚、小鮮、蛙、魚鼈、蝸牛、水蟲、水族。其爲射也、以珠彈雀狀其愚、狀其富有、捨大取小、以貴易賤也。小試牛刀之割雞頭矣！井深、人不能入井、而射、思援弓繳耶？不祇魚小、射者亦才力識見之窄小可相倫比也。井如可下、水又淺、魚鼈往何處逃？射鮒與射蝨固不能同日語也。茲彙集賢者論著以見先賢輩之用心也：

井谷射鮒、甕敝漏。

象：井谷射鮒，无與也。

子夏傳：鮒謂蝦蟇。蝦蟵為鮒魚。（孫堂案：「王應麟注鮒小魚也。似鯉、即今鯽魚。」

未聞以鯽魚為蝦蟇。）

鄭玄：言微小也。射，厭也。音亦。

王弼：谷水上下射。无應反下初。鮒謂初。

孔疏：井似谷，下注似甕敝漏水下流。

李引虞翻：巽為谷為鮒。小鮮也。離甕。

引崔憬：五非應，與初比。谷水及魚，甕漏不汲。

司馬光：窮井所守猛。獲微。漏、水不可得。

程頤：二无應，比初，就污泥射注蝦蟇微物，漏不為用。

蘇軾：二上无應，下趨谷、初鮒，井有鮒，人惡之矣！

張浚：二趨不正、險下谷、巽鮒魚細者。二本剛中、才器淪喪！

朱震：谷注谿者也。鮒蛙。魚生井泥、坎離弓矢射也。

鄭汝諧：二剛中、井之有泉者、下乘虛、所汲亦敝之甕。

李衡引石：喻中人之性、自敗其材器。

楊萬里：谷水功及魚鼈，二比初小人，君子无我汲者矣！

朱熹：剛中泉象。下比初，功不上行，其象如此。

項安世：井中泉穴有水未渫、止能下射泥中鮒。蝸牛近是。

楊簡：五不應不見用。及初鮒魚之至小者。漏汲者之過。

吳澄：初六耦畫象谷。水下注活小魚而已。初象甕漏。

梁寅：井有泉但注蛙穴、非井恥。不能汲者之恥也。

來知德：莊子轍中鮒。爲蝦蟇、蝸牛皆非。牽初卑賤，占不能成功可知矣。

王船山：射、注也。鯽魚得少水即活。九二下空而陽泄。

毛奇齡：儼井在山谷多水蟲，來往如射謂之射鮒。非恆汲之水可養人者。

折中：井出水功足注鮒。上無汲如瓶漏。井喩政。

李光地：賢人君子莫之汲引也。水僅射鮒而已！

李塨：二井有水。谷、莊子所謂缺甃之崖是也。无應故无與。

姚配中：詩魚躍喩民樂、射鮒苛其民。自賊其民故無與。呂覽、射魚指天而欲發之當也。

　淮南子天子親往射魚。

吳汝綸：井谷多鮒、水不足食。甕漏、器不足用。兩失則莫之與。

丁壽昌：射厭、鮒魚名。射必无大魚。互坎離爲弓矢。

曹爲霖：敝漏則欲汲有所不可。士君子窮在下。程朱絕學、只傳其徒而已！

星野恆：如澗谷旁注。抱敝甕汲水，在下位不獲乎上，民不可得而治矣！

馬通伯：谷即壑，井中容水處。說苑魚固人之所射。

劉次源：二比初另闢旁門；甕敝漏，邪說誣民，何取！

李郁：泉出為谷、射、注也。水乏其源、雖養亦竭。故曰射曰敝。

徐世大：井谷為沿井圈之溝以排餘水溉田。射、捕捉。水溝裡捉小魚。

胡樸安：谷、深也。井深蝦蟆無數。射、斁之借、厭也。

高亨：射魚必臨大水，施於大魚。射鮒適穿其甕。雝正字。

李鏡池：井崩成谷，長了小魚，很難射，足見食的困難。水甕破了、喝水也成問題。極言生活苦。

屈萬里：射荀作耶、形誤。射鮒誤中甕。射以弓矢射也。無與九五應。

傅隸樸：井水上行谷下注。水急如矢曰射。人謀不臧，　英雄失意。鮒是小魚。蝦蟇井蛙都是水族。

金景芳：井卦向上才好、二只能下。谷、出水穴。射注。泉水少僅夠射鮒。

徐志銳：井水不上出、就下旁流注入河溝、只可供養小魚而已！射為注射。

張立文：射井裡的小鮒魚，沒射中，甕被射破。放破笱無法捕得魚。

鮒謂蝦蟇、蝦蟵、蝦蟆、鯽魚、微小、小鮮，魚、魚細小者、蛙、魚鼈、蝸牛、水蟲、初卑賤故鮒謂初。漢仕以為水面常見、狀似蜘蛛而可水面爬行、迅速无比、輕快似箭，學

名叫水黽　。井泥不食、舊井无禽。井生水黽水蟲，其不食久矣！　谷者下也，牝也、空虛也。射者：厭也，音亦。（鄭玄）　下注也。（孔穎達）　弓矢射也。（朱震）　水蟲來往如射。（毛奇齡）　射鮒苛其民。（姚配中）　射，捕捉。（徐世大）　射、斁之借，厭也。（胡樸安）射、荀作耶，形誤。（屈萬里）　水急如矢曰射。（傅隸樸）

射注、泉水少僅夠射鮒。（金景芳）　就下旁流入河溝。（徐志銳）　射義有：

射爲斁、厭。厭足、厭惡。

水下注。*1.* 水急如矢、多也。*2.* 水少僅堪活小魚。*3.* 旁流入河溝。

弓矢射也。

水蟲來往如射。

苛其民，自賊其民。

射爲捕捉。

射作耶、形誤。

如初之井泥言、不可能如傅公隸樸言「水急如矢。」曰射，蓋水大量出矣。「水旁流入河溝。」言井水之滿溢旁流，水源豐足可知也、井甃矣則水不能旁流矣！　井水之靜也、窄也、一小圈圈耳、所謂坐井觀天。「水蟲來往如射。」似有力無處使、如之何能見水蟲游走之速？毛奇齡第見井外游速之小蟲、轉寄井中游速之思耳！　射以爲矢、其以弓繳邪？小試牛刀如射蝨？　司馬光謂「所獲微」，李鏡池云「小魚難射，足見食的困難。」不惜以珠彈雀矣！丁壽昌云「射必无大魚」，高亨云「射必臨乎大水、施於大魚。」井非大水、井无大魚，（鄭玄）。雖古有射魚之禮、於井，無用武之地也！井谷，井下也。谷義有牝、谿、空虛，養。　射義有斁、厭足、厭惡。侵也——王夫之「水火不相射」注。蓋井久廢而牝養出井面水喜子耶？此鮒非魚，言魚猶俗言：土狗，非狗；黑寡婦，非婦女；鼠婦又名伊威、蟲名。又天牛、桑牛，非牛。其幼蟲古時比喻婦女之頸項。土狗即梧鼠，一名螻蛄。醯雞非雞、蚊蚋也。黑寡婦者蜘蛛也。鮒即蜉蝣類，體細狹，足長寸許，不泄絲結網、無翅、俗名水蜘蛛、水喜子、水蛈蝪。水黽學名。滑翔於水面，輕且快。有是物、明水之不潔也。井內生喜子水黽。射有侵義，有逮義。易說卦：「水火不相射。」又：「水火相逮」。八卦變化以成萬物言、井谷射鮒、井下牝生鮒魚也。井九二時段、以時位言、不當位，上無應而比初。張浚所謂二剛中、從昏濁、才器淪喪。象之批「无與也。」故如吳汝綸言：「井谷多鮒，水不足食；甕敝漏、器不足用，蓋兩失也。」

九三、井渫不食，爲我心惻。可用汲，王明，並受其福。

象曰：井渫不食，行惻也。求王明受福也。

京房：可用汲。言我道可汲而用也。（史記索隱卷二十）上有明王汲我道而用之天下，並受其福，故曰王明並受其福也。

鄭玄：謂已浚深也。猶臣修正其身以事君也。（文選登樓賦注）

張璠：可爲惻然，傷道未行也。然不食以被任用也。

向秀：渫者浚治去泥濁也。

干寶：賢者獨守成湯法而不見任，故井渫不食，爲我心惻，傷悼也。可用汲周德來被，王得民、民得王故曰求王明受福也。

王弼：渫不停污。當不見食，潔不見用，故爲我心惻也。爲猶使。應上故可用汲，王明嘉行欽用故王明並受其福。

孔穎達：渫治去穢污則可食，井以上出爲用，猶在下體故井渫莫食，使我心惻愴。有應上可汲，猶人可用，若遇明王賢主，則旣嘉其行、又欽其用故可用並受福。

李鼎祚引荀爽曰：渫、清絜之意。三得正故曰井渫，道不行故我心惻。 五可用汲三則王道明，天下竝受其福。

張載：井以出爲功、成在上，三其正應、以陽居陽、充滿可汲，爲五間、功不上施故心惻。若上六明於照物，遠邇皆利。強施惻然不售，作易者之歎歟！

程頤：三陽居正、井下之上、清可食者，應上六、汲汲進未得其用！剛不中故切於施爲。若上有明王則己得行其道、君享其功、下被其澤、上不並受其福也。

蘇軾：三居正、井潔而不食何哉？不中、非邑居所會也，故不食。渫、潔也。行道之人惻我。擇其可用者其惟器潔者乎！器潔則王明，受福者非獨在我而已！

張浚：三有可食之德而不及，孰不惻然念之。可用汲、宜在高位之謂，惠澤必加于天下。王明則蔽者小人退，故並受福。巽井渫、兌毀不食、坎憂心惻，上應可汲。

張根：汲汲皇皇如此，學之爲王者事故也。雖然惟王明爲可求耳。

朱震：三以陽居陽、清潔也。兌口上不食也。我者三自謂，上六爲我道不行惻然。求乾五王明者三、上六就三、三往求五，求王明受福。夫子增一求字以發其義。

鄭汝諧：三以陽居陽、井之至渫者。井潔不食，以居不中，非井邑之會故不食。井不自惻、行道之人惻爾。豈終不食哉！其可用汲者必明潔之人也。

李衡引陸：雖得正而行過乎中，猶井雖渫不食故爲我心惻。王者必沒有賢人，博施濟衆、不獨自利而已。　引干：此託殷之公侯微箕之倫。惻傷悼也。　引介：求異乎人之求。其於天不禱禱之。井道无求、以不求求之而已。

楊萬里：三陽明渫治之井，甘潔之泉。可食莫食者人也。作易者所以井歎也。有美井无善汲則如无井。在下君子如九三井之泉、非明至不能濁幽；故微帝堯，大舜雷澤之漁父。

朱熹：渫不停污也。井渫可用汲矣、王明則汲井及物、施受並受其福。三陽居陽、在下上未爲時用。其象占如此。

項安世：九三陽爲渫泉、能正未得中故不食。上有應故心惻。上力可汲三。求王明非爲私、兼善天下也，故爲並受其福。至三渫、井未嘗變、變者時也。

趙彥肅：上六孚五、未應三，在上者先食，水之上者已汲，則中者達而上，故汲王明、並受

其福。（君道行臣道昌）

楊簡：九三陽剛有爲、能渫治其內者、渫不見食者、三非有道、憂世太過、反爲人所棄而不食。然亦吉士可汲，明王作並受其福，言可用也。

王應麟：荊公解云孔子所謂異乎人之求也。君子於君、不求求之；於民、不取取之；於天、不禱禱之；於命、不知知之；井道不求求之而已。文意精妙，諸儒所不及。

吳澄：三剛居不上、井渫治者、互兌口下故不食。我心謂五、居心位、閔不見用於時爲之動心。王五、互離明、用賢行道天下被其澤。明卒使正應上六汲上以見五王用之也。

梁寅：三以剛居正未見用、猶泉渫治不見食。人才之可用亦猶是也，賢人才行顯著、王者有知人之明則授之以政，此賢者、明王、天下之福也。其九三遇明王之時乎？

來知德：渫治、我三自謂。王指五。九三陽居陽、與上六正應。上六柔无位不能汲引、故井渫不食人惻之象。若得陽明之君汲引則三井可食福也，食三之井者亦並受福矣。

王夫之：三當位可用之才、徒深隱不易汲耳。不食言我者周公自言其求賢之情。王明謂上六之勿幕而與相應也。賢者榮而國益昌，上下竝受福矣。

毛奇齡：三在井之中居剛乘剛。渫者泄也。兌口顚倒則雖渫不食。清不見亮、賢不見收、必有代爲恤者。井德養人，利及天下。不食有惻之者。求惻汲其福也、非並受而何？

折中引蔡清：我指旁人，所謂行惻也。非九三自惻。　案：不曰明王而曰王明、乃惻者禱辭。言王若明、則吾儕並受其福矣。

李光地：以剛德居下之上，井之渫者。然尚在下體，功未上行則猶不食也。故觀者爲之心惻。遇王者之明汲而用之、則人並受其福矣！三有應故其辭如此。我道路之人。

李塨：三居剛乘剛，遠泥无漏。巽爲潔齊、井渫史記作井泄是也。然水尚在井中，兌口上。清不見亮、行道之人皆必爲我心惻矣。五離爲明王、能汲之共處離位，誰不受福焉！

孫星衍按唐石經渫作渿。　引集解鄭康成曰：謂已浚渫也。猶臣修正其身以事君。　向秀曰渫者浚治去泥濁也。黃穎曰浚治也。　張璠曰惻然傷道未行也。

姚配中注引荀爽曰五可用汲三則王道明，天下竝受其福。京房曰言我道可汲而用也。　案王謂泰五、失位欲其之正成離坎、用文王之道以養天下也。（求王明文王求殷王也）

吳汝綸：文王演此爻、辭感聲哀。史公論屈原引而申曰王之不明、豈足福哉。史記渫作泄。潛夫論云：人君不開精誠以示賢忠、賢忠亦無以得達。說亦近是。並之言普也。

丁壽昌：渫治、惻痛。我者行道之人自謂。蔡氏清曰我指旁人、非謂九三自惻也。蘇蒿坪曰巽潔齊、有渫象。坎加憂心惻象。巽繩可汲、王指五、五互離明、三變坎故竝受其福。

曹爲霖：吳氏易說云不食心惻、即斯人不出如蒼生何之謂也。管仲舍子糾而事桓公，韓信舍項羽而事高祖，馬援舍隗囂而事光武，皆舍正應而求王明者也。

星野恆：渫治也。井治清潔、剛才未爲時用、中心惻怛、自嗟不遇。然其才可用、苟明王舉用，上下俱受福慶。干時豈唯己之得福哉！亦國之福也。

馬通伯：王引之曰並普通借。史記云人君无愚知、莫不求忠舉賢以自佐。然亡國破家相隨屬。

易曰井渫不食，王不明豈足福哉！案三守正不變、求王明之辭。

楊樹達：史記屈原傳懷王不知忠臣之分客死於秦。王之不明豈足福哉！潛夫論賢人君子憂民亦爲身作。仁者護人、且自爲也。又明忠篇忠臣必待明君乃能顯其節。

劉次源：三剛有應、性未失也。不停汙垢、井之渫也。棄而不有、我心惻也。求則得福、病不求也。汲以養人，幷受福也。

李郁：渫浚。三動成坎。井浚塞通。渫之而人棄、我心烏能不惻。坎爲加憂。三上易成巽、可木汲矣。王明即人人修德、明明德以親民、故竝受其福。詩自求多福之謂也。

于省吾：荀爽道旣不明故我心惻。虞翻四坎爲心、位未正故心不快。史記引張璠曰傷道未行。按初至四大坎。明盟古通。有祭享義。王盟，並讀爲普受其福之普。

徐世大：井浚深了沒人用，使我心惻惻然動。汲水吧，王明，大家來個人壽年豐。井渫無飲者，想見徵調之繁。

胡樸安：去汙穢可食不食。散民歸來、悲痛不食、非井不可汲。求新王明聖、並受其福。

高亨：渫者今人謂掏井，除去井中污泥使復清也。井渫可汲猶臣賢可用，然王明而後知賢、用賢天下俱受其福。史記屈原傳曰疏屈平……此不知人之禍也。得其恉矣。

李鏡池：井水污渫，渫污也。爲我沁測之、尚可沒。君王邑主說井太污濁，給我淘淨、就可以汲飲。接著贊頌英明、新邑主和邑人都得到好處。

屈萬里：正義：渫、治。去穢污之名。爲猶使也。猶人修已絜而不見用、使我心中惻愴。

並、王引之曰普也。傳象：行、言也。今江東通謂語爲行。譯詁。

傳隸樸：初六沉淪爲世棄、二不得援引。三居得位、論行可用、論水可食。仍居下卦不食象。爲使、惻傷。孔子說「明王不興、天下孰能宗予。」心惻之言。王明即王能用我的意思。才修行潔不見任、用則王與民都受福也。

金景芳：渫治。象淘井、把髒東西清出、水清潔可食了，如果王明的話一定用九三賢才。朱子說行道之人皆惻。折中引蔡清說非謂九三自惻，我指旁人。井水乾淨不用、多可惜。

徐志銳：九三剛居陽位得正應上六、水清潔、上六柔提不上來。行人飢渴无得力工具提出、豈不心痛？只治井下、不管井上設備！如果明王治理、一定上下一齊來、邑人可汲、過路行人也受其福。可見九三也沒發揮其作用。

張立文：九三、井𣥺（渫）不食，爲我心塞（惻），可用汲，王明並受其福。　譯：九三，井水清潔而人不食，我心想不通，井水可汲，國王明察、王與臣民俱受其福。

林漢仕案：初從原始聚居層面到政治層面敘述，亦有所興託乎？井泥、則无可汲用之水。人而不靈、三個和尚無水喝之類也。倘能人人有責而修治之、小淘小水來，大淘則大水來、水豈止足一二人之用而已！井、初時占象蓋上惠久未及下、雨露之養缺、政策或有疏失；下才弱、心志亦弱，不能激起匹夫有責、群策群力所謂自力救濟之行動、致人畜俱困。錯在自我成分居多。九二爲剛中可用之材而錯失時機、不當位、上无應而下比。蓋井久廢而牝生水黽、水喜子之類不潔生物，喻九二時段昏濁，才器淪喪，井水不足食、器不足用、兩失階段。九三起敝振衰，求之於我者已備：治亦進、亂亦進，德慧術志兼備，何事非君，何使非民！然而渭濱之不遇、傅巖版築之不求、徒老於釣築之間一老翁耳，夫之先生云謂「下陽實而不漏、上空甃而不泥、徒以深隱而不易汲耳。」吳汝綸引史公論屈原曰：「王之不明、豈足福哉！」若夫伊尹志在先覺覺後覺、自任天下之重，則干君多術、五進五退不爲多也。割宰亦一術也。屈子一於待上官、靳尚、宜其奪矣！吳汝編又引潛夫論：「人君不開精誠以示賢忠、賢忠亦無以達。」以伊尹之志言、「何事非君」，則似退而求上之明也。孟子所謂「雖無文王猶興」者異。九三爻辭、未之遇「不祗臣求君、君亦求臣」之時也。故有「爲我心惻」之嘆、「並受其福」之盼。茲彙群賢敘述爲「我」心惻之「我」、當爲何人！

象曰行惻也。　蘇軾謂「行道之人惻我。」其後鄭汝諧，李光地、李塨、金景芳引朱子說皆從之。

象之行惻另一解釋爲：可爲惻然、傷道未行也。說者有張璠、丁壽昌、姚引京房等。干寶曰：「爲我心惻、傷悼也。」孰爲傷悼？孰是我也？

李引荀爽曰「三得正、道不行故我心惻。」似指心惻者九三也。　張載亦謂「三其正應，功不上施故心惻。」亦以三爲我。　朱震直稱：「我者三自謂。」然惻者爲上六。

來知德：我，三自謂。　劉次源：三剛有應、井之渫也、棄而不有，我心惻也。　李郁：三動成坎、井浚塞通，渫而人棄、我心烏能不惻？張立文：九三潔不食我心想不通。

泛言爲我心惻者：干寶謂井渫不食、爲我心惻。傷悼也。王弼、孔穎達皆未指明孰爻心惻、第言潔不見用，井渫莫食、使我心惻。張載云：作易者之歎歟！　張浚言：三有可食之德而不及、孰不惻然念之。　李衡引干：此託殷之公侯微箕之倫、惻傷掉也。　楊萬里：作易者所以井歎也。　項安世：上有應故心惻。　吳澄：我心謂五。王五用之。　梁寅：三以剛正未見用。王者有知人之明、九三其遇明王之時乎！　來知德：井渫不食，人惻之象。　王夫之：不食言我者、周公自言其求賢之情。　折中引蔡清：我指旁人、所謂行惻也，非九三自惻。　李光地：我、道路之人。　姚配中案：求王明、文王求殷王也。　吳汝綸：文王演此爻、辭感聲哀。並言普也。　曹爲霖引：即斯人不出如蒼生何之謂也。　于省吾引荀爽：道既不明、故我心惻。引虞翻四坎爲心、位未正故心不快。　李鏡池：爲我沁測之、尚可汲。　屈萬里：爲猶使。猶人修己絜而不見用、使我心中惻愴。傳象：行、言也。今江東通謂語爲行。　傅隸樸：孔子說「明王不興、天下孰能宗予。」心惻之言。　徐志銳：三剛水潔、上六柔提不上來，行人飢渴无得力工具提出、豈不心痛？

爲我「心惻」：干寶謂傷悼也。　吳汝綸謂文王辭感聲哀。于省吾引虞翻云四坎爲心、位未正故心不快。　李鏡池云我沁測之。　傅隸樸引孔子心惻之言曰：明王不興、天下孰能宗予。　徐志銳謂豈不心痛。　張立文謂想不通。「傷悼」、「聲哀」、「心不快」、「心痛」、「想不通」、「明王不興孰宗予」爲使我心惻注腳。　孰惻？*1.*行道之人惻我。

2.可爲惻然、傷道未行。3.孰惻？(a)九三自我心惻。(b)惻者上六有應。(c)作易者心惻。(d)孰不惻然念之。(f)託殷之公侯微箕之倫惻傷掉也。(g)我心謂五。(h)周公自言其求賢之情。(i)我指旁人。人惻之象。道路之人。(j)文王求殷王辭感聲哀。(k)斯人不出如蒼生何之謂。

三剛爻爲水、得正、應上六、井渫水潔可汲用之時也。達則兼善天下、窮則獨善其身。吾之不試也，雖發苟有用我者期月而已！孰能譽之哉？鳳鳥不至，河不出圖、徒興里巷之嘆！有伊尹周孔之志、可以異乎人之求也。所謂不求求之，不禱禱之，不知知之。能使他人爲我心惻者，必有所試矣夫！自惻、自播者、懼其以國家爲賭本、以供其試。貪夫狥財、烈士狥名。奈何天下衆庶！自矜功伐德、奮其私智者、吾不與也！況賢聖之君？國以一人興、一人亡，不有老成人以託國家、徒行險於徼幸、退亦無以補過也。九三之不食、其未試乎？象之言惻、正未之試也。楊萬里云「微帝堯、大舜、雷澤之漁父。」是大舜必有所譽而後有所試。今九三井渫不食、三處大卦之中、是可引汲試用、故作易者、其後世之讀者、與時人，必與我心戚戚然之嘆；云「王明、並受其福。」蓋盼也。盼好人出頭，好貨天下人共享、好水天下人共飲。朱子云其象占如此。來氏亦云故教占者必如。　至李鏡池之謂「爲我沁測之。」彼引聞一多言：「心讀爲沁。」引韓昌黎由「義泉雖年近，盜索不敢沁。」舊注：「北人以物探水曰沁。惻讀爲測。」沁、蓋汲也。李鏡池易「心惻」爲「沁測」、爲我汲測井水乎？發現「尚可汲。」義雖順、不如傳統語寄之深遠也。

六四、井甃、无咎。

象曰：井甃、无咎，脩井也。

子夏傳：甃，脩治也。

馬融：甃爲瓦，裹下達上也。（釋文）

干寶：以甎壘井曰甃。（釋文）

王弼：得位无應，自守而不能給上，可以修井之壞，補過而已！

孔疏：以磚壘井，脩井之壞謂之甃。得位无應，自守而已，施之於人可以脩德補過故井甃无咎。

李鼎祚引荀爽：吹性下降，嫌從三，能自脩正以甃，輔五故无咎也。　引虞翻傳象曰：脩、治也。以瓦甓壘井稱甃。

張載：无應上、无漏下，但免咎而已。

程頤：四陰處正承五君、能修治則得无咎。甃、砌累也，謂修治。四才弱不能濟物，修治不至廢可也！但能處正承上，不廢其事，亦可以免咎也。

蘇軾：陽爲動爲實，三陽爲泉，陰爲靜爲虛，三陰爲井。初最下爲泥，上爲收，四居其間不失正，故曰甃，甃之爲井所以禦惡而潔井也。井待是而潔，故无咎。

張浚：坎離有水火用爲甃。四在坎下互離兌、明足有見故毀而用其修。臣修德以修君德、善政出，利豈淺淺哉！

張根：自修而已，安能及人。

朱震：古者甃井爲瓦裡，自下壘而達上。四正位近五，下无應，近君无汲引之用，守正自修，免咎而已！易傳曰无咎者僅能免咎而已。若陽剛不如是則可咎矣。

鄭汝諧：初最下、井泥也。上六極上、井收也。四在井間、居正、井甃也。甃所以去穢納清。上比五、爲五之捍故爲甃。四甃五亦潔矣，故无咎。

李衡引荀：嫌於從三、能自修正，以甃輔五故无咎。　引陸：井壞水渾、故甃而修之。法亂民擾故治而正之。　引石：得位无應、自守而已。如人但可修德自治。

楊萬里：四井甃其進德之新乎？甃甓而脩之。井一脩則舊爲新。井至六四則泉溢將上出之時也。不患人不已汲，患莫己脩。故德不脩足憂孔子，學不行足病子貢。

朱熹：四雖得正、然陰不泉、但能修治而无及物之功。其象井甃。占无咎。占者能自修治則雖无及物之功，亦可以无咎矣。

項安世：陽渫泉、陰甃土。四未及物故自脩上已。初不正不能自脩、六四正在上能自脩爲甃、甃所以禦泥而護泉、有閑邪存誠之功、故爲脩井之象。

楊簡：三四皆不中，皆非有道者。然三動四靜，故三渫四甃，甃雖未免乎脩，比之渫則稍靜矣。惟靜故不行惻，不求王明。

吳澄：甃謂以石以甓包砌其旁也。四陰井旁土，得位如甃砌完整故曰井甃。占井旁土不崩、井水不污故无咎。

梁寅：井以陽剛爲泉，六四雖陰柔而處得其正，猶井之无泉而甃治者也。是雖无功亦无咎矣。

來知德：六四柔得正近君，蓋脩治其井，以瀦畜九五之寒泉者也。故有井甃象。占者能脩治臣下之職則可以成井養之功，斯无咎。甃、砌井。陰列兩旁，甃象。

王夫之：四居井中而陰虛函井旁之甃也。柔當位，退而砌治象。不即汲用，嫌於有咎而養才者，務老其才，使潔清而愼密作人之所以需壽考也。傳象雖不即食所造就者多矣。

毛奇齡：四居井之中、即離中之火燒坤土爲甓。馬季長謂以瓦治井者。四爲兌口巳及水、水可上矣。

折中引邱富國：四在外卦，甃井外禦其污，不甃則潔者易污。

李光地：四承五之剛、泉非己出而能脩井承泉象。脩飾其身以布上之恩澤、无咎之道也。

李塨：四互離中，以離中之火燒坤土爲甓而甃之四傍。馬融謂以瓦治井者修也。

孫星衍引集解子夏傳曰甃、修治也。　馬融曰爲瓦裏下達上也。　干寶曰以甎壘井曰甃。

姚配中案惠氏棟云初舊井无禽、變之正與四應、四來修初故无咎。　喩殷棄舊井而周修之也。

吳汝綸：四在兩陽之中，兩陽象井壁，故云甃也。

　引虞翻曰修，治也。

丁壽昌：虞仲翔曰脩治。以瓦甓纍井稱甃。坤土離火燒爲瓦治象。故曰井甃无咎。修井也。

蘇蒿坪曰甃土質而成于火、坎坤體四又互離也。

曹爲霖：以甎壘井謂之甃。四柔正能自修，可以无咎矣。蓋世臣自守之象。如漢陰識門無游俠，唐李靖杜絕賓客。故能守法度，保全功名，此皆井甃之无咎也。

星野恆：甃砌修治、上承五君、柔質不應。人或廉潔自治、功不及人者，雖無澤物之效，亦不失己、聖人固不責備也。

馬通伯：黃道周曰先王之法，一敝不修，必以所養者害人矣。

劉次源：四陰坎窞、井不漏也。心自有泉、病未甃也。甃即泉出、可无咎也。傳象：甃之言修、勤修自无茅塞之憂。

徐世大：井圈砌，沒妨礙。黃土高原之井不可砌圈。但砌圈可持久。甃、說文井壁也。此亦作動詞用。

李郁：甃者以瓦甓壘井。脩井也。四比坎五已近水，井脩水至、非似在下之泥也，故无咎。

胡樸安：此爻甃、乃是脩而完之，所以无咎。

高亨：井壁曰甃，造井壁亦曰甃。井甃則水可長清，故曰井甃、无咎。

李鏡池：井甃：用磚石壘井壁。壘井壁的工程、在古代是不容易的。无咎表明還進行得順利。

屈萬里：甃、馬云爲互裏下達上也。干云以甎壘井曰甃。

傅隸樸：九三懷才不遇。若心不平即如桓溫所謂不能流芳百世、復遺臭萬年耶？變態心理！所以教以井甃、才高不見用、當培養德性、使無廢墜、不讓井水再受泥污、井甃是修井、對人說是修身。雖不能作霖雨但修臣節免於過咎。

金景芳：甃、砌累、修治。井經過修治、雖不能起多大作用、但井自身因此不至于廢棄、所以无咎。朱子說六居四雖正、但能修治而无及物之功。故其象爲井甃。

徐志銳：九三掏井水清了。六四用瓦甓砌井壁、所以象言井甃无咎，脩井也。因爲井壁不修好，井上設備就无法設置，井水就不能供人飲用。

張立文：六四，井椒（甃），无咎。譯：六四，用磚瓦砌，（水清人食無害），无災患。

于豪亮帛書周易曰六四「井椽，无咎。」通行本作「井甃，无咎。」按椽即林，椒字。

林漢仕案：甃，子夏傳：修治也。馬融：甃爲瓦，裏下達上也。干寶：以甎壘井。王弼：修井之壞。孔疏：磚壘井、修井之壞謂之甃。李引荀爽：嫌從三、自脩正以甃。輔五故无咎。引虞翻：脩、治也。以瓦甓壘井稱甃。程頤：甃、砌累，謂修治。修治不至廢、亦可免咎。蘇軾：三陰爲井：初泥上收、四甃，所以禦惡潔井也。張浚：坎離有水火用爲甃。朱震：瓦裡、自下壘達上。近君无汲引之用、守正自修、免咎而已。鄭汝諧：甃所以去穢納清，爲五之捍，四甃五亦潔矣，故无咎。李衡引陸：井壞水渾、故甃而修之。楊萬里：甃甓一脩則舊爲新、泉溢不患人不已汲。朱熹：陰不泉、但能修治象井甃，占无咎。項安世：甃所以禦泥護泉、有關邪存誠之功。楊簡：甃脩、比渫則稍靜。三動四靜、皆非有道者。吳澄：甃以石以甓包砌其旁。占井旁土不崩、井水不污故无咎。梁寅：剛泉、四柔正猶井无泉而甃治者也。來知德：甃、砌井、陰列兩旁、甃象。修治井以瀦九五之寒泉、占能成井養之功。王夫之：陰虛函井旁之甃、柔當位、退而砌治象。雖不即食、所造就者多矣。　毛奇齡：離中之火燒坤土爲甓，馬季長謂以瓦治井者。四兌口已及水、水可上矣。　折中：甃井外禦其污。　李光地：泉非已出而能脩井承泉象。　李塨：火燒坤土爲甓而甃之四傍。馬融謂以瓦治井者修也。　姚配中：喩殷棄周修。　吳汝綸：四在兩陽中、兩陽象井壁故云甃。　丁壽昌：蘇蒿坪曰甃土質而成于火、四互離也。　曹爲霖：以甎壘井謂之甃。蓋世臣自守象。門無游俠、杜絕賓客故能守法度、保功名。　星野恆：甃砌修治。人廉功不及人、無澤物之效、亦不失己。　劉次源：勤修自无茅塞之憂。甃即泉出。　李郁：以瓦甓壘井、井脩水至故无咎。　徐世大：井圈砌。黃土高原之井不可砌圈。但砌圈可持久。甃、說文井壁。作動詞用。　胡樸安：脩而完之、所以无咎。　高亨：造井壁則水可長清，故曰井甃、无咎。　李鏡池：壘井壁的工程，在古代是不容易。无咎表明進行順利。　傅隸樸：九三懷才不遇。教井甃使無廢墜。對人說是修身。但修臣節免於過咎。　金景芳：井經修治，雖不能起多大作用，但井自身因此不至廢棄。　徐志銳：井壁不修好，井上設備就无法設置。井水就不能供人飲用。張立文：用磚瓦砌井壁、无災害。于豪亮帛書作井椽，无咎。

甃字書古文作甎。說文井壁也。注謂用塼爲井垣。周易上六井收、荀作井甃。莊子曰缺甃之涯。　莊子秋水寓言故事云埳井之鼃謂東海之鼈曰吾樂與、出跳梁乎井幹之上、入休乎缺甃之崖……李注云甃如闌、以磚爲之，著井底也。成云休息乎破磚之涯。司馬云甃、井底闌。甃爲井壁、井垣。李云磚著井底、司馬云井底闌。又有玉甃、銀甃之飾。甃之言治、言砌、言理作動詞。易家之言甃者、其義：

修治。　自脩正以甃。　砌累（子夏、荀爽、程頤）

以磚壘井，修井之壞。（王弼、孔穎達）

以瓦甓壘井稱甃。　坎離有水火用爲甃。（虞翻、張浚）

甃以石、以甓包砌其旁。（吳澄）

喻殷棄周修。（姚配中）

井圈砌可持久。（徐世大）

井壁不修好、井上設備就无法設置。（徐志銳）

于豪亮作井椽。（張立文引）

甃作用：

1. 補過。（王弼等）和朱子陰不泉、修治而无及物之功同義。

2. 甃之爲井所以禦惡而潔井也。（蘇軾，鄭汝諧項安世等）

3. 甃甓一脩則舊爲新、泉溢將上出之時也。（楊萬里）

4. 脩井瀦畜九五寒泉。（來知德、李光地等）

5. 甃即泉出。（劉次源、李郁等）　井無泉而甃治之。（梁寅）

甃所使用材料：

1. 瓦。馬融云：甃爲瓦、裏下達上。

2.甋。干寶云：以甋壘井曰甃。曹爲霖同聲。李鏡池謂以磚石。張立文以磚石砌井壁。
3.以石以甓包砌其旁。（吳澄）
4.火燒坤土爲甓。（毛奇齡、李塨、丁壽昌）
5.井椽。張立文引于豪亮帛書。

所謂甃井、乃指：
1.裹下達上也。（馬融、朱震）
2.修井之壞謂之甃。（王弼、孔穎達）
3.火燒坤土爲甓而甃之四傍。（李塨）
4.四在兩陽中、兩陽象井壁故云甃也。（吳汝綸）
5.井圈砌。黃土高原井不可砌圈，但砌圈可持久。（徐世大）
6.李塨謂遠泥无漏。似含井底工程。

按掘井九仞猶不及泉、仍爲廢井。必泉出汩汩，而後有護井治甃之作、不祗井底原泉混混、即四周井壁亦泉出無禁也。故所謂壘砌裹下達上者、即治井從下砌至地面井口也。如此則井內土石無崩塌之虞而泉可護、又至井口、更從井四週置井欄、以防人畜不愼落井也，更可阻止雨水橫流入井、保井潔也。其所用材料、以磚石壘、木椽交杈撐、從井底至井口、非是粉糊井壁光滑如牆以止泉、蓋泉仍可從壘隙滲水聚井中。觀先輩言甃井去穢、井壞水渾、井一脩成新之言、蓋籠統含井底之濬深、井壁之磚石木椽之壘、及井口四周井欄之砌而言、若朱子之謂四陰不泉、但能修而无及物之功則有待斟酌矣！甃非止裝飾井使之一新而已、甃必有泉而後爲護泉而護井兼及人畜之安全計，其井口四周排水系統之兼顧、至井上設備、如轆轤之安裝、井所以幕應是其後次第之發展也、猶今以馬達抽水、連井之外形皆可廢矣！而井之名僅存也。觀爻之進程、三渫、所以不食、蓋井周邊未備、猶人之修、有閑邪存誠之功矣、未之試也、所謂有所譽、必有所試。六四補正井功、不只有其內修，亦有其外可觀焉。於我者已備矣、所謂「騂且角矣，山川其舍諸」也！梁寅之謂「井无泉而甃治者，是雖无功亦无咎也。」蓋無目標之投資乎？空勞民力矣！

甃井當初非只修井壞、蓋掘井之初而水至、視出水狀況、故其井深從數尺至數丈、壘甎石椽木至井口。若有局部崩毀、其甃乃局部修補崩落之木石、清其井下之污泥土石即可。觀初之所以井泥、舊井之說、應是局部崩壞、故井中仍有濁水，九二故云棄井生黽魚，水喜子之類化生物，喻井已不足食、不足養人矣、九三始有修治井、渫井之動作、蓋加深乎，又不只加深也、清洗舊井，而寄其井潔可食之語、盼王明普受其福、好水大家共飲。六四爻辭再敘井甃，无咎者、繼渫井之後言其整治成功乎？王弼孔穎達特別著筆於「修井之壞」謂之甃。而衆易家皆以自下達上治井壁謂甃、甃之言井之全體、亦可以動詞詞性言甃井之局部工程乎？程子云甃、砌累也。楊萬里謂甃、甓而脩之、是甃本井之全體言、亦以甓而脩之、砌累等動作喻甃也。甃非禦惡、去穢、禦泥也，如蘇軾、鄭汝諧、項安世等言。而蘇軾、鄭汝諧、項安世等言潔井、納清、護泉則爲不辯之事實。九三井渫不食者、未之甃治也、局部之壞未之整理修補也。但甃治成即有及物之功，而六四井甃、如朱熹言：象井甃、占无咎。林漢仕以爲不只六四无咎、蓋初之泥、二之鮒、三之不食、言善補是過也。井壞已甃治、非善補過耶？朱子云占者能自修治、雖无及物之功，亦可以无咎矣。不完全正確、宜其言占者能自修治即已善補過矣。无及物之功則仍有過也。

九五、井冽寒泉，食。

象曰：寒泉之食，中正也。

王肅：井冽（音例）寒泉食。（釋文）

王弼：冽，絜也。居中得正，體剛不撓，不食不義，中正高絜，故井冽寒泉然後乃食也。

孔穎達疏：卦主擇人而用，不食污穢，必井絜而寒泉乃食，以言剛正主不納非賢，必行絜才高而後用。

李鼎祚引虞翻：泉自下出稱井。周七月、夏之五月，陰氣在下，二變坎十一月寒泉，初二變體噬嗑食故冽寒泉食矣。

司馬光：井冽寒泉食，居位用事而澤及于民之謂也。

張載：井冽寒泉，美而可汲。剛中之德、爲衆所利。

程頤：陽剛中正居尊、才德盡善盡美、洌、甘潔，井泉以寒爲美，甘潔之寒泉可爲人食也，井道爲至善。不言吉者，未至於上，未及用也。

蘇軾：此其正與九三一也，所以食者中也。

張浚：中正美德厭天下心，若寒泉足息天下之熱者。人君行吾中正、恭己无爲，天下默化去惡從善，如渴飲，熱以寒息。坎中爲洌、泉寒天下喜食猶聖賢有美德，天下仰惠。

張根：泉以寒爲美，以甘爲貴。自古及今，未有非中正而可以養天下者也。

朱震：五以陽居陽、清潔之至故爲洌。說文洌、清也。井五月卦，陰氣自下而上、井寒矣。兌口承之、食也。五中正、贍給萬物而不費、往者食无偏係也。

鄭汝諧：井以寒洌爲貴，道以中正爲貴。五不言吉，吉可知矣。

李衡引子：居中正、井主。保井德、養而不窮、行人受施、皆得食其井。洌、寒之甚。引坦：五陽明處坎中、是泉之潔而冷者。天下仰而生者。輔嗣不食不義，豈反自食耶？自食則博施之道虧矣！

楊萬里：五陽剛中正之德居大位，猶泉甘潔清寒之德、天下之人酌而飲之，渴之於井孰能禦之！伯夷非其君不事，君天下者可不懼哉！

朱熹：洌、潔也。陽剛中正，功及於物，故爲此象。占者有其德則契其象也。

項安世：五與上皆得正、陽爲寒洌而見食。五既正又中，是以清且食也。自三至五爲離，故九三求王明。以明慕君之本心，使上下皆受其福。

楊簡：寒泉洌，然無喪無得，寂然不動也。食者及物也。中正之道自不動，自有及物之功，非索之外者，人心之所自有也。

吳澄：洌、甘潔。變柔土味甘、居剛爲清潔。兌口上爲人食。坎正北爲寒、五德美雖爲可食之泉，然未上出井口，未及用也。井必上而後成功。

梁寅：泉洌而能寒則美又美者。五陽剛中正而功及於物，猶寒泉洌而汲之以食也。

來知德：洌、甘潔。人食之即井養不窮也。王道之溥也。九五陽剛居中正之位、井養之德已具、井養之功已行，有是德方應是占也。

王船山：水以清洌而寒爲美。人則潔己而有德威者。五剛中上出故其德如此。君子德施能溥、无私心。孔明曰淡泊可以明志。洌寒之謂也。傳象無倚無邪、德威自立矣。

毛奇齡：此上水時也。坎水正中、洌也，不泥也，寒也。坎北寒地，乾金又寒德，泉也，有本也。土坎下又坎也。食也，兌口正向也。

折中引易祓：三五皆泉之潔者。三未及之泉故不食。五出乎甃、已汲之泉故言食。

李光地：井潔泉寒，中正之德也。見食於人、上行之功也。不言吉者、居尊位職在養人，有孚惠心，勿問之矣。

李塨：仲氏易曰此水繘而上矣。坎水正中、洌也。不泥也，寒也。坎北寒地。泉有本，上坎下亦坎、食也兌口正向也。

姚配中案：洌、水清也。坎爲寒泉、井已至五，水出在上故食，喻養民有道也。　傳象：五得中居正。

吳汝綸：王輔嗣讀井冽寒泉句、食一字句。九五陽剛中正，故象如此。

丁壽昌：惠半農曰初井泥、二井谷、三渫井、四修井、至五而後可食，則九五泉明矣。蘇蒿坪曰井成則水靜而清，故五冽象。寒坎氣，正北方寒象。卦氣圖坎九二小寒。

曹爲霖：瞿唐來氏曰冽者天德之純，食者王道之溥。黃帝堯舜周孔興，養立教萬世，永賴井冽寒泉食之謂也。

星野恆：冽、潔也。剛中居正，功及於物。猶井清冽可食。人以濟物爲德、井以養人爲道、非中正能然乎！

馬通伯：鄭剛中曰坎宮之陽在北故寒，有陽故冽。王宗傳曰渫與冽性也，食不食命也。錢澄之曰五本天一之眞氣、傳曰中正。明其爲坎中之一陽中且正也。

劉次源：五剛中正，天賦美才。寒泉之冽、非外來也。自澄其滓貴及時。傳象：自澄无他、心中正也。

李郁：水清曰冽。坎中盈滿。知其源之甚長也，故曰寒泉。傳象：水盈則食之者易，德盛則食之者衆。

徐世大：井水清甜且深，是口好井，寒泉我欲飲。爲人丁康健之邑里。

胡樸安：井甃水潔。井潔泉寒可以食。此受王明中正之福也。

高亨：冽亦清義。古人或就泉造井，故此井泉並言。井清泉寒則食之，故曰井冽寒泉食。殆亦臣賢則用之意。

李鏡池：井壁壘好之后，井水大大地得到改善，變得水潔泉寒、清涼可口。

屈萬里：冽、說文水清也。正義：清而冷者水之本性。遇物然後濁而溫。故曰寒泉以表潔也。

傅隸樸：冽義爲甘潔。井冽、水甘潔。寒、清涼。食、飲用。五具陽剛中正之德。用人惟賢如飲甘潔清泉。出井始有養人之功。未出井不保無羸瓶之患、所以不言吉凶。

金景芳：井水清涼甜美、可食呀！折中引易祓說：三五皆泉之潔者，三居甃下、未汲之泉也故不食，五出乎甃、泉已汲故言食。

徐志銳：三掏井去泥沙，四砌井壁，五則清涼泉水完全可食用了。五剛得中正、也就是彖傳說改邑不改井、乃以剛中也。剛中守正、經淤塞、整治而後能大用、貞夫一、窮致通發揮了作用。

張立文：九五，井戾（冽）寒湶（泉），食。　譯：九五，井水清，泉水寒，則可食用。戾假爲冽。湶、泉之異體字。

林漢仕案：井中工程、必俟掘井水出而後作，如井底塡鋪沙石磚塊乃利滲水出泉穩定水質也、井壁壘以石塊、止四周井壁泥土剝落而利滲泉出水、亦固井也。井口結以磚石。井上四周泥土亦以磚石平鋪而粉光、以禦洗滌髒水再滲入井中也。而井水維護工程、蓋平日塵土、絮柳竹木之落葉因風飛入井中種種屑物、累年沉積、故宜定時或視實況而渫洗、保持泉之清澈。泉清而索用者不絕如縷、原泉混混又不絕供應。至九五爻辭之謂「井冽寒泉、食。」

者、井功成就如溥博淵泉而時出之，民莫不信、莫不敬、莫不說也。中庸本以淵泉形容聖者聰明睿知、反之淵泉之養人亦如天之溥搏普覆涵蓋萬民也。生民之需水孔急如需以大。不必歌功頌德、水自來，空氣自清新。所謂帝力於我何有哉！然水質有清濁甘澀、空氣有厚薄含各元素，以人之靈、求新鮮美適乃本能、井下工程既遂，井上設施已就、寒泉之來、似不必禱而必有之者也。其勞動者必有收穫乎？然亦師先人之智慧足跡也。井洌寒泉、食。不費而有疑懼也。語出豪壯自信、蓋九五如朱子言占者有其德則契其象邪？漢仕謂有其汗下之勞、經霜露而彌堅、雖不卜而知其果矣。五之時段之謂乎？五之經歷時段之謂也。雖然、仍得彙先賢之述作以見其大概：

象曰：寒泉之食、中正也。

王肅云井洌，寒泉食。　按經文洌从仌、列聲。各本篆作瀨，譌。今說文仌部、洌、凓洌。另水部有洌、水清也。段注案許書有洌洌二篆、毛詩有洌無洌。說文引易曰井洌寒泉食。引崔憬注清且絜也。字書引易經文、字作「洌」。如王肅注。

王弼：洌、絜也。中正高絜、故井洌寒泉後乃食也。

孔穎達：卦主剛正、不納非賢、必行絜才高而後用。

李引虞翻：二變坎十一月寒泉、初二變噬嗑食。

司馬光：居位用事、澤及于民之謂也。

張載：美可汲。剛中之德、為衆所利。

程頤：才德盡善盡美。洌、甘潔、井道爲至善。
蘇軾：其正、與九三一也。所以食者，中也。
張浚：坎中有洌、寒泉天下喜食、猶聖賢美德天下仰其惠。
張根：泉寒爲美、甘爲貴。未有非中正可養天下者也。
朱震：五陽居陽、清潔之至、兌口承、食。洌說文清也。
鄭汝諧：井以寒洌貴，道以中正貴。
李衡引坦：輔嗣不食不義、豈反自食耶？博施道虧矣！
楊萬里：渴之於井，孰能禦之！伯夷非其君不事，君可不懼哉！
朱熹：洌、潔。剛中正。占者有其德則契其象也。
項安世：五上皆正、陽爲寒洌見食。五中正是清且食也。
楊簡：寒泉洌、然無喪得。食者及物、非索之外、心所自有也。
吳澄：洌甘潔。五德美雖爲可食之泉、然未出井口未及用也。
梁寅：洌寒、美又美者、剛中正，猶寒泉洌而汲之以食也。
來知德：甘潔井養不窮，王道之溥也。德具功行，有是德方應是占也。
王船山：孔明淡泊可以明志、洌寒之謂也、潔己有德威者。

毛奇齡：此上水時也。坎北乾金、寒地寒德、兌口正向。

折中引易祓：三五皆泉之潔者。五出甃已汲之泉故言食。

李光地：居尊位、職在養人，有孚惠心，勿問之矣。

李塨：水繘而上矣。坎水正中、洌也。泉有本，兌口正向也。

姚配中：井已至五，水出在上，喻養民有道也。

吳汝綸：王輔嗣讀泉句、食一字句。五剛中正故象如此。

丁壽昌：惠半農曰初泥二谷三渫四修、五泉明矣。　引蘇蒿坪：五洌正北方寒氣、卦氣圖坎九二小寒。

曹爲霖：來氏曰洌者天德之純，食者王道之溥。黃帝堯舜養立教萬世、永賴井洌寒泉食之謂也。

星野恆：人以濟物爲德、井以養人爲道，非中正能然乎！

馬通伯引鄭剛中曰坎官之陽在北故寒，有陽故洌。洌性，食命也。

劉次源：天賦美才非外來、自澄其滓貴及時。心中正也。

李郁：水清洌、坎盈滿，知源長也。傳象：水盈則食之者易，德盛則食之者衆。

徐世大：水清甜是口好井。爲人丁康健之邑里。

胡樸安：井甃水潔、寒泉可食、此受王明中正之福也。

高亨：古人或就泉造井，井清泉寒則食之。臣賢則用之意。

李鏡池：井壁壘好，井水大大地改善、水潔泉寒清涼可口。

屈萬里引正義：清冷水之本性，遇物然後濁而溫。寒泉表絜。

傳隸樸：水甘潔清涼，用人惟賢如飲甘潔清泉。
金景芳：井水清涼甘美，可食呀！
徐志銳：傳彖，井經淤塞整治後能大用，窮致通發揮作用。
張立文：井水清、泉水寒則可食用。
說文兩冽洌字皆有，冽从仌、列聲。仌部。洌、水部。毛詩有冽無洌，易經亦作冽而傳注及字書引易多作洌。冽、凜冽。洌：易家之傳如
王肅洌、寒泉食。　王弼：絜。孔疏：必井絜寒泉乃食。虞翻：二變坎十一月寒泉，初二變、體噬嗑食。　張載：美而可汲。　程子：甘潔之寒泉可為人食。才德盡善盡美。
　蘇軾：與九三一也。所以食者中也。　張浚：寒泉足息天下熱。熱以寒息。坎冽。張根：泉以寒為美、甘為貴。　朱震：陽居陽、清潔之至故冽。五月卦、井寒兌口承食。
　鄭汝諧：井以寒冽為貴、道以中正為貴。　李衡引子：冽、寒之甚。引坦：陽明處坎中、泉潔而冷。輔嗣豈自食？博施道虧矣。　楊萬里：五剛中居大位，猶泉甘潔清寒，伯夷不事、君可不懼哉！　朱熹：功及於物、占者有其德則契其象也。　項安世：陽為寒冽見食、五正又中、是清且食也。　楊簡：寒泉冽、然無喪無得、寂然不動，自有及物之功。　吳澄：變柔味甘、居剛清潔、兌口上食、坎北寒。然未及用也。　梁寅：泉冽寒、美又美者。五中正功及於物。　來知德：井甘潔養不窮、王道溥也。有是德方應是占。　王船山：君子德施能溥，無倚無邪，德威自立矣。　毛奇齡：此上水之時。坎

正中、冽。坎北寒、乾金德寒，兌口正向。　折中引：三五泉潔、五出甃已汲之泉。李光地：居尊位、職在養人、有孚惠心、勿問之矣。　李塨：此水繘而上矣。　姚配中：冽清坎寒、水出在上，喻養民有道。　吳汝綸：九五陽剛中正故象如此。　丁壽昌引：水靜而清故五冽象。寒地氣、卦氣圖坎九二小寒。　曹爲霖：堯舜周孔養立教萬世、永賴井冽寒泉食之謂。　星野恆：人以濟物爲德、井以養人爲道，非中正能乎！　馬通伯引：坎宮陽在北故寒。有陽故冽。　劉次源：五天賦美才、寒泉之冽非外來。　李郁：水清曰冽、坎中盈滿，知源長故曰寒泉。水盈食之易，德盛食之衆。　徐世大：是口好井。爲人丁康健之邑里。　胡樸安：井潔泉寒可食、受王明中正之福。　高亨：冽亦清義。古就泉造井。殆亦臣賢則用之意。　李鏡池：井壁壘好，變得水潔泉寒、清涼可口。

屈萬里：正義：清冷水本性、遇物後濁而溫。寒泉表絜。　傅隸樸：冽義甘潔。寒清涼。食、飲用。用人惟賢如飲甘泉。出始有養人之功。　金景芳：井水清涼甜美、可食呀。　徐志銳：經整治後能大用。　張立文：井水清、泉水寒則可食用。

九五陽剛中正而爲卦主、陽爲泉、井經整理後再現其美德、如杭州西湖虎跑泉之井水號稱天下第一、可生飲、含天然物質多、表面張力強、置硬幣於杯碗上、幣不沉、水不溢。蘇軾稱三峽中峽水最佳、用以茗飲、茶葉不浮不沉。先祖父林公學鳳青年拜少林阿正伯師習武、師令取長潭馬角度及胸大河中水煮茶、三取才適師意、蓋前二次只及膝腰取水也。余鄉高臺庵亦有井泉，出群石中、深僅及尺、而取之不絕、冬不結冰、盛夏沁涼、遊人至此。

必訪而一飲是泉、置鎳幣於其上、亦不沉、據云生飲健脾胃、有益健康。其水無色而味帶甘甜也。然各附其神化故事冀飲者珍惜之也。今九五經初泥二谷三渫四甃、其泉出必清。井水之清冽、冬不冰、夏沁涼、蓋其性也。不必仰賴坎北方寒氣，暨附會卦氣圖（六日七分圖）井、五月卦；二變爲水山蹇、十一月卦；坎九五小寒。（按丁壽昌引蘇蒿坪謂坎、九二小寒、九二應爲小雪、十月卦、九五、十二月卦。）所以言坎，以拆井上下卦言其上卦也。井水五月冰涼甘潔是其正、井外愈熱愈見井水之寒涼可口、注疏家於是寄九五陽剛中正、盡善盡美、猶聖賢美德、天下仰惠、至王道之溥、德具功行、朱熹、來知德等警告時君「有是德方應是占。」

井功，只是依程序整理舊井即可無量供應甘泉。而井田之功亦仍舊觀是可以養人。能治舊井使之一新而再用、肯定能任用專業治井師父也。而井田亦宜專任以政經專業者、參古視今、詳審規畫、庶可博施而能濟衆。日本星野恆言：「人以濟物爲德、井以養人爲道、非中正能然乎！」是九五時段當勉之者。李郁亦云水盈則食之者易、德盛則食之者衆。生養萬民、爲黃帝堯舜以來聖賢一貫道業也乎？井水汩汩不絕如縷、地長百穀食民亦不絕如縷也。領導者豈可堂堂皇皇佞其口舌，費而不惠，置民於飢渴而後樂耶？不聞玩火者之後果耶？是在上者不可不勉也！將作民上者不可不勉！已作上者莫叫屈子再次興起：「何昔之芳草兮，今直爲此蕭艾也」之悲歌、傳唱千古！

上六、井收勿幕，有孚元吉。

象曰：元吉在上，大成也。

馬融：井收，收，汲也。（釋文）

干寶：井收网幕。處上位瓶水也，故井收幕覆也。井養生，政養德、教信于民，民服教則大化成也。

陸績：收井幹也。（釋文）

王弼：井極水出井，井功大成故井收。群仰之以濟以通。幕猶覆也。不擅有，不私利則物歸无窮故勿幕有孚元吉也。

孔穎達：收成如五穀有收。井功大成，不擅其美、不專其利與衆共之、信能致大功而獲元吉也。

李鼎祚引虞翻：幕，蓋也。收謂轆轤收繘也。坎爲車，應巽繩爲繘故井收勿幕。有孚謂五坎坎爲孚故元吉也。

程頤：收、汲取也。幕蔽、覆也。取用不蔽，其利無窮，井之施廣矣、有孚常不變、大善之吉。他卦終爲極爲變、唯井、鼎終乃成功，是以吉也。

蘇軾：收者甃之上窮也。收非所以爲井，而井之權在收。夫苟幕之則下、雖有寒泉而不達上、雖有汲者而不獲。故勿幕則有孚元吉。

張浚：井道既成曰井收。勿幕戒也。上以陰居、吝嗇宜戒。聖人公天下而惠利之，豈曰幕之云哉！舜、文王心、不一日忘天下，故後世樂推其德而不厭。元吉吉之大也。

張根：道濟天下之謂。

朱震：干氏本幕作冂、覆也。玉篇以巾覆物。傳寫誤也，當作冪、古文冂。勿冪者上六又當守正象、若專應三則不正、所養狹矣，故於此戒勿冪則上下有孚得元吉歸上也。

鄭汝諧：井上出猶性及物。收而勿幕，蓋精義積而施致用也。積博則用不窮矣。

李衡引虞：以鹿盧收繘。引子：水上、收井之功。應下引五、博濟无不施、信大成而元吉。引石：不私利、不伐能、所以爲人信向而大吉。引牧：井德取常、行取潔、義博施、善取終、四德具矣！

楊萬里：功成而倦其患也。井泉既上、開而勿幕其井，然後天下信其吉大！此大禹之勤儉、周公吐握也。

朱熹：收、汲取也。晁氏曰轆轤收繘也。亦通。幕、蔽覆。有孚謂出泉不窮。井以上出爲功。兌口不揜故雖非陽剛而其象如此。占者應之、必有孚乃元吉也。

項安世：上九在上、當井口之成、勿幕足矣、又有孚元吉者、推賢揚善、出於惻怛誠心則天下受福。元吉、在上大成也。收者井口名、今俗閒謂之收口。惻怛以見有孚。

趙彥肅：上不掩五、五澤施。陰虛孚陽，故大吉也。

楊簡：收、斂藏之義。井上及物之功盛矣，人以爲散出，聖人反曰收。知散收無二。勿幕，大開及物之功，收與勿幕實同。孚誠實。上爻及物而元吉。聖人也。

吳澄：轆轤收綆水至井口、耦象雙柱對立，變剛而動、收綆象。幕當作冖、俗作冪、今作幕，蔽覆也。井口不蔽覆象。占三孚上六、井以上出爲功、故上六之德而吉也。

梁寅：六坎口不掩、猶井有鹿盧、收繘无所蔽覆，汲之者无間矣。以人言居上功已及物，有孚誠乃大吉也。

來知德：收成一意也。勿幕言不蓋井。上六井已成矣、乃不掩其口、水孚信不竭、澤及于人不窮矣！占元吉可知矣。

王船山：收、架。轆轤之兩柱。勿通无。井不汲則幕其上以避禽蕨。四治上汲、相孚而求、吉大矣。

毛奇齡：水已出井可以養人矣。坎水上達，巽繩在下、井面無有是井收。兌口已決是勿幕井也。汲者稀、求者有窮、與者不竭、非履坎半之孚、乘乾元之吉不至此！

折中案：勿幕取無禁、往來井井也。有孚源不窮，無喪無得也。 總論引邱富國：初泥方掘之井，四甃已修之井，上收已汲之井。泥甃收井象，射渫冽，始達、已潔可食矣。

李光地：汲小收大。上六虛有勿幕象。以陰故有孚元吉。居井上、非汔至也，坎口不揜而收者衆，其不羸瓶可知。

李塨：上六井上見口如井，井收。往來井井、取之不禁、又何幕爲！（幕蓋井具也）出坎之孚而得大吉。井養于是乎大成矣。

孫星衍引釋文收、徐詩救反。荀作甃、干本勿作网。引集解馬融曰收、汲也。陸績曰收、井幹也。

姚配中案：元乾元謂五。有孚元吉謂成既濟。自注乾元不言於五、言於上者、以見六爻皆正。在上大成也。惠氏棟云既濟之功自上而成。

吳汝綸：王注收、成也。四始甃井，至上而成。甫成故戒以勿幕也。象亦以大成說之。虞云幕、蓋也。

丁壽昌：虞氏曰幕、蓋。收以鹿盧收繘。程傳以收爲汲。井收者井口之臼、一井之體收于此、收以禦惡、非杜人汲。圈有收象。蘇蒿坪曰坎聚有收象、爲通、勿幕象。

曹爲霖：陳氏曰柔居坎上爲虛而通收弗幕，其養無窮，蓋王明之象也。德與舊人相孚爲大吉矣。象曰大成，謂井道之大成也。彖未有功，仁宗之於夏原吉楊溥契此象矣。

星野恆：收、汲取。晁氏鹿盧收繘者。幕蔽覆。陰在上、上水象。汲取勿蔽蓋。井以上出爲用，加之有孚故得大成吉也。

馬通伯：郭雍曰井上六之元吉也。井道至上而大成盡元吉之道也。案陽在前爲藩爲幕、戒其化陽也。上不變則三可汲食矣。有孚勉應三。元吉之占繫上、以義爲利也。

劉次源：上當井口、收爲鹿盧。朝暮勤汲、不得停瀦。源出不窮，與三有孚、元吉在斯。傳象：井道大成故元吉也。乾元與天一也。故大成以終其局。

李郁：收謂轆轤收繘也。幕、蓋也。井以養人、勿幕謂无覆水泉而不惠民也。有孚謂孚于渙、三上易成渙卦。上巽下坎、此新井也。九三之上以剛成終、此止于至善也。故曰大成。成渙濟之功故元吉。

徐世大：井上轆轤不蓋上幕，爲大地主之井，見其日夜忙於汲溉。有俘奴照顧，太好了。

胡樸安：井幹不蓋、汲水人多也。王明信於衆而大吉。至是井功大成。飲食解決、民心大定、進而爲政治改革焉。

高亨：亨按汲畢而收其繘也。勿猶弗。孚讀者浮罰也。古人汲水畢必蓋其井、防雨水穢物侵入。若不蓋則罰，所以保清潔重衛生，因此食者無疾病。故曰有孚元吉。

李鏡池：把壞了的井砌好，井口收小，不像平時那樣蓋起來，果然捕獲了野獸，大吉大利。不但喝的解決、食的也得到改善。卦寫舊主調走、新邑主改善生活條件對照。

屈萬里：周易古經注收謂汲畢收其繘與甕也。收釋文作甃，按聲之誤也。勿作网是。网幕可以蓋井、收而去之。有孚乃大吉。上六陰爻無幕象。　傳象成、疑當讀爲誠。

傅隸樸：收義成。水已出井、完成養人功用。井不能有時與量的限制故曰勿幕。上三應、有孚徵。君澤如井、博施濟衆，不休不止。大成的政治、豈不是大吉了嗎？

金景芳：收是汲水。幕是井蓋。井不蓋、人們隨便來汲水。有孚就是有水。折中按說勿幕謂无禁。所謂井井也。有孚謂源不窮。无喪无得也。至上功始及物、井道大成矣。

徐志銳：收繘、收繩索提水。勿幕即井口不覆蓋。說明往來人多、人人喜飲用故稱有孚、幷得元吉。井道大功已成。困井一反一正、卦義有聯貫性，井承困爲窮困致通。

張立文：尙（上）六，井收，勿幕，有復（孚），元吉。　譯：上六，汲水畢，收好井繩與瓶，蓋好井蓋。如不蓋好則有罰，始吉祥。

林漢仕案：井以汲爲功、似乎言井水到手才算，儲貯藏於井不能計其功。不知經濟世界也。主計者能量入爲出則國用足、是含可開發之人力物力之入也。而井水之儲藏量今亦可測出，古人第知用而不知貯藏量、故用有時而竭。可生者寡而汲用者衆乎？爲天下國家者不可不知預算主計而經世濟民也。井不只以汲爲功，亦宜謀定而後動、知其蘊藏量多爲功也。今九五井功已成、井水足以濟一方人民、若米珠薪貴、井水多亦於我何有哉！政教之改良、諒不能外之也。張根所稱：「道濟天下之謂。」也。茲仍老套、集釋上六爻辭：「井收勿幕、有孚元吉。」大意：

象曰：元吉在上、大成也。　是以井上六整體言「大成」。蓋以井功言。若以開發水利言、則只一端而已。灌溉、防洪、航運、漁業、發電……只飮水一端言、及其寓井田之功耳已。水養猶言去喝西北風、蓋水無處無之、猶風亦無時無處不有。水不能飽人、亦猶風不能餐人。今世風水之開發、又不可同而日語也。然已失去含寄寓政治之意。呈黃帝堯舜周孔之大道。故象辭之大成、就井道、井功言其大咸。非如孟子言「孔子之謂集大成。」之大成。以水利開發言、小成；以政經井田一寓言、亦一小成也。其養、亦僅一小世界而已！

馬融：收、汲也。

干寶：井收、幕覆、井養生、政養德、民服則大化成。
陸績：收、井幹。
王弼：水出井、井功大成故井收。幕猶覆也。
孔穎達：如五穀之有收。井功大成與衆共之、信能致大功而獲元吉也。
李引虞翻：幕、蓋。收謂轆轤收繘。五坎爲孚故元吉。
程頤：收、汲取。幕、蔽覆、施廣不變、終乃成功。
蘇軾：收者甃之上窮也，井權在收。幕則寒泉不上故勿幕則有孚元吉。
張浚：井道既成曰井收。勿幕、戒也。吝嗇宜戒。
朱震：干木幕作冂、玉篇以巾覆物。當作冪、勿冪勿專應三則元吉歸上。
鄭汝諧：井上出猶性及物。收而勿幕，積博用不窮矣。
李衡引子：水上收井之功。引牧：井德取常潔博施善終四德具。
楊萬里：井泉上勿幕其井。此大禹勤儉、周公吐握也。
朱熹：收、汲取。轆轤收繘亦通。幕、蔽覆。有孚謂泉不窮。占者必有孚乃元吉也。
項安世：收者井口名、今俗閒謂之收口。上九當井口之成、勿幕足矣。元吉、在上大成也。
楊簡：收、斂藏之義。散收無二。勿幕、大開及物之功。收與勿幕實同。上爻及物元吉、聖人也。

吳澄：轆轤收綆至井口，幕俗作冪，蔽覆、井口不蔽覆象。
梁寅：收繘无所蔽覆、汲之者无間矣。功及物孚乃大吉。
來知德：收成一意也。勿幕、不蓋井、水孚信不竭。澤及人不窮矣。占元吉可知。
王船山：收、架。轆轤兩柱。勿通无。井不汲則幕、避禽蔵。四治、上汲、相孚而求、吉大矣。
毛奇齡：坎水上巽繩下、井面無有是井收、兌口決勿幕。
折中：勿幕、取無禁，往來井井也。有孚、源不窮，無喪無得也。
李光地：汲小收大，坎口不揜而收者衆。上六虛有勿幕象。
李塨：上六見口如井、往來井井，取之不禁，又何幕爲！
孫星衍：釋文收、荀甃。干勿作网。馬收汲也。陸收井幹。
姚配中：乾元謂五、有孚元吉謂成既濟。
吳汝綸：王注收、成也。甫成故戒勿幕。虞云幕、蓋也。
丁壽昌：收以鹿盧收繘、程傳以收爲汲。收禦惡、非杜人汲。井收者井口之臼、一井之體收于此。圈有收象。
曹爲霖：陳氏曰柔居坎上爲虛而通收弗幕，其養無窮。
星野恆：收、汲取。汲取勿蔽蓋，井以上出爲用。
馬通伯：陽在前爲藩爲幕、戒化陽。上不變則三可汲食矣。

劉次源：收爲鹿盧。朝暮勤汲、不得停豬。源不窮與三孚。

李郁：收謂轆轤收繘。幕、蓋。无覆水泉而不惠民也。

徐世大：井上轆轤不蓋上幕、日夜忙於汲溉。

胡樸安：井幹不蓋、汲水人多也。井功大成、飲食解決。

高亨：汲畢收繘。勿猶弗、孚、罰也。不蓋則罰故有孚元吉。

李鏡池：把壞井砌好，井口收小。不蓋起來，果然捕獲野獸。不但喝解決、食也改善，卦寫新邑主改善生活。

屈萬里：收、汲畢收繘與甕。作甃、聲之誤。勿作罔是。罔幕可以蓋井。上六陰文無幕象。

傅隸樸：收義成。井不能有時與量的限制，故曰勿幕。君澤如井，大成政治，豈不大吉？

金景芳：收是汲水，幕是井蓋。井不蓋，人們隨便來汲水。有孚就是有水。

徐志銳：收繘、收繩索提水。勿幕井口、往來人多、喜飲用故稱有孚，并得元吉。井承困致通。

張立文：汲畢、收好井繩與瓶、蓋好井蓋，不蓋則罰，吉祥。

收之義有：

收、汲也。（馬融）　　收、井幹。（陸績）

井功大成。（王弼）　　如五穀有收。井功大成與衆共。（孔疏）

轆轤收繘。（虞翻）
井道成曰收。（張浚）
水上收井功。（李衡引子）
井口名。（項安世）
收綆至井口。（吳澄）
收成一意。（來知德）
井面無坎巽。（毛奇齡）
取不禁。（李塨）
甫成故戒勿幕。（吳汝綸）
柔虛通收勿幕。（曹爲霖）
收爲鹿盧。（劉次源）
收繘與甕。（屈萬里）

汲取。（程頤）
甃上窮、井權在收。（蘇軾）
汲取、收繘亦通。（朱熹）
斂藏。散收無二。（楊簡）
收繘无所蔽覆。（梁寅）
收、架。轆轤兩柱。（王夫之）
汲小收大。不揜收者衆。（李光地）
甃。（孫星衍引荀作甃、屈謂聲誤）
以鹿盧收繘。井收井口之臼。（丁壽昌）
戒化陽。（馬通伯）
井口收小。（李鏡池）
收義成。君澤如井大成政治。（傅隸樸）

收之義、見之經典者有：說文收捕。汲、井幹、甃、取、租賦、斂持、冠、聚、還、藏財物、積聚等。今易家亦有：

汲、井幹、大成、甃、如五穀收、井道成、收、井口名，斂藏、收轆轤架、收繘，戒化陽、收繩提水等。愈晚意見愈趨一致、蓋以收繘與提水器爲敘井收之義。若以井功言、九五已井洌寒泉、食矣、上六不當仍有「井口收小」續建工程。項謂收井口名，李鏡池謂井口收小。九五井已汲食矣，上六井收勿幕應爲有孚元吉之條件。故井收、可以謂積聚。井既積聚寒泉也。可以謂井幹、下文勿幕，乃敘井幹狀態。可以依史記五帝本紀集解徐廣引：夏名冕曰收。廣雅釋器收、冠也。井有冠而勿幕、是口公井也。汲之者無禁、而取之不竭、用之不盡。有孚元吉、取常、潔、博施，善四德具也。（李衡引牧）是勿幕、人事與井功並敘也。而曰收爲汲、井正汲、如何幕？井之正使用也。而幕、必與井之建同步考慮完成之配件、有井即有幕，蓋講究護井潔工程之一環、亦必有管理者定時開放繘井汲水。收、可以名冠或帽、井帽勿幕、其叮嚀也，示寬大也、惠而不費之政也。帽與幕、詞性不同，實敘一事。有楊簡之言在：「收與勿幕實同。」而楊乃以收義斂藏、人爲散出、謂收、知散收無二。則異乎漢仕之謂收爲井帽也。

至謂井之水冽寒泉而井功大成、謂「井養生。」（干寶）「井收勿幕、聖人公天下而惠利之。」（張浚）「泉既上、勿幕其井。此大禹周公之勤儉吐握也。」（楊萬里）暨來知德之「澤及人不窮。」毛奇齡之「水出井可以養人矣。」曹爲霖引陳氏曰：「其養無窮，蓋王明之象也。」以一端概全體、見卵而求時夜、見彈而求鴞炙也。非不可至、所寄者遠矣夫！李鏡池之「不但喝的解決、食的也得到改善。」直夢囈井阱之交互使用、且爲一二人之事也。

上六、井冠勿幕、汲者無禁、取之不竭、惠而不費也、孚合衆心而大吉大利乎？

初井泥不可食、年久淤塞、無水則人畜俱困。九二井谷射鮒、井久廢則井下牝生水黽，水喜子之類水生物。二不當位、無應比初，水不足食、器不足用故甕敝漏。兩失也。九三井渫莫食者、其未試乎。我心戚戚蓋嘆也。王明蓋盼也。其象占如此。六四井甃、壞井甃治、本身善補過矣，已具及物之功。九五泉清水潔、冬不冰、夏沁涼、陽剛中正、不疑何卜而知其溥博淵泉而時出之、四方來求供水之食不虞匱乏也。上六井幗勿遮幕、汲者無禁、取之不竭、惠而不費、因井功而大得民心、豈非大吉大利乎哉！

䷰

革（澤火）

革，巳日乃孚，元亨利貞，悔亡。

初九、鞏用黃牛之革。

六二、巳日乃革之，征吉。

九三、征凶，貞厲。革言三就、有孚。

九四、悔亡，有孚。改命吉。

九五、大人虎變，未占有孚。

上六、君子豹變、小人革面。征凶。居貞吉。

䷰ 革，巳日乃孚，元亨利貞，悔亡。

彖曰：革，水火相息，二女同居，其志不相得曰革。巳日乃孚，革而信之，文明以說，大亨。以正革而當，其悔乃亡。天地革而四時成，湯武革命，順乎天而應乎人，革之時大矣哉！

象曰：澤中有火，革，君子以治厤明時。

孟喜：水火相熄。（釋文息，說文作熄）

馬融：革，水火相息。　革，改也。息，滅也。（釋文）

宋衷：人性習常，不說改易，及變之後，樂其所成，故即日不孚，已日乃孚矣。故曰已日乃孚也。已，意也。（口訣義）

鄭玄：革，改也。水火相息而更用事，猶王者受命改正朔易服色，故謂之革。（集解）

干寶：天命已至，乃孚大信著也。武王陳兵孟津，不期會者八百國，皆曰紂可伐！武王曰天命未可！歸二年，紂殺比干乃伐，所謂已日乃孚革而信也。

陸績：孚，猶信也。（京氏易傳注）

王弼：民可習常，難與適變；可與樂成，難與慮始。改革之道，即日不孚、已日孚後得元亨利貞悔亡也。不孚，革不當，悔吝之所生；革當、悔吝乃亡。

孔疏：革者改革，改制革命。故革而民信、乃得大通而利正。革之爲義、變動者也。改革而當乃得亡其悔吝、故元亨利貞悔亡。

李鼎祚引虞翻曰：悔亡謂四，四失正，動得位故悔亡。孚謂坎，五在坎中故己日乃孚。四動成既濟故元亨利貞悔亡。

司馬光：革之爲道、不可易也，故元亨利貞而後悔亡也。

程頤：革變其故，人未能遽信、故必巳曰然後信。弊壞後革、利正道則可久而得去故之義，无變動之悔。古人所以重改作也。

蘇軾：火能革金，離革兌故曰革。火者金所畏，金非火无以就器，器成知火之利！革，信於已革之日，其始不信是知悔者、革之所不能免，特有以亡之爾。

張浚：火上澤下、相息志不相得，不可一朝居矣！火金相息、得未土生金、庚伏侯成。乾德可革、孚而後革，聖人不輕爲也。元亨利貞乾德也。悔亡謂不獲罪於天人也。

張根傳彖：如此然後宜革也。巳日无欲速之謂。兼利天下、革之不可易如此。非大人莫能定。

朱震：彖言水火。坎兌一也。革、變。非常之事，人豈遽信哉！已、先儒讀作巳事之已、當讀作戊己之己。自庚至己十日浹矣！大亨之道利在正，革而當其悔乃亡。湯武改物創制，順天應人而已。

鄭汝諧：文明以察物理、和說以順人心、如是而革可致大亨。得正、新故之悔皆可亡也。天道變改世故遷易，革之至大也。

李衡引陸：有四德方可革，既革而悔亡。　引石：井但喻修德不變。至適用時、當有所變革。引牧傳彖：革者炎水熟物、熱徹物熟、信徹民行。故即日不孚巳日乃孚。

楊萬里：聖人懼革也。火逢水滅、水逢火竭。二女居同志別。事至水火如二女、革不得已也。革而信而當，民願民從、天人說、相慶其舉，湯武得此理。可不懼哉！

朱熹：變革也。火然水乾，水決火滅。中下少上，二女志不相得。故卦爲革，初人未信，必巳日後信。內有文明德、外有和說氣、有革皆大亨得正、不正則不信反有悔矣。

項安世：自大壯二五相變故謂之革。此湯武事。既革得正天下信之，故巳日乃孚、大亨以正。革當其悔乃亡，九三革言三就而後孚，革之難如此，可不謹歟？

趙彥肅：易窮則變、則通、則久。水用火息，火用水息。陰陽寒署晝夜莫不然。水生申胎午火王時，火生寅胎子水王時。五行相生相授、金火相革相成。革之義也。

楊簡：澤火相息滅；中少二女同居亦革象。離明兌說、大亨不失正。所革當其悔乃亡。大易之道，是謂元亨利貞，謂神，謂道，謂之大中。

吳澄：革者改其舊、皮去毛變其常也。革不當輕遽乃能孚人、以十日爲率、已過中半也。占如九五剛中然後可致亨。利正主事、所革皆當其悔亡也。

梁寅：人情凡變革可以樂成，難與慮始。已日乃孚、終其日然後信、始疑終孚信也。事當革有大通之理、通其變、其盡利不倦豈非元亨乎！革必利正、革而當安得有悔！

來知德：己者信也。戊己土。己日乃孚、信我後革也。言除弊去當、掃而更之、亨之道、然必利于正則革當而悔亡矣。人心信我所以己日乃孚而後革也。變革也。

王夫之：革者治皮之事，其義爲改也變也。故曰革政。時爲巳日在禺中而將午，言時難；乾道成虎變、小人悅順，德之難。有德乘時，居其位然後可革。所謂有慙德也。
毛奇齡：革者兵也、更也。火鍛兌金爲兵。睽違革蔑（滅），二女同居失志。庚更。庚必先巳、固巳豫定之爲革之時，而不知革之時大復如此。庚革必先之巳日乃可孚。
折中引李簡：巳日已可革之時也。元亨利貞謂窮則變，有大通之道、利正悔亡矣。　引何楷：變革乃天下之事，不當輕遽乃能孚信於人。乃難辭。　案卦爻辭不應互異。
李光地：澤火非類故中上少下不同行。改革之道必遲至於巳日之久乃去其故，人心孚信可以得元亨矣。然必合正，革時無偏而得其當，故悔可亡也。
李塨：革變也。睽火澤相違，革澤火相搏相熄。睽中女少女不相害，革女弟居上相對詬誶！行善行惡、各終其日。（巳、終也）內文明外和說、大亨以正，此人道即天道也。
孫星衍引集解馬融曰革、改也。息、滅也。　引宋衷曰人心習常、不說改易，及變之後、樂其所成，故即日不孚，巳日乃孚矣。
姚配中案：二五乾坤之元。　傳象：陰陽各得正命、四失位、化之正故革命、陰陽相應故順天應人。禮時爲大、堯授舜……武王伐紂、時也。四時迭運五行代興故時大也。
吳汝綸：巳日乃孚者革終而人乃信也。讀戊己之己非。唯革本有悔、故必當而後悔亡。元亨利貞革之所以當也。革未至其時則不信故利貞、貞者定也。
丁壽昌：易中息字皆生長之義。巳日先儒皆以爲已然之巳。案當讀爲辰巳之巳。言陽氣之以盡。有改革義。蘇蒿坪曰四革宜故德元亨利以爲貞。若有悔焉則亡也。

曹爲霖：革尙變。始不可急、終不可過。二當其可，二議其宜，四發命，五而後革。爻三言孚，此革之要道。王安石變法無不與卦義反、莫大之悔也，謀家國者其永鑒乎！

星野恆：已日、終事之日。內離火外兌澤相息滅，內明外說，革初不免疑，必至終日乃能相信、革當、悔亡。人安舊習、未必遽信從、革道爲非常之事、始疑終信所以悔亡也。

馬通伯：錢一本曰坎離天地之中，戊己日干之中。中土位戊坎中一陽土主生。陰主成、離中一陰爲己日。何楷曰春夏陽盡於離、秋冬爲陰起於兌。姚永樸曰凡爲大事非民說不可。

楊樹達：論衡火金殊氣故能相革。宋書禮志一引按自古帝王之興、受禪……皆改正朔所以明天道、定民心也。湯武革命、應乎天、從乎人。

劉次源：革者變革。七月流火、兌秋天道變。已坤方、坤終兌及、歷已乃庚。法敝必更。元亨利貞、新紀元也。窮則變重開一乾。革乃悔亡。

李郁：國窳變政、事壞變法。順時勢、合人心、民望如大旱望雲霓。巳日謂離、孚信。革言出而信。因有言不信。困坎易爲離，坤元居中正、二五易位故元亨利貞。九四化柔故悔亡。

于省吾：荀爽：日喩君，五君、二革三應五故曰巳日乃革之。虞祀舊作巳。釋文作以。按：甲文祀亦作巳。巳日乃革應讀作祀日乃革。舊以巳爲戊己之己，誤矣！

徐世大：革命：改日，俘奴大亨通。宜持久，心活動就完。孚爲俘，己含有改義。革命爲俘奴改命。

胡樸安：革更。釋名革改。虎豹變易服色也。已日武王伐商布信天下。四德具備而悔亡也。

屯團體始，隨統一始，臨登位始，无妄民居始，革維新始。此周紀事例。

高亨：革卦名。巳疑借爲祀。孚讀爲浮、罰也。謂祀社之日乃行罰也。因社爲行罰之地。行罰時必祀社以告神，故曰巳日乃孚。元大亨亨、古人大亨之祭記元亨事利悔亡。

李鏡池：皮革、改革。巳借爲祀。到了祭祀那天才去捉俘虜來作人牲、元亨，利貞與悔亡、吉凶相反，爲不同時之占。

屈萬里：吳淩雲吳氏遺著：已讀若改。从攴爲改。儀禮少牢日用丁巳注：必用丁巳者、取其令自變改也。是鄭以己爲改，己日即改日猶革日。按戊己之己、有改變義。

傅隸樸：汰舊換新。水火不相容、所以古有利不百不變法之戒。革，先破壞後建設、巳日即革新已後的日子，才能得到人民信仰，政績必然大通大利，故元亨利貞。人民原有怨恨消亡。已作戊己、推易家穿鑿的解說、茲不取。

金景芳：程傳：「革者變其故，故必己日然后人心信從。」這個「已」，有人念作巳、我看念已還是好的。李簡說：「已日者，已可革之時也。」看來古人對革命不是看得很容易的。

徐志銳：鏟除陳腐故舊的東西。俞琰：「已日、已革之日也。孚、信也。」去舊陳新、順人心之所向、无過與不及。得衆人信服與擁護。在這情況下其悔乃亡。

張立文：〔勒（革），巳日乃〕復（孚），元亨，利貞，悔亡。　譯：革、祭祀之日要有虔誠心，則始亨而通。宜於占問，困厄便可喪失。　注：勒假爲革。有改和變義。　巳日即終日。又巳疑作祀。讀巳己恐非。

林漢仕案：革、說文獸皮治去其毛。革更之象。革从三十年爲一世而道更。故革有改、更、變、易、老、去故之義。又革、急也，與棘字異義同。本又作亟。又去毛爲革、故革、鼓也、甲也、轡首也、猶兵也、干盾甲冑。易革卦、上澤下火，彖从卦之結構上稱：1.水火相息。澤火革也。2.二女同居、志不相得。澤、少女，火、中女。故謂二女同居。蓋陰陽男女相配合天。而二女磨鏡相戀不只違反自然之道、亦弗逆人情也。故云志不相得。今世有同性戀者、不論男與男、女與女、逃天地陰陽剛柔之道，相生相滅、端視其情能否得久長。故難以慮始，亦難以慮終也。革之義、易變之注釋如是：

彖：水火相息。二女同居，其志不相得。

孟喜：水火相熄。

馬融：水火相息。息、滅也。革、改也。

宋衷：人性不說改、及變樂其成。

鄭玄：革、改也。水火相息而更用事。猶改正朔。

孔穎達：改制革命。變動也。民信得大通利正。

司馬光：革之爲道、不可易也。

程頤：革變故。弊壞後革、利正道則久、得去故之義。

蘇軾：火革金、金非火旡以成器、器成知火之利。

張浚：火上澤下、相息不可一朝居矣！火金息未土生金。

朱震：坎兌一也。革、變。

鄭汝諧：文明以察物理，和說以順人心。革可致大亨。

李衡引牧：炎水熟物，熱徹物熟、信徹民行。

楊萬里：火逢水滅、水逢火竭。水火如二女、革不得已也。

朱熹：變、革也。火然水乾、水決火滅、二女不相得。

項安世：大壯二五變故謂之革，此湯武事。

趙彥肅：易窮則變。水用火息，火用水息。金火相革相成。

楊簡：澤火相滅。二女同居亦革象。離明兌說不失正。

吳澄：革者改其舊。皮去毛變其常。

梁寅：人情可樂成、難慮始。革必利正。

來知德：言除弊去當、掃而更之。革當而悔亡矣。

王夫之：革治皮、其義改也、變也。故曰革故。

毛奇齡：革、兵也、更也。火鍛兌金爲兵。革蔑（滅），二女同居失志。

李光地：澤火非類、故中上少下不同行。

李塨：澤火相搏相熄。女弟居上相對詬誶。人道即天道。

姚配中：四失位、化之正故革命。

丁壽昌：易息字皆生長之義。陽氣盡，有改革義。

曹爲霖：革尙變。始不可急、終不可過。五而後革。
楊樹達：火金殊氣故能相革。改正朔、應天從人。
劉次源：變革。兌秋天道變、己坤終兌及庚、法敝必更。
李郁：國家變政、事壞變法。
徐世大：革命、改日。革命爲俘奴改命。
胡樸安：虎豹變易服色也。革維新始。
李鏡池：皮革、改革。
屈萬里引：己讀若改。己日猶革日，戊己之己有改變義。
傅隸樸：汰舊換新、水火不相容。古利不百不變法之戒。
金景芳：看來古人對革命不是看得很容易的。
徐志鋭：鏟除陳腐故舊的東西。順人心之所向。
張立文：勒假爲革，有改和變義。

革卦、有从革字義上翻。有从卦結上翻。更从字義、結構上引伸推出。有第以革、卦名視之、不推其字義與結構。有从爻變、以他卦轉爲革卦切入。眞做戲無法、出個菩薩就搪塞過去也。革有改、變、更、易、去之義，又有兵革甲冑鼓、二女同居象。離可以火、兌可以金、又可爲說。以離火澤水又有相生相成相毀之甲。彖水火目息、似亦可以相生許之也。不有消息陰陽之說乎？消者滅也。息者生也。長也。孟喜馬融恐人之誤解息意、特注明息爲熄、爲滅。經籍之注彖水火相息爲「生變」。丁壽昌云：易息字皆有生長之義。漢書五行志下之下有「不能則災息而禍生。」注：謂息、蕃滋也。是息有生、滅、生變、蕃滋等之義。澤水與離火在相生相滅之間、斷斷然相激盪。於是佛家十二因緣中有所謂觸、受、愛、取。而種下因果輪迴種子、所謂今世之愛惡業、未來必有其果報。是澤水與離火之結合、易家云熄滅乾竭、生長、火然水乾、水決火滅，皆有可能。孟子曰：「愛之欲其生、惡之欲其死……惑也。」其實愛惡是我也、何惑之有？是消是息、在我一念之間、是我之用也、我之變、我之更、我之改也。革字不就是更改變易乎？

二女同居者、離火中女、澤兌少女、少女上、中女下。激不出火花、激不出浪淘、種無花無菓、此古人以爲天方夜譚者也、故謂志不相得。今人兩女同居曰同志、可以結成連理、可以領養兒女、可以組織家庭、而自得其磨鏡之樂。性生活不靠男性之雄壯、自有其火花、浪淘而矢其志海枯石爛也。易之作、男性本位主義作祟，汝不是魚、安知魚之樂也乎？

然究竟違反自然陰陽之道、故易家斷言其志不相得、必革也。李塨云人道即天道。回歸人道即變革舊習之所以不人道也。鄭汝諧從另一面切入其議題云：「文明以察物理，和說以順人心。」蓋從已革著眼、故可以致大亨。卦辭之謂水火、謂二女、其革、迫在眉睫矣！以下「巳日乃孚」之巳字、孚字。乃說明變更、改革之成功，獲元亨利貞乾德同觀也。再著一「悔亡」兩字，示革之當也。故巳字、易家著力處在何日順乎天，應乎人也。蓋乃彖所指示方向。

宋衷云巳、竟也。即日不孚、竟日乃孚也。

鄭玄謂「改正朔、易服色。」之後也。 干寶云：「天命已至。」陸績以孚猶信。 王弼孔穎達以改革變動之日、民可與樂成也。 虞翻以坎孚，五在坎中故已日乃孚。姚配中謂四化之正故革命，陰陽應故順大應人。 程頤、張浚皆謂古人重改作、聖人不輕爲。蘇軾云「信於已革之日。」 張根：宜革、无欲速之謂已日。 朱震：先儒讀作已事之已。當讀作戊己之己。自庚至己十日浹矣。 李衡引陸：有四德方可革。引牧：熱徹物熟、信徹民行。 楊萬里云：革不得已也。湯武得此理。 朱熹：內文明外和說，必已日後信。 項安世云革言三就後孚、故已日乃孚、革之難如此。楊簡：所革當，謂神、神道、謂大中。 吳澄：革孚以十日爲率、己過中半也。 梁寅：已日終其日然後信。始疑終孚信也。 來知德：己、信也，信我後革也。己、戊己土、己日乃孚信後革也。

王夫之：時爲巳日在禺中將午、有德乘時、居位然後可革。 毛奇齡：庚更必先巳日乃可孚。 折中：已可革之時。 李光地：必遲至已日之久乃去其故。 李塨：已、終也。各終其日。 吳汝綸：革終人乃信也。讀戊己、非。未至其時則不信。 丁壽昌：當讀爲辰巳之巳。言陽氣盡。先儒以爲已然之已日。 曹爲霖：革始不可急、終不可過。

星野恆：已日、終事之日、必至終日乃能相信。 馬通伯引：離中一陰爲己日。戊己、日干之中。坎離、天地之中。又引何楷：春夏陽盡於離，秋冬陰起於兌。 楊樹達：火金殊氣故能相革。帝王改正朔、應天從人。 劉次源：已坤方、歷己乃庚。坤終兌及。窮則變重開一乾。 李郁：已日離，孚信。于省吾引荀爽：日五君、二革三應五故曰巳日乃革。又祀、虞作巳。釋文作以。按甲文祀亦作巳、故應讀作祀日乃革。戊己爲誤矣。徐世大：革命改日、孚俘。己含改義。革命爲俘奴改命。　胡樸安：巳日、武王伐商，革維新始，此周紀事例。高亨：巳疑借爲祀。孚讀爲浮、罰也。謂祀社之日乃行罰也。故巳日乃孚。　李鏡池：巳借爲祀。到祭祀日才去捉俘虜作人牲。　屈萬里引吳淩雲：巳讀若改，从攴爲改。巳日即改日、猶革日。按戊己之己有改變義。　傅隸樸：巳日即革新巳後的日子。作戊己、推易家穿鑿的解說，茲不取。　金景芳：我看念作巳好。李簡說巳可革之時也。　徐志銳：兪琰云巳革之日也。　張立文：巳日即終日。巳疑作祀。讀巳已恐非。

巳日：

竟日。（宋衷）	改正朔、易服色之後。（鄭玄）
改革變動之日。（王、孔）	四化正五在坎中、孚。（虞翻）
信於巳革之日。（蘇軾）	戊己之己。（朱震）
革不得已也。（楊萬里）	革難、三就後孚。（項安世）
巳日終日。（梁寅）	巳日禺中將午。（王夫之）
巳可革之時。（折中）	辰巳之巳。（丁壽昌）
祀日乃孚。（于省吾）	革命改日。（徐世大）
革新巳後日子。（傅隸樸）	

已己巳祀，竟日終日，有人是之即有人否定之。故作已己巳以等解卦爻辭者、似皆不

敵于省吾而後作祀、高亨、李鏡池、張立文等踵隨立說。「已日乃孚。」革謂改革。己謂腹中謀定。孰是人也、能掌握祭、必能掌握戎、故祀天地、山川、效法列祖列宗烈業、人神皆在掌握之中、所謂德行配天地者也。孚謂信。解作俘虜、是另類。解作浮罰，祭祀神前論功過、似亦可通。因人人能孚信、蓋得天時得人和矣！其占元亨利貞四德備而毋須補過也耶？毋須補過也，故曰悔亡。

初九、鞏用黃牛之革。

象曰：恐用黃牛，不可以有爲也。

馬融：鞏，九勇反。固也。（釋文）

干寶：恐、固也。離，牝牛，本坤黃牛象，旡應未可動，喻文王雖有聖德，天下歸周而服事殷，是其義也。（集解）

王弼：革道未成，未能應變者也。可守成不可有爲。鞏、固也，黃、中也、牛革堅仞不可變也。固中不肯變也。

孔穎達：革、牛皮、堅仞難變，初九革始，守常中未能應變，有似用牛皮自固，未肯造次以從變者。

李鼎祚引虞翻傳象：得位旡應，動而必凶，故不可有爲也。

司馬光：初則民心未孚故鞏用黃牛，不可變也。

張載：賤而无應，非大亨以正之德、中堅自守、不可有爲。

程頤：變革必有其時，其位，其才。審慮愼動後可，初有躁易象、位下无時、離性上、當中順自固，鞏局束、革包束、黃中色、牛順物，謂以中順自固不妄動也。

蘇軾：卦離革兌，爻言陽革陰。初三四五革人，二上人革之。六二欲去、以我有革之之意也。不可以有爲，有爲則革之之意見矣！傳九四曰：下二陽火革，故見革者欲去、所革者亡、革者亦凶，故以六二留爲吉也。

張浚：以中順自固曰鞏。離初黃牛，陽外爲革。鞏、固也。謂初以陽德居離明，謹守中順、然後上合天心。周文鞏用夷齊來歸，天下大義於是而止。

張根：革之初固當徐之，黃牛雖小而堅固。

朱震：初、革始、四不應。離務上、速於革者。鞏、固。黃牛、中順。堅韌中順守之可也。初不可動，不可有爲。易傳曰：革事之大、必有其時、位、才、審愼後動可无悔。

鄭汝諧：居下、革之人未必從，未必信。鞏固、黃中、牛順。固中順道循理變通可也。革非自我有爲也，中且順豈有改作而亂天下者哉！革初欲其謹於始也。

李衡引胡：革道不可驟爲，初九但可固守中順而結之、未可大有爲也。　引介：初剛大文明，材可以有爲。在下无應、雖材不可以有爲、用中順固其志待上革而已。

楊萬里：初九戒革之蚤。革初、遽可革乎？曰未可也。當固執堅忍如黃牛之革焉。此戒猶晁錯削七國之禍。

朱熹：革初无應、未可有爲。鞏固、黃中色，牛順物。其占爲當堅確固守，不可以有爲，聖人之於變革其謹如此。

項安世：初九事初卦下、時位皆未可革。此伊尹耕莘二老居海濱之爻也。黃中牛順、初九用六二之德也。鞏、外束內也。初未可革而剛居故設戒不可自用。

趙彥肅：革功在革二陰，革才不可勝用。　陰麗陽固欲變。　黃牛者六二也。已未可革、靜以待人也。

楊簡：初居下、義從上，不當有所革，故曰鞏用黃牛之革。黃中牛順，此革固不變之義，居下之道，斷不可易者。人心好動、使動易靜難，止其放逸之意也。

吳澄：鞏以韋束物。革三、黃二。革初无應、必確守故常、不輕拘束於六二九三如以黃牛之革令不得動作也。

梁寅：初不可革者有四焉：時初也、位下也、德非中順也、上无應也。革必致咎！曷若安常之爲愈。陽性躁動故戒以鞏用黃牛之革，言當固守其舊不可革也。

來知德：離牛、鞏固。初九當革時、位卑無可革之權，上无應與，其不可有爲也必矣！然陽性上行，火性上炎、恐不能固守不革之志、故教占革道必固而後可。

王夫之：鞏、固也。固守其素而不革也。黃中色，牛順物，離之德也。爲下不悖、堅貞定志，待文明已著而後革之。　傳象：時未可爲，雖盛德，能亟於求革乎？

毛奇齡：初未當革、不可以有爲者。鞏用韋束離牛之剛，黃離色、堅且韌、特牛革者皮焉耳。

初易自大過以二改初，故雖革而不革如此。

折中引劉牧：初非可革之時，要在固守中順之道。　引呂大臨：居下無位、惟結六二以自固、二中柔順故曰黃牛。　案：鳥獸之毛皮四時改換。牛皮堅韌難革、繫物則固，初似之。

李光地：革、變。時未至未可有爲。如鞏固其物者，束以黃牛之革，中順固守不可妄動之象也。

李塨：當革、處下無應、若有物束、鞏也。（說文以革束物爲鞏）初離牛之剛，既堅且韌，急不能革，故曰此不可有爲者。獸去皮毛、本爲革象。時日未至故且束縛以自處耳。

孫星衍引集解馬融曰鞏、固也。（釋文）

姚配中案：離得坤中氣、坤爲黃牛，初得位不可人化故固也。此不可革者也。

吳汝綸：內卦兩陽皆取不革爲義。

丁壽昌：革、獸皮。革、更象。鞏義爲束、引伸爲固。離牛。爻本坤、黃牛象。初無應未可動。牛皮韌繫物則固。

曹爲霖：革去故有掃除更張之義。掃除小人穢跡而不用、如馮恩疏乞斬三奸、上怒下恩獄、是用革以固小人之位，此所謂鞏之用黃牛之革。當以中順自守也。

星野恆：鞏、固結。黃、中。牛順物。皮去毛曰革。陽下上無援。當守中順之德、不可輕舉妄動。聖人戒處中順不蹈禍也。既不能革、亦不涉害，何吉凶之可言。

馬通伯：包彬曰獸惟有皮之堅而後附皮之毛隨時而變，故革初取牛革之鞏。案新室於漢、武氏於唐皆革而不當者、聖人於革初首發不可革之義，其慮深矣。

劉次源：時未可有爲、宜養晦待時。離爲黃牛、初旡孚、其勢方固、非革之時。

李郁：初九雖剛而未得其時位、不可輕動、故固執之。鞏、固也。革者變其故。治皮以解牛爲最大，漬于澤加火上、去臭穢變形色、質存文異。國家大事宜審愼於始。

徐世大：初用黃牛皮束縛得牢牢的。寫統治階級泰然心理。

胡樸安：武成後偃武修文，歸馬華山之陽，放牛桃林之野。包干戈以黃牛之革示天下不復用兵。象不以武力有所爲也。

高亨：按去毛之獸皮曰革、改革引申義。謂以黃牛之革束物也。黃爲吉祥物。革爲堅韌之物、知此乃吉祥堅固象矣。

李鏡池：鞏固、束緊、古車戰、戰馬的胸帶要束牢、必須用黃牛皮革做，本爻可與九三爻聯看。

屈萬里：釋文馬融曰鞏、固也。傳象：鞏用黃牛。省文。被繫不動，故不可有爲。

傅隸樸：初以陽處陽、最早倡革命者。可是舊勢力鞏固如黃牛之革。又不得四響應，還能成功嗎？黃金皮爲甲，刀箭不易入。黃牛之革是保守派的代名辭。不是革命時機。

金景芳：初九時位是不應該革。鞏固、黃中、牛順。要中要順、不要輕易革。革、不能輕易。所以程傳說：「變革事之大、必有其時其位其才、審慮愼動而後可以旡悔。」

徐志銳：初爻變革開始。陽剛勇進、急行變革。卦時處革的準備階段，卦信居最下旡應援，純屬盲動冒險。用黃牛皮的堅韌去固結初九使之不動。此時不可進行變革。

張立文：初九、共（鞏）用黃牛之勒（革）。 譯：初九、束縛物用黃牛皮製成的革繩。

注：共假爲鞏。又引錢鍾書曰以難變之物爲變改之名、象之與意、大似鑿枘。姑命之曰反象以徵。

林漢仕案：革卦有變革、改革之義。祀日乃孚。證明經過若干時日之奮鬥艱辛歷程、終於執得牛耳、唯其馬首是瞻、視其爲龍頭。領導祭祀、統帥百僚萬民而爲祭主、天下俯首矣、改革之風行草偃、蔚然成爲時尚矣！初爲其起點，童稚也。古人謂「水犀之甲」喻堅強，攻無不可破也。「黃牛之甲」蓋易取得、亦堅韌也。然而彖斷「不可以有爲」者，猶孰執莫邪干將、太阿之劍也。非其人、其時地則不能有如虎添翼、威臨天下、震懾人心！徒手握利器妄自尊大剛愎以自用耳！初不善養羽翮，招搖一飛沖天之志、孟子喻曰猶緣木求魚、若勉強而求之、必有後災也！無孚巳日之待矣！茲試輯二千年來學者心聲共議其可否也：

彖稱：不可以有爲也。

干寶：旡應未可動。喻文王雖有聖德而服事殷。

王弼：可守成不可有爲。

孔穎達：守常中未能應變。未肯造次以從變者。

李引虞翻：得位旡應、動必凶，故不可有爲也。

司馬光：民心未孚、故鞏用黃牛，不可變也。

張載：賤而無應，中堅自守，不可有爲。
程頤：初躁象、位下先時。當中順自固。不妄動。
蘇軾：初……革人，二……人革。有爲則所革亡、革者亦凶。
張浚：以中順自鞏固，守中順上合天心，天下大義正。
張根：革之初固當徐之。
朱震：堅韌中順守之可也，初不可動、不可有爲。
鄭汝諧：革、人未必從未必信。革初欲其謹於始也。
李衡引介：初剛大文明、雖材不可以有爲。待上革而已。
楊萬里：初九戒革之蚤，猶晁錯削七國之禍。
朱熹：初旡應未可有爲。占當堅確固守，不可有爲。
項安世：初九時位皆未可革。剛居故設戒不可自用。
趙彥肅：已未可革、靜以待人也。黃牛、六二也。
楊簡：初居下、義從上。止其放逸之意也。
吳澄：革初旡應、必確守故常。
梁寅：時初位下德非中順上旡應、曷若安常爲愈！
來知德：位卑無可革之權，上旡應與。教占固而後可。
王夫之：固守其素而不革。時未可爲能亟於求革乎？

毛奇齡：初未當革、不可以有爲者。雖革而不革如此。
折中引呂大臨：居下無位，惟結六二以自固。二黃牛。
李光地：革、變。時未至未可有爲。中順固守不妄動象。
李塨：時日未至故且束縛以自處耳。說文以革束物爲鞏。
姚配中：初得位不可化故固也。此不可革者也。
吳汝綸：內卦兩陽皆取不革義。
丁壽昌：初無應未可動，牛皮韌，繫物則固。鞏引伸固。
曹爲霖：是用革以固小人之位。當中順自守。
星野恆：陽下、上無援。聖人戒處中順不蹈禍。
馬通伯：聖人於革初首發不可革之義、其慮深矣。
劉次源：時未可有爲、宜養晦待時。初无孚非革之時。
李郁：初雖剛而未得其時位，不可輕動，故固執之。
徐世大：初用黃牛皮束縛得牢牢的。
胡樸安：武成偃武修文，以黃牛之革包戈、象不以武力有所爲也。
高亨：以黃牛之革束物，吉祥堅固象。
李鏡池：古車戰必須用黃牛皮革束牢。與九三爻聯看。
屈萬里：被繫不動，故不可有爲。

傅隸樸：初最早偈革命者。固如黃牛革舊勢力不響應。

金景芳：初九要中順、時位是不應該革。

徐志銳：初爻陽急變革、純屬盲動。用牛皮固初使不動。

張立文：束物用黃牛皮製成的革繩。引錢鍾書曰象之與意，大似鑿枘，姑命之曰反象以徵。

百鍊鋼成繞指柔、是造詣，亦是反諷。堅韌黃牛革而有所不能綑縛、不受制其所謂堅固者、則其所綑縛必鋼筋鐵條石塊耶？能經扭顚而不斷亦稀矣，用之不當也明矣！視其用也。故易家以時位比應說明初動之莽，而其堅固與所謂不可有爲、並無方圓鑿枘之不適。譬如本來攻堅莫勝於水、然水可蓄於大庫。水固可以搏而躍之可使過顙，激而行之可使在山、然汝營壘山頭，水之強無堅不摧而有所不能摧矣！火之烈、無物不煅，有所距隔則亦莫奈我何矣。而水火之可大用也、其性不改。而水火之不能，其實亦有所不能、非不爲也。吾故曰端視其用。不可以妄想牛革製堅索足繩天下物、無不束縛、無不俯首。蓋使用者童稚不能、使用對象其手執利刃亦不能。童稚無力束物、利刃足以斷索也。張立文引錢鍾書曰象之與意、大似鑿枘、姑命之曰反象以徵。敢情張亦是錢鍾書之說矣！象之稱「不可以有爲也。」豈徒無的哉！干寶謂文王服事殷。三分天下有其二。君臣倫理仍在也。王弼、孔穎達謂初可以守成、未可造次從變者、蓋虞氏曰得位旡應。張載曰賤。程頤稱躁、位下旡時。朱熹云占當堅確固守。來知德云位卑無可革之權，教占固而後可。初之宜中順自固、不可變、不可有爲明矣！

程頤、張浚皆云當中順、以中順上合天心。蓋「黃牛」之文而化爲黃中牛順乎？　梁寅則稱初位下、德非中順、上旡應、蓋以初之爻位言也。　吳汝綸謂內卦兩陽皆取不革義：李鏡池故謂初與九三爻聯看。吳言以革鞏之、至三加固。李鏡池綁馬胸帶三匝束緊、打了勝仗。然則吳李之意、初革鞏之不夠堅固也耶？　曹爲霖謂以革固小人之位。屈萬里謂以革、初被繫不動。與姚配中稱初得位不可化、故固也。看爻識義上有落差。蓋初干寶視爲文王握有三分天下有其二之時也。胡樸安以武成許初偃武修文。曹之云革小人反助小人固位、徐志銳云用牛皮固初使不動。初之自固順聖人發初不可革之義耶？抑初「被繫不動」壓於外力之「束縛牢牢的。」傳隸樸則另許初最早倡革命者、舊勢力固如黃牛之革不響應。設舊勢力仍能凝聚人心、初早成烈士矣！

初九、鞏用黃牛之革。如象言不可以有爲也。蓋初陽處下雖得位然上無援、時未可、革之無權、聖人教占者自處之道、忍也，所謂黃中牛順、正乃自勝曰強之時邪？在急速變動時代、以黃牛中性之順俟巳日孚革乎？中心有一願望在、必能係艱難百死而不釋之忍辱負重！其初九爻辭之謂乎？

六二、巳日乃革之，征吉。无咎。

象曰：巳日革之，行有嘉也。

王弼：陰不能先唱順從者也。不能自革，革巳乃從，故已曰乃革之。二與五雖有水火殊體、應往必合志不憂咎也。

孔穎達：陰道陰弱，革已日乃能從之。與五應同處而水火殊體，嫌有相剋之過故曰无咎。

李鼎祚引荀爽曰：日喻君也。五已日居位爲君，二乃革意去三應五，故已日乃革之，去卑事尊故征吉、无咎。

司馬光：二則得時之中、故巳日革之，行有嘉也。

張載：俟上之唱、革而往應，柔中之德、所之乃吉。

程頤：六二柔順中正，文明之王、時可位得才足，革之至善者，然臣不當爲革先、故巳日乃革之也。進輔君行其道則吉无咎也。

蘇軾：初畏我去、未見革，今日不革，已日必革，故征吉。自爲計、宜征。二所嘉者五，捨初從五其吉矣，豈復有咎哉！

張浚：桀紂之惡、伊尹太公不得已而與商周，令聞傳于後世。商周之革，二臣之力也。其征吉，誠以契合天心。二離有文德上應九五，大信于天下，於時爲亨。

張根：周公革商頑民之謂信而後革故。

朱震：二得位得時、必俟人情浹、上下信乃可革。自庚至己浹焉。己日浹日也。二上行應九五中正文明主，同德想應。時可位可，處革之至善者也。

鄭汝諧：二中從五順也。巳日久也，乃、然後也，久然後革之，往則吉且无咎。二言革道、五言革效。以中爲美。

李衡引荀：日喻君、五已居位、君二、乃革意去三應五、故已日乃革之。去卑事尊故征吉无咎。　引崔：得位正中有應、湯武行善、桀紂行惡、革有嘉。　引牧：二久而信、是謂巳日乃孚革之也。應五故征吉无咎。

楊萬里：六二戒革之專。二中正文明遇剛君、君有革之之日、吾乃可以贊而革之。乃、緩辭。惟其緩而審，故以征則吉。以行則慶。趙鞅无君命而逐君側惡人、春秋以爲叛。

朱熹：二柔順中正爲文明主，有應於上可以革矣。然必巳日後革，征吉而无咎。戒占者猶未可遽變也。

項安世：六二本大壯九二所變，在大壯貞吉、不變言。在革爲征吉。以變言。六二自壯六五來，大壯六五即遯六二之反對其辭。二得中、有中正之君相應、可以有爲矣。此伊尹就湯之爻也。

趙彥肅：陽爲日卦全體，繇言已日乃孚，一卦爲一日。革成乾後信。一已日者、終初九也。初九固、六二乃革，得時之宜。文明中止、柔順應乾而能革者。

楊簡：六二臣道、非首革者。如堯薦舜、堯崩、避堯子於河南，諸侯朝覲、訟獄者不之堯子之舜，不得已踐天子位，是謂已日乃革之征吉無咎。

吳澄：二中正應亦中正、革之善也。離象日、月納已、在卦中爲中半之義，故己日乃革之。占故征行則吉无咎也。

梁寅：二可革有四：明足燭理、中足有行、應足任事、順足得衆。當位、得時、有才德、然亦必巳日乃革者、待信而後動也。故必巳日乃革之則征吉而旡咎矣！

來知德：二以文明之才而柔順中正、又應五君、故人皆尊信之。正所謂己日乃孚、革而信之者也。故占者吉而旡咎。

顧炎武：朱子讀爲戊己之己。天地之化過中則變。至戊己則過中將變。庚者更也。儀禮日用丁己、取丁寧改變。漢書理紀于己、歛更于庚、王弼以己事遄往之己、恐未然。

王夫之：二離明主。已宅中當位，正所謂禺中之日也。既爲巳日、光耀昭著。方升乎中、從此而革、往必吉。斯旡咎矣。革必備四德、明爲本、乃可順天應人得旡咎焉。

毛奇齡：二未革而位處離中，離日納甲在巳。巳日第孚，必庚日乃可爲革耳。以今觀之必巳乃革，所謂不革爲革者。他日革具此矣。嘉偶也。易自大壯。五本二偶。

折中引王宗傳：二中正應五中正君、卦德所謂已日乃孚是也。故巳日乃革之，征吉旡咎。

引熊良輔：二內卦主，卦辭之已日見此、爻已日乃革，孚而後革也。

李光地：六二中正與九五應、上下合德可以有爲之時也。備革道之善故往吉且旡咎。

李塨：離爲日，二爻則日過半矣。彖所謂已日乃有孚者，亦以已日乃可革也。由此而征行，以待已日，不輕革焉，焉有不嘉。

姚配中案：離爲巳日革之謂革四陰、伏離中坤元也。革四之正，陰由二發故巳日乃革。之二得位動應五故征吉旡咎。革四承五、二動之爻應五成既濟，故行有嘉也。

吳汝綸：已日乃革之者、弊極而後革也。六二宜革陰革則爲純乾故曰行有嘉也。

丁壽昌：已日乃革之。即彖已日乃孚也。蘇蒿坪曰變乾有征象。虞仲翔曰嘉謂五，乾爲嘉。

曹爲霖：劉忠宣公治邊餉、曰處天下事以理不以勢，定天下事在近不在遠，俟至彼圖之。此征吉旡咎之說也。至邊召問父老得其要領。倉有餘積、私家有餘財。此本吳氏易說。

星野恆：此爻在革、柔順中正、以文明主內與上應、才德兼備、得君當革之任者。待衆信而後革則吉旡咎。蓋舊習因循、與民更始、中正行之、已日之革所以征吉也。

馬通伯：陳士元曰乃者難之也。惠士奇曰離爲大腹。說文己象人腹。則己日指離益信。案五革主、二應五、二之日即五之日、革當其時故旡咎。

劉次源：日中則昃、非已不庚。應時以革、革道乃成。吉而旡咎、可以進行。傳象：無五應、有嘉吉也。過己則庚、更之適也。

李郁：離爲已日。內卦受離爲文明主、居中正之位、乃足言革。革重文德、不重武功、二行進五、柔得尊位、文明在上故征吉旡咎。

徐世大：次爻預此革命運動之必然、成功與否不可必，故勗之以征吉，旡咎。譯文：改天革掉他，前行好，沒壞處。

胡樸安：癸巳之日伐殷也。此行吉而旡咎。故象行有嘉也。

高亨：巳借爲祀。革、改也。謂改祀日也。祭者筮日遇此爻則改筮它日。又筮遇此爻、征伐吉而無咎。

李鏡池：戰爭要祭祀、祭祀要擇日。筮日不吉要再筮。所以祭祀日期得改變。意味出征日期改變。征，吉。表明戰期改變了，于是征戰吉利。

傅隸樸：陰質居中、文明象徵、與五應，才位足振衰起敝。可是柔質乏發難勇氣，人已革我才革。乃字不立即行動的意思。九五已革乃去響應。故曰征吉无咎加以鼓勵。

金景芳：已日乃孚、朱震浹日講、就是十天、經過一個週期。已日乃革之、是說革命經過段時間證明對了、乃革之。證明舊的東西非革不可、幹吧。如果不斷地革、我們搞階級鬥爭、文化大革命、總革是不行的、我們吃過虧。

徐志銳：只有到了已非革不可之日乃能革之。指二應有耐心等待才有象傳言嘉美之功。俞琰說：未當革適以滋弊，已當革、行征有嘉、吉无咎。六二柔得位得中又應九五、本身條件可从事變革。主觀條件與客觀形勢發展都要具備。

張立文：六二、〔已日〕乃勒（革）之，正（征）吉，〔无咎〕。　譯：六二、祭祀之日期須改變，征伐則吉祥，無災患。　注：已借爲祀。　正假爲征。

林漢仕案：巳日乃革之，謂巳日乃更改變易之後乎？易家在卦辭中已擅發巳日爲竟日。（宋衷）改正朔易服色之後。（鄭玄）改革變動之日。（王弼、孔穎達。）信於已革之日。（蘇軾）　戊己之己。（朱震）革、不得已也。（楊萬里）　三就後孚。（項安世）巳日、終日。（梁寅）　禺中將午。（王夫之）日在巳曰禺中

巳可革之時。（折中） 辰巳之巳。（丁壽昌）
祀日乃孚。（于省吾） 革命改日。（徐世大）
革新已後日子。（傳隸樸說同鄭玄易服色之後。）

茲再聚買寶六二爻辭所稱「巳日乃革之」，看有否新意可供參考：
象所拋出「巳日革之」大圈圈爲：「行有嘉也。」
王弼云革巳乃從。 孔謂革巳日乃能從之。嫌相剋之過。
李引虞翻：已喻君。五已日居君位。二革三應五。
司馬光云：二得時中，故巳日革之。行有嘉也。
張載：俟上唱往應。
程頤：二文明主、時可位得才足。然臣不當革先，故已日乃革之也。
蘇軾：初未見革、今日不革、已日必革。
張浚：商周之革、伊尹太公不得已、令聞傳後世。
張根：周公革商頑民、信而後革。
朱震：自庚至己浹焉。己日浹日也。時可位可、革至善。
鄭汝諧：巳日久也。乃、然後。久然後革之。吉先咎。
李衡引荀：日喻君。 引牧已日乃孚革、應五故征吉。
楊萬里：君有革、吾贊而革之。乃、緩辭。

朱熹：二柔中文明主、應上可革矣、然必巳日後革。
項安世：二得中有中正君相應。此伊尹就湯之爻也。
趙彥肅：陽爲日、終初九也。初九固、六二革得時之宜。
楊簡：六二臣道、不得已踐位，是謂己日乃革之征無咎。
吳澄：離日、月納己，在卦中爲中半故己日乃革之。
梁寅：必己日乃革者、信而後動也。
來知德：二文明中正應五君，人皆信之，正所謂己日乃孚。
顧炎武：朱讀戊己、至則過中將變。王己事遄往恐未然。
毛奇齡：二離中、離日納申，在已、已日第孚、庚日可革。
折中引熊良輔：巳日乃革、孚而後革也。
李光地：二上下合德之時，備革道之善、往吉且旡咎。
李塨：離爲日、二日過半。待巳日、不輕革，焉有不嘉！
姚配中：離爲巳日革之謂二革四承五故巳日乃革。
吳汝綸：巳日乃革者謂弊極而後革也。六二革陰爲純乾。
丁壽昌：巳日乃革之即象巳日乃孚。變乾有征象。
曹爲霖：處天下事以理不以勢、定天下事在近不在遠。
星野恆：爻才德兼備、待衆信而後革則吉旡咎。

馬通伯引：乃難也、離大腹、己象人腹、己日指離益信。
劉次源：日中則仄、非己不庚。過己則庚更之適也。
李郁：離爲巳日。內卦變離爲文明主、居中足言革。
徐世大：此革命運動之必然。改天革掉他，沒壞處。
胡樸安：癸巳日伐殷也。
高亨：巳借爲祀。革、改也。謂改祀日也。改筮它日。
李鏡池：筮日不吉、再筮。祭祀日得改變。
傅隸樸：九五巳革乃去響應、柔乏發難勇氣。乃、不立即。
金景芳：巳日十天一週期、革對，幹吧。不斷革我們吃過虧。
徐志銳：到了巳非革不可之日乃能革之。二應有耐心等。
張立文：祭祀之日期須改變。巳借爲祀。
已己巳、字形近而說易者於是乎據理力爭云：
已也，表過去之詞、如言已然、已經。王弼云革已乃從。孔疏革已日乃能從之。蓋謂改革、革命已經發生、已經成功、改變已成事實、乃能從之也。蘇軾故云信於巳革之日。

傅隸樸謂革新已後日子。

己、爲戊己之己。甲乙丙丁戊己庚辛壬癸十天干。朱震、毛奇齡、金景芳之謂从庚至己十日爲一週期。

巳、爲十二地支之第六位。子丑寅卯辰巳午未申酉戌亥。　丁壽昌案：當讀爲辰巳之巳、言陽氣盡、有改革義。

卦辭除上述已己巳三說外、有「不得已」。（楊萬里）　已日、終日。（梁寅）「禺中將午。」謂日在巳曰禺中也（王夫之）　「已可革之時。」即可行之時。（折中）革命改日。（徐世大）　已日爲祀日（于省吾等）

九二爻辭、「已日」、續有新製，如已喻君。五已日居君位。（虞翻）　日喻君。（李衡引荀）　陽爲日、離日（趙彥肅、吳澄等）　「已日浹日」。即十日或十二日（朱震）　巳日久也。（鄭汝諧）　二應上中正君可革。（朱熹、項安世等）　二臣道，不得已踐位。（楊簡）　己象人腹，己日離益信。（馬通伯）　癸巳日伐殷也。（胡樸安）　弊極而後革。（吳汝綸等）已日乃革、孚而後革。（折中引熊良輔）

革必已日，有先知先覺、後知後覺之別。若以君革臣從、革起已然、已經之後、乃響應號召、唯他人馬首是瞻、後知後覺者也，實行家也。必一週期天干十日、地支十二日、陽氣盡乃革。雖謂待時而動、而所待有時、執一無權也。不得已革、已可革之時、弊極而後革、孚而後革。道理甚是、如曹爲霖云處天下事以理、定天下事在近。不必看勢、不必在遠。蓋己象人腹。（馬通伯言）說文己、中宮也，象萬物辟藏詘形也。己承戊、象人腹。段注辟藏者盤辟收斂、字像其詰詘之形也。宋儒不能了。又云己亥譌爲三豕者己與三形似也。馬通伯引惠士奇曰離大腹。說文己象人腹、己日指離益信。蓋已日為己日之誤乎？說文段注「宋儒不能了。」今出土本據嚴靈峰帛書斠理兩「已日」等文字脫落，姑從朱震、毛奇齡、金景芳等之謂戊己之己字。而解從馬通伯引惠士奇之離大腹、說文己象人腹。謀定於腹中乎？有腹案矣夫？六二為離明主、離為大腹；坤為腹、腹為陰。（素問） 然則己日乃革之者，指懷抱、中心、衷心。所謂腹稿、腹中有鱗甲、蓋指謀定矣夫。即腹案預定之日乎？己日乃革之者：腹心中預定之日採取行動也。謀定而後動。象稱行有嘉者，按預定計劃執行必得預期美善之效果也。如果下文稱征吉、无咎者。正嘉美其行事周詳，輔君得力，改革之有成乎？

若必執己為巳、說文四月陽氣已出、陰氣已藏、萬物見、成彣彰。是謂擇定四月陽氣已出。非謂陽氣已盡如丁壽昌言、丁之辰已之巳、亦不當言陽氣已盡、正乃陰藏陽將出之時也。夫如是乃革之日為四五月、其考量時令節候與雨雪陰晴大環境之可乎？

日期腹定與擇決也。謂之為祀者亦通、大祭祀乃凝聚人神共識、箭之在弦矣！執行者在擦掌磨拳、厲兵秣馬矣！三說似以己、腹心之謀說見長。

九三、征凶，貞厲。革言三就，有孚。

象曰：革言三就，又何之矣！

翟元：革言三就，上二陽乾，得其有信，據于二陰故曰革言三就，有孚于二矣。（集解）

王弼：處火極，上卦體水，皆從革者也。革言三就，其言實誠，而猶征之凶其宜也。

孔穎達：三陽剛火極，火炎上，欲征之非道則正之危，故曰征凶貞厲。水火相息物，水在火上皆從革者，自四至下從命不違，故革言三就言實誠有孚、猶征之則凶。

李鼎祚引荀爽曰：三應上爲陰所乘，故曰征凶。若正居據二則五來危故貞厲。　引崔憬傳象：未可頓革故言就，武王克紂反商政；釋箕子、封比干；大賚四海、三就也。

張載：以文明炎上，剛陽之德、進而之兌。兌內柔外剛，勢窮必反。以征則凶。能守正戒懼、彼三從命必可信也。一云征則雖正而危。

程頤：三離上不得中，躁動於革者。躁於變革，行則有凶。苟當革在守貞而懷危懼，順從公論。革言、公論。就、成合、審察至三、合則可信而後革則无過矣！

蘇軾：三應上故其意常欲征。六二以我乘之不得去，捨之則二去、我與初二陽相灼、故征凶。貞者不征之謂，雖危不凶。革以三成三、相持成革，二存則初三信。

張浚：三陽爲三就，剛過爲征凶。自三以往有互乾體、皆曰有孚、如天在上、孰不信！弔民之師，過中則殘，必貞必勵，危懼若隕，始合天心。武不可黷也。撫以寬仁，斯爲貞。

張根：下卦受革者也。待之至矣，猶負固怙終不亦宜乎！

朱震：三剛正而明、革而當、以正守之。三極數也、往不已、人必有言。上六應三、孚也。革此信彼、民情既孚，革道既就、欲往何之？聖人戒之。違民妄作則有凶咎。

鄭汝諧：三居明極，燭光革理。然非其位故征則凶，雖正亦厲。惟用己之明、議天下之變取信於人，言行道亦行。不心有所之。自初至三、三就之義。詳之審人所孚也。

李衡引荀：應上陰乘故征凶。正居則五來危之故貞厲。　引崔：誅惡改命、俗不安故征凶。以正自危故貞厲。　引子：至三令已行、民已信。　引牧：革道成若征則凶。三猶先甲就使知也。　引介：三剛過中故征凶。三衆辭、言從革者衆而成功。　引薛：自初至此爲三就。

楊萬里：九三戒之躁：三位高權近才全，患太剛太明。必也大亨旡塞，大利旡害，大正旡邪、以此革焉往而不可！故伊尹相湯革夏，必以五就，其敢躁乎哉！

朱熹：過剛不中，躁動於革者也。然其時則當革，故至革言三就、則亦有孚而可革也。

項安世：世道將革，強很自用，動凶靜危。衆言三就以爲當革，勢必革可信。此桀紂之爻也。有孚因三就而知其有孚也，因有孚知其可革也。

趙彥肅：二乾體具、九三征凶、於貞危也。言三就則能貞。當革時能不革，是亦變也。知事之不可革而能審處者也。

楊簡：此爻宜安不宜動。三陽有動象。天下事迫後動，豈可遽往乎！故凶。雖貞正行之亦危厲。三純陽正實，三言三就我，民孚信心服，何必更往，此當安以待之。

吳澄：占九三當位而不中、未可革故征行則凶。居下上雖不征行、正主事亦危。上來就己至三、欲有謀焉。上來就己、孚於己也。

梁寅：三過剛不中、不能旡躁失、故戒征行則凶。當守貞正處以危厲。革故爲新、必熟議再

三、言變革之議至於三而始就也、此審之至也。

來知德：革言、革之議論。就成。離居三。九三離極、革之躁動者、占者往、凶可知。雖事當革、亦有危厲、故必詳審其可否、至于三就則人孚可革矣。教占者必如此。

王夫之：就、成也。三剛當位、大明已徹，不可自謂知天人之理數，亟往以革、征必凶。道正猶危也。三四五三爻純就四德備可以爲孚。三剛戒危後許有成、使知徐待焉。

毛奇齡：三將革、卦交兩宮，雖乾健不能越四五上行，征之見凶固無足怪。乾爲言、所謂革言、令下爲令、未下爲言。時苟未至當，必有言先就者、就成也。豈易哉！

折中引呂大臨：自初至三、遍行三爻革道以成、民信故有孚、　引龔煥：三過剛躁動，往則凶。貞固則厲，惟詳審三就則得時宜。　引胡炳文：征不已則凶，一於貞則厲。

李光地：三四改革之時也。三過剛故以征凶貞厲爲戒。妄動固凶，守常亦危。苟能反覆詳審改革之言，至於三就則人必信之而可革矣！亦已日乃孚之意也。

李塨：三以逼近上卦即欲征而革，罹躁動之凶矣！必正而危厲，變革之言、三訂而就則有孚矣。言已詳審。

姚配中案：三本得位、動失位故征凶。居三得正、剛而不中故貞厲。就、成也。革言謂四、兌口言、四化六爻相應、火就燥炎上故革言三就，有孚謂四化六爻俱應也。

吳汝綸：革言猶詩之駕言、辭也。三就三成、三重、三帀也。自初至三爲三就。以革鞏之、至三加固故曰又何之矣。

丁壽昌：龔幼文曰：三過剛，躁動往則凶。處革時貞固自守則厲。改革詳審三就、得時宜可革也。三就上三爻。征言不可妄行。蘇蒿坪曰變震厲與言象。案兌正秋，兌三爻故三就。

曹爲霖：諸呂伏誅、迎立文帝。張武等曰漢大臣習兵多詐，稱疾毋往以觀變，以征凶爲懼也。宋昌堅意請應召，懼其貞厲也。詣長安讓者再，此革言三就也。

星野恆：革言、當革之論。再三成就審察其言也。爻過剛處明極、恃才勇於革者、以是往雖貞不免厲。事成于緩而敗于急、任剛豈能厭人心期成功。三就之孚、好謀而成也。

馬通伯：李翺曰重卦至三有小成、如乾四曰乾道乃革、革言三就是也。蔡清曰審於革可也，躁革不可。案當九三之時未可以行也。凡始作難者必有殃咎故曰毋爲禍始。

劉次源：三重剛過中。非常之事、躁則凶，雖正亦危。愼以從也。三商始就、視民違從。

李郁：征謂動而之上。就、上就三也。革時最忌妄動！三剛正有應、不宜輕動、故征凶戒之，又貞厲勉之。兌爲言。三上應交孚、上已就化順三、三何必往、奚用征哉！

徐世大：三爻接初爻、盜起如毛、國病民疲。於是招赦罪己以求苟安。譯作：出行不利、久更利害，三審改言遷就俘奴。

胡樸安：崔憬云雖誅元惡、未改其命，故征凶。猶自危故貞厲。武王克殷、反商政一就；釋箕子封比干式商容二就也；散財發粟、大賚四海三就也。有孚民衆不必作爲也。

高亨：筮遇此爻、征伐則凶。占問它事則危。革言謂有罪者更改供辭。三就或就刑於野、就刑於期、就刑於市。孚罰。革言者將致於野朝市而加罰。

李鏡池：言借為靳、古音言斤近每通。靳當膺、指馬胸帶。三就三匝三重也。馬帶未束緊、馬跑不快而戰敗，後來找到原因、綁了三匝、打了勝仗、捉到俘虜。

屈萬里：周悅讓馬纓三就、禮家三就三重三匝也。本經三就義同。按革，謂以革係之。言、詩經中常用之猶而也。傳象：係之固、故不得有所往。

傅隸樸：三陽居剛位、性情火急。兌為離所革對象。兌三爻悅順迎九三、再去革悅服者結果必凶故曰征凶。阻絕歸順之路、行為危險。言、令。所革三個對象都樂從故曰革言三就、有孚。對方順我革命、不必往革了。戒操之過急。

金景芳：九三剛不中，進行有危險、不進行也不行。折中引龔煥說改革詳審則无躁動之凶，又无固守之厲。胡炳文說過剛恐征不已則凶、一于貞固失變革之義則厲。就成也、合也。反覆研究討論、取得人們信任就可革了。

徐志銳：第三爻剛居陽位不中、急躁冒進，革必致凶。革言、謀劃變革之事。謀劃必至三次，大家已贊成變革、肯定九三可以采取變革行動。用設問句除革你還能往何處去？

張立文：〔九三、征凶〕，貞〔厲。革〕言三〔就，有〕復（孚）。 譯：九三、出師征伐則凶，卜問有危險，馬胸帶綁了三匝，獲勝而有俘虜。 注：三就即三匝三重。聞一多言讀為靳。 復假為孚、俘也。

林漢仕案：初九忍辱負重。六二謀定而後動。九三征凶，貞厲之說如羅生門、各如所見、必有是與不是，孰能斷其眞相？茲就易家言九三所以征凶、貞厲者分述如后：

王弼、孔穎達：三剛火極、炎上、征非道，正之危。
李引荀爽：三應上爲陰所乘故征凶。正據二則五來危故厲。
張載：文明炎上、剛德進兌、窮必反、守正戒懼。一云雖正而危。
程頤：三躁於變革、行則凶。守貞而懷危懼、順從公論。
蘇軾：三應常欲征、與初二陽相灼故征凶。貞者不征，雖危不凶。
張浚：弔民之師、過中則殘，必貞必厲、危懼若隕，始合天心。
朱震：三剛正而明。聖人戒違民妄作有凶咎。
鄭汝諧：三明極，然非其位故征則凶，雖正亦厲。
李衡引崔：誅惡改命、俗不安故征凶，以正自危故貞厲。
　引牧：革道成，若征則凶。
　引介：三剛過中故征凶。
楊萬里：九三位高權近才全、患太剛太明、戒之躁。
朱熹：過剛不中、躁動於革者也。
項安世：世道將革、強很自用、動凶靜危。桀紂之爻也。
趙彥肅：九三征凶，於貞危也。當革不革、是亦變也。
楊簡：爻宜安、陽動象。遽往故凶。雖正行亦危厲。
吳澄：占三當位不中、征行凶、正主事亦危。

梁寅：過剛不中、躁失故戒征行則凶。當守貞正處以危厲。
來知德：占者往凶可知。雖事當革、亦有危厲。
王夫之：三當位、大明已徹、不可自謂知天人理數、亟往革，征必凶。道正猶危也。戒危後許成。
毛奇齡：三雖剛健不能越四五上行，征之見凶固無足怪。
折中引龔煥：三躁動、往則凶，貞固則厲。
　引胡炳文：征不已則凶，一於貞則厲。
李光地：三過則以征凶貞厲爲戒。妄動固凶、守常亦危。
李塨：三逼上欲征而革，罹躁動凶。必正而危厲。
姚配中：三動失位故征凶。居三得正，剛不中故貞厲。
丁壽昌引龔曰：三過剛躁動凶。貞固自守則厲。
曹爲霖：漢迎文帝，武以征凶爲懼。宋應召懼其貞厲也。
星野恆：爻過剛明極、恃才勇革者，是雖貞不危厲。
馬通伯：九三時未以行。凡始作難者必有殃咎，毋爲禍始。
劉次源：三重剛過中。非常之事，躁凶，雖正亦危。
李郁：革最忌妄動，故征凶戒之，又貞厲勉之。
徐世大：三接初爻、盜起如毛，出行不利、久更利害。

胡樸安引崔憬云：誅元惡未改其命故征凶，猶自危故貞厲。

高亨：筮遇此爻、征伐則凶、貞問它事則危。

傅隸樸：三性火急、兌爲離所革、革悅服者必凶、行爲危險。

金景芳：三剛不中、進有危險、不進也不行。　引胡炳文說：征不已凶、一于貞固失變革之義則厲。

徐志銳：三剛居陽不中、急躁冒進，革必致凶。

張立文：九三出師征伐則凶。

三陽、剛極火急、炎上躁動，逼上冒進似爲易家一致之判定。而三健明、當位正，朱震之謂三剛正而明。楊萬里之謂九三位高權近才全。蘇軾之三應上其意常欲征。他卦則以三爲大卦之中許之。則易家似有意忽略其健明剛正才全美德、隨爻辭「征凶、貞厲」之文、編造「三離上不得中。」（程子）張浚謂「過中則殘。」王夫之謂「三當位、大明已徹、不可自謂知天人理數」。毛奇齡謂：「三雖剛健、不能越四五上行。」姚配中尤發無理之責、謂「三動失位故征凶。」三本當位正、如何硬逼良爲娼爲寇而數之罪邪！其餘如劉次源之「重剛」。李郁之「妄動。」傅隸樸之「離革悅服者必凶。」張立文之「出師征伐則凶。」實不如朱子、來知德、高亨等之直謂「占者必如此。」之直接了當也。九三果征凶乎？如馬通伯言：「凡始作難者必有殃咎，毋爲禍始。」則革命犧牲者、實犧牲革命也。畏首畏尾、愼而無禮也。所謂赴湯蹈火、踔厲風發、一往無前、領袖群倫之革命事業、等同戲言矣！李郁謂「三上交孚、三何必往、奚用征哉！」等待依賴書生之見甚濃！果然事成於緩而敗於急乎？九三位正、陽剛、應上六交孚、所謂才全、大明已徹，他卦三四兩爻又爲合卦、必無凶咎危厲之事如動變等莫須有之責。初九時段、干寶稱喻文王有聖德而事殷。張浚稱周文鞏、夷齊來歸。朱熹稱聖人之於變革其謹如此。至九三如張浚則謂「弔民之師、過中則殘。」項安世直斥爲「此桀紂之爻也。」一卦之內聖愚變革南轅北轍、其高低評價有天淵之別者乎？鄭汝諧之：「然非其位故征則凶。」已誣非其位矣！李衡之引荀：「應上陰乘故征凶。」是謂上六乘九五剛邪？抑上六應爻壓九三剛？革固鼎新、未有不經一番寒澈骨，可得梅花撲鼻香者也，猶今人謂「怕熱莫進廚房」。初爻幼齒、能忍自安、二爻謀定而後動、是六二仍未動。九三革故行動矣，如傅隸樸言：「舊勢力鞏固如黃牛之革、不得四嚮應。」今九三得上六嚮應、仍然謂征凶者、蓋改革、變革、革命事業、有舊集團保守勢力在、雖有時摧枯拉朽得心應手、俗謂趕狗入窮巷、窮巷狗咬人。其反撲固必然也。征之爲言伐也，正也。行也。政也。稅也。是九三有行動、征伐、正舊勢力、九三本身有失得也。而加九三不得中、與初兩陽相灼，過中則殘、自謂知天人理數、三不能越四五上行。三動失位、重剛、離革悅服者、非其位，陰乘。皆欲加之罪而製造之詞也。古人所謂比老秦筆也。而其稱「貞厲」者如：正之危。（孔穎達）　五來危。（荀爽）　守正戒懼、一云雖正而危。（張載）　守貞懷危懼。（程頤）　貞者不征、雖危不凶。（蘇軾）　必貞必厲、危懼若隕。（張浚）　雖正亦厲。（鄭汝諧）　以正自危故貞厲。（李衡引崔）　雖正行亦危厲。（楊簡）　正主事亦危。（吳澄）　當守貞正處以危厲。（梁寅）　雖事當革、亦有危厲。（來知德）　道正猶危，戒危後許成。（王夫之）　貞固則厲。（折中引龔）　一於貞則厲。（折中引胡）　必正而危厲。（李塨）　剛不中故貞厲。（姚配中）　貞固自守則厲。（丁壽昌）　漢文帝應召、宋懼其貞厲。（曹爲霖）　是雖貞不危厲。（星野恆）　雖正亦危。（劉次源）　征凶戒、貞厲勉。（李郁）　久更利害。（徐世大）　猶自危故貞厲。（胡樸安）　占問它事則危。（高亨）　行爲危險。（傅隸橫）　一于貞固失變革之義則厲。（金景芳引胡炳文）　進行危險、不進行也危險。（金景芳）

貞厲者：

正則危。　五來危。　守正戒懼、守貞懷危懼。　必貞必厲、危懼若隕。　當守貞正、處以危厲。　雖當革、亦有危厲。　貞固則厲。　漢文應召、臣懼其貞厲。　雖貞不危厲。　征凶貞厲勉。　貞久更利害。　貞占問它事危。　行爲危險。　一于貞固失變革之義則厲。　進行危險、不進行也危險。

改革出於熱情、當熱血沸騰、可出斯民於水火而其榮譽登衽席之上時、固一往無前也。不爲生死計、不爲一人一家計、其狂熱程度、雖百死不辭也。觀二〇〇一年九月十一日賓拉登信徒劫客機撞美國紐約雙子星大樓暨五角大廈之十九位義士、美國人呼爲暴徒者、其視死如歸矣！作無名英雄何悔！九三以剛居剛、大環是改革、雖卜曰征凶、有閃失、仍正固奮發興起、何曾因卜問征凶有半點退縮畏葸，不只是蓋世英雄、亦仁者聖者之胸襟矣！其事蹟其英魂將與天地同在！況有所謂勇於死而不死者耶！

「革言三就」。說亦紛芸、茲依例排列說者如后：

象謂又何之矣！　翟元：上二陽信、據二陰、孚于二矣。　王弼，其言實誠。　崔憬：未可頓革故言就，如克商：釋箕子、封比干、大賚四海、三就也。　張載：彼三從命必可信也。　程頤：草言、公論。就、成合。審至三、合則可信後革无過矣。　蘇軾：革以三成三相持成革、二存則初三信。　張浚：三以往互乾皆曰孚、如天在上孰不信。　朱震：革此信彼、上六應三孚也。　鄭汝諧：三明、議天下之變、取信於人。自初至三、三就之義。　李衡引子：至三令已行，民已信。引牧：三猶先甲、就使知也。引介：三衆辭、言從革者衆而成功。引薛：初至此爲三就。　楊萬里：伊尹五就故相湯。　項安世：衆言三就以爲當革、勢必信有孚。　楊簡：三純陽正實、言三就我、民孚信心服。　吳澄：上來就己至三、欲有謀焉、孚於己也。　梁寅：言變革之議至於三而始就也。此審之至也。來知德：革言、革之議論。就、成。至三就則人孚可革矣。　王夫之：三四五三爻純就四德備、可以爲孚。　毛奇齡：所謂革言、令下爲令、未下爲言。必有言先就者、就成也。折中引：自初至三、遍行三爻、革道以成、民信故孚。　李光地：苟能反覆詳審改革之言、至於三就、則人必信而可革矣。亦已日乃孚之意。　李塨：三訂而就則有孚矣。姚配中：革言謂四、兌口言、四化六爻應、火炎上故革言三就。　吳汝綸：革言猶詩駕言、辭也。

三就三帀也、自初至三爲三就。又何之矣。　丁壽昌：三就上三爻、改革詳審三就、不可妄行。　曹爲霖：文帝詣長安、讓者再、此革言三就也。　星野恆：三就之孚、好謀而成也。　馬通伯引：革三言三就是也。毋爲禍始。　劉次源：三商始就、視民違從。　李郁：兌言、三上交孚、上就化順三、何必往征！　徐世大：三番改言遷就俘奴。　胡樸安：武王克殷、反商政，釋箕子、大賚、四海三就也。　高亨：革言謂有罪者更改供辭、三就、就刑於野、於朝、於市。革言者將致於野朝市而加罰。　李鏡池：言借爲靳、當膺、指馬胸帶。三就：三匝三重也。綁三匝、打勝仗、捉到俘虜。　屈萬里：馬纓三就、義同。言猶而、謂革係之固、不得有所往。　傅隸樸：言、令、所革三個對象都樂從故曰革言三就。　金景芳：就：成也、合也。反覆研究討論、取得信任就可革了。　徐志銳：革言：策劃變革事必至三次、肯定除革你還能往何處去？　張立文：馬胸帶綁三匝、獲勝有俘虜。

就之爲言：成也，著也，久也，上也，歸也，善也，志同曰就，三重三匝也，雕也，高也，等也。天子之孝曰就。

言、易家謂「其言實誠」。王弼。　「革言：公論。」程頤。故言、故曰也。崔憬。鄭汝諧謂「議」，李衡引謂「令」。　「言變革之議至三。」梁寅　「革言！革之議論。」來知德　「令下爲令、未下爲言。」毛奇齡　「改革之言。」李光地　「革言謂四、兌口言、四化六爻應。」姚配中　「革言猶詩駕言，辭也。」吳汝綸「三番改言遷就俘奴。」（徐世大）　「革而謂有罪者更改供辭。」高亨　「言借爲靳、當膺、指馬胸帶。」李鏡

池　「言猶而」屈萬里　「言、令」傳隸樸　「革言，策劃變革事必至三次。」徐志銳漢仕以爲來知德之謂「革之議論」較爲合理。今人徐志銳謂「策劃變革事必至三次。」上合程子之「公論」、鄭汝諧之「議」、來知德之「革之議論」。　變革政體、變更人民生活習俗、攸關國家之興衰體面、所謂導之於政、導之以德也。人民似水、決之東則東流、決之西則西流。二千六百年前孔聖人即以「民可使由之，不可使知之。」儘管句讀之不同而釋說異辭，大原則改革者尊重民意而放手改革可也。三就者、再斯可矣！再斟酌而後定著、志同曰就也。象不謂「革言三就、又何之矣」乎？志同而后又何之也？革之初九負重、六二謀而後動、九三征伐、正舊勢力、本身有失得。卜謂征凶、有閃失、仍貞固奮發興趣、再斟酌改革大業謀定而後堅持、取得上階段比應志同、孚信於上、必能行於下矣！給予時日而不掣肘、民歌德政其遠乎？三之所謂有孚、孚信上下也。

九四、悔亡，有孚。改命吉。

象曰：改命之吉，信志也。

干寶：以逆取而四海順之，動凶器而前歌後舞故悔无也。中流白魚入舟、天命信矣故曰有孚、甲子夜雨甚至水德賓服之祥故曰改命之吉，信志也。（集解）

王弼：无應悔也。水火相比、能變者也是以悔亡。居會變之始、不疑於下，改命不失時是吉，見信改命无違、處上體下始宣命也。

孔穎達：與初同處卦下、初未能變、四變故悔亡。居會變之始、信彼改命之志、從之合時願、所以得吉。

李鼎祚引虞翻曰：革而當，其悔乃亡。孚謂五，巽命，四動五坎改巽故改命吉。湯武革命順天應人故改命吉也。

張載：約己居陰，心无私係，革而必當，見孚於衆、改命唱始，信己可行。故吉。

程頤：九四革具革之時，革之勢，革之任，革之志，革之用。革之而當，其悔乃亡。唯在處之以至誠，故有孚則改命吉。改命改爲也，謂革之。上信下順，其吉可知也。

蘇軾：上二陽其革以說而人莫不說，非有德者孰能之！四未當位而革故悔，革而說故悔亡，有孚也。改命者始受命也，雖未當位而志自信矣。

張浚：互乾、革當天下信，以我明德易彼昏政曰改命吉。互體巽居水火相息之際曰改命。四不正本有悔，得乾中而悔亡。

張根：革雖不當，志不害民，旋能改之，何疑之有！

朱震：四有其時其才、以柔濟剛、革而當是以悔亡。四動初應、上下靡不信、近與五相得、无招權擅事之凶。四動改命，不動有悔，故改命之吉，信志也。

李衡引陸：火焚澤、物變革。革當故悔亡。　引牧：自初至三、革道已成。至四惟曰悔亡有孚，至誠及物、吉其宜焉。

楊萬里：四戒之疑。革至四又不爲，不以疑而賊大謀乎！聖人勸可以革矣，慮之詳、悔必亡。

天下已孚、奉君命革之可以吉也。四所謂求之退者也。革以改爲義。

朱熹：陽居陰故有悔。卦已過中、乃革之時、革之用也。明占者有其德而當其時又必有信、乃悔亡而得吉也。

項安世：時已革而成悅、革之民悅、湯武是也。此南巢牧野事。九四在大壯悔亡尙往；革亦悔亡、爲改命吉。

趙彥肅：以九居四有悔。革時貴陽，故悔亡。有孚改命，信志而變，其悔也。推其才剛而不過，佐君以任革者。

楊簡：君臣信深，雖改命何害！爻辭於是釋曰悔亡。勿懼悔不改也。四五皆陽實有誠信相孚象。

吳澄：占不當位，處之善悔亡。四无應、卦變、二四本相易之爻故四能有二之孚，四改爲二是改命、改者得中而爲卦主故吉。

梁寅：四輔五當變革之任，故其悔亡而人信也，如是而改命則吉也。君命其下、重巽審之至、渙汗不可反、純乎天理、如天命之公矣！改之而吉、豈苟然乎！

來知德：改命者到此已革矣。九四改命大臣如伊尹太公，恐有所悔、不容不改。是以悔亡。惟未改先、改志孚于上則自獲其吉。故教占者如此。

顧炎武：革九四猶乾九四，諸侯進乎天子，湯武革命之爻，故曰改命吉。湯放桀于南巢，惟有慚德、是有悔也。天下信之、其悔亡矣。四海之內皆曰爲復讎也，故曰信志也。

王夫之：四當文明已著後，於三陽爲得中，雖不當位而剛柔相濟、道足以孚。兩陽夾輔成大有爲之業。於時即未遑制作，天與人歸，宜其功成而吉。
毛奇齡：四當兌金、方革故曰改，革之至也。合卦爲中，互乾中，改易之主。改命則天命之命。湯武革命者正相合。非孚乎人、信乎志不至此。四乾中。二五大坎孚象。
折中引朱子語類：下三爻當謹愼於先，上三爻變爲新事。乾到九四謂乾道乃革、也是到這處方變。　引胡炳文：四有孚而後改深淺之序也。五有孚積孚之素也。
李光地：四之時革而當矣。故在己爲悔亡，在人爲有孚。其志見信於人、故以此改命而得吉。
李塨：九四在離日、上所謂己日也。互乾居中、躍而欲飛。天下皆信其志正。彖所謂悔亡者。
姚配中案：之正、陰陽應故信志。
湯武革命此其時矣。巽爲命。
吳汝綸：孚驗也。三有不宜革之驗，故征凶。四有宜革之驗故悔亡而改命吉。象以信志釋孚，非本義也。改命猶云更令、非革命之義。
丁壽昌：四本互巽、九變成坎、巽不見故改命。四諸侯、湯武以諸侯革命。大傳謂應天順民正指此爻。五王道成，非至五而始改命也。
曹爲霖：命、君命。誠齋傳曰君命曰可，君事曰否，改命可也。君獨不信吾志哉！故有伊尹之志則可。四剛柔處，改命豈犯上侵君？聖人許其改也。臣改君命亦革之一也。
星野恆：孚改命者、信所改之命令也。爻不中不正、近君下無應與、宜有悔者。然陽能救弊故得悔亡。下亦信從其所改之命然後乃可得吉。君子重革如此宜其成功也。

馬通伯：耿南仲曰水火交會之際可以改制、離火兌金正夏秋之交。案四先言悔亡而後言改命、不言革命、此文王之所以自處也。詩云周雖舊邦、其命維新。改命之說也。

劉次源：火流兌代、革之時也。志切救民、民既信天可知。孚天改命宜也。悔用以亡。

李郁：四居兩側之中、又與初剛爲敵，此乃變革之梗。革之成否、專視此爻。四改柔則於己無悔，於人有孚。改命之功故曰吉也。四能改柔乃革之至當者。

徐世大：革命日不因統治者小惠而悔，堅持最後之成功。譯文：心活動失敗、俘奴改命是好的。

胡樸安：革言三就後、悔亡有孚矣。尚書武成、冢君百工咸受命。封諸侯、皆改命事。吉者改命吉也。

高亨：言君子有所罰、命既下又改之也。筮遇此爻、其悔可亡、故曰悔亡。君子有罰、改命乃吉，故曰有孚改命吉。

李鏡池：悔亡指筮日不吉而不戰。后來捉到俘虜，有了舌頭、了解敵情、改變命令、還是戰、結果勝利了。

屈萬里：改命吉、另任以新職。

傅隸樸：四近君、陽居陰、上得五君寵任、毅然從事變革，威足服人。知雄守雌、時會威望手腕、獲改命之吉。除舊佈新的命令如約法三章，順天應人、革當故悔消亡。

金景芳：革對了、悔亡了。程傳改、爲也。折中引陸希聲命令不便民者可改易獲吉。兩人解釋都不明確。改命就是改朝換代。丁壽昌把改命講成革命。還是對的。孟子說莫之爲而爲者天、莫之致而至者命。孟子講天命很好。

徐志鋭：九四剛居陰位、剛柔相濟旡偏弊。承擔變革重任故言悔亡。革而當、民衆心志皆信服。九四改命之所以吉。順乎天而應乎人、天命規律發展必然結果。

張立文：九四、悔〔亡〕。有復（孚）茝（改）命，吉。　譯：九四、困厄便可過去，有所俘獲而改變命運則吉祥。　注：茝假爲改，形近相通。

林漢仕案：九四時段悔亡、有孚、改命吉。乃繼九三之征伐時遭舊勢力反抗、本身有閃失、仍貞固奮發興起、改革大業斟酌定著、取得普遍信賴。爻至九四、所以悔亡、有孚者、與九四自身有關也。茲輯述先聖先賢對本爻之卓見：

干寶：逆取四海、順動凶器而前歌後舞故悔亡。白魚入舟、天命信矣、故有孚。

王弼：能變者也、是以悔亡。

虞翻：革而當、其悔乃亡。孚謂五。

張載：約己居陰、心旡私係、革必當、見孚於衆。

程頤：九四具革之時勢而當、其悔乃亡。至誠故有孚。

蘇軾：上二陽革而說故悔亡、有孚也。四未當位革故悔。

張浚：四不正本有悔、得乾中、革當天下信而悔亡。

朱震：四動初應、上下靡不信。有其時其才、革當悔亡。
李衡引牧：自初至三革道已成。至四惟曰悔亡有孚。
楊萬里：四所謂求也退者、革以改爲義。聖人勸可革矣！
朱熹：卦過中乃革之時、占有其德、時、有信乃悔亡。
項安世：革之成悅、湯武是也。此南巢、牧野事。
趙彥肅：革時貴陽故悔亡。信志而變、其悔也。
楊簡：爻辭忙亡、勿懼悔不改也。四五皆陽實相孚象。
吳澄：占不當位、處之善悔亡。二四相易故四有二之孚。
梁寅：四輔五當變革之任、故其悔亡而人信之。
來知德：九四改命大臣如伊尹太公、不容不改是以悔亡。孚上則自獲其吉。故教占者如此。
顧炎武：四湯武革命之爻、放桀天下信、其悔亡矣。
王夫之：四以三陽爲得中、道足以孚。兩陽夾輔、天與人歸。
毛奇齡：合卦爲中、互乾中、二五大坎孚象。
折中引胡：四有孚而後改、深淺之序也。五積孚之素也。
李光地：四時革而當矣！故在己悔亡、在人有孚。
李塨：四離日、上己日。互乾居中、躍欲飛、彖謂悔亡者。

吳汝綸：孚、驗也。象以信志釋孚、非本義。宜革故悔亡。

丁壽昌：四諸侯、湯武以諸侯革命。順天應人正指此爻。

曹爲霖：四剛、柔處。聖人許其改也。

星野恆：爻不正無應與宜有悔，陽能救弊故悔亡。下亦信從。

馬通伯：四先言悔亡而後言改命、不言革命。文王自處也。

劉次源：火流兌代、革之時。救民民信、天可知。孚天、悔用以亡。

李郁：四改柔則於己無悔、於人有孚。四居兩剛之中、又與初剛爲敵，乃變革之梗。改柔乃革之至當。

徐世大：革命者不因統治者小惠而悔、堅持最後之成功。

胡樸安：革言三就後，悔亡有孚矣。

高亨：罰命既下又改、筮遇此爻、其悔可亡故曰悔亡。

李鏡池：悔亡指筮日不吉而不戰。後來捉到俘虜再戰勝利。

傅隸樸：四得五寵任從事變革、除舊佈新、革當故悔消亡。

金景芳：革對了、悔亡了。丁壽昌講革命、還是對的。

徐志銳：四剛居陰：剛柔相濟无偏弊。承擔變革重任故言悔亡。天命規律發展必然結果。

張立文：九四困厄便可過去。所有俘獲改命運則吉祥。

李道平篡疏干寶曰逆取、會牧野也，四國順。兵凶器，牧誓是動凶器，尙書大傳王師還故云前歌後舞也。白魚入舟、天命信矣。呂氏春秋武王伐紂，天雨不休、武王疾行不輟，因大戰克之。家語殷水王、周改殷命、志孚于天故曰改命之吉、信志也。

六經皆史也。從史實中覓材料以論易理耶？抑易爻辭皆載史實？片片段段，易理亦不離人事也。依干寶意所以悔亡者、王師還而前歌後舞也。　王弼謂四能變者。陽變陰、六爻皆應。朱震故云四動初應。李郁：四改柔乃革之至當。　不言變而以四本陰居立說者，如張載之「約己居陰。」曹爲霖：「四剛柔處。」徐志銳：「四剛居陰、剛柔相濟旡偏弊。」

張載、曹爲霖、徐志銳不言九四變、九四已變矣！變則與初應也。然九四變、卦成水火既濟矣。既濟六四自有其爻文「繻有衣袽、終日戒。」豈革九四準陰柔用而備破衣備塞漏而終日戒愼乎？抑其權宜也？

程子謂革之時、勢而當、其悔亡。不知英雄亦可造時、勢也。時、勢亦造英雄、待文王而興者豈是豪傑！

革上體兌說、蘇軾從上卦兌說切入。蘇云「上二陽革而說，故悔亡。」猶之云天下大說歸己，若大旱之望雲霓、怨奚爲後我？朱子所謂「占有其德、其時、有信乃悔亡。」道理是。然似夢囈、待彼人民揭竿而起、彼國家自我腐蛀、我來接收順勢而成也！撿便宜乎？

張浚另闢蹊徑稱：「四本不正有悔，得乾中、革當天下信而悔亡。」　言四本有悔、因九三、九四、九五爲乾、而九四又處其中、所謂得中、中又無不正、若乾之飛龍在天，革自然必當、天下自然必信而悔亡矣！　王夫之故亦謂「四以三陽爲得中，道足以孚、兩陽夾輔、天與人歸。」　毛奇齡尤進一步謂九四得中。毛云：「合卦爲中，互乾中、改易之主。」其徒李塨謂：「互乾居中、躍欲飛。」而云「四離日、上己日」則四變矣、不變如何離日？變則如何互乾？

楊萬里之謂：「四所謂求也退者。」聖人勸可革矣！　與趙彥肅：「革時貴陽故悔亡。」楊簡：「四五皆陽實相孚。」星野恆：「陽能救弊故悔亡。」相左。九四非所謂求也退者矣！

有謂九四武王會紂於牧野、作牧誓。干寶之中流白魚入舟、甲子夜雨是也。胡樸安謂尙書武成、冢君百工咸受命。虞翻則以湯武革命順天應人稱四。項安世、顧炎武、毛奇齡、丁壽昌等是之。而馬通伯謂文王所以自處也。

九四非君位。楊萬里謂「奉君命革之可以吉也。」趙彥肅亦稱「佐君以任革者。」丁壽昌言「四諸侯、湯武以諸侯革命。」顧炎武則以「革九四猶乾九四、諸侯進乎天子。」是明知九四未踐祚而許爲君之不當、故以「湯武革命之爻。」目九四。來知德等則以更務實之稱「九四致命大臣如伊尹、太公。」曹爲霖謂：「有伊尹之志則可。」

革之九三征伐、遭舊勢力反抗、本身又有閃失、但貞固奮發繼續其改業大業並有所修正、取得普遍信賴。爻至九四。毋論其爲商湯、文王、武王，抑弼輔湯武之伊尹與太公、九四之時悔亡者、已拋開憂虞之象矣！改革大業無可嗤點矣！蓋其政綱政策未發現瑕疵乎？再次得人民肯定孚信。改命吉者、可以放手一伸女志矣！戰勝舊勢力，俘獲人心得普遍信賴、若政綱政策搖擺、經破壞之舊道德不能重建新秩序、則其成功也曇花一現而已，可無勉乎！改命吉、依干寶之意、武王會師牧野、動凶器。白魚曾示信、甲子夜雨仍疾行、克紂改殷命、志孚于天故曰改命吉。是革商紂而代彼而興也。伸志也者蒞中國乎？後世所謂彼可取而代之，大丈夫當如是者乎？　武王之志滿矣！孔聖人常嘆禹湯文武、諒武王之志不當止於是！

「改命吉。」易家之說約輯如后：

孔穎達疏：信彼改命之志、從之合時願、所以得吉。

虞翻：巽命、湯武順天應人故改命吉也。

張載：革當見孚於衆，改命唱始，信已可行，故吉。

程頤：改命、改爲也，謂革之。上信下順吉可知。

蘇軾：改命者始受命也。雖未當位而志自信矣。

張浚：以我明德易彼昏政、曰改命吉。互體巽。

張根：革雖不當、志不害民、何疑之有！

朱震：四動改命、故改命之吉、信志也。

楊萬里：四戒疑，不以疑而賊大謀。奉君命革可以吉。

項安世：大壯九四悔亡尚往，革悔亡爲改命吉。

趙彥肅：革貴陽、才剛不過、佐君以任革者。

楊簡：君臣信深、雖改命何害！勿懼悔不改也。
吳澄：四改爲二是改命、改得中而爲卦主故吉。
梁寅：四輔五當變革之任、改之而吉、豈苟然乎！
來知德：改命者、到此已革矣！改命大臣不容不改！
顧炎武：諸侯進乎天子、湯武革命之爻、故曰改命吉。
王夫之：四不當位而剛柔相濟、即未遑制作、天與人歸。
毛奇齡：四兌金、方革故曰改、改命、天命之命。
李光地：四革當、在人有孚、志見信於人故改命得吉。
李塨：互乾居中、躍而欲飛、天下皆信其志正。巽命。
姚配中：之正、陰陽應故信志。
吳汝綸：改命猶更令、非革命之義。四有宜革之孚驗。
丁壽昌：四本互巽、變坎巽不見故改命。非至五始改命。
曹爲霖：命、君命。聖人許其改也。臣改君命亦革也。
星野恆：信所改之命令也。陽能救弊、下亦信從。
馬通伯：言改命不言革命。周雖舊邦、其命維新。改命之說也。
劉次源：民既位、天可知、孚天改命、宜也。
李郁：四乃變革之梗、居兩剛中、又與初爲敵。改柔乃革之至當者。

徐世大：俘奴改命是好的。
胡樸安：尙書武成、冢君百工咸受命、封諸侯，皆改命事。
高亨：罰命已下又改。君子有罰、改命乃吉。
李鏡池：捉到俘虜、了解敵情、改變命令、戰勝了。
屈萬里：改命吉！另任以新職。
傅隸樸：四得寵任、除舊佈新的命令如約法三章。順天應人。
金景芳：引程傳改、爲也。改命就是改朝換代。
徐志銳：九四變革、順天應人、天命規律發展必然結果。
張立文：困厄過去、有所俘獲而改變命運則吉祥。
虞翻、張浚、李塨等之巽命、蓋謂二三四爻也，蓋謂四五六爻之反也。附會巽爲命矣、
　與改命何涉？如此而覓象、無益爻辭文字之釋疑也
改命、程子改爲。
蘇軾：始受命。
張浚：我明德易彼昏政。
楊萬里：奉君命革。
趙彥肅：佐君任革。
吳澄：四改爲二得中爲卦主。

來知德：改命者、到此已革矣。不容不改。
顧炎武：諸侯進乎天子。
王夫之：即未遑制作、天與人歸。
毛奇齡：方革曰改、改天命之命。
李塨：互乾居中、躍飛、天下皆信其志正。
吳汝綸：改命猶更令。宜革之孚驗。非革命之義。
曹爲霖：君命。聖人許其改也、臣改君命亦革。
馬通伯：不言革命。詩周雖舊邦、其命維新。改命也。
李郁：四革之梗，改柔至當。
徐世大：孚爲俘奴。俘奴改命好的。
胡樸安：百工咸受命、封諸侯皆改命事。
高亨：孚爲罰、君子有罰、改命乃吉。
李鏡池：孚爲俘虜。捉到俘虜、改變命令、戰勝了。
屈萬里：改命、另任以新職。
傅隸樸：除舊佈新的命令、如約法三章。
金景芳：改命就是改朝換代。
徐志銳：天命規律發展必然結果。

程子之改命「改爲」也。前已有孚於革言三就矣、九四又再言有孚。改爲謂革之，似不能吾道一以貫之矣！雖具革之時、勢、任、志、用兼至誠、吾恐其另起爐灶之難爲也。

蘇軾之「始受命。」九三既已征凶，三就矣、九四又再云始受命、則九三之有孚、乃九三私自行動虜獲人心耶？九三非常命行動耶？　吳澄之四改爲二得中爲卦主、卦豈不成水天需矣？四動初應成水火既濟尚不可、又安能四改爲二、上水下天爲他卦耶？馬通伯謂不言革命。高亨、李鏡池爲改變命令、屈萬里爲另任新職、似皆與驚天動地、天翻地覆之澤火革：相毀、相生之意無關。豈更改、變革有所不足耶？金景芳直謂「改命就是改朝換代。」與鄭玄之易服色。徐世大之革命，彖之湯武革命，順天應人說相同也。非如徐志銳之謂天命規律發展必然結果。蓋事在人爲、九四經九三大動作後、成湯誕生、周室誕生、正是經由革命、諸侯進爲天子之時也。

九四抛開憂虞、無可嗤點矣！亦無可瑕疵矣！得上下人等孚信。順天理，愜民心。改善人民生活、社會生命、國民生計、群衆生命。全盤規劃照顧到矣、不吉亦難矣！拯斯民出困境而登之衽席上之志伸矣，遂矣。孔穎達所謂「不勞占決，信德自著。」者也。

九五、大人虎變，未占有孚。

象曰：大人虎變，其文炳也。

京房：象曰大人虎辨其文炳也。（晁氏）　虎文疏而著。（漢上易傳）

馬融：虎變威德，折衝萬里，望風而信，以喻舜舞干羽而有苗自服；周公脩文德、越裳獻雉、故曰未占有孚矣。（集解）

宋衷：陽稱大，五以陽居中故曰大人。兌爲白虎，九者變爻，故曰大人虎變，其文炳也。（集解）

王弼：未占而孚，合時心也。

孔穎達：居中處尊，以大人之德爲革主，損益前王、創制立法、有文章之美、似虎變其文彪炳、是湯武革命應人，不勞占決、信德自著。

李鼎祚引虞翻：乾爲大人謂五，蒙坤爲虎變，離爲占，四未之正，五未在坎故未占有孚也。

張載：以剛居尊，說而唱下，爲衆所睹，其文炳然。不卜而孚，望而可信，下觀而化，革著盛焉。虎變何疚之有！

程頤：九五剛才、中正德、居尊位、革天下事无不當、變革之炳然昭著、不待占決知其當而天下必信也。事理炳著如虎之文采。龍虎、大人之象。

蘇軾：虎有文而能神故大人爲虎，豹有文不能神、君子爲豹。大人之革、在我而已，炳然自新，天下所謂文者自廢、豈待占而後信！非大人而革者，皆毀人以自成，故人之從之也疑。

張浚：文王道德、天下從風、所變者大，不待質鬼神而道已孚。兌西方爲虎，互離龜爲占。紂不道，文已革於先，觀詩漢廣德教所及，其爲孚豈待占而後知哉！

張根：所謂作而萬物睹。

朱震：乾爲大人、兌虎。二離變兌爲文明、虎變也。五則健中正、舉事无悔、不假占決、質之鬼神、其下既孚。非天下之至誠能如是乎！

鄭汝諧：革道久而後信。五上革之成。五剛中正居尊而說、盡革之美、未占而孚也。革初、人情難與慮始、五革之成、德威可信、卜筮罔不是孚，虎變之謂也。

李衡引牧：五革主、威武宣、文德著。革言三就，命令已申。四改命信志、物盡從化。至五大亨以正、不假占而孚也。

楊萬里：九五不待占而決也。未占而孚、龜筮有所弗詢，鬼神有所弗謀，剛資居說上、兼四爻之助、可變可革之理灼然如虎文之炳，何待占！湯武革命順天應人之事也。

朱熹：虎大人象。自新新民之極，順天應人之時也。五以陽剛中正爲革主，必未占時人已信其如此乃足當之。變謂希革而毛毨也。

項安世：五以天下文明之德來居萬物咸睹之位，其文炳然、革不足言之。未占有孚、孚不足以言之。武王垂拱天下治也。革九五自大壯九二乾來、屬金、有虎象。陽虎陰豹。

趙彥肅：兌爲虎。兌變也。九五變、決上六、上六變從九五。虎豹大小之異，其才則大人有作，風行草偃爾。

楊簡：大人之心天地之心、有所變革、豈淺士能識哉！未占有孚、信在事先。大人心即道心、變無非道者。虎文生天也、發如風雲、威如雷霆，大人變天也亦自爾也。

吳澄：革將又變爲有毛之皮、五大人也。離陰質而文明象虎、虎革變有文也。未占猶勿問。

占不待占而知之矣！

梁寅：兌有虎象。大人德變化不測有類虎者。五陽剛中正居尊位、其盛德光輝爲何哉！不待占人皆信之與！蓋大人者、天且弗違而況人乎！傳言湯武革命、其唯九五乎！

來知德：革主得稱大人。艮虎。九五陽剛中正之德、當兌金肅殺之秋，四改命之佐共改其命矣、九五之位不待占決而自孚信者也。占者有是德方應是占矣。

王船山：此革命且改制矣。承天建極之大人。虎變亦於革取象。變損益前制而救敝也。內信諸己、外信諸人，裁成百王，占者決於從王可也。

毛奇齡：九五大人，改命後復創制立法。周公修文德不名改而名變。五乾金合兌金，虎金獸相合。九五孚斷之未占、此大人之業也。

折中引龔煥曰：革以孚信爲主，故彖與三四皆以孚爲言，至五之未占有孚則不言而信而無以復加矣！

李光地：有德有位當革之時，大人虎變之象。所謂順乎天而應乎人者，何待占而後知人之孚信乎！傳象虎變文炳也。

李塨：於是而革者稱大人矣。命之既改、創制立法、更朔易服，乘乾向離、文明飾治。如虎之采、炳然外著，是何待占！大坎孚、三有孚、皆歸陽爻心實孚也。

姚配中案宋衷注：爻由晝變、七變之九也。案虞翻注五變成爻四化順之五在坎互離。

吳汝綸：變、辯通借即斑字，故象曰文，不取變革爲義。未占有孚猶云不卦可知也。

丁壽昌：宋仲子曰陽稱大、五以陽居中故大人。兌白虎、九變爻故大人虎變。蘇蒿坪曰兌口占象。五當兌體之半、故曰未占有孚。文炳取應離家。

曹爲霖：馬扶風曰大人虎變威德、折衝萬里、望風而信，以喻舜禹舞干羽而有苗自服，周公修文德而越裳獻雉。故曰未占有孚矣。

星野恆：虎者大人象。陽剛中正居尊位，此大人自新其德而民德日新者。未占天下信之，故云未占有孚。綏來動和、不期然而然、亦何待占決哉！

馬通伯：胡炳文曰仲夏毛希革易、仲秋毛落更生。卦體離兌故有此象。包彬曰變質爲文、周家所尚。案當位任革之時。天與人歸自然之效、不假卜筮祥瑞之說、未占有孚。

楊樹達：群書治要引易言大人虎變、君子豹變、即以是論諭人主。　論衡佚文篇侯氣變者天文明、衣法天。天人以文爲觀。風俗通傳曰山有猛虎、草木茂長。

劉次源：五剛中正。大人虎變、一怒民安、有孚已久、天從人願。煥然一新、文明以建。

李郁：大人指六二。二五易、柔居尊、此爲虎變。不謂之龍飛。離明在上、黃中通理。書云「若卜筮、罔不是孚。」明燭萬里，故未占有孚矣。傳象：此深贊大人也。

徐世大：大人們像虎會變，就沒占卜到俘奴有何力量。統治者失敗、被人食肉寢皮。初以萬世之業、未計及俘奴也。

胡樸安：虎變、言封同姓異姓諸侯也。諸侯服色，革殷舊，炳然燦著，如虎之文。不待占決而天下信也。

高亨：變疑借爲辨。从文辡聲。大人虎辨猶云大人虎文。喻其政威猛，民視之如虎也。筮遇此爻者、未筮前已罰加其身。故曰大人虎變、未占有孚。

李鏡池：孫子兵者詭道也……怒而撓之。大將激之怒、不顧本謀。易怒正好爲敵所利用。如對士兵作威福、士兵離心。虎變、發怒的樣子。未占有孚：未必有得。

屈萬里：太玄經斐如邠如、虎豹文如。揚子聖人虎其文炳、君子豹其文蔚。虎變熹平石經皆作辬。晁氏云京作辨。易順鼎謂二變字皆應作辨、通斑。說文作辬。

傅隸樸：九五帝王位故用大人相稱、乾龍此虎喻公卿變侯王、革義爲變、侯王變天子象。虎皮毛斑璨、也是政令輝煌。沛公約法、人惟恐沛公不爲秦王。還用得著占？故未占有孚。

金景芳：九五得中位：大人稱虎、稱龍。虎變就是大人之變。變革就是革命。大人革天下之事、不必占卜、人們就相信的。傳象革命已成、發號施令、事理簡明，若虎文之炳然也。

徐志銳：九五陽剛中正大人、新統治者除舊弊、創新制。虎是威嚴、喻新君大人，令人矚目。文炳喻新政績昭著、从而開創了新局面。

張立文：九五、大人虎便（變），未占有復（孚）。　譯：九五、大人穿著如虎文的衣服，威猛殘暴，（士卒離心）故沒有什麼俘獲。　注：便假爲變。虎變虎文。　復俘獲。

林漢仕案：易家創立之比應、互體、半象、兩象易、旁通、世應、飛伏等法、無非在配合爻辭解卦、以卦爻辭爲中心、穿鑿卦變、五行納甲等而參求、朱子謂「幸其偶合。」如本爻九五、飛龍在天龍象也，今降爲虎。因爻辭爲虎變、易家亦隨之變、宋衷：兌爲白虎，張浚、趙彥肅：兌西方屬金、有虎象。稱艮虎爲來知德取九家逸象。然注引吳澄以爲「革九五無艮。」且認爲虎當爲膚字之誤。說卦孟氏逸象坤爲虎，艮爲豹爲狼。虞氏逸象亦稱坤爲虎。虞翻即以乾爲大人謂五蒙坤爲虎變。然習慣稱天子爲龍。李郁故謂「此爲虎變、不謂龍飛。」徐世大更蔑視虎虎威儀爲「被人食肉寢皮。」今九五繼九三征凶貞厲有孚、九四之有孚、九五尤更進一層「未占有孚。」有食肉寢皮之能耐、如之何反方之被人食肉、寢皮、次於飛龍之走獸老虎？不是以湯武——萬王之王稱其革而當乎？馬融謂喻：舜無干羽而有苗自服；周公脩文德越裳獻雞。看易家如何配合爻辭變變：

象曰：大人虎變、其文炳也。

馬融：虎變威德、折衝萬里、望風而信。故未占有孚。

宋衷：陽稱大、五陽居中爲大人。兌白虎、九變爻。

王弼：合時心。

孔穎達：居中處尊、創制立法、有文章之美、似虎文彪炳。湯武革命、不勞占決、信德自著。

虞翻：乾大人謂五、蒙坤虎變。五未在坎故未占有孚。

張載：以剛居尊、爲衆所睹、其文炳然、望而可信。

程頤：九五剛中、變革炳然如虎文采。龍虎大人之象。

蘇軾：虎有文而能神故大人爲虎。大人之革在我而已。

張浚：文王道德所變者大、兌西方爲虎、孚豈待占！
張栻：所謂作而萬物睹。
朱震：二離變兌爲文明、虎變也。五剛中正舉事无悔。
鄭汝諧：五剛中正而說、盡革之美，卜筮罔不是孚。
李衡引牧：五革主、文德著、大亨以正、不假占而孚也。
楊萬里：剛資居說上、可變革之理灼然如虎文之炳。
朱熹：虎、大人象。變謂希革而毛毨也。
項安世：革九五自大壯九二乾來、屬金虎象。陽虎陰豹。
趙彥肅：兌虎、兌變也。虎豹大小之異。作則風行草偃。
楊簡：大人之心天地之心、虎發如風雲、威如雷霆、大人變亦自爾也。
吳澄：五大人、離陰質而文明象虎。未占猶勿問。
梁寅：大人德變化不測有類虎者。大人天且弗違、況人乎！
來知德：艮虎，當兌秋肅殺、九五之位不待占自孚也。
王船山：革命改制。虎變亦以革取象。裁成百王。
毛奇齡：九五改命後立法。乾金合兌金虎金獸相合。
折中引：三四以孚言、至五則不言而信無以復加矣。
李光地：有德有位當革、大人虎變象、何待占！

李塨：命改法立、更朔易服、乘乾向離、文如虎文采。
姚配中：宋衷七變之九也。虞翻四化順、五在坎互離。
吳汝綸：變辯通借、即斑字。不取變革義。不卦可知。
丁壽昌引：兌白虎、九變爻故大人虎變。文炳取應離。
星野恆：此大人自新其德而民德日新者、未占天下信之。
馬通伯：胡炳文曰仲夏毛希革易、仲秋毛落更生。
楊樹達引：大人虎變……即以是論諭人主。風俗通傳曰：「山有猛虎、草木茂長。」
李郁：大人指六二、二五易、此爲虎變。不謂龍飛。
徐世大：大人們像虎會變。統治者失敗、被人食肉寢皮。
胡樸安：虎變、封諸侯也。革殷舊、炳然燦著如虎之文。
高亨：變疑借辨、虎辨猶虎文。喻政威猛、民視之如虎也。
李鏡池：虎變、發怒的樣子，未占有孚、未必有得。
屈萬里：變、熹平石經作辯、京作辨、通斑。說文：辩。
傅隸樸：乾龍、此虎喻公卿變侯王。革義變。虎斑璨、政令輝煌。
金景芳：大人稱虎、稱龍。變革就是革命。
徐志銳：虎喻新君大人、文炳喻新政績昭著。
張立文：大人虎便。大人穿著如虎文衣服、威猛殘暴、故沒有什麼俘獲。

侍君如侍虎。依俗稱君爲虎。非謂其猛、蓋謂其無人性也。無時不可翻臉、無時不可殺人、隨其喜愛厭惡。故侍君如侍虎、謂險也。無常理可循、朝不保夕。然亦謂熟透虎性、可狎玩弄於股掌間。視彼爲獸則減一分敬意。虎威亦可犯也。虎爲萬獸王、爲虎添翼、爲虎作倀並非好辭。虎士、虎牙、虎臣、虎將、虎威、虎賁、虎視、皆稱王之爪牙。虎拜亦稱臣也。然虎骨、虎膏、虎鞭、虎皮則爲人食用矣！今取其一猛之利、龍顏大怒、龍顏大喜爲虎怒虎喜。大人虎變、只爲其文炳也。五陽居中爲大人、兌白虎。（宋衷）湯武革命、創制立法、有文章之美、似虎文彪炳。（孔穎達）程子時祗好將天上飛之猛龍、與地上爬之猛虎、並駕齊驅、等同其值、故云：「龍虎、大人之象。」

今以次飛龍之虎喻君、則虎有虎象，虎變。大人，說者謂：

陽稱大、五陽居中爲大人。（宋衷）

乾大人謂五。（虞翻）

虎、大人象。（朱熹）

大人之心天地之心。（楊簡）　大人德變化不測。（梁寅）

大人指六二。（李郁）

大人象虎會變。（徐世大）

大人稱虎、稱龍。（金景芳）　蓋大人即虎、虎即大人也。

虎喻新君大人。（徐志鋭）

以宋衷君之「陽大、五陽居中爲大人。」可以一概其餘。

虎象：

兌爲白虎。（宋衷） 坤爲虎。（虞翻） 革九五自大壯九二乾來，屬金、虎象。陽虎陰豹。（項安世） 離陰質而文明象虎。（吳澄） 大人德變化不測有類虎者。（梁寅） 艮虎。（來知德） 乾金合兌金虎金獸相合。（毛奇齡） 虎諭人主。（楊樹達引） 此虎喻公卿變侯王。（傅隸樸） 大人稱虎稱龍。（金景芳） 虎喻新君大人。（徐志銳）

變者

馬融以虎變威德、折衝萬里、望風而信、故未占孚。

宋衷謂九變爻。

程頤：變革炳然、如虎文采

蘇軾：虎有文而能神。

張根以變爲作、所謂作而萬物睹。趙彥肅作則風行草偃。

二離變兌爲文明、虎變。（朱震）

可變革之理灼然如虎文之炳。（楊萬里）

變謂希革而毛毨也。（朱熹） （毨：鳥獸更生毛羽美悅狀）

大人德變化不測有類虎者。（梁寅）

虎變亦以革取象、裁成百王。（王船山）

有德有位當革，大人虎變象。（李光地）

更朔易服。（李塨）

變辯通借，即斑字。不取變革義。（吳汝綸）

大人自新其德。（星野恆）

二五易爲虎變。（李郁）

象虎會變、被人食肉寢皮。（徐世大）

封諸侯、革殷舊，炳燦如虎文。（胡樸安）

變疑借爲辩、虎辩、虎文。喻政猛、民視之如虎。（高亨）

虎變、發怒的樣子。（李鏡池）

熹平石經作辯、亦作辨、通斑。說文辩。（屈萬里）

革義變、虎斑瑑、政令輝煌。（傅隸樸）

變革就是革命。（金景芳）

大人虎便、穿著如虎文衣服、威猛殘暴。沒俘獲。（張立文）

文王一怒而安天下之民。虎變威德是可折衝萬里、望風而信。今爻三四五連稱有孚、當是萬姓之王、萬王之王、其變其革、率天下之民而民從之者也。所謂聖人作而萬物睹、風行草偃是必然也。故變之謂毛毨，有虎文能神，二離變兌爲文明，二五易爲虎變。是有變象。變則變矣，孚信其爲斑瑑殘暴可懼，抑孚信其怒可殺人？故又不如易服色、封諸侯、裁成百王，變革就是革命、爲湯武一新人民耳目說較具說服力、如是虎怒、虎辨、斑璨、虎便、有德有位當革變、可以概而括之。即大人德變化不測有類虎者、從一怒而安天下之民著眼、亦無不是也。故九五、陽德剛中如商湯、周武、一怒而安天下、不待質諸鬼神、不假占而孚天下矣！九五之大人虎變、未占有孚其當如是乎？似當如是也。

上六、君子豹變，小人革面。征凶，居貞吉。

象曰：君子豹變，其文蔚也。小人革面，順以從君也。

孟喜：君子豹變，其文斐也。

干寶：君子謂太公周公之徒也。豹虎炳之次、殷頑民從化故曰小人革面、天下既定必倒載干戈，包以虎皮、使爲諸侯，故曰征凶、居貞吉、得位、有應君子之象也。（集解）

陸績：兌之陽爻稱虎、陰爻豹、豹虎類而小者也。君子小於大人故曰豹變，其文蔚也。（集解）

王弼：居變終，變道已成，君子之處、能成其文，小人樂成、變面以順上也。

孔穎達：居革終變道已成，君子雖不能同九五革命創制，如虎文彪炳，然亦潤色鴻業如豹文之蔚縟。小人處之、但變其顏容順上而已！

李鼎祚引虞翻：蒙艮爲君子，爲豹，從乾而更故君子豹變。

張載：以柔德德、不及九五，剛中炳明，故但文章蔚縟，能使小人改觀而從之。　又虎變則其文至，不待占而有信。上以文顏子、豹變爲藝！有若旡實若虛、有顏子之心，不爲顏子之文可也。

程頤：革道成、其著見若豹之彬蔚也。小人昏愚難遷，能心化畏威寡罪、革命以從上之教令也。既革更從深治則已甚、當貞固自守則吉也。居貞爲革終言，非爲六戒。

蘇軾：上六見革於大人者也。豹生有文，豈旡素而能？若小人朝寇讎、莫腹心、旡足怪。下二陽德不足故二以征吉，上二陽大人，故上六以征則凶。

張浚：其湯武事乎？兵不戢將有自焚之災，曰征凶。治之以仁義爲居貞。禮法刑政密矣，曰其文蔚。考周公訓迪頑民辭，凡欲革其心也，兌說見于外爲革面。

張根：有其德旡其位，故止于革面，苟強欲改作以服之，適增咎而已。

朱震：陸績曰兌陽稱虎、陰豹。考天文箕爲豹。同位於寅。三交上成九、君子豹變。上交三成六、小人革面內嚮、順從其上。成不可復動、故三征凶、上居貞吉。弊去當守以懼、上三爻革命定當復其常。

鄭汝諧：初明體曰不可有爲，上兌柔小人乃有如是之吉，人情難慮始、可樂成。上六居革終、小人不得不革面。革道成故戒征凶，居正吉。五君上臣，虎豹示君臣之別也。

李衡引干：君子謂周召之徒、豹蔚炳之次、天下既定當偃武故征凶。　引子：小人安舊政、革面而已！　引陸：小人心猶未革、動危殆。　引石：居正吉、垂拱天下治。　引牧：四至上變道成、居貞吉、征皆凶。主宣文德。

楊萬里：上戒革之過。四可革、五能革、上從革，從革在人，革心蔚然如豹文不可掩，小人革面順從足矣，必強革心、凶道也故征凶。安居正守吉矣。

朱熹：革道已成如豹之變、小人亦革面聽從矣。不可以往而居正則吉。變革非得己者、不可以過、上六之才亦不可以有行。占者如之。

項安世：上六革終、說極。君子蔚然成章、小人回心向道，爲武帝紛更諸事則凶焉。上六革效。小人革面非謂面革心不革。面者向也。小人革面順以從君也。

趙彥肅：兌成乾不可更往，居貞可也。以事言則君子從化深，小人從化淺爾。

楊簡：君子變不逮大人故豹變。小人面順中未必服。強所不及將反致凶。當居貞由中發不求諸外，不可強通。上六體柔而非大中。故有不逮聖人之象。

吳澄：九五與離中畫相應、文明見於外故爲虎變、上六陰爲小故爲豹、言先無毛之革變爲有文之豹。上六小人內剛很外柔媚以順九三之君、占靜守可、征行則凶、居謂靜處不行也。

梁寅：上六革終、革道之成也。君子之革以其彊中而彪外，小人之革可變其外、難變其心故謂之革面。以其下愚也。革道成守其貞靜則吉。若復有爲則徒事煩擾。

來知德：上六豹變爲公侯。小人、百姓。以力服人者面從。革舊日詐僞也。上六公侯開國承家、百姓悅服。故戒占者不守改革而別有所往則凶，能守改革之命則正而吉也。

王夫之：時已革矣！爲君子於此而不安於已廢、欲有所行則凶。惟知時而自守作賓之正、微子所以存商。小人之情從時而悅、宜居貞，君子守先代文物，豈以居貞爲吉哉！

毛奇齡：鼎革旣定、天下孰敢外其化？則雖虎豹炳蔚、偃然文治猶恐其遽動，時使然也。君子豹變、小人革面嚮化。揚子雲曰貍變豹豹變則虎。陸公理曰陽大虎，陰小豹。

折中引龔煥：上居革當守、革道已成故居貞則吉。　引楊啓新：上六非革之者、上六特承其治定功成之日耳。　案：虎豹相似、繼體守成爲安、仁義成俗、心無不革矣！革道大成。

李光地：變之大、文采可觀者虎、其次豹、凡野獸變化皆能革其面。若賢繼德久，道化成則豹變。故小人小革面而聽從矣。斯時居常則吉、有所征則凶。革道之至以此終焉。

李塨：上六由創而守矣。（乾有虎象、兌白虎。兌陽爻虎、陰爻豹）有位君子豹變。無位小人改易面目（指上六）四海太平。務在休息、動則凶。居正而言。（虎大文疏、豹小文密曰蔚）

孫星衍傳象引釋文蔚音尉，又紆弗反。說文作斐。

姚配中案：變畫變之爻八變之六也。小人謂民，上居卦終與四同體，故四於上言之乾爲首，四位在乾故稱面。四本陽、化順五故革面。上征之三則失位故凶，不之三故居貞吉。

吳汝綸：面向也。革面所謂回心向道也。三之征凶、當革而時未可革者故貞厲。上之征凶、已革不可再革者也。故居貞吉也。

丁壽昌：兪石澗曰小人居革終幡然嚮道從君、無不誠服。或謂心不革、非也。蘇蒿坪曰君子小人以位言、面向也。君子乾、小人兌象。征乾象，兌澤止水居象。

曹爲霖：來氏曰革命如鼓刀叟佐周受命，蕭何諸臣或販繒屠狗、開國承家，豹變也。班孟堅所謂雲起龍驤，化爲侯王者是也。九五虎變爲天子，上六豹變爲公侯。小人革舊日詐僞也。

星野恆：五君故虎變、六無位故云豹變。陰處革之成者，君子改過遷善、小人革面從教命。各隨其德、黎明於變時雍。大化之行、固非戶喩人曉而可能也。

馬通伯：白虎西方之宿也。乾兌皆西方卦。乾陽爲虎。兌陰爲豹。馮當可曰牛革取其固、虎豹革取其文。王宗傳曰已革患不能守、上曰居貞吉、以陰靜終也。龔煥曰當守故居貞吉。宋書升曰以安民爲要務、此居貞之大義。

劉次源：革道已成。小人革面、革其心。亦君子也。與民休息，天下大順，致乎太平也。

李郁：君子指士人言。小人指庶民。上六改革之功已成，足以收變時雍之效。蚩蚩者氓除舊染、求新知。故曰革面。然與九三易位則凶道、變剛居上乃爲吉。

徐世大：先生們像豹搖身一變，自由農改臉相看。離開這有福、守久好。上爻戒革命宜固守成果、不宜眩成功。再征則凶。革者在「取而代之」而已，未能眞有所革新也。

胡樸安：豹變言任用官吏也。尙書武成，建官惟賢，位事惟能是也。豹變者官吏服色蔚然繁縟，蓋周尙文也。民順君命而變。武成之垂拱天下治。居貞吉也。征則凶。

高亨：變疑借爲辮。君子豹文、喩其政威猛、民視之如豹也。革韋也。言小人面如革韋不知恥也。道之以政、小人革面、民免無恥之意。上下如此、征伐民不用命必敗。居貞非承上文。卜居者則吉。

李鏡池：革面變臉。對長官不服。長官發火、士兵不滿，甚至倒戈、結果導致戰爭失敗。居貞吉、另占附載。本卦內容主要講戰爭。用俘虜作牲。聯系祭祀。

屈萬里：王引之革面者、改其所鄉而鄉君也。文選作回面李善注引回面內鄉。　征、行。

蔚說文作斐。錢竹汀曰斐即蔚之異文。

傅隸樸：上六革命成功後、舊朝卿大大納款獻誠獲封、故曰君子豹變。百姓簞食以迎、這是小人革面。當偃武修文。不可再征伐歸順之人，故曰征凶。當居中守正安撫瘡痍。

金景芳：革命成功以后、君子也就豹變了。小人革面。王引之認爲革向。其實革面嘛、就是表面上贊成革命、表面上服從聽命。小人處在治于人的地位、順以从君也。革卦講的就是革命。不簡單哪、我們該重視這個革卦。

徐志銳：革道終則移風易俗。新居稱虎變、喻政績顯著。君子受感化自新其德、如豹換毛、隱然可見。民衆改變其所向、接受新君統治。面、鄉也向同。王引之按。

張立文：尙（上）六、君子豹便，小人勒（革）〔面，征凶。〕居，貞吉。　譯：上六、君子變臉如豹，威猛兇狠，小人改面順從而心未化，故出師征伐則凶。如安居、占問則吉祥。

注：豹變猶豹文、言穿著豹文衣服或變臉。

林漢仕：莊子謂騏驥驊騮，捕鼠不如貍狌，寸有所長；梁麗可以光城，不可窒穴，尺有所短。猶之銅不可爲弩，木不可爲釜，馬不服重、牛不追速。（宋稗類鈔）各有短長也。惟人萬能、可屈可伸。聖愚同體、佛凡一身、覺與否耳。今爻謂豹變、九五虎變、顯然變前是一番氣象、變後又是一番氣象、作易者正嘉其變易後風光、由凡入聖之難能可貴也。變、即天生我才之提昇：可以終老亭長、可以橫掃宇內。一怒而諸侯懼、天下安。則其器非止瑚璉也。此人之所以異於禽獸萬物者乎？

虎變、豹變、以獸況人，而又所以喻人上人者、祇取其威猛勇毅之行與彪炳眩斐之文采也。而略其獸性之貪婪險惡。故九五一怒而安天下之民、不待質諸鬼神而信滿天下。上六為公卿位、曾經滄海者也。爻辭分九五為大人、上六為君子。大人君子、其實一體也；九五為虎、上六為豹。虎豹之成長者言是有大小之別、豹之畏虎、虎能噬豹偶然可見。然虎豹各據獵場、鮮有同臺演出。是虎豹各擅生存環境與舞臺也。虎可欺豹、豹必避虎。然九五、上六一體也。上六為九五之未來、九五為上六之前日、歷程階段殊耳！故大人君子一也、虎豹亦一也。取其文蔚耳已！　茲輯易家爻讚以詳小人為何革面？征凶，居貞吉。其說解能否深得我心：

象曰：豹變、文蔚。革面、順從君也。

孟喜：豹變、其文斐。

干寶：君子、太公周公徒。殷頑民從化故小人革面

陸績：兌陽爻虎、陰爻豹。君子小於大人。

王弼：變道已成、小人樂變面順上。

孔穎達：君子潤色鴻業如豹文蔚縟。小人變顏容順上而已。

李引虞翻：蒙艮為君子、為豹。從乾而更故豹變。

張載：不及九五剛中炳明、但文章蔚縟、能使小人改觀。
程子：革成、其著若豹彬蔚也。小人昏愚畏威以從上教令。
蘇軾：豹生有文、豈旡素而能？小人朝寇讎、莫腹心、旡足怪。
張浚：禮法刑政密、曰其文蔚。周公訓迪頑民辭，欲革其心、兌說見爲革面。
張根：有德旡位故止于革面。
朱震：考天文箕爲豹。三交上成九豹變。交三成六、小人革面順上。
鄭汝諧：革終小人不得不革面。革道成、戒征凶。虎豹示君臣之別。
李衡引干：君子、周召之徒。豹、蔚炳之次。
　引子：小人安舊政、革面而已。
　引陸：小人心猶未革、動危殆。　引牧：主宣文德。
楊萬里：上從革、戒革之過。小人革面足矣。強革心凶道也。
朱熹：小人亦革面聽從。變革非得已者、不可以過。
項安世：革終說極、君子蔚然成章、小人回心向道從君。
趙彥肅：兌成乾不可更往。君子從化深、小人化淺爾！
楊簡：小人面順、中未必服。上六體柔非大中、不違聖人象。
吳澄：上六陰小故爲豹。上六小人內剛很外，柔媚以順九三之君。
梁寅：君子革以弸中彪外、小人革變其外以其下愚也。

來知德：上六豹變爲公侯。小人百姓。以力服人者面從。上六公侯開國承家、百姓悅服。

王夫之：時已革矣。君子惟知時自守、作賓之正。

毛奇齡：鼎革已定、天下孰敢外其化！君子豹變、小人革面嚮化。揚子雲：貍變豹、豹變虎。

折中：虎豹相似、繼體守成爲安、心無不革、革道大成。

李光地：凡野獸變化皆能革其面。若賢繼德久道化成則豹變，故小人革面聽從矣。

李塨：上六由創而守矣。有位君子豹變、小人上六改易面目、四海太平。

孫星衍：蔚、說文作斐。

姚配中：小人謂民、與四同體、四乾面、四化順五革面。

吳汝綸：面向也。革面，回心向道。

丁壽昌引兪石澗：小人幡然嚮道。或謂心不革，非也。

引蘇蒿坪：面向、君子乾、小人兌、以位言。

曹爲霖：鼓力叟佐周、販繒屠狗、開國承家、豹變也。上六豹變爲公侯。小人革舊日詐僞也。

星野恆：六無位故云豹變。小人革面、黎民於變時雍。

馬通伯：虎豹革取其文。兌陰爲豹。

劉次源：革道成、小人革面革其心、亦君子也。

李郁：君子士人言、小人庶民。蚩蚩者氓除舊染，求新知，故曰革面。

徐世大：先生們像豹搖身一變、自由農改臉相看。革者取而代之而已！未能眞有所革新也。

胡樸安：豹變言任用官吏。服色蔚然繁縟，蓋周尙文也。民順君命而變。

高亨：變疑借爲辮。豹喻政威猛，小人面如革不知恥。道之以政、小人革面，民免無恥之意。

李鏡池：革面變臉、對長官不服。長官火、導致戰爭失敗。

屈萬里：王引之革面、改所鄉鄉君。文選回面，善注內鄉。

傅隸樸：革成。舊朝納款獻誠獲封、爲豹變。百姓簞食迎、是小人革面。

金景芳：革面嘛就是表面上贊成革命，服從聽命。

徐志銳：革終新君虎變喩政績顯著，君子自新其德如豹換毛。民衆接受新君統治。

張立文：君子豹便。君子變臉如豹、威猛兇狠。小人面順而心未化。　自注：言穿著豹文衣服或變臉。

豹變⑴文蔚、文斐。太公周公之徒、其販繒屠狗、開國承家、女公女侯、服色蔚然繁縟。

⑵禮法刑政密、天下孰敢外其化。喩政威猛、道之以政、民免無恥耳。

⑶君子潤色鴻業如豹文蔚縟、小民百姓皤然回心向道、革面亦革心。兌說、百姓悅

揚子雲貍變豹。

服。

(4)有德旡位，止于革面。不得不革面。小人化淺。

(5)考天文箕爲豹、三交上成九豹變。

(6)野獸變化皆能革其面，若賢繼德久、道化成則豹變。

(7)豹變言任用官吏、服色蔚然、蓋周尚文。

(8)六無位故云豹變。兌陰爲豹。(上六陰小故爲豹)

革面：

(1)革面順從君也。如殷頑民從化。小人樂變面順上。

(2)小人變顏容順上而已。小人愚畏威。不得不革面。

(3)小人朝寇讎、莫腹心、旡足怪。以其下愚也。

(4)兌說見爲革面。

(5)小人安舊政、心猶未革。小人革面足矣。

(6)上六小人內剛很外、柔媚順九三君。

(7)四乾面、化順五爲革面。

(8)革面、回心向道、幡然嚮道、革舊日詐僞。小人革面革其心、亦君子也。改所鄉鄉君。

(9)小人兌、以位言。面、向也。 蚩蚩者氓除舊染、求新知、黎民於變時雍。

⑽小人面如革、不知恥。道之以政。

⑾革面、變臉、對長官不服。

其餘尚有簞食迎王師，表面上贊成革命、服從聽命、似可併入⑴⑵說也。

所謂君子豹變、揚雄謂貍變豹。在自然界乃絕無可能事、此喻前日販繒屠狗、今日開國承家、封公封侯矣。所制訂之禮法嚴而密、在網民入罪而後快、民免無恥耳。若女公女侯百姓悅服、則萬民悅服、百姓幡然從善矣。所謂有恥且格也。　朱震之箕爲豹。同位於寅。（卦氣圖可見）鄭衍通謂箕宿在艮上爻。孟氏逸象艮爲豹爲狼。如此解上六豹變。還不如朱震引陸績兌陰豹。陽大故兌虎、陰小爲豹。又不如胡樸安之豹變爲官吏服色蔚然繁縟，氣象一新。來氏之鼓刀叟佐周受命、爾公爾候、盡心王事、百姓說服，革面又革心也。劉次源君謂小人革面革其心亦君子也。則干寶之殷頑民從化。不得稱之爲頑民矣！蓋革與被革同爲殷民、先覺後覺耳。其不覺者、蘇軾之所謂下愚也。即李衡引子所謂小人安舊政者耶？至謂上六媚九三君。四乾化爲革面。小人面皮厚如革。革面爲變臉不服從長官。實不如李郁之蚩蚩者氓除舊染，求新知。蓋上六本小人、功業隨革而提升、本同爲一政府下之小民、因革而全民兌說。上六之兼言食人與食於人者也。豹變爲同是國民中先覺者、出生入死拼理念而成就其事業功名:，小人革面則同是一國之民、經前者之鼓動風潮而望風歸順，後知後覺者，所謂出水火之斯民耶？若然、征凶者、干寶之謂「天下既定、必倒載干戈，包以虎皮、使爲諸侯。」程頤之既革更從深治則已甚。當貞固自守則吉。　朱震之弊去當守以懼。　梁寅之革道成、守其貞靜則吉。　王夫之：時已革矣、欲有所行則凶。　李塨：四海太平、務在休息、動則凶。　吳汝綸：已革不可再革者也。　馬通伯：已革患不能守。引宋書升曰以安民爲要務。皆著眼偃武修文、歸馬華山之陽，放牛桃林之野、包干戈以黃牛之革示天下不復用兵。所謂武成之垂拱天下治也。（胡樸安言）　若張根之說上六「有其德、无其位，苟強改作以服之，適增咎而已。」　楊萬里之小人革面順從足矣，必強革心、凶道也，故征凶。　朱子之變革非得已者、不可以過。　既已革矣、不能徹底、豈有「怕熱進廚房。」「懼孕又春心盪漾？」所謂治大國若烹小鮮、能剛能柔、能放能收，運用之妙，不一而足也。知雄守雌、新統治者豈闕是識而能定天下？大學止於至善，是不斷求進也。

上六爾公爾侯矣、盡力王爭。不退「孰殺子產吾其與之」之怨。改革事一氣呵成、必有懼「子產而死、誰其嗣之」之美。烝烝於治、憂樂天下，寬猛相濟，統治者豈可示人以利器？易之爲君子謀也。征凶也者、如此而行固有所失，柳下惠降志辱身之時乎？然堅定其志、貞固足以幹濟也。吉也者、天下之人懼其不壽而深獲擁戴矣？豈薄才涼德，攘袂天下者足以一小成而已者哉！

參考書目

無求備齋易經集成	嚴靈峰輯	成文出版社
十三經注疏		藝文印書館
廿六史		鼎文書局
資治通鑑	司馬光	明倫出版社
文選筆記・膠言・六臣注文選等		廣文書局
茶香室經說	俞　樾	廣文書局
甲骨文字考釋	李孝定	
宋稗類鈔	潘永因	廣文書局
通俗編	翟　灝	廣文書局
古事比	方中德輯	廣文書局
論衡	王　充	中華書局
老、莊、論孟、集成	嚴靈峰輯	成文出版社
觀尚集林	王國維	

原抄本日知錄	顧炎武	文史哲出版社
十駕齋養心錄	錢大昕	
毛詩品物圖考	岡元鳳	廣文書局
說文古籀補	吳大澂	
白虎通、吳子、孫子、顏氏家訓		廣文書局
說文解字	許　慎	廣文書局
十三經引得		南嶽出版社
中國文學批評史	郭紹虞	商務印書館
閱微草堂筆記	紀曉嵐	大中國圖書公司
西洋美術大綱		營明
夜半鐘聲	馮　馮	天華出版社
四書人物輯略		廣文書局
綴遺齋彝器考釋	方濬益	國風
三代吉金文存	羅振玉	
兩周金文辭太系考釋	郭沫若	
周金疏證	魯師實先	
太平廣記	李　昉	文史哲出版社

攈古錄金文　吳式芬　樂天書局
僞書通考　張心澂　學藝出版社
中國戲曲發達史　學藝出版社
淨土五經　佛陀教育基金會
虛雲和尚研究　馮　馮　天華出版社
佛說阿彌陀經、四十二章經、八大人覺經等
大方廣華嚴經　台北如意堂印
妙法蓮花經　法界佛教印經會
禪宗無關門　佛光書局
尊聞室賸稿　陳天倪　中華書局

林漢仕著作簡目

易傳評詁	72年十一月初版	文史哲出版社
乾坤傳識	77年十二月初版	文史哲出版社
否泰輯眞	80年十一月初版	文史哲出版社
易傳綜理	81年五月初版	文史哲出版社
易經傳傳	83年十月初版	文史哲出版社
易傳滙眞	87年十二月初版	文史哲出版社
易傳廣玩	88年十一月初版	文史哲出版社
易傳廣都	91年元月初版	文史哲出版社
孟子探微	67年七月再版	文史哲出版社
重文彙集	78年二月再版	文史哲出版社
錦鏽河山見聞	85年十月初版	文史哲出版社

易傳都都二〇〇二年六月可殺青鋟版。